El Acantilado, 480
SÉPTIMO: NO ROBARÁS

PAOLO PRODI

SÉPTIMO: NO ROBARÁS

HURTO Y MERCADO EN LA HISTORIA DE OCCIDENTE

TRADUCCIÓN DEL ITALIANO
DE ANDRÉS BARBA

BARCELONA 2024 ACANTILADO

TÍTULO ORIGINAL *Settimo non rubare*

Publicado por
ACANTILADO
Quaderns Crema, S. A.

Muntaner, 462 - 08006 Barcelona
Tel. 934 144 906
correo@acantilado.es
www.acantilado.es

© 2009 by Società editrice il Mulino, Bolonia
© de la traducción, 2024 by Andrés Barba Muñiz
© de esta edición, 2024 by Quaderns Crema, S. A.

Derechos exclusivos de edición en lengua castellana:
Quaderns Crema, S. A.

Este libro ha sido traducido gracias a una subvención
del Ministerio de Asuntos Exteriores y de la
Cooperación Internacional Italiano

Questo libro è stato tradotto grazie a un contributo per la
traduzione assegnato dal Ministero degli Affari Esteri e della
Cooperazione Internazionale italiano

En la cubierta, *El tramposo del as de tréboles* (c. 1630-1634),
de Georges de La Tour

ISBN: 978-84-19036-94-0
DEPÓSITO LEGAL: B. 8026-2024

AIGUADEVIDRE *Gráfica*
QUADERNS CREMA *Composición*
ROMANYÀ-VALLS *Impresión y encuadernación*

PRIMERA EDICIÓN *mayo de 2024*

CONTENIDO

I

FORO, MERCADO Y HURTO

I. UNA VÍA DE INVESTIGACIÓN: EL FORO

La vía de investigación que sigo desde hace tiempo tiene como objeto indagar la larga historia del foro: en un primer momento lo examiné como lugar donde se encarna el pacto político y se ejerce el poder,[1] y posteriormente como lugar donde se dirimen las disputas entre los hombres y se administra la justicia.[2] En este libro me propongo pensarlo como mercado, es decir, como el lugar en el que se determina el valor de las cosas. La plaza es el espacio, tanto físico como mental, en el que tradicionalmente en Occidente se ejerce el poder político, se administra la justicia y se intercambian los bienes. Remitiéndonos a la definición del léxico de Forcellini:

Plaza, ágora Lugar amplio de la ciudad en el que se venden cosas y se hacen negocios [...] el foro Boario donde se vende aceite, vino y pescado [...] y cualquier otra mercancía que pueda ponerse a la venta [...] La misma palabra indica el lugar en el que se imparte justicia, se pronuncian discursos dirigidos al pueblo, se dirimen pleitos; también *foro, palacio*: a menudo el mismo lugar de los intercambios mercantiles entre ciudadanos, como en el foro romano.[3]

[1] P. Prodi, *Il sacramento del potere. Il giuramento politico nella storia costituzionale dell'Occidente*, Bolonia, Il Mulino, 1992.
[2] Id., *Una storia della giustizia. Dal pluralismo dei fori al moderno dualismo tra coscienza e diritto*, Bolonia, Il Mulino, 2000. [Existe traducción en español: *Una historia de la justicia. De la pluralidad de fueros al dualismo moderno entre conciencia y derecho*, trad. L. Padilla López, Madrid, Katz, 1992].
[3] E. Forcellini, *Totius latinitatis lexicon*, vol. III, Prato, Typis Aldinianis, 1865, en la sección titulada *Forum*: «Piazza, agorà, locus spatiosus in urbe, in quo res venduntur, et negotia fiunt [...] forum boarium, olitorium, vinarium, piscarium [...] omnia fora rerum venalium [...] Item locus, in

7

Análisis filológicos más profundos han establecido otros significados del término *foro* en su uso literario y técnico-jurídico en la Antigüedad, pero los tres principales coinciden básicamente con la definición anterior: lugar de negociación, lugar de administración de justicia y sede del gobierno de una provincia.[1] Un interesante atisbo de cambio puede advertirse en los léxicos latinos medievales, en los que se altera el orden de las definiciones del término *forum*: la primera acepción es 'feria' y 'mercado', el lugar donde se establece el precio de las cosas y está asociada al buen precio, al hecho de establecer el precio de algo, etcétera. Sólo más tarde aparecen los significados político-jurídicos de 'administración del poder y la justicia', hasta llegar a los *fueros* municipales de la península ibérica.[2] ¿Qué sucedía en las plazas de las ciudades de Europa entre la Edad Media y la Edad Moderna?

Un tema sumamente interesante—al que volveremos en las conclusiones—es el actual resurgimiento del término *foro* (caído en desuso en los últimos siglos, en los que había sobrevivido sólo como término técnico-jurídico para indicar un ámbito jurisdiccional concreto de un tribunal) en el len-

---

quo iurisdictio exercetur, conciones habentur ad populum, causae aguntur, foro, palazzo: qui saepe idem est locus cum foro negotiorum, quae occasione convenientium civium fiunt ut in foro romano».

[1] *Real-Encyclopädie der Classischen Altertumswissenschaft* (*Pauly-Wissowa*), vol. XIII, Stuttgart, 1910, col. 56-64. *Thesaurus Linguæ Latinæ*, vol. VI/1, col. 1198-1208, Leipzig, Teubner, 1912-1926: «Forum sex modis intelligitur: 1) negotiationis locus, ut forum Flaminium, aut Iulium, ab eorum nominibus, qui ea constituenda curarunt [...] 2) in quo iudicia fieri, cum popolo agi, contiones habere solent; 3) cum is qui provinciae praeest, forum agere dicitur, cum civitates vocat et de controversiis eorum cognoscit, [...] forum neutro genere dicimus locum rebus agendis destinatum».

[2] C. Dufresne Du Cange, *Glossarium mediae et infimæ latinitatis*, t. III, París, Firmin Didot Fratres, 1844, pp. 378-379: «Nundine, Feriæ, Foires [...] pro pretio rerum venalium, quo scilicet in foris seu nundinis distrahi solent, le prix du marché [...] forum bonum, vile pretium [...] forum habere, facere, patisci, de pretio convenire»

guaje telemático, donde alude a la herramienta con la que el usuario puede escribir mensajes sobre cuestiones concretas, mensajes a los que se dan respuestas y contra-respuestas con rapidez, como en un mercado de la información: la red sustituye hoy a la plaza, ese tradicional lugar abierto de juicio e intercambio colectivo de ideas y pareceres.[1]

Pero lo que nos concierne como historiadores es reflexionar sobre la génesis del mercado occidental en el momento de su formación como instancia para juzgar el valor de las mercancías. Obviamente, el foro-mercado no es una abstracción, adopta siempre la forma de reunión en un espacio-tiempo concreto de personas interesadas en comprar y vender determinadas mercancías al mejor precio: todo mercado se compone, por tanto, de un entramado de diferentes mercados, desde el pan y la carne hasta las monedas y los artículos de lujo.[2] Lo que hace única la propuesta occidental es su afirmación del mercado como sujeto, como identidad colectiva, como foro autónomo para juzgar el valor de las mercancías.

La tesis que subyace a mi investigación es que sólo en Occidente, entre la Edad Media y la Edad Moderna, se formó un sistema coherente, inédito en la historia de las civilizaciones, que, en contra de lo que suele pensarse, representa un todo unitario y debe ser estudiado como tal en su evolución hasta el establecimiento del Estado de Derecho, la democracia y las libertades sociales y económicas; un todo unitario que ahora, en la era de la globalización, ha entrado en una crisis o en una profunda metamorfosis cuyos contornos aún no po-

---

[1] J. Rifkin, *L'era dell'accesso. La rivoluzione della new economy*, trad. P. Canton, Milán, Mondadori, 2000, p. 205. [Existe traducción en español: *La era del acceso. La revolución de la nueva economía*, trad. J. F. Álvarez Álvarez y D. Teira Serrano, Paidós, Barcelona, 2013].

[2] L. Kuchenbuch, «Kontrastierter Okzident. Bemerkungen zu Michael Mitterauers Buch "Warum Europa? Mittelalterliche Grundlagen eines Sonderwegs"», *Historische Anthropologie*, 14, 2006, pp. 410-429.

demos vislumbrar. Estas reflexiones sobre la actualidad—a
las que volveremos con más detalle en el último capítulo—
escapan a la competencia del historiador, pero deben expli-
citarse desde el principio porque constituyen la base del interés de quien escribe. Me sentí impulsado a ocuparme de
este tema de estudio porque creo que la política y el mercado, al menos tal como se han desarrollado en la tradición occidental, *simul stabunt aut simul cadent*: la democracia no
puede sobrevivir sin el mercado, pero tampoco el mercado,
al menos tal como lo conocemos, puede sobrevivir sin la democracia política. En el plano del derecho, creo que el estudio de la «norma» antes del establecimiento del monopolio
del derecho por parte del Estado-nación es muy importante
para entender la actual revancha del contrato sobre la ley en
el nuevo derecho *à la carte* que caracteriza las encarnaciones
metanacionales del poder económico.

2. ECONOMÍA E HISTORIA. ANTROPOLOGÍA
Y SOCIOLOGÍA ECONÓMICAS

En las últimas décadas se han escrito miles de páginas sobre
estos temas. Por un lado, los economistas, un poco saturados
ya de formalizaciones y modelos matemáticos abstractos, en
crisis frente a una realidad que se resiste a entrar en sus em-
budos teóricos, han apreciado cada vez más los enfoques históricos y han tomado conciencia de las interconexiones entre
los fenómenos económicos y las dimensiones ético-políticas
y jurídico-institucionales del mercado.

Basta pensar, por mencionar sólo las perspectivas teóricas sobre la relación entre economía y ética en la década de
1980, en la superación del paradigma neoclásico utilitaris-
ta-individualista con la recuperación, después de casi un
siglo, de las tesis de Émile Durkheim sobre la importancia de las identidades colectivas en la vida económica («el

comunitarismo»).[1] En el ámbito de la investigación estrictamente histórica, contamos con las obras más importantes de
Douglass C. North: tras sus primeras investigaciones, en las
que vinculaba casi exclusivamente el desarrollo económico
a los factores de producción y las curvas demográficas, en
las últimas décadas ha ido examinando la importancia de los
cambios históricos, institucionales y culturales, políticos y
tecnológicos en los desarrollos económicos, y en sus últimos
ensayos incluso toma en consideración, más allá de lo específicamente económico, credos, contextos culturales y costumbres como elementos determinantes, confirmando con
ello la necesidad de una historización completa del análisis
económico.[2] En particular, se ha desarrollado todo un ámbito de estudios de «Derecho y Economía» para estudiar la importancia de la legislación para el mercado: la confianza es el
combustible indispensable para el correcto funcionamiento

---

[1] A. Etzioni, *The Moral Dimension. Toward a New Economics*, Nueva
York, Free Press, 1988. [Existe traducción en español: *La dimensión moral. Hacia una nueva economía*, trad. A. Esquivas Villalobos, Madrid, Palabra, 2007].

[2] D. C. North, *Capire il processo di cambiamento economico*, trad. E. Fe-
lice, Bolonia, Il Mulino, 2007, pp. 6 y 7 [existe traducción en español: *Para entender el proceso de cambio económico*, trad. H. Pons, Bogotá, Norma, 2007]: «Una cosa es ofrecer una descripción aproximada del proceso
de cambio económico y otra muy distinta dar a esa descripción el contenido suficiente para entender cómo funciona realmente el proceso. ¿Hasta qué punto comprendemos la realidad? ¿Cómo se forman las creencias?
¿Qué creencias son realmente importantes y cómo se unen las creencias
de los individuos para conformar sistemas de creencias? ¿Cómo cambian? ¿Cuál es la relación entre las creencias y las instituciones? ¿Cómo
cambian las instituciones? Aún así la mayor parte de los economistas, con
excepciones notables (como Friedrich von Hayek), han ignorado el papel
de las ideas en la determinación de las elecciones». Naturalmente, cabe destacar en la cita de North la excepción de la obra de F. A. Hayek, siempre
sensible, pese a su visión neoclásica, a las sugerencias de la historia y la ética: F. A. Hayek, *Il capitalismo e gli storici*, trad. M. Deaglio, Florencia, San-
soni, 1967. [Existe traducción en español: *El capitalismo y los historiadores*,
trad. M. Moro Marcos, Madrid, Unión, 1997].

de la economía de mercado y no se produce por casualidad, sino sólo cuando existe un sistema sólido de normas que primero define y luego protege, incluso mediante la disuasión, los derechos de propiedad y el comercio.[1]

Recientemente, esa atención a la complejidad de las relaciones entre las instituciones políticas y sociales, las comunidades y el desarrollo de la economía se ha acentuado y traducido en un intento de identificar,[2] partiendo de la teoría de los juegos, las interacciones entre *rules* (normativas, leyes, etcétera), *beliefs* (credos, creencias, convicciones, etcétera) y *norms* (reglas morales, costumbres, etcétera). Este método se ha aplicado a un período histórico concreto como la revolución comercial entre 1050 y 1350, de la que nos ocuparemos en el siguiente capítulo.[3] La experimentación con la teoría de los juegos para entender la complejidad de los vínculos entre las instituciones y los comportamientos me parece fascinante, aunque considero más convincentes y menos simplificadores los desarrollos de la historiografía europea en la misma época bajo el nombre de «disciplinamiento social» (*Sozialdisziplinierung*) para denominar esa misma red de relaciones.[4]

Al mismo tiempo, durante las últimas décadas, en parte a instancias del resto de las ciencias sociales, en parte por la presión de la especialización académica, ha habido áreas enteras que se han separado de la economía en el sentido clásico y se han convertido en disciplinas autónomas, adoptando

---

[1] W. Z. Hirsch, *Law and Economics. An Introductory Analysis*, Boston-San Diego-Nueva York, Academic Press, 1988.

[2] M. Aoki e Y. Hayami (ed.), *Communities and Markets in Economic Development*, Oxford, Oxford University Press, 2001.

[3] A. Greif, *Institutions and the Path to Modern Economy. Lessons from Medieval Trade*, Cambridge, Cambridge University Press, 2006.

[4] Véase P. Prodi (ed.), *Disciplina dell'anima, disciplina del corpo e disciplina della società fra Medioevo ed Eta Moderna*, Bolonia, Il Mulino, 1994; P. Prodi y W. Reinhard (ed.), *Identità collettive tra Medioevo ed età moderna*, Bolonia, CLUEB, 2002.

gradualmente la forma y el contenido disciplinar de la antropología económica y la sociología económica.[1]

Ciertamente, no me corresponde a mí juzgar las ventajas y perjuicios de tal especialización, tan sólo puedo constatar que, si bien estas nuevas disciplinas han contribuido a que se preste mayor atención a la inscripción del fenómeno económico en las sociedades analizadas, su estructura conserva la tendencia a modelos abstractos derivados de la metodología originaria de la antropología y la sociología, y no ofrecen un desarrollo del devenir histórico concreto de las ideas y los hechos. A pesar de que han producido grandes resultados en el estudio de las sociedades primitivas o preclásicas—basta pensar en lo que ha supuesto el pensamiento de Karl Polanyi—, me parece que su aportación ha sido menos significativa en el estudio de las sociedades de desarrollo complejo. De hecho, los modelos antropológicos y sociológicos se desvían a veces por la falta de atención a la historia del pensamiento y las estructuras económicas: tales planteamientos tienden, por su propia naturaleza, a producir una especie de microhistoria de la economía cotidiana, útil para algunas cosas, pero a menudo incompatible con una visión global a largo plazo.

En el plano de las ideas, la aplicación de las categorías antropológicas a la historia de Occidente ha llevado a una inversión muy interesante con respecto a las historias tradicionales de las doctrinas económicas de la Edad Media y de la Edad Moderna, pero también a una historia intemporal en la que se querría construir un modelo de economía del «don» (*antidora*) frente a lo que más tarde sería la economía capitalista, una economía del don que habría impregnado Europa como «patria cristiana» común antes de ser trastocada por la revolución industrial.[2] En realidad, el estudio del

---

[1] Para una idea general, véase C. Trigilia, *Sociologia economica*, vol. I: *Profilo storico*, Bolonia, Il Mulino, 2002.
[2] B. Clavero, *Antidora. Antropología católica de la economía moderna*,

desarrollo de la economía real, por un lado, y de las instituciones y el pensamiento, por otro, hace que estos esquemas sean completamente abstractos y ahistóricos con respecto a la investigación sobre la génesis de la Modernidad: me parece que la oposición entre la economía del contrato y la economía del don es completamente improductiva desde un punto de vista histórico y, desde luego, no nos dice nada más en el plano teórico que lo que ya habían aportado las reflexiones de los grandes teólogos medievales sobre la relación entre el plano de la caridad/gracia y el plano de la justicia.[1]

Sólo ahora parece surgir una «antropología económica», muy cercana a una historia económica, que tiende a centrarse en la complejidad del hombre histórico en su totalidad, aunando el estudio del comportamiento y la ética, la atención a las instituciones y la cultura en el análisis del desarrollo económico.[2] Algunos brillantes economistas han construido así la biografía del *homo oeconomicus* no como una concepción sectorial, sino como el fruto histórico de la cultura y la ética occidentales, algo que no encuentra parangón en otras civilizaciones aparecidas anteriormente sobre la faz de la tierra[3] y que no coincide en absoluto con la historia del pensamien-

---

Milán, Giuffrè, 1991. La posterior edición francesa de 1996 contiene un prefacio de Jacques Le Goff que acepta, invirtiéndola, la tesis fundamental del volumen sobre la contraposición de Iglesia y economía de mercado.

[1] Por ejemplo, el volumen de M. Hénaff, *Le prix de la vérité. Le don, l'argent, la philosophie*, París, Seuil, 2002, que se basa en la tesis de Le Goff para la lectura de la historia medieval-moderna. [Existe traducción en español: *El precio de la verdad. Don, dinero, filosofía*, trad. I. Cadenas Cañón, Santiago de Chile, Lom, 2017].

[2] Un último volumen importante, en el que también se puede encontrar una amplia bibliografía: W. Reinhard y J. Stagl (ed.), *Menschen und Märkte. Studien zur historischen Wirtschaftsanthropologie*, Viena-Colonia-Weimar, Böhlau, 2007.

[3] F. Ritzmann, «Zur Biographie des Homo Oeconomicus und seiner Moral», en: *Wirtschaftswissenschaft als Hobby und Beruf*, Coira-Zúrich, Rüegger, 1999, pp. 343-390.

to económico formalizado, ya que tiene una evolución mucho más dilatada y compleja que encuentra su centro en el universo moral. Durante demasiado tiempo, la investigación de Adam Smith en 1776 se ha visto como el comienzo de una nueva era, cuando en realidad representaba el final de un largo viaje que comenzó siglos antes en la Europa medieval con el proceso de secularización y racionalización.[1] La historiografía del pensamiento económico ha privilegiado a menudo los esquemas teóricos (voluntarismo-naturalismo, mercantilismo-fisiocracia, etcétera) sobre la evolución de la realidad como si fueran sistemas que se suceden hasta el nacimiento de la «economía pública» o de la política económica como ciencia en el siglo XVIII: como si la realidad dependiera de las escuelas de pensamiento y no a la inversa. En cambio, a los ojos del historiador, la reflexión aparece continuamente entrelazada con las contingencias culturales, políticas y económicas de cada generación, en las relaciones entre las fuerzas en juego. Todos esos estudios que se multiplican exponencialmente cada año sobre la relación entre economía y derecho o economía y ética, que parten de la constatación de la crisis de las coordenadas tradicionales en la era de la globalización centrándose en los temas de la cultura y la norma, a menudo adolecen de una inadecuada comprensión histórica.

Por otra parte, en los últimos cincuenta años los historiadores, estimulados por las ciencias sociales y liberados del esquemático monopolio interpretativo marxista del «modo de producción» en la transición del feudalismo al capitalismo, han explorado cada vez más las conexiones entre el poder, las normas jurídicas y los sistemas culturales de referencia en materia de comportamiento: basta pensar en Fernand Braudel y en la escuela de los «Annales» para comprobar los progresos realizados en el análisis de los hechos económicos

---

[1] Ritzmann, «Wirtschaftstheorie als kulturgeschichtliches Phänomen», en: *Wirtschaftswissenschaft als Hobby und Beruf, op. cit.*, pp. 391-406.

de la vida cotidiana. Aún así, a pesar de todo, se ha mantenido una especie de división entre la historia política, entendida en su sentido más amplio como historia de la convivencia humana—según la tradición de Croce podríamos hablar de historia ético-política—, y la historia de la vida material, división que ha pesado en la crisis de la enseñanza histórica y que aún dificulta bastante el panorama. Para explicarme brevemente: de niño, cuando en 1954 apareció la traducción italiana de *Méditerranée* de Fernand Braudel, me llamó la atención la división del volumen en dos partes claramente diferenciadas que no parecían conectar entre sí; la primera ofrecía el espléndido cuadro del mar Mediterráneo como protagonista inmóvil del desarrollo de las civilizaciones a lo largo de sus orillas, y la segunda, la narración de los acontecimientos político-militares de la época de Felipe II que latían en su crónica. Después de cincuenta años, me parece que esa separación entre la historia a largo plazo y la crónica, entre la historia de la sociedad y la política, sigue siendo una herida abierta entre los historiadores, y creo que podría ser útil centrar la atención—como ya sugirió Braudel—en la historia de las estructuras e instituciones que pueden tender un puente entre la crónica y la «historia casi inmóvil».

Las vías más innovadoras parecen haberse abierto en las últimas décadas gracias a los historiadores del derecho. A partir de la nueva sensibilidad de los estudios de derecho comparado hacia la antropología y lo infrajurídico, conscientes de que ahora tienen que medirse con un mundo de «normas» mucho más amplio que el derecho positivo, han investigado el nacimiento y el desarrollo del *ius mercatorum* como sistema de normas derivadas no sólo del derecho formalizado, sino también de la sedimentación antropológica y ética, es decir, han investigado la estrecha conexión entre el intercambio y el don, y la confianza.[1] Sobre esta base, en los últi-

---

[1] F. Galgano, *Lex mercatoria. Storia del diritto commerciale*, Bolonia,

mos años se han desarrollado las tesis más recientes sobre el nacimiento de la concepción moderna de la riqueza, el capital, el dinero y el crédito. Pero de esto hablaremos con más detalle en el transcurso del libro.

3. EL HURTO COMO LESIÓN EN EL MERCADO

Un problema que ha quedado en la sombra hasta ahora en la gran renovación historiográfica descrita es la transformación del concepto de «hurto» como sustracción de los bienes ajenos: una evolución paralela, en sentido negativo, a la del concepto de «propiedad» y «riqueza» como derecho en sentido propositivo, que ha sido recurrente objeto de investigación. Se trata de explorar la cara oscura de una luna cuya cara iluminada vemos a diario: *unicuique suum*, a cada cual lo suyo. No pretendo examinar la institución del «hurto», el comportamiento furtivo, en la dimensión abstracta omnipresente en toda sociedad, desde la más arcaica hasta la actual, sino en su desarrollo histórico concreto en relación con la génesis y el desarrollo del mercado occidental, es decir, como tendencia a apoderarse de los bienes del prójimo por medio del mercado, rompiendo o distorsionando sus reglas. Me parece que se ha escrito muy poco sobre este asunto.

Las razones de ese vacío historiográfico pueden ser muchas: creo que la más importante es la persistencia de una escuela weberiana que se ha detenido en la fácil polémica confesional vinculada al «espíritu capitalista» como propio de la Reforma protestante, ignorando el pensamiento mucho más complejo del más maduro Max Weber sobre la incidencia a largo plazo de la religión cristiana en la formación de la ra-

---

Il Mulino, 2000. [Existe traducción en español: *Historia del Derecho mercantil*, trad. J. Bisbal, Santiago de Chile, Olejnik, 2023]; C. Petit (ed.), *Del «ius mercatorum» al derecho mercantil*, Madrid, Marcial Pons, 1997.

cionalidad occidental.[1] El enorme tema de la usura en sí mismo fue en cierto modo un elemento perturbador, ya que casi nunca se investigó en el marco más amplio del precepto «No robarás», que de hecho constituye su fundamento en la teología y en la moral cotidiana. Sólo recientemente se han distinguido dos lógicas ético-económicas paralelas pero distintas en los tratados teológicos medievales: la lógica contractual y la lógica de la usura.[2]

Retomaré este asunto más adelante. La tesis de la que parto es que entre los siglos XII y XV, con el nacimiento del mercado occidental, el concepto de «hurto» cambió junto con el de riqueza y propiedad. Es decir, se pasó del concepto de «hurto» como apropiación de una cosa ajena—propio de las civilizaciones anteriores, incluidas las antiguas, preclásicas y clásicas—a un concepto de hurto mucho más amplio: junto al hurto tradicional aparece el hurto como violación de las reglas del mercado, no sólo como fraude o engaño del individuo que compra o vende, sino como violación del «precio justo» que sólo puede establecerse en un mercado entendido como foro, es decir, un juicio colectivo sobre el valor de las cosas.

Estoy convencido de que al centrarnos en el binomio mercado-hurto podemos dar un paso adelante, sin pretender aportar nuevas soluciones, en el problema de la relación entre el cristianismo y el desarrollo económico, que durante más de un siglo ha ocupado el centro de todas las investiga-

---

[1] Las referencias más recientes en una literatura interminable: W. Schluchter y F. W. Graf (ed.), *Asketischer Protestantismus und der «Geist» des modernen Kapitalismus. Max Weber und Ernst Troeltsch*, Tubinga, Mohr Siebeck, 2005; M. Böhl, *Das Christentum und der Geist des Kapitalismus. Die Auslegungsgeschichte des biblischen Talentegleichnisses*, Colonia-Weimar-Viena, Böhlau, 2007.

[2] B. Clavero, *L'usura. Sull'uso economico della religione nella storia*, Roma, Seam, 1999 (ed. orig.: *Usura. Del uso económico de la religión en la historia*, Madrid, Tecnos, 1985); D. Quaglioni, G. Todeschini y G. M. Varanini (ed.), *Credito e usura fra teologia, diritto e amministrazione. Linguaggi a confronto (sec. XI-XVI)*, Roma, École française de Rome, 2005.

ciones y debates sobre el tema de los orígenes del capitalismo, investigaciones y debates monopolizados por el tema del interés y la usura. Sobre todo, desde la perspectiva del hurto parece posible analizar sin tapujos los nuevos fenómenos que ya no pueden englobarse ni comprenderse en los esquemas de una historiografía que se ha desarrollado hasta hoy dentro de las categorías de la Modernidad.

4. MOTIVACIONES Y LÍMITES DE LA INVESTIGACIÓN

La situación actual, de crisis del Estado soberano y de aceleración del proceso de globalización, ha acentuado el interés de una amplia opinión pública por el tema indicado: no sólo se han multiplicado los ensayos teóricos de algunos economistas sobre la necesidad de reconsiderar el problema de la economía de mercado en un contexto cultural más amplio que el meramente técnico, sino que no pasa un día sin que, en algún periódico, ilustres economistas y politólogos formulen un *mea culpa* proclamando que el pensamiento económico y político ha descuidado demasiado su relación con la ética y el mundo de los valores. Francamente, desconfío de las recetas abstractas que ofrecen premios Nobel como Amartya Sen, pues me parecen inquietantemente similares a las conferencias sobre economía política de Francesco Vito que escuchaba de joven a principios de la década de 1950 en las bancadas de la universidad—«La economía al servicio del hombre»—redecoradas, simplemente, con nuevos colores. Sin duda, el lenguaje ha cambiado, como demuestran las megaconferencias sobre la inadecuación de los parámetros tradicionales de medición del bienestar económico y la necesidad de inventar nuevos instrumentos de medición que no se limiten a identificar el bienestar de un país con su Producto Interior Bruto (PIB), o sobre *The Paradoxes of Happiness in Economics* ('Las

paradojas de la felicidad en la economía'), todas ellas centra-
das en el concepto de una riqueza considerada de forma ais-
lada, que no es posible identificar con la felicidad pública y
ni siquiera puede entenderse como progreso.

El abordaje histórico es mucho más limitado, sobre todo
porque no pretende dar ninguna explicación teórica: nuestra tarea consiste estrictamente en investigar y tratar de entender, partiendo de un punto de vista parcial y limitado—el
del hurto como infracción de las reglas del foro—, cuáles fueron los contextos culturales y las normas que permitieron el
crecimiento del mercado occidental y del crédito en la transición a la Modernidad, para entender el proceso espiritual
y cultural dentro del cual pudo desarrollarse el sistema político y económico que hoy se encuentra en entredicho a causa de la actual transición histórica. No se trata de dar recetas
o soluciones, sino de comprender mejor lo que cargamos encima cuando los nuevos panoramas de la globalización ponen en tela de juicio las instituciones que han estructurado
la vida social en los últimos siglos, como el Estado de Derecho y el mercado. Es una tarea más modesta, pero que considero importante, aunque sólo sea para evitar los errores e
ilusiones de los nuevos prestidigitadores de la comunicación
para los que el pasado simplemente no existe.

El panorama más amplio en el que se inscribe el objeto de
la investigación consiste, por tanto, en el estudio de la génesis del orden constitucional moderno de Occidente, entendido en su sentido más amplio, como un conjunto de estructuras mentales, sociales, económicas y jurídicas; es decir, en
el estudio de las dinámicas que han permitido a la sociedad
europea entrar en la Modernidad, de modo que la reflexión
sobre los procesos intelectuales interactúe con la indagación
de las nuevas estructuras políticas, económicas e institucionales que han caracterizado el nacimiento del Estado moderno y del mercado.

Creo que todo el mundo tiene claro que no se trata de una

curiosidad académica, sino de una reflexión actual y acuciante—diría incluso que trágica—sobre el momento histórico que vivismos: dejamos atrás un mundo en el que los contornos de las identidades cívicas y económicas estaban bien definidos y, en definitiva, resultaban tranquilizadores para nuestra sociedad occidental. El largo y complejo período histórico que pretendemos examinar (la Baja Edad Media y los comienzos de la Edad Moderna) sólo terminó con la promulgación de los códigos napoleónicos a principios del siglo XIX, cuando la relación entre la identidad civil y la económica se definió dentro del Estado-nación en términos globales, con la fusión del derecho y la moral en el derecho positivo. En los dos últimos siglos hemos vivido en una sociedad que negaba los conflictos de identidad, rechazándolos en territorios excluidos o relegándolos a «anomalías» de la guerra entendida como conflicto entre las únicas realidades identitarias existentes, las de los Estados nación. Las identidades económicas también se inscribían en este proceso, con independencia de que la línea de interpretación fuera el pensamiento liberal o marxista, incluso desde la perspectiva de un mundo de capital y trabajo que participaba en un único proceso de desarrollo a nivel mundial. Por eso creo que no es posible hablar de *globalización* en los siglos XIX y XX, aunque hubiera mercados globales: las identidades seguían entrelazadas sobre la base de una realidad estatal y territorial.

Hoy ya no es así, y eso nos impulsa a mirar hacia atrás, más allá de los dos últimos siglos, para entender cuál era la situación y cómo se formó el sistema que llamamos moderno, ahora en decadencia. Ciertamente, no podemos perdernos en la lectura del fenómeno de la globalización entre religiones, política, derecho y economía. No obstante, sabemos que partimos de este drama cotidiano nuestro para abordar el problema de la identidad. Es notorio que algunos estudiosos, para explicar este asunto al público en general, han puesto el ejemplo del paso del carnet de identidad o el pasaporte, documentos emitidos por el Estado o el municipio como emanación del mismo, a la tarjeta de crédito como verdadero documento de identidad del hombre globalizado. Frente a este drama, lo único que tenemos son las propuestas bienintencionadas de los filósofos de la política o del derecho que proponen doctrinas abstractas tomadas de los esquemas del derecho natural neokantiano o del contractualismo en la eterna oposición entre las teorías comunitarias y las liberales. Retomaremos estos temas en las conclusiones, aquí tan sólo los menciono para explicitar las motivaciones iniciales de esta investigación. En esta situación resulta realmente útil analizar cómo ha entrado en crisis nuestro mundo moderno (creo que ésta es la tarea de los contemporáneos), pero también ver cómo nació, pues en eso consiste la tarea de los historiadores de la Antigüedad, el Medioevo y la Modernidad.

Una tesis tan ambiciosa me obliga, naturalmente, a subrayar aún más que en mis libros anteriores los límites de esta investigación, que es, por su propia naturaleza, «generalista», es decir, basada en una multiplicidad de disciplinas que no puede dominar un solo estudioso, y que constituye, por tanto, un intento de recopilar investigaciones desarrolladas por otros en distintos campos, con la convicción de que el valor añadido de esta investigación no reside tanto en una exploración original, como en la compilación de puntos de vista que generalmente se estudian por separado en las distintas disciplinas que utilizan el método histórico o teórico, en las ciencias sociales y económicas o en la reflexión filosófica. La conciencia de los límites de un enfoque multidisciplinar (no quiero decir interdisciplinar por no dar pábulo a otros malentendidos) va acompañada, sin embargo, de la presunción de que la separación de las diversas disciplinas ha llevado a la investigación a una especialización cada vez más refinada en cuanto a método y resultados, pero también a un bloqueo bastante evidente en el plano interpretativo. En cuanto al problema de la génesis de lo «moderno», creo que las separaciones entre la historia constitucional y la historia de la economía, entre la historia del pensamiento económico y la historia del pensamiento político, entre la historia de las instituciones y la historia de la cultura, etcétera, han desembocado en callejones sin salida. Hay que tratar de barajar las cartas de nuevo, aun a riesgo de incurrir en cierta superficialidad y confusión, sin los viejos atajos ideológicos unificadores, pero esforzándonos por comprender la complejidad de la realidad en la medida de lo posible.

Otra limitación, que no por obvia evitaré explicitar de buen principio, es que estas páginas se tienen que leer, debido a la amplitud del panorama que abarcan, no como una pretenciosa síntesis homogénea, sino como una perspectiva con al menos tres planos distintos en función de la distancia: un primer plano en el que aparecen los testimonios directos, las fuentes en las que me he apoyado personalmente; un segundo plano en el que aparecen, sobre todo, las lecturas críticas, la literatura secundaria fundamental; y un tercero, más alejado en el horizonte, en el que sólo se vislumbran, entre las brumas, algunos puntos de referencia que me han parecido los más útiles, entre los muchos que podrían señalarse, sobre los grandes panoramas que sólo cabe imaginar. Debemos, por tanto, dar por conocidas las visiones sintéticas que se encuentran fácilmente en los manuales de las distintas disciplinas implicadas. Pido disculpas a mis lectores por este aplazamiento, porque soy muy consciente de que la falta de resúmenes generales de referencia sobre los problemas individuales dificulta a menudo la lectura, pero era imposible extenderse sobre todos los temas abordados en profundidad. En la bibliografía citada en las notas a pie de página, me he atenido al principio de proporcionar sólo algunos hilos para que el lector interesado en profundizar encuentre su camino hacia el gran ovillo de una información más especializada. Las nuevas técnicas informáticas permiten encontrar las indicaciones subyacentes al texto, haciendo innecesarias las largas listas bibliográficas que antes se consideraban indispensables en nuestra literatura académica. En comparación con los libros anteriores, estas limitaciones se ven también agravadas por la necesidad de reducir aún más el peso de las referencias filológicas y eruditas por razones editoriales cada vez más estrictas en la actualidad. Los expertos considerarán triviales algunas de las citas, pero a mí me han parecido necesarias para ofrecer un marco de referencia a un público más amplio; otras citas quizá parezcan demasiado técnicas, pero las he considerado oportunas para erradicar clichés generalizados y subrayar los puntos en los que creo discrepar de las interpretaciones establecidas.

2

LA GRAN REVOLUCIÓN

I. SOBRE EL CONCEPTO DE «REVOLUCIÓN»

El título de este capítulo está deliberadamente inspirado en el del famoso libro de Karl Polanyi *La gran transformación*, que ha dominado la reflexión sobre la sociedad de mercado moderna durante los últimos cincuenta años.[1] Su gran mérito fue desbaratar la visión tradicional y dominante de la génesis del capitalismo como producto de la sociedad liberal y como consecuencia natural de la trayectoria de un Occidente secularizado, para reivindicar—contra los partidarios de la economía de mercado, el utilitarismo liberal y los economistas clásicos del *laissez faire* más feroz—la necesidad de restablecer la preeminencia de la comunidad social sobre el utilitarismo individualista. En sus conclusiones resume con extrema claridad el sentido de su investigación:

Hemos invocado lo que consideramos los tres hechos constitutivos de la conciencia del hombre occidental: la conciencia de la muerte, la conciencia de la libertad y la conciencia de la sociedad. La primera, según la tradición judía, fue revelada en el Antiguo Testamento. La segunda se le reveló al hombre occidental a través de las enseñanzas de Jesús tal y como se transmiten en el Nuevo Testamento. La tercera revelación surgió en la sociedad industrial y supone el elemento constitutivo de la conciencia del hombre moderno.[2]

---

[1] K. Polanyi, *La grande trasformazione*, Turín, Einaudi, 1974, p. 319. [Existe traducción en español: *La gran transformación*, trad. A. Herrera, Ciudad de México, FCE, 2018].

[2] *Ibid.*

Este enfoque, con una descripción fenomenológica que yuxtapone tres factores distintos que confluyen en la génesis de lo moderno, es también la limitación más fuerte de la obra de Polanyi, una limitación de la que, a mi juicio, se deriva también una interpretación distorsionada de la civilización occidental como resultado del maquinismo industrial. Pero más allá de Polanyi y hasta nuestros días, la historiografía lleva un siglo preguntándose por la cuestión fundamental planteada por Max Weber sobre los factores religiosos que permitieron el proceso de racionalización en Europa y Occidente y, por tanto, el desarrollo extraordinario y único de las ciencias, la economía y las artes, que lo diferenciaron del resto de civilizaciones aparecidas previamente en la tierra; un proceso de desacralización o desencantamiento de la naturaleza y la sociedad que permitió manipular la naturaleza a través de la ciencia y la sociedad a través de la invención de nuevas instituciones políticas, jurídicas y económicas.[1] Las respuestas se han traducido, gracias a los estudiosos de la historia social y cultural, en análisis cada vez más refinados que tienden a ampliar el número de factores implicados y a retrasar cada vez más los inicios de ese «progre-

---

[1] La referencia es, por supuesto, a las famosas páginas del prefacio de la obra de M. Weber *Sociología de la religión* [trad. E. Gavilán, Madrid, Akal, 2020]. Las tesis de J. Goody sobre la inexistencia de una vía propia de la civilización europea (*L'Oriente in Occidente. Una riscoperta delle civiltà orientali*, trad. A. Colombo, Bolonia, Il Mulino, 1999; *Capitalismo e modernità. Il grande dibattito*, trad. A. Serra, Milán, Raffaello Cortina, 2005. [Existe traducción en español: *Capitalismo y modernidad: el gran debate*, trad. C. Belza Palomar, Barcelona, Crítica, 2005]) siguen siendo, por desgracia, ampliamente aceptadas; véanse las justas reflexiones de G. Todeschini, «La contabilità a partita doppia e la "razionalità" economica occidentale: Max Weber e Jack Goody», en: L. Ferrari (ed.), *Studi in onore di Giovanni Miccoli*, Trieste, Edizioni Università di Trieste, 2005, pp. 33-46. La necesaria reflexión sobre los intercambios entre civilizaciones y el repudio de las políticas coloniales de explotación no pueden impedirnos responder a las preguntas planteadas por Weber.

so» europeo: en los estudios más recientes y fascinantes se parte de las transformaciones agrarias de la Alta Edad Media, el feudalismo, el nacimiento del sistema de las ciudades y los mercados, el cambio de las estructuras familiares y las transformaciones del pensamiento religioso y de los instrumentos de comunicación como factores concurrentes.[1] A mi juicio, estos factores no pueden considerarse por separado o simplemente en conflicto, sino que se entrelazan en el devenir histórico, algo que seguramente entenderemos mejor si sustituimos el término *transformación* por el de *proceso* o *revolución* permanente.

La tesis de base es que la cualidad fundamental de Europa—que coincide con la Modernidad—es su capacidad revolucionaria, su habilidad para transformar continuamente sus estructuras políticas, jurídicas y económicas, superando la rigidez del esquema—auge, esplendor y decadencia—en otras civilizaciones aparecidas anteriormente sobre la faz de la tierra. En civilizaciones de otros lugares siempre se han producido golpes de Estado, cambios en la gestión del poder, pero no «revoluciones» en el sentido de planificación y esfuerzo por construir nuevos modelos de sociedad en oposición a las estructuras dominantes en cierto momento histórico. No es éste el lugar para profundizar sobre el sentido del término *revolución*. El historicismo romántico ya demostró que la Europa medieval cambió sustancialmente su significado, desde la descripción del movimiento repetitivo de los astros a un movimiento innovador que llevará a la humanidad hacia la salvación y la redención, para luego reconvertirse, en las filosofías postcristianas, en el mito del progreso.[2]

---

[1] M. Mitterauer, *Warum Europa? Mittelalterlichen Grundlagen eines Sonderwegs,* Múnich, C. H. Beck, 2003, sobre todo el capítulo final. [Existe una traducción en español: *¿Por qué Europa? Fundamentos medievales de un camino singular*, trad. E. Renau, PUV, Valencia, 2008].

[2] K. Löwith, *Storia e fede*, trad. C. de Roberto, H. Walde, A. Mazzone, A. M. Pozzan y C. Fabro, Bari, Laterza, 1985, p. 151. Todas las filosofías

Harold J. Berman, en su conocido libro *Law and Revolution*,[1] situó en el siglo XI la primera de las revoluciones europeas, la que dio origen al proceso revolucionario, cuando el poder religioso y el poder político se desvincularon, al establecerse un dualismo básico entre el poder político del emperador y la autoridad sagrada del pontífice romano:

La tradición jurídica occidental se ha visto transformada a lo largo de la historia por seis grandes revoluciones; tres de ellas—la Revolución rusa, la Revolución francesa y la Revolución norteamericana—también fueron calificadas de revoluciones por quienes participaron en ellas, aunque la palabra *revolución* tenía un significado diferente en cada una. Una cuarta, la Revolución inglesa, fue llamada por primera vez *revolución* [...] La quinta gran revolución—yendo aún más atrás en el tiempo—fue la Reforma protestante, que en Alemania adquirió el carácter de revolución nacional [...] La sexta, la Revolución papal de 1075-1122, objeto del presente estudio, también se denominó entonces *reforma*, la *reformatio* del papa Gregorio VII, generalmente traducida en términos modernos como Reforma gregoriana, denominación que sigue ocultando su carácter revolucionario.

La Reforma gregoriana y la consiguiente querella de las investiduras no sólo constituyen la primera revolución europea, sino que es la que inauguró la historia de Europa como revolución permanente al inscribir en ella ese elemento de continua planificación dinámica que ha sido su característi-

---

postcristianas aspiran a una plenitud, una solución o redención: «Friedrich Schlegel resumió el origen cristiano del progreso con la frase "El deseo revolucionario de realizar el reino de Dios es el resorte de todo proceso formativo (*Bildung*) y el comienzo de la historia moderna". Este deseo es revolucionario, ya que da un vuelco al sentido originalmente natural de las *re-volutiones* de los cuerpos celestes».
[1] H. J. Berman, *Diritto e rivoluzione. Le origini della tradizione giuridica occidentale*, trad. E. Vianello, Bolonia, Il Mulino, 1998, p. 40 y *passim*.

ca esencial hasta nuestros días.[1] A partir del siglo XII hablamos también, ampliando el campo semántico de la palabra, de revolución comercial, revolución urbana, revolución monetaria y financiera (o capitalista, según el caso), revolución militar, revolución de la imprenta, revolución científica, revolución industrial y tecnológica, etcétera (todos recordamos títulos de grandes obras históricas con estos términos). Podemos incluso, ampliando la acepción del término, hablar de revolución en las artes figurativas (a partir de Giotto) o en la música con el contrapunto y el temperado. No se trata de usos impropios, puesto que todas esas transformaciones implicaron una profunda modificación del modelo de sociedad, desde las relaciones políticas hasta la vida cotidiana: basta pensar en la invención, en la Edad Moderna, de las pinacotecas o del concierto como nuevos sistemas de disfrute del arte.

Estoy profundamente convencido de que estas revoluciones constituyen la impronta del espíritu europeo y de que su raíz común se encuentra, como sugiere Berman, en la ruptura del monopolio sagrado del poder a principios del segundo milenio de la era cristiana. Obviamente, no se pretende excluir el camino anterior entre Atenas, Roma y Jerusalén, sino simplemente afirmar que dicho camino encuentra su primera realización como proceso dinámico de la sociedad en el dualismo institucional entre papado e imperio.

2. EL SAGRADO MONOPOLIO DEL PODER EN LAS CIVILIZACIONES PREMODERNAS

Como ha escrito Louis Dumont, a principios del segundo milenio, y por primera vez sobre la faz de la tierra, «el vínculo entre la riqueza material y el poder sobre los hombres se rom-

---

[1] K. Leyser, *Am Vorabend der ersten europäischen Revolution. Das 11. Jahrhundert als Umbruchszeit*, Múnich, Historisches Kolleg, 1994, p. 30.

pió y ésta adquirió plena autonomía no sólo en sí misma, sino como forma superior de la riqueza en general».[1] En las civilizaciones precedentes, desde las tribales primitivas hasta las basadas en las castas, el poder se manifestaba como algo unitario: sacro-político-económico. El individuo formaba parte de un cosmos en el que todo se reconducía a una unidad que lo incluía y lo superaba.

Al principio de mis anteriores libros procuré indicar algunos aspectos de este asunto mencionando, tanto para el pacto político como para la administración de justicia, el tema del juramento y la sacralidad de la ley. En éste debo ser aún más superficial, sin poder siquiera remitirme a la bibliografía especializada. La cuestión es que incluso los fascinantes estudios antropológicos—que han tenido un eco considerable entre los historiadores—sobre los orígenes de la economía del don, la llamada *antidora*,[2] deben incluirse en este marco más amplio de la sacralización del poder visto como un todo único e indiferenciado para que tengan algún valor. En el don sagrado hay siempre intrínseca, junto al valor de cambio, una relación de sujeción y participación en un determinado vínculo social y religioso. Eso es lo que cambió radicalmente en la cristiandad occidental a partir del siglo XII con el desarrollo de la autonomía del mercado: la relación de intercambio también se vio mediada en los siglos posteriores por normas ético-religiosas que sin duda influyeron en la realidad económica, como estudiaremos, pero me parece un error ver en ellas una simple continuidad con épocas an-

---

[1] L. Dumont, *Homo aequalis*, vol. I: *Genesi e trionfo dell'ideologia economica*, trad. G. Viale, Milán, Adelphi, 1984, p. 21. [Existe traducción en español: *Homo æqualis. Genésis y apogeo de la ideología económica*, trad. J. Aranzadi, Madrid, Taurus, 1999].

[2] B. Clavero, *Antidora. Antropología católica de la economía moderna*, Milán, Giuffrè, 1991; A. M. Hespanha, *La gracia del derecho. Economía de la cultura en la Edad Moderna*, trad. A. Canellas Haurie, Madrid, Centro de Estudios Políticos y Constitucionales, 1993.

teriores proyectando la economía del don en los siglos de la Edad Moderna.

Los especialistas competentes se refieren a las sociedades antiguas, preclásicas y clásicas como «economías palaciegas» para indicar precisamente que su centro de gravedad era siempre un espacio sagrado de poder, el templo o el palacio: sólo puede hablarse de mercado como un espacio inscrito en la esfera del templo y de las instituciones del poder político, nunca como estructura autónoma.[1] En la Grecia y la Roma antiguas, la plaza (*ágora*) sólo tenía una función económica secundaria, mientras que su función política y de comunicación pública era central para las reuniones del pueblo y las fiestas cívicas.[2]

Una prueba de la ausencia de un espacio específico para la economía es la falta, en las lenguas indoeuropeas, de un nombre propio para indicar el comercio como algo separado del acto específico de comprar o vender, tanto es así que Émile Benveniste tituló el capítulo dedicado a él: «Un oficio sin nombre: el *comercio*».[3] En la misma dirección de la interrelación entre lo sagrado y la actividad económica se encuentra la estrecha relación entre los binomios creencia/crédito, fe/confianza en la que, en diferentes contextos religiosos, los hombres tan sólo intervienen apoyando a uno u otro de los dioses enfrentados en un conflicto o juego.[4]

[1] C. Zaccagnini, «Markt», en: *Reallexikon der Assyriologie und Vorderasiatischen Archäologie*, VII, 1989, pp. 421-426. Véanse también las Actas del congreso internacional celebrado en la Accademia dei Lincei en 2002: *L'economia palaziale e la nascita della moneta: dalla Mesopotamia all'Egeo*, Roma, Accademia Nazionale dei Lincei, 2005.

[2] E. Flaig, «Mit Kapitalismus keine antike Stadtkultur. Überlegungen zum Euergetismus», en: W. Reinhard y J. Stagl (ed.), *Menschen und Märkte. Studien zur historischen Wirtschaftsanthropologie*, Viena-Colonia-Weimar, Böhlau, 2007, pp. 133-157.

[3] E. Benveniste, *Vocabulario de las instituciones indoeuropeas. Economía, parentesco, sociedad*, vol. 1, trad. M. Armiño, Madrid, Taurus, 1983.

[4] *Ibid.*, p. 116: «Nos remontamos de esta forma a una prehistoria lejana,

Creo que las conclusiones de Benveniste pueden servirnos de base para una reflexión más allá del ámbito lingüístico:

Se comete un grave error al creer que las nociones económicas han surgido de necesidades de orden material que se trataba de satisfacer, y que los términos que traducen estas nociones no pueden tener sino un sentido material. Todo lo que se refiere a nociones económicas está unido a representaciones mucho más amplias, que ponen en juego el conjunto de las relaciones humanas o de las relaciones con las divinidades: relaciones complejas, difíciles, donde siempre se implican las dos partes.[1]

El vocabulario específico relativo a las actividades de comercio y negociación en la literatura antigua refleja sin duda la falta de un espacio, de un impulso autónomo: el *negotiator* o el *mercator* puede lograr dignidad y honor convirtiéndose en terrateniente, haciéndose aristócrata o notable, abandonando o dejando de lado su imagen social colectiva.[2]

En las civilizaciones clásicas, en la *pólis* griega y en la antigua Roma, es palpable esa falta de autonomía de la esfera económica. Una afirmación, evidentemente, que debe matizarse en relación con las estructuras políticas de las distintas épocas, desde la civilización de Asur hasta Mesopotamia, desde el mundo helenístico hasta la Roma republicana e imperial: los modelos de interacción entre el poder político y el

---

cuyos grandes rasgos por lo menos se esbozan: rivalidad de poder de los clanes, campeones divinos o humanos, donde hay que dar muestra de vigor, de generosidad, para asegurarse la victoria o para ganar en el juego (el juego es un acto propiamente religioso: los dioses juegan)».

[1] *Ibid.*, p. 131.

[2] J. Andreau y V. Chankowski (ed.), *Vocabulaire et expression de l'économie dans le monde antique*, Pessac, Ausonius, 2007, en particular el ensayo de K. Verboven, «Ce que "negotiari" et ses dérivés veulent dire», pp. 89-117.

económico son, naturalmente, muy diferentes.[1] Las investigaciones y reflexiones que se han desarrollado en las últimas
décadas sobre la economía antigua bajo la influencia de estas
nuevas sensibilidades han supuesto un gran enriquecimiento de nuestros conocimientos sobre los procesos y desarrollos de las técnicas comerciales en la predicción del beneficio,
la definición del precio, el fraude y las causas de nulidad de
los contratos de compraventa, pero es posible afirmar que en
el mundo antiguo no se llegó a elaborar un modelo cultural
coherente: el comercio a gran escala, especialmente el marítimo, se respetaba, pero el pequeño comercio se despreciaba
y asimilaba a los oficios vergonzosos, no tenía función cívica
propia si no estaba relacionado con la propiedad de la tierra
o tenía como objetivo la misma.

El espacio de la *cives* y del hombre libre en la antigua Grecia—incluso en la antítesis entre Atenas y Esparta—es el de
la *oikonomía*, es decir, el del gobierno de la casa, entendida
como célula fundamental de la ciudad, mientras que la «cre-
matística» como economía comercial se situaba en los márgenes y se despreciaba si no era fuente de poder político y militar. Ciertamente, no es posible examinar aquí la historia del
origen del pensamiento económico en la Antigüedad, pero
creo que es posible afirmar sin temor a equivocarse que no
existía una teoría del mercado como espacio autónomo respecto a la política, y que es fascinante, pero no convincen-
te, el intento de establecer una continuidad básica dentro de
un proceso de etapas sucesivas—como tradición mediterránea—en el pensamiento clásico y preclásico.[2] El pequeño comerciante está completamente asimilado al pequeño productor en la división interna del trabajo dentro de la *pólis*, mien-

---

[1] Algunas pinceladas en C. Zaccagnini (ed.), *Mercanti e politica nel
mondo antico*, Roma, L'Erma di Bretschneider, 2003.

[2] Véase, en este sentido, la lúcida síntesis de L. Baeck, *The Mediterranean
Tradition in Economic Thought*, Londres-Nueva York, Routledge, 1994.

tras que el gran comerciante navegante sigue siendo, dada su naturaleza, una figura ambigua que pertenece a diversos ámbitos, lo cual lo convierte en un semiciudadano, siempre traicionero y parasitario si no llega a ser terrateniente.

Como es sabido, para Platón las raíces del Estado se encuentran precisamente en el hecho de que el productor individual no es autosuficiente, y el mercado se incorpora física y disciplinadamente a la *pólis*, dentro del círculo de los templos.[1] Obviando todo intento de ilustrar las doctrinas económicas de la época clásica, me limitaré a citar un conocido pasaje de la *Ética Nicomaquea* de Aristóteles, porque el redescubrimiento de esta obra en el siglo XIII llegó a plantear—en contra de la opinión común—problemas a la emancipación de la economía en el plano teórico, dando lugar al debate, fecundamente ambiguo, sobre el *bonum commune*:

Ahora bien, todas las comunidades parecen parte de la comunidad política, pues los hombres se asocian con vistas a algo conveniente y con el fin de procurarse alguna de las cosas necesarias para la vida. La comunidad política parece haber surgido y perdurar por causa de la conveniencia; a esto tienden también los legisladores, que dicen que es justo lo que conviene a la comunidad. Todas las demás comunidades persiguen el interés particular: por ejemplo, los marinos emprenden un viaje para hacer dinero u otro fin semejante [...] Todas las comunidades, entonces, parecen ser partes de la comunidad política, y las distintas clases de amistad se corresponderán con las distintas clases de comunidad.[2]

En cualquier caso, me parece que incluso las investigaciones más recientes sobre el pensamiento político y jurídico de la Antigüedad, incluida Roma, confirman la inexistencia

---

[1] Véase en particular *República*, II, 368e-375c y *Leyes*, VI, 758a-763d y VIII, 846b-850d.

[2] Aristóteles, *Ética Nicomaquea*, introd. Emilio Lledó, trad. y notas Julio Pallí, Madrid, Gredos, 1993, VIII, 9, 1160a 10-30, pp. 338-339.

de un discurso autónomo sobre la economía—que Cicerón también engloba dentro de la sociedad de «órdenes»—[1] y la subordinación de toda preocupación comercial al designio imperial de expansión y conquista militar. Sean cuales sean las interpretaciones—desde las socio-antropológicas de Karl Polanyi sobre el don y la redistribución hasta las de Douglass C. North, que subrayan las razones económicas existentes— creo que los expertos en economía antigua están de acuerdo en la imposibilidad de definir la existencia de un mercado al margen del Estado (o más bien del «poder» sacro y político).[2] Personalmente, creo que el caso de Boecio, a quien Teodorico condenó a muerte en el año 526 por oponerse a un contrato-monopolio (*coemptio*) en Campania y por defender a la población pobre oprimida por la mezcla del poder público con los negocios privados, es significativo para representar la situación de la Roma tardoantigua: en el *Consuelo de la filosofía*—que analizan los historiadores del pensamiento—la reflexión del condenado a muerte se une con una clara denuncia de la corrupción derivada de la mezcla de lo público y lo privado que impregnaba todas las estructuras del imperio.[3]

---

[1] G. Hamza, «L'optimus estatus civitatis di Cicerone e la sua tradizione nel pensiero politico», en: L. Labruna (ed.), *Cinquanta anni della Corte costituzionale della Repubblica italiana*, vol. II, Nápoles, Edizioni Scientifiche Italiane, 2006, pp. 1455-1468.

[2] *Cf.*, también para el problema historiográfico más general: C. Zaccagnini, «Les échanges dans l'Antiquité: paradigmes théoriques et analyse des sources», en: J. Andreau, P. Briant y R. Descat (ed.), *Économie antique. Les échanges dans l'Antiquité: le rôle de l'état*, San Bertrán de Cominges, Musée Archéologique Départemental, 1994, pp. 213-225; A. Giardina, «Le merci, il tempo, il silenzio. Ricerche su miti e valori sociali nel mondo greco e romano», *Studi storici*, 27, n.º 2, 1986, pp. 277-302; *Id.*, «Modi di scambio e valori sociali nel mondo bizantino (IV-XII secolo)», en: *Mercati e mercanti nell'Alto Medio Evo. L'area euroasiatica e l'area mediterranea*, Espoleto, CISAM, «Atti delle settimane di studio, XL», 1993, pp. 523-584; *L'economia palaziale e la nascita della moneta, op. cit.*

[3] Boecio, *Consuelo de la filosofía*, trad. E. Gil Bera, Barcelona, Acantilado, 2020, p. 18: «Ver arruinados a los contribuyentes de las provincias

3. EVERGETISMO CRISTIANO

En lo que se refiere a la vida económica, durante el primer milenio después de Cristo no parece haber ningún rasgo distintivo claro desde el punto de vista conceptual y práctico. En la vida política, la conciencia del alcance revolucionario del «Quæ sunt Cæsari...» no se produjo de inmediato; en el Occidente bárbaro sólo muy lentamente se afianzó la centralidad del pacto político,[1] mientras que en Oriente la formación del imperio cristiano impuso la incorporación del súbdito-fiel dentro de un universo unitario de normas, transformando los principios de la fe y de la conducta moral en una sola ley divina-humana. En el mundo bizantino se estableció un monopolio sagrado del poder religioso, político y jurídico, encabezado por el emperador: el hereje era equiparable al loco y al delincuente, es decir, alguien que quebrantaba las grandes leyes del cosmos y de la política incluso antes que las religiosas, razón por la cual era excluido de la vida civil. En Occidente, quienes detentaron el poder político y religioso a lo largo de los siglos siempre trataron de hacerse con el monopolio del poder, pero su rivalidad generó continuas tensiones y produjo también el pluralismo entre los distintos sistemas jurídicos que constituyó el punto de partida del

---

a causa del pillaje privado y de los impuestos públicos me causaba tanto dolor como a ellos» («tum privatis rapinis, tum publicis vectigalibus»). El motivo concreto de la sentencia de muerte: «En la época de la terrible hambruna, cuando se impuso a la provincia de Campania una dura e inexplicable requisa que parecía condenada a su ruina, defendí la causa común contra el prefecto pretoriano, puse en conocimiento del rey el conflicto y evité que se efectuara la requisa», *ibid.* Véase A. Giardina, *Cassiodoro político*, Roma, L'Erma di Bretschneider, 2006, p. 88 sobre la distinción entre lo público y lo privado en la epístola de Teodorico al Senado: «Pero el *publicum* de los romanos no es el del Estado moderno, y su *privatum* no es el de la sociedad burguesa».

[1] *Cf.* P. Prodi, *Il sacramento del potere. Il giuramento politico nella storia costituzionale dell'Occidente*, Bolonia, Il Mulino, 1992, caps. I y II.

sistema jurídico occidental, con la distinción entre la justicia de Dios y la de los hombres, la conciencia personal y el derecho positivo, el pecado y el delito.

En cuanto a la vida económica de la Antigüedad tardía cristiana y de la Alta Edad Media podría decirse que se trataba de una especie de olla en la que hervían conceptos y términos heredados de la época clásica, sin que puedan atisbarse claramente rasgos nuevos, y en la que sería un error buscar anticipaciones precursoras.[1]

Me permitiré hacer algunas precisiones, no obstante.

El amplio desprecio por los comerciantes, a los que se equipara con los especuladores y usureros, hunde sus raíces en el pensamiento de los Padres de la Iglesia, sobre todo en Oriente, en perfecta continuidad con la ética clásica, desde Basilio hasta el gran alegato de Gregorio de Nisa contra los usureros.[2] La inteligencia y la astucia son virtudes positivas sólo si están vinculadas a la vida política y al servicio de los asuntos públicos; si se emplean para el enriquecimiento personal resultan absolutamente negativas y sólo pueden redimirse combinándose y fundiéndose con el poder y la propiedad de la tierra.[3] La ética cristiana tardoantigua y bizantina, en contra de la extendida opinión historiográfica, nunca revalorizó la identidad moral de los mercaderes, que a menudo se equiparaban a los usureros, y sólo justificaba el beneficio si estaba destinado al bienestar de la ciudad o se renunciaba a

[1] Para todo esto (y también para la síntesis de la historiografía anterior) véase G. Todeschini, *Il prezzo della salvezza. Lessici medievali del pensiero economico*, Roma, Nuova Italia Scientifica, 1994; y también B. Emmerich, *Geiz und Gerechtigkeit. Ökonomisches Denken im frühen Mittelalter*, Wiesbaden, Franz Steiner, 2004.

[2] Gregorio de Nisa, *Oratio contra usurarios* (PG, 46, col. 433-452): «Amas homines, non pecuniam [...] venietis ambo ad Cristi tribunal, ubi non usuræ computabuntur, sed vitæ ratio acta judicabitur» (col. 447).

[3] Giardina, «Modi di scambio e valori sociali», *op. cit.*

la riqueza empleándola en obras de caridad.[1] Sólo se percibe un tono diferente en la tajante división entre el juicio positivo sobre las actividades artesanales y productivas en general, que contribuyen al bienestar público, y el juicio totalmente negativo sobre las actividades comerciales y lucrativas, que no sólo no aumentan el valor de las cosas, sino que contribuyen a la explotación de los pobres.[2] Gracias a Gregorio Magno, la misma reflexión, basada simplemente en una referencia a la vida evangélica, impregna toda la tradición occidental.[3]

La condena de la riqueza y la avaricia no entra en conflicto con el mundo anterior, sino que emprende de alguna manera un camino autónomo, separando la vía de la *charitas* de la

---

[1] Para una visión general, véase B. Gordon, *The Economic Problem in Biblical and Patristic Thought*, Leiden, Brill, 1989.

[2] La referencia bíblica, que retomarán posteriormente en muchos pasajes teólogos y expertos en derecho canónico medievales, comenta las diferentes profesiones de los apóstoles, honrados pescadores o artesanos, comparándolas con la de Mateo, recaudador de impuestos: Pedro podía continuar con su profesión incluso después de su conversión, mientras que para Mateo era imposible. Juan Crisóstomo, *Opus imperfectum in Matthæum*, Homilía 38 (PG, 56, col. 840): «Ergo ostende nobis quis est negotiator? Omnes enim homines videntur negotiatores. Ecce qui arat, comparat boves, ut spicas vendat; et qui operat lignum, comparat lignum, ut utensilia vendat [...] Ego ostendam qui non est negotiator, ut qui secundum regulam istam non fuerint intelligas omnes negotiatores esse. Id est, quicumque rem comparat, non ut ipsam rem integram et immutatam vendat, sed ut opus faciat ex ea, ille non est negotiator: quia qui materiam operandi sibi comparat, unde faciat opus, ille non rem ipsam vendit, sed magis artificium suum, id est, qui rem vendit, cujus æstimatio non est in ipsa re, sed in artificio operis, illa non est mercatio [...] Qui autem comparat rem, ut illam ipsam integram et immutatam dando lucretur, ille est mercator qui de templo Dei ejicitur. Unde super omnes mercatores plus maledictus est usurarius».

[3] Gregorio Magno, *Homiliaria in Evangelia*, Homilía 24 (PL, 76, col. 1184): «Nam piscatorem Petrum, Matthæum vero telonarium scimus; et post conversionem suam ad piscationem Petrus rediit, Matthæus vero ad telonei negotium non resedit quia aliud est victum per piscationem quærere, aliud telonei lucris pecunias augere. Sunt enim pleraque negotia, quæ sine peccatis exhiberi aut vix aut nullatenus possunt. Quæ ergo ad peccatum implicant, ad hæc necesse est ut post conversionem animus non recurrat».

del comercio civil. La propiedad de la Iglesia se dispone mediante una organización de suplencia política, sobre todo en el ámbito cultural y asistencial, que podríamos llamar subjetivismo cristiano:[1] es decir, se desarrolla una estructura paralela, tanto práctica como ideal, que reconduce toda la vida social a la divinidad protectora y a sus representantes en la tierra—los obispos, santos patronos—que se hacen cargo de los problemas de las comunidades y de las ciudades en particular.

Aun así, surgieron características nuevas e interesantes. En el período de la crisis de las estructuras políticas y en la época de las invasiones bárbaras, la Iglesia tendió a constituirse como estructura de poder económico sin identificarse con la ciudad. Mientras que en la ciudad antigua el foro era un solo cuerpo con el templo, la catedral cristiana nació como cuerpo aparte, si bien la destrucción de los templos paganos coincidió con la asunción de funciones cívicas y económicas por parte del obispo, que se convirtió así en el «patrón» de la ciudad mucho antes de la proclamación de los «santos patronos».[2]

También la tradición que atraviesa la Edad Media, desde Ambrosio hasta Anselmo de Canterbury (que hasta hoy se lee como una condena no sólo de la usura, sino de toda actividad económica), si se interpreta en su contexto manifiesta sobre todo la voluntad de separar la función sacerdotal de la mercantil, del foro.[3]

---

[1] Véase B. Kötting, «Euergetes», en: *Reallexikon für Antike und Christentum*, Stuttgart, Anton Hiersemann, vol. VI, 1966, col. 848-860.

[2] A. M. Orselli, «I "beni culturali" nella committenza e nella cura dei Vescovi. Il modello tardoantico», *Quaderni di Scienza della Conservazione*, vol. 3, 2003, pp. 35-46.

[3] Ambrosio de Milán, *De officiis ministrorum*, lib. III, cap. 9 (PL, 16, col. 1161-1164): «Nihil itaque deformius quam nullum habere amorem honestatis, et usus quodam degeneris mercaturæ, quæstu sollicitari ignobili, avaro æsturare corde [...] Turpis est itaque omnis fraus. Denique etiam in rebus vilibus exsecrabilis est stateræ fallacia, et fraudulenta mensura. Si in foro rerum venalium, in usu commerciorum fraus plectitur, potestne irreprensibilis videri inter officia virtutum?». Anselmo, *Homilia* XII

La economía monástica también parece heredar los principios desarrollados en la época clásica: el monje no tiene un ámbito propio de iniciativa, aunque su labor vital se construya sobre la regla y, por tanto, conciba roles no sólo sujetos a una sacralidad indistinta, sino también vinculados a pactos de obediencia, así como de convivencia con garantías recíprocas: se trata de una condición previa al proceso de racionalización de los comportamientos económicos, una condición que no permite, en mi opinión, ver en las instituciones monásticas de la Alta Edad Media elementos precursores de la Modernidad.[1] Lo que se observa es un proceso hacia la coexistencia de varios sistemas económicos que no pueden integrarse en la estructura feudal-señorial que se desarrolla sobre una base territorial: dentro del mundo cristiano se mantiene una tendencia al universalismo y a no permitir la identificación total de la economía con el poder del señor en la tierra. No se trata únicamente de una afirmación genérica: incluso antes de la revolución comercial ese proceso de separación favoreció no sólo una gran expansión del poder financiero, sino también la separación entre las rentas del ejercicio del dominio territorial y la comercialización (hoy podríamos decir titularización) de los *feudal bonds*.[2]

Se afirma la centralidad de la *fides* como confianza: la pertenencia cristiana ofrece una seguridad que no se identifi-

---

(PL, 158, col. 655-660): «Possunt tamen omnes divitiæ sæculi, divitiæ iniquitatis appellari, quia cum a Deo pro omnibus sint creatæ, has sibi nonnulli, quamvis justo labore, iniqua tamen cupiditate congregant; et quas nulli tribuunt, has indigentibus quodammodo tollunt, dum eas in usum eorum venire non sinunt. Licet ergo justis, ut dictum est, laboribus acquisitæ, vel in patrimonio a religiosis parentibus acceptæ; tamen divitiæ iniquitatis sunt, quia iniquum est, id est ab æquitatis regula discordans, ut alius divitiis superabundet, alius autem egeat».

[1] V. Toneatto, P. Cernic y S. Paulitti (ed.), *Economia monastica. Dalla disciplina del desiderio all'amministrazione razionale*, Spoleto, CISAM, 2004.

[2] S. Herman, *Medieval Usury and the Commercialization of Feudal Bonds*, Berlín, Duncker & Humblot, 1993.

ca con las entidades políticas individuales y que garantiza la supervivencia de una circulación interregional relevante de bienes y hombres. En los siglos de la Antigüedad tardía y de la Alta Edad Media, asistimos a una lenta contaminación entre el vocabulario religioso y el económico, contaminación que permite vislumbrar, incluso en la persistencia de los estereotipos que condenan la riqueza y el beneficio, una ruptura con los esquemas preestablecidos y el nacimiento de una reflexión sobre el valor de las mercancías y el papel social del comercio desligada de la dimensión meramente política.[1]

Además de la legislación secular, se desarrollan en los últimos siglos del primer milenio los cánones penitenciales, que se extendieron desde Irlanda a toda la Europa continental: la violación de los derechos sobre las cosas y la propiedad en general se convierte en una referencia general. Sigue sin haber una distinción clara entre pecado y delito, pero en cierto modo ya hay una doble condena de la acción ilícita: junto a las normas del derecho particular de los pueblos bárbaros, nace una conciencia común que pone en primer plano los deberes deontológicos de la persona y la cuestión de la restitución de las ganancias ilícitas. Pero de esto hablaremos en detalle más adelante en relación con el problema del hurto.

4. LA REVOLUCIÓN PAPAL

La tesis que ya he expuesto en términos generales al principio de este capítulo al referirme a las teorías de Harold J. Berman es que estas tensiones coagularon y adquirieron un significado institucional con la Reforma gregoriana (la «revolución papal») del siglo XI. Según esta tesis, con Gregorio VII y la

---

[1] Todeschini, *Il prezzo della salvezza, op. cit.*; Id., *I mercanti e il tempio. La società cristiana e il circolo virtuoso della ricchezza fra medioevo ed età moderna*, Bolonia, Il Mulino, 2002.

querella de las investiduras, entre los siglos XI y XII, el monopolio sagrado del poder se rompió en Occidente en lo que se ha denominado la primera revolución europea, la «revolución papal», o más bien la Reforma gregoriana: con la querella de las investiduras entre el papado y el imperio nació y se desarrolló un dualismo institucional que produjo la inquietud de toda la historia política y jurídica de Occidente y ha persistido hasta nuestros días. Ese punto de inflexión dio lugar a una serie de consecuencias que subyacen a las constituciones europeas desde la *Magna Charta Libertatum* de 1215 hasta la actualidad, y que pueden ayudarnos a señalar una identidad europea más allá de los vagos discursos genéricos sobre sus «raíces».[1] En primer lugar, la transformación de la investidura misma del poder. La transformación gradual de la coronación de los reyes y emperadores con la prevalencia del juramento sobre la unción: el juramento-sacramento precede y condiciona la atribución del poder y permite el crecimiento de las relaciones políticas condicionadas por la reciprocidad, las situaciones particulares, la razón, el ministerio o el papel específico, y es también el origen de múltiples relaciones de lealtad. Obviamente, eso no implicó el fin de la sacralidad del poder: el *sacre* (la unción del soberano) tendrá aún una vida muy larga que pervive hasta hoy, aunque bajo formas secularizadas, en toda expresión del poder, pero encuentra un límite insuperable en el pacto jurado. Se abrió así el camino no sólo a la *Magna Charta Libertatum*, sino a todos los pactos electorales (*Wahlkapitulationen*) y a los de señorío (*Herrschaftverträge*) de los siglos posteriores, así como al principio de resistencia contra el poder injusto que viola el pacto fundamental.

En segundo lugar, pero no por ello menos importante, surgió la posibilidad de que el juramento como pacto político

[1] G. Ortalli, «Il medioevo e le premesse per un'identità europea. Progetti, princìpi e chartae», en: P. Prodi (ed.), *Primizie e memorie d'Europa*, Venecia, Marsilio, 2002, pp. 27-55.

creara una nueva soberanía desde abajo. Los juramentos colectivos constituyeron la gran revolución que abrió el camino a la Modernidad: la relación vertical del juramento colectivo popular fue sustituida por una horizontal, el vínculo personal, por un nuevo tipo de vínculo político con su centro de gravedad en una persona moral. En toda Europa nacieron los tratados de paz territoriales y la Tregua de Dios, que permitieron superar por primera vez la fragmentación propia de la época bárbara y el nacimiento de grandes e indefinidas entidades territoriales, áreas comerciales regionales que representaron, desde el Rin hasta el valle del Po, el corazón de la nueva Europa y permitieron el crecimiento de la economía moderna. Pero sobre todo de las *coniurationes* nace el municipio, la ciudad moderna como sujeto político y económico colectivo y, junto con el municipio, todo tipo de sociedades para la producción y el comercio de bienes.

5. LA EMANCIPACIÓN DEL PODER ECONÓMICO

La sustitución de la palabra *forum* por *mercado* no constituye sólo un cambio semántico: en la dialéctica y la competencia entre el poder político y el religioso, el mercado se constituye como un nuevo poder dotado de autonomía: el *forum* que juzga el valor de las mercancías puede *no* identificarse—tanto por el lugar como por las personas que lo llevan a cabo— con ese otro foro que es la sede del poder político y religioso.

Evidentemente, la ciudad siempre había sido por naturaleza el lugar del mercado (*Ortmarkt*) y las investigaciones de las últimas décadas tienden a confirmar también para la época altomedieval la persistencia en Europa del comercio a larga distancia e interregional relacionado con la supervivencia de los antiguos centros urbanos: la palabra *mercado* tiende a identificar, ampliando el sentido con respecto a su antiguo significado, tanto un lugar, una plaza de la ciudad dedicada al intercambio de mercancías, como la propia reunión de los comerciantes-viajeros que recorrían incesantemente los polvorientos caminos de Europa.[1] A menudo, el desarrollo del mercado está en el núcleo del renacimiento de antiguos pueblos y ciudades abandonadas y en ruinas, pero con la misma frecuencia el mercado incluso da lugar, en las intersecciones de caminos de las rutas de los mercaderes, a una nueva ciudad (como atestiguan innumerables topónimos), formando una red que ha permanecido intacta durante siglos hasta la actualidad y que ha esculpido el paisaje de nuestra Europa.[2] El nacimiento de estas nuevas ciudades-mercado se produjo con frecuencia en los intersticios físicos e institucionales que dejaron los poderes competidores, pero siguió siendo siempre ideológicamente dependiente de las sedes del poder político y religioso: tenemos referencias al antiguo derecho del pueblo, pero no existe un verdadero derecho mercantil antes del siglo XII y del nacimiento de los municipios.[3] Hasta la revolución comercial, el derecho mercantil permaneció inextricablemente unido en un sistema único en el que los parámetros fundamentales del comercio, como la medida, el peso y la moneda, se imponían desde arriba, desde un orden superior, no se originaban en el mercado, ese complejo entramado de normas políticas y religiosas que encontró su cima en el imperio carolingio y

---

[1] A. Cordes, «Staubigen Fusses. Mittelalterliche Handelsgerichtsbarkeit und die Bedürfnisse der Kaufleute», de próxima publicación en *Schriften des Historisches Kollegs*, Múnich.

[2] P. Feldbauer, M. Mitterauer y W. Schwentker (ed.), *Die vormoderne Stadt. Asien und Europa im Vergleich*, Viena, Oldenbourg, 2002. Para el panorama europeo a largo plazo, el punto de referencia de la historiografía italiana es M. Berengo, *L'Europa delle città. Il volto della società europea tra medioevo ed età moderna*, Turín, Einaudi, 1999.

[3] G. Dilcher, «Marktrecht und Kaufmannsrecht im Frühmittelalter», en: *Untersuchungen zu Handel und Verkehr der vor -und frügeschichtlichen Zeit in Mittel- und Nordeurop*a, vol. III: *Der Handel des frühen Mittelalters*, Gotinga, Vandenhoeck & Ruprecht, 1985, pp. 392-417.

no reconocía nada externo. Las crisis locales y los sobresaltos de la disolución del imperio y la anarquía feudal se consideraban degeneraciones de un orden religioso y político universal, pero no ponían nunca en tela de juicio, a pesar de las miserias y disfunciones que provocaban en la vida cotidiana, el orden ideal del cosmos que regía la vida humana.[1] Lo que importa subrayar aquí es que, si no se hubiera producido una revolución cultural y la emancipación del poder económico de la concepción holística del poder, no habría sido posible una revolución comercial (con independencia de las relaciones de fuerza concretas con los poderes feudales, eclesiásticos, y el control aduanero, la concesión de privilegios o el vasallaje, en los que nacieron y se desarrollaron las ciudades y los mercados).[2]

También en la conexión entre la revolución papal y la comercial me remito a las ideas desarrolladas por Harold J. Berman. Así como en general la dinámica de Occidente surgió del dualismo producido por la Reforma gregoriana (de la tensión entre los poderes que desde entonces recorren Europa como un temblor continuo hasta las grandes revoluciones de los últimos siglos), también en el caso del mercado el mecanismo que llevó a un continuo devenir y proceso de cambio se basa en la formación de una relación dialéctica entre el derecho positivo de Iglesia y Estado y el sistema de normas que se formaba autónomamente en el mercado y regía el intercambio de mercancías. Ciertamente, no se trataba de una separación, sino de una dialéctica en la que el sistema que regía el intercambio de bienes no se identificaba con las autoridades políticas ni las religiosas como tales:

---

[1] Emmerich, *Geiz und Gerechtigkeit, op. cit.*, pp. 90-188.
[2] M. Mitterauer, *Markt und Stadt im Mittelalter. Beiträge zur Zentralitätsforschung*, Stuttgart, Anton Hiersemann, 1980.

Igual que para el derecho feudal y curtense, también para el derecho mercantil los siglos XI y XII supusieron un cambio crucial. Fue entonces cuando surgieron los conceptos e instituciones básicas del derecho occidental moderno—la *lex mercatoria* (o derecho mercantil)—; y lo que es más importante, cuando el derecho mercantil en Occidente empezó a considerarse un sistema completo y en desarrollo, un cuerpo jurídico [...] Existe también el peligro de considerar el derecho siempre como una consecuencia del cambio social y político, más que como una parte constitutiva de ese cambio y, en ese sentido, la causa del mismo [...] Sin instrumentos jurídicos como las letras de cambio y las sociedades de responsabilidad limitada, sin la reforma de las anticuadas costumbres comerciales del pasado, sin los tribunales y la legislación mercantil, el resto de cambios sociales y económicos no habrían podido materializarse. Así pues, la revolución comercial contribuyó a crear el derecho mercantil, que, a su vez, sirvió para producir la revolución comercial. Lo que se produjo fue una transformación revolucionaria no sólo del comercio, sino de toda la sociedad; de esa transformación global surgió el derecho mercantil, al igual que el derecho feudal, y a partir de él se forjó su carácter.[1]

Sin duda, el sistema no nació como un cuerpo de normas positivas, como un ordenamiento en el sentido en que lo entenderíamos hoy, sino a partir de un pluralismo normativo basado en la ética y la costumbre, que sólo con el paso de los siglos—como se verá más adelante—y a través de la práctica cotidiana del mercado y las ferias acabó adoptando la forma de un cuerpo de derecho propiamente dicho. En sus orígenes no encontramos tanto las reflexiones de los agentes económicos que se proyectan en la construcción de las nuevas redes tecnológicas e informativas, como el pensamiento de los clérigos y los teólogos: con la práctica de la confesión se enfrentaban necesariamente a nuevos comportamientos y catego-

---

[1] Berman, *Diritto e revoluzione, op. cit.*, cap. VII: «Il diritto mercantile», pp. 311-315.

rías que ya no encajaban en el esquema de los antiguos cánones penitenciales, una «ley de la vida cotidiana», como se la ha
denominado,[1] que ya no tenía unos contornos precisos ni en el
mundo del derecho existente ni en el del poder político territorial. Como veremos más adelante, el circuito entre confesores y conciencias se desarrolla en un sistema de normas a través del confesionario y fuera de las jurisdicciones civiles y eclesiásticas, lo cual permite el desarrollo de la centralidad de la
confianza como *fides*, como base común sin fronteras, en diálogo con los sistemas jurídicos individuales y también más allá
de éstos. Es en ese mundo de la confianza donde las normas
mercantiles alcanzarán las cualidades de universalidad, reciprocidad, actividad judicial participativa, integración y crecimiento que lo convertirán en un sistema jurídico completo.

Para iniciar este camino destinado a desarrollarse en el
transcurso de varios siglos—y que intentaremos rastrear en
los siguientes capítulos—quizá podríamos partir de Albertano da Brescia y su tratado *De amore et dilectione dei et proximi*, concluido en 1238 y dedicado a su hijo Vincenzo, en el
que incluye la actividad del mercader dentro de su exaltación de las actividades productivas (III, 4), caracterizándola
precisamente por su universalidad y diversidad con respecto a las circunscripciones y poderes políticos territoriales:
se puede adquirir una buena riqueza con el comercio lícito,
trasladando cosas de los lugares donde abundan a los lugares
donde escasean, especialmente las grandes ciudades u otros
lugares donde la paz está garantizada; el corazón y la belleza
de la profesión de comerciante consiste precisamente en superar las barreras territoriales y políticas.[2]

---

[1] O. Capitani, «Verso un diritto del quotidiano», en: *Dalla penitenza
all'ascolto delle confessioni: il ruolo dei frati mendicanti, Atti del convegno.
Assisi, 12-14 ottobre 1995*, Spoleto, Centro Italiano di Studi sull'Alto Medioevo, 1996, pp. 5-29.

[2] «Potes eciam acquirere bonas opes et licitas negotiationes transfe-
rendo res de locis in quibus habundant ad loca in quibus deficiunt, maxime

El mercado moderno nace, pues, de la coexistencia de múltiples normas y procedencias: es incomprensible al margen de la evolución desde el pluralismo de los sistemas hasta el dualismo entre conciencia y derecho positivo, y la competencia entre el poder religioso y el poder político. Entre las explicaciones que pueden darse sobre por qué en el Occidente cristiano se desarrolla la distinción entre el poder económico y el político, la propiedad privada y el dominio del señor, me gustaría establecer la coexistencia del doble orden de normas en el que el nuevo derecho penal y el derecho civil (basado en la institución de la propiedad, no en el contrato) se sitúan de alguna manera para vigilar las fronteras exteriores de un mercado regulado internamente sobre todo por normas morales y costumbres que se solidifican jurídicamente en la vida cotidiana, en los estatutos de los ciudadanos y de las corporaciones, en las jurisdicciones de los comerciantes y de las ferias. El poder religioso sostenido por el nuevo pontificado romano se convierte *de facto* en un elemento de ruptura del monopolio del poder territorial, apoyando la legitimidad del nuevo orden de mercado y tratando a su vez de dominarlo desde dentro, por ejemplo combatiendo la simonía y la usura: la defensa de la inalienabilidad de los bienes sagrados, de las *res ecclesiæ*, y la restitución de los bienes eclesiásticos tomados por los laicos a raíz de préstamos usu-

---

ad magnas civitates. Quamvis [sic] nam dixit quidam philosophus, "Fer messes tuas ad magnas civitates quamvis vilius ibi vendere putes". In magnis enim locis et divitibus melius est negotiari et uti atque morari quam in locis parvis atque pauperibus. Unde quidam philosophus dixit, "Ne moreris in civitate regis, dispensa cuius maior fuerit et redditus". Potes eciam acquirere bonas opes per acquisitiones et possessiones omnes pecudum et bestiarum maxime iuvenum et crescentium, et maxime in locis in pace constitutis. In rebus enim decrescentibus non est tam magnum lucrum. Inde quidam philosophus dixit: Noli associari rei deficienti, et ne postponas te associari re crescenti» (http://freespace.virgin.net/angus.graham/ Albertano.htm; las citas de Albertano están tomadas de *Disciplina clericalis* de Pedro Alfonsi, judío español converso que murió en 1110).

rarios se convirtieron en uno de los pivotes de la eclesiolo-
gía gregoriana y del nuevo derecho canónico, y proporcio-
naron nuevas herramientas para apoyar la comerciabilidad
de los bienes laicos.[1]

6. EL NACIMIENTO DEL INDIVIDUO

Para la coherencia del discurso, en este punto es indispensable mencionar el estrecho vínculo que existe entre este ensayo y las reflexiones de Louis Dumont—indispensables desde
la década de 1970 para la maduración de la visión antropológica de conjunto—en sus dos volúmenes *Homo hierarchicus* y *Homo æqualis*, y especialmente en los textos referentes
el nacimiento de la concepción del individuo a partir del siglo XIII, afines, desde el punto de vista histórico, con nuestro planteamiento.[2] Partiendo de las famosas reflexiones de

---

[1] G. Todeschini, «Linguaggi economici ed ecclesiologia fra XI e XII
secolo: dai "libelli de lite" al "Decretum Gratiani"», en: G. Rossetti y G.
Vitolo (ed.), *Medioevo Mezzogiorno Mediterraneo. Studi in onore di Mario
Del Treppo*, Nápoles, Liguori, 2000, I, pp. 59-88.

[2] L. Dumont, «La conception moderne de l'individu. Notes sur sa genèse, en relation avec les conceptions de la politique et de l'Ètat à partir
du XIII e siècle», *Esprit*, febrero de 1978, pp. 3-39, pero que apareció en
inglés ya en 1965 como punto de partida historiográfico para todas las reflexiones posteriores más conocidas en las que parece prevalecer la mo-
delización antropológica: cf. *Homo hierarchicus. Il sistema delle caste e le
sue implicazioni*, trad. D. Frigessi, Milán, Adelphi, 1991. [Existe traducción en español: *Homo hierarchicus. Ensayo sobre el sistema de castas*, trad.
R. Pérez Delgado, Madrid, Aguilar, 1970]; *Homo æqualis*, vol. I: *Genesi e
trionfo dell'ideologia economica, op. cit.*; *Homo æqualis*, vol. II: *L'idéologie
allemande. France-Allemagne et retour*, París, Gallimard, 1991. También
retomó algunos temas del primer ensayo citado en la posterior colección
*Essais sur l'individualisme. Une perspective anthropologique sur l'idéologie
moderne*, París, Seuil, 1983. [Existe traducción en español: *Ensayos sobre
el individualismo. Una perspectiva antropológica sobre la ideología moderna*, trad. R. Tusón Calatayud, Madrid, Alianza, 1987].

Max Weber y de la antropología de Marcel Mauss, Dumont
ha explorado el camino europeo que lleva desde la sociedad
holística, en la que el valor (y el poder) forman un todo con
la sociedad, hasta la Modernidad, en la que el individuo se
percibe como el valor supremo. Se trata de un largo camino que se prolonga desde el siglo XII hasta Calvino, quien lo
culmina. Como es lógico, Dumont repara en los gérmenes de
subjetivismo inherentes al cristianismo desde su origen—un
elemento que también ha señalado Ernst Troeltsch—,[1] pero
sitúa (y la coincidencia cronológica no puede ser casual) el
punto de inflexión decisivo en torno al siglo XII, cuando
el individuo pasa de estar «fuera del mundo» a estar «dentro
del mundo» como consecuencia del nacimiento de la monarquía espiritual del papado: dentro del mundo secular nace
una dicotomía jerárquica que se refleja en todas las estructuras mediante la distinción entre las esferas política y sacramental. Las primeras y diversas reflexiones de Tomás de
Aquino y Guillermo de Ockham parecen destinadas a funda-
mentar la transformación que se produjo en el reconocimiento del dualismo entre la ley natural-divina y la ley positiva, ya
sea civil o eclesiástica, como expresión del poder. Dejando
de lado el gran tema del derecho y la política, las identidades
colectivas que he abordado ya en otro lugar y las denuncias
del nuevo totalitarismo-holístico del siglo XX (las religiones
políticas), aquí sólo quiero destacar el impacto que tuvieron
tales reflexiones en el ámbito económico.

Los siglos XII y XIII vieron no sólo la emancipación de la
categoría de lo político, sino también el nacimiento de la categoría de la economía como expresión plena del individualismo, en una relación dialéctica en la que no se superponía
al poder religioso y político:

[1] E. Troeltsch, *Gesammelte Schriften*, vol. I: *Die Soziallehren der christlichen Kirchen und Gruppen*, Tubinga, Mohr Siebeck, 1922.

En este punto de inflexión en Europa, se rompe por primera vez el vínculo intrínseco entre la posesión de tierras y el poder político, que había caracterizado a todas las civilizaciones anteriores que habían poblado la faz de la tierra. La riqueza como propiedad de la tierra, ligada al dinero, al comercio y al crédito, se vuelve autónoma y conforma un nivel superior completamente distinto, aunque la propiedad de la tierra siga siendo importante tanto para defender los privilegios de las clases en declive como para asegurar un refugio, más resistente a los peligros, a la nueva clase burguesa en ascenso. Sólo a partir de ese momento es posible establecer una clara distinción entre lo que llamamos «político» y lo que llamamos «económico». Se trata de una distinción que las sociedades tradicionales no conocían.[1]

No sólo el poder político—el soberano pierde el derecho a disponer libremente de las riquezas de sus súbditos si no es a través de la intervención del fisco—, sino que también el germen del liberalismo moderno nace con un verdadero vuelco de los valores tradicionales, un vuelco ligado a la nueva ideología del individuo: la raíz del derecho de propiedad abona el terreno para los nuevos derechos humanos que conformarán la base de todas las constituciones modernas. Una característica de las economías primitivas es la falta de intención de obtener beneficios de la producción y del intercambio si no son inmediatamente traducibles en términos de poder; el trabajo y la tierra no se confiaban al mercado: a partir de la Edad Media, la producción la organizaban más bien los gremios de productores y el comerciante-empresario de forma autónoma. Aunque tendrán que pasar siglos para que el nuevo sistema surta pleno efecto—primero con los pequeños talleres de artesanos y luego con la invención de las máquinas de la revolución industrial y la fundación de fábricas—, el germen de un mercado autorregulado, en

---

[1] Dumont, *Homo æqualis*, vol. I: *Genesi e trionfo dell'ideologia economica*, *op. cit.*, p. 21.

vez de una actividad subordinada a la vida social y política, ya estaba activo en la Edad Media.

En la nueva dialéctica—que en efecto aún no supone una separación—entre el poder religioso, el político y el económico, hay dos fenómenos importantes sobre los que volveremos, pero que conviene mencionar ya. El primero lo constituye la formación en toda Europa de «repúblicas mercantiles», desde las repúblicas marítimas italianas hasta las grandes ciudades mercantiles del norte de Italia, Renania, Países Bajos y la Liga Hanseática, en las que la relación entre las potencias se invierte de alguna manera y el poder económico, como se verá más adelante, tiende a controlar y dominar el poder político territorial, con las más variadas configuraciones y consecuencias.[1] El segundo fenómeno—bien conocido por los historiadores del derecho pero no tanto por los generalistas—es el nacimiento de un nuevo derecho corporativo con la creación por primera vez de personas colectivas, sujetos colectivos que funcionan como agentes económicos junto a las personas individuales, sociedades regidas por sus propias leyes y estatutos, dotadas de instituciones autónomas como nunca se habían dado en otras civilizaciones: desde las asociaciones de productores hasta las sociedades de comerciantes-empresarios, pasando por los *universitates studiorum*. En mi opinión, lo que hace de estos nuevos sujetos colectivos una realidad completamente nueva es que, a diferencia de los antiguos *collegia*, detentaban partes de la soberanía o del poder que tradicionalmente había pertenecido a los poderes políticos y sagrados, y exigían de sus miembros una adhesión que muy a menudo comportaba un juramento y que constituyó un sujeto colectivo estable, un «cuerpo». Tal novedad la señaló también uno de los más grandes juristas

---

[1] Un resumen en P. Burke, «Republics of Merchants in Early Modern Europe», en: J. Baechler, J. A. Hall y M. Mann (ed.), *Europe and the Rise of Capitalism*, Oxford, Blackwell, 1988.

del siglo XIII, Enrique de Segusio, cardenal de Ostia, quien apuntó que la constitución de las primeras sociedades comerciales y financieras como organismos colectivos tuvo lugar «ad exemplum reipublicæ» ['a imagen de las repúblicas'].[1]

7. PODER, CIENCIA Y TECNOLOGÍA

Esa transformación de la realidad económica supuso una evolución secular de la reflexión teórica. Como he dicho (e insistiré), no es mi intención trazar los orígenes de una «ciencia» económica en la Edad Media, pero es necesario mencionar el contexto intelectual en el que se produjeron estas novedades. No podemos dejar de recordar como punto de partida la reflexión planteada por Joseph A. Schumpeter en su *Historia del análisis económico*: entre los siglos XIII y XVII en el pensamiento teológico de los escolásticos «la economía conquistó definitivamente si no su existencia autónoma, sí al menos una existencia bien determinada», y hasta la obra que se considera más innovadora y que está en la base del liberalismo, *Investigación sobre la naturaleza y las causas de la riqueza de las naciones* (1776) de Adam Smith, puede considerarse fruto de una evolución secular.[2] Schumpeter afirma incluso que uno de los principales resultados de este cambio fue «la aparición del intelectual laico y, por lo tanto, de la ciencia laica».[3] Añade al pie una extensa nota sobre la am-

---

[1] Enrique de Segusio (Hostiensis), *Summa aurea* (Venecia, 1574), Turín, Bottega d'Erasmo, 1963, libro I, rúbrica «De syndico», col. 398: «Societas est personarum individuorum nominatorum collectio generali nomine, et unico attributo, et hi quibus permissum est habere collegium, seu corpus, ad exemplum reipublicæ habere possunt res comunes, et arcam comunem, seu syndicum vel actorem, per quos agant atque respondeant».

[2] J. A. Schumpeter, *Historia del análisis económico*, trad. M. Sacristán, Madrid, Ariel, 2012, p. 136.

[3] *Ibid.*, p. 117.

bigüedad del término *laico* que podría ser muy útil en discusiones actuales, pero lo que nos interesa es que gracias a Schumpeter estamos en mejores condiciones de definir, antes de adentrarnos en la reflexión sobre los hechos económicos, el aspecto estructural de esa transformación apuntando al nacimiento y los primeros desarrollos de la universidad.

En el siglo XIII había una clara conciencia de que los polos de referencia del poder no eran sólo dos, sino tres: el religioso (*sacerdotium*), el político (*regnum*) y el de la razón (*studium*), según un esquema de la teología política trinitaria extremadamente consciente que presenta Alejandro de Roes en su *Noticia seculi*: «Nam pater et filius et spiritus sanctus unus deus ita disposuit, ut sacerdotium regnum et studium una esset ecclesia» ['Por el Padre, el Hijo y el Espíritu Santo un solo Dios ha dispuesto que la religión, la política y el estudio sean una sola iglesia'].[1] Aparte de las reflexiones que aún hoy pueden hacerse sobre el papel constitucional de las universidades en la historia de Europa y de todo Occidente—y sobre las consecuencias que la actual crisis de la universidad tiene ciertamente en la supervivencia de la democracia y de las libertades fundamentales—es interesante subrayar el hecho de que dentro de la *christianitas/ecclesia* no hay sólo dos, sino tres puntos de referencia del poder para la nueva sociedad, aunque ciertamente no pueda hablarse de laicidad en el sentido moderno. El pensamiento crítico y racional en el plano de la reflexión

---

[1] En los mismos años Ptolomeo da Lucca retoma el mismo esquema trinitario como «divinus cultus, sapientia scholasticaa et secularis potentia» con la universidad en segundo lugar. *Cf.* G. Arnaldi, «Sacerdozio, impero, studio. Apogeo e crisi dell'università medievale», en: L. Stracca (ed.), *L'università e la sua storia*, Turín, ERI-Edizioni Rai, 1979, pp. 26-31. Véase P. Prodi, «Il giuramento universitario tra corporazione, ideologia e confessione religiosa», en: A. De Benedictis (ed.), *Sapere e/è potere. Discipline, dispute e professioni nell'università medievale e moderna*, vol. III: *Dalle discipline ai ruoli sociali*, Bolonia, Comune di Bologna-Istituto per la storia di Bologna, 1990, pp. 23-35.

teológico-filosófica y en el plano del derecho—desde los primeros *quodlibeta* hasta los *consilia juridiciali* redactados para apoyar las tesis de los clientes en los tribunales—no nació de la nada, sino de un sistema complejo en el que los centros de poder no eran autosuficientes ni autónomos, pero tampoco se superponían, sino que actuaban en continua dialéctica entre sí. En la universidad se confrontaban no sólo las ideas, sino también las fuerzas que actuaban en la sociedad, y el consejo de teólogos y juristas era un arma cada vez más poderosa para resolver las disputas entre poderes.[1] La defensa de los derechos de propiedad por parte de los individuos, la extensión de los poderes políticos y las estructuras eclesiásticas, se convirtieron en el primer gran laboratorio europeo en el que se desarrolló el nuevo significado del precepto «no robarás».

No es cuestión sólo de pensar en la universidad medieval como un espacio en el que la investigación podía desarrollarse de forma relativamente libre de la injerencia del poder político y religioso—según nuestra óptica actual—, sino de entender que se trataba de ámbitos de soberanía diferentes y parciales, en los que el juramento de lealtad de los estudiantes y profesores a una universidad tenía un sesgo político no menor que el de los miembros de una corporación o el de los ciudadanos a sus estatutos. También las grandes disputas universitarias se convirtieron en problemas constitucionales en el contexto de la cristiandad dividida en la Europa de los siglos XIV y XV, y el hecho de que uno de los decretos de reforma fundamentales del Concilio de Constanza estipulara que los cardenales debían tener un doctorado en una universidad fue el punto culminante de ese proceso.

[1] B.C. Bazan, J.W. Wippel, G. Fransen y D. Jacquard, *Les questions disputées et les questions quodlibétiques dans les Facultés de théologie, de droit et de médicine*, Turnhout, Brepols, 1985; M. Ascheri, I. Baumgärtner y J. Kirshner, *Legal Consulting in the Civil Law Tradition*, Berkeley, Robbins Collection, 1999.

Obviamente, todo estaba destinado a cambiar a partir del siglo XV, con la multiplicación de las universidades regionales sometidas a los nuevos principios y la transformación del juramento universitario en un juramento de lealtad política, pero esa evolución se entrelazaría con el desarrollo del Estado moderno y la fractura religiosa en los siglos siguientes.

Creo que lo dicho hasta aquí puede contribuir a superar la vacilación con la que Schumpeter pone entre las condiciones que permitieron el crecimiento del pensamiento económico «la aparición del intelectual laico y, por lo tanto, de la ciencia laica», eligiendo este término (en lugar de otros como *seglar* o *profano*) para identificar a las personas o actividades no pertenecientes al ámbito religioso.[1] En realidad, con respecto a los teólogos y juristas de la Edad Media sólo es posible hablar de una dialéctica entre tres poderes pertenecientes a una única *christianitas*.

8. LA REVOLUCIÓN COMERCIAL

De lo dicho anteriormente se desprende que precisamente dentro de la «gran revolución»—y como parte integrante y fundamental de la misma—hay que situar lo que—rompiendo con las determinantes reservas anteriores—se ha definido en el título de la magnífica síntesis de Roberto S. López como la «revolución comercial».[2] Después de los estudios historiográficos del siglo pasado, ya nadie duda de que el desarrollo económico de la Edad Moderna y todo lo que llamamos *capitalismo* tiene sus orígenes en plena Edad Media. Las úl-

---

[1] Schumpeter, *Historia del análisis económico, op. cit.*, p. 117.
[2] R. S. López, *The Commercial Revolution of the Middle Ages, 950-1350*, Cambridge, Cambridge University Press, 1976. [Existe traducción en español: *La revolución comercial en la Europa Medieval*, trad. P. Balañà i Abadia, Barcelona, El Albir, 1981].

timas investigaciones tienden a retrotraer aún más el inicio de la revolución y a situar entre los siglos XI y XIV el paso en Europa de una situación de subdesarrollo respecto a las civilizaciones colindantes—y en particular a la civilización islámica (hasta entonces más avanzada desde el punto de vista económico, científico y tecnológico)—a una firme superioridad tanto desde el punto de vista de la acumulación de riqueza como del comercio y la distribución. Entre esos siglos nace una nueva clase mercantil que involucra a cientos de miles de personas, y no sólo está vinculada a las ciudades y al aumento de la población, sino también al desarrollo de la agricultura; no se limita a los productos de lujo o de valor, sino también a los bienes de consumo cotidiano, a la ropa y a los alimentos; se multiplican los mercados y las ferias, y se generalizan el dinero y el crédito.

Ése es el gran escenario que debemos imaginar y que aquí sólo podemos evocar: abarcaba desde las rutas mediterráneas hasta los grandes ríos navegables, desde las calzadas sur-norte, oeste-este de Europa, con ciudades que surgen y se desarrollan en cada encrucijada, hasta las estructuras urbanas destinadas a almacenar y clasificar las mercancías que seguimos encontrando en el tejido de nuestras ciudades. Tanto en las grandes casas de los mercaderes como en los edificios religiosos o la arquitectura civil que se erigió para demostrar la devoción y el compromiso civil, el esplendor de la ciudad se convirtió en un medio para publicitar la nueva riqueza, la grandeza y belleza de los bienes y capitales. Se han escrito muchos libros sobre el humanismo y el Renacimiento, sobre los testimonios literarios y artísticos que atestiguan esa nueva riqueza mercantil hasta la apoteosis de Leon Battista Alberti,[1] pero quizá falte explorar la dialéctica entre esos testimonios y los intereses mercantiles específicos en los contex-

---

[1] La referencia obligada es la obra clásica de C. Bec, *Cultura e società a Firenze nell'età della Rinascenza*, Roma, Salerno, 1981.

tos concretos.[1] No podemos dedicar espacio a las pequeñas
y grandes personalidades que abarrotaron ese escenario, ni
a su cultura, su formación técnica, su espiritualidad: son innumerables los testimonios que nos han dejado e innumerables las interpretaciones que se han hecho de ellos en busca
de una «esencia» que jamás existe en la historia. Tampoco
puedo referirme aquí al desarrollo de las técnicas mercantiles, desde las primeras aproximaciones al ábaco y los libros
de cuentas hasta el desarrollo del sistema de partida doble en
la contabilidad, desde las primeras cartas de crédito hasta los
instrumentos más complejos de las transacciones financieras múltiples y los seguros. Tampoco puedo detenerme en la
transformación de las técnicas de producción, el desarrollo
del transporte, la navegación y la tecnología vial. Sólo quiero
destacar la importancia del complejo circuito de ida y vuelta,
no unidireccional, entre el mundo mercantil y el mundo de
la cultura y la ciencia que ha estudiado la historiografía más
reciente.[2] Con un poco de esfuerzo espero que pueda verse
tras cada una de las siguientes páginas de este libro, forzosa-
mente sintético, la figura y actividad del mercader de Prato,
Francesco Datini (c. 1335-1410)—a quien Federigo Melis nos
enseñó a conocer y amar desde nuestra juventud—, y la red
de empresas y sociedades que creó por toda Europa, fruto de
su compromiso religioso y civil.[3]

---

[1] Según las indicaciones ejemplares de los ensayos (W. Zorn, W. Reinhard, W. Trusen, N. Rubinstein, etcétera) contenidos en H. Lutz (ed.), *Humanismus und Ökonomie*, Weinheim, Acta humaniora, 1983.

[2] R. W. Hadden, *On the Shoulders of Merchants. Exchange and the Math-
ematical Conception of Nature in early Modern Europe*, Nueva York, SUNY
Press, 1994.

[3] F. Melis, *Aspetti della vita economica medievale (studi sull'Archivio Datini di Prato)*, Siena, Monte dei Paschi di Siena, 1962. No es necesario mencionar la actividad desarrollada desde que se fundó el Istituto internazionale di storia economica F. Datini en Prato en 1967, que representa el centro mundial de estudios sobre el mundo mercantil (www.istitutodatini.it).

Avner Greif sitúa al principio y al final de su investigación sobre la revolución comercial un hecho atestiguado por un acta notarial: el 28 de marzo de 1210 el genovés Rubeus de Campo aceptó pagar una deuda de cien libras esterlinas en Londres por orden de Viviano Giordano da Lucca. Miles y miles de acuerdos de este tipo se repitieron a partir de entonces en Europa, dando lugar a la economía moderna, aunque la producción y ocupación que prevalecieron con diferencia siguieron siendo las agrarias-ganaderas. A la realidad práctica y cotidiana le siguió la reflexión intelectual (como siempre, aunque los historiadores de las ideas a menudo imaginan otra secuencia).

Según las investigaciones de Avner Greif, la revolución comercial se basó en un complejo sistema compuesto por instituciones, asociaciones, gremios y cofradías, capaz de establecer una red de información-comunicación, controles, responsabilidades individuales y colectivas, y sanciones coercitivas capaces de imponerse en toda la red comercial desde el Mediterráneo hasta el norte de Europa.[1] Como es lógico, las relaciones con las ciudades diferían de un lugar a otro dependiendo de la relación con el poder efectivo, político y militar: iban desde las ciudades marítimas italianas (Amalfi, Génova, Venecia), capaces de defender los intereses de sus mercaderes en países lejanos con un paraguas protector estable y eficaz, hasta las pequeñas ciudades del norte de Alemania, cuyos gremios construyeron y definieron alianzas políticas estables (como la Liga Hanseática) capaces de establecer instituciones indispensables, estructuras comunes de referencia en el contexto europeo más amplio. En cualquier caso, creo que el punto de partida de la revolución comercial consiste

---

[1] A. Greif, *Institutions and the Path to Modern Economy. Lessons from Medieval Trade*, Cambridge, Cambridge University Press, 2006, pp. 91-123, cap. 4: «Securing Property Rights from the Grabbing Hand of the State. The Merchant Guild».

precisamente en la no identificación del poder político con el poder económico, en una desterritorialización de este último que fue posible gracias a la desacralización del poder político y la consolidación de una *fides* común garantizada por la pertenencia a la *christianitas*.

El carácter no territorial de este sistema de instituciones, costumbres y normas nació en la práctica cotidiana del mercado, un mercado que no sólo se ubicaba en la plaza, en un «foro» específico, sino que se constituyó a partir del siglo XII como una red ininterrumpida de mercados diarios y periódicos (semanales, estacionales, etcétera), y de ferias anuales con una circulación continua que no conocía límites geográficos. No puedo ocuparme aquí del vasto asunto de las ferias, desde las mercantiles hasta las famosas ferias de divisas a las que acudían grandes comerciantes y banqueros de toda Europa, y en las que se determinaban los valores de las monedas y se creaba el primer gran capital crediticio bajo complejas estipulaciones contractuales para evitar la condena por usura.

Se han distinguido cinco niveles o tipologías de feria, desde la semanal o mercado rural hasta las grandes concentraciones semestrales o anuales de Champagne, Piacenza, Amberes, Ginebra, Lyon, Fráncfort, etcétera.[1] Pero lo que me in-

---

[1] La visión más reciente se encuentra en F. Irsigler y M. Pauly (ed.), *Messen, Jahrmärkte und Stadtentwicklung in Europe / Foires, marchés annuels et développement urbain en Europe*, Tréveris, Porta Alba, 2007. Véase también S. Cavaciocchi (ed.), *Fiere e mercati nella integrazione delle economie europee. Secc. XIII-XVIII*, Florencia, Le Monnier, 2001; entre las decenas de contribuciones de este volumen, me interesan especialmente los trabajos de F. Irsigler, S. R. Epstein, J. H. Munro, M. Pauly, M. Cassandro y M. Fortunati. Una revisión de la inmensa literatura en M. Cassandro, «Le fiere nell'economia europea medievale e della prima età moderna», *Studi storici Luigi Simeoni*, 51, 2001, pp. 9-27. Un resumen y una primera bibliografía sobre los orígenes en M. Pauly, «Il contributo delle fiere e dei mercati all'integrazione europea nel primo medioevo», en: G. Cracco *et al.* (ed.), *Europa in costruzione. La forza delle identità, la ricerca di unità (secoli IX-XIII)*, Bolonia, Il Mulino, 2006, pp. 407-442.

teresa señalar es la autoridad intrínseca que esa «red» adquirió en la primera revolución comercial respecto a los poderes locales individuales que estaban condicionados por ella
y buscaban todas las maneras posibles para atraer bienes y
capitales: ya fuera en forma de instituciones formalizadas, de
estructuras asociativas, de una cultura mercantil extendida,
con la concesión de privilegios y jurisdicciones autónomas,
o del establecimiento de costumbres comunes.

En cualquiera de estos casos, el origen parece ser la voluntad de proteger al máximo la libertad de mercado y a ello están destinadas las diversas medidas adoptadas por las autoridades locales para atraer a los comerciantes a los mercados
y ferias de diversa índole y fomentar la competencia, desde
la concesión de garantías y privilegios o exenciones jurisdiccionales y fiscales hasta la creación de magistraturas especiales.[1] No puedo detenerme en el mapa de ferias que a partir
del siglo XII fueron extendiéndose por todas las regiones de
Europa, especializándose y entrelazándose, desde las puramente financieras y de intercambio (como las de Piacenza o
Champagne) hasta las dedicadas al gran comercio de la lana
y el textil. Al comienzo de cada gran feria se elegía a unos
jueces especiales para administrar justicia civil y penal entre
los mercaderes concurrentes. Eran jueces autónomos respecto a las magistraturas de la ciudad y procedían como árbitros, bajo juramento, *super partes* para dirimir los litigios,
tanto entre los mercaderes como entre éstos y el poder político. Puesto que para ello tomaban nota del origen y de la
residencia fija y temporal de todos los participantes en las ferias, sabemos que éstas representaron la primera red europea
de lo que hoy podríamos definir como deslocalización de la
riqueza y el origen del *ius mercatorum*. Sólo más tarde, con

---

[1] M. Fortunati, «Note sul diritto di fiera nelle fonti giuridiche di età
moderna», en: *Fiere e mercati nella integrazione delle economie europee*,
op. cit., pp. 953-966.

la construcción del Estado moderno, cambiarían las relaciones básicas y se produciría, si no una decadencia, al menos una evolución de las grandes ferias junto con el nacimiento de los grandes mercados financieros establecidos y las primeras bolsas (desde la de Amberes en 1531). Pero volveremos sobre ese asunto más adelante.

3

LA NUEVA CONCEPCIÓN
DE LA RIQUEZA

I. RIQUEZA Y PROPIEDAD

Puede resumirse el contenido de este capítulo diciendo que
la revolución provocada por la ruptura entre los poderes religioso y político tuvo repercusiones no sólo en la cultura, sino
también y sobre todo en la vida económica cotidiana, en su
relación y dialéctica cuando se produjo la expansión de las
ciudades europeas como centros de producción, comercio
interregional y economía monetaria. Se empezó a transformar el concepto y la realidad de la riqueza. Desapareció la
clásica correlación entre poder político territorial y riqueza,
se desvaneció la oposición tradicional del binomio *potens/
pauper*, y se abrió el camino a una consideración positiva de
la riqueza como instrumento de poder que no coincidía con
el dominio de la tierra y, por tanto, la riqueza se convirtió en
un elemento de ruptura del orden cósmico-social preexistente. La nueva riqueza basada en el capital mobiliario y los
préstamos se considera un factor de desarrollo de la *respublica christiana* entendida como una comunidad de todos los
que comparten la misma *fides*, que se transforma, mediante la
actividad concreta del intercambio, en *fiducia* ('confianza').

En ese terreno ha sido particularmente importante durante los últimos cincuenta años la aportación de los medieva-
listas italianos, desde maestros como Ovidio Capitani[1] hasta

---

[1] Cito la última de una larga serie de contribuciones: O. Capitani, «Cupidigia, avarizia, "bonum commune" in Dante Alighieri e in Remigio de' Girolami», en: *Id.*, *Da Dante a Bonifacio VIII*, Roma, 2007, pp. 95-111. Asimismo, conviene recordar las dos antologías editadas por O. Capitani que

Giacomo Todeschini, en la última generación, y otros tantos a los que ya hemos mencionado y citaremos sobre la marcha. Todos ellos han señalado que en la época de Dante se mantuvo la condena de la avaricia—la cual no incluía sólo la actividad del préstamo en sentido estricto—, y del usurero como encarnación de la avaricia, pero la actitud se va tiñendo cada vez más de la nostalgia de un «tiempo pasado mejor» que parece estar desapareciendo ante el avance de la economía monetaria. Las órdenes mendicantes, los franciscanos y los dominicos, nacidos y criados en las ciudades mercantiles, comienzan a justificar la nueva riqueza privada sobre la base de la doctrina cristiana, ateniéndose a lo que esa riqueza aporta a la comunidad. Tales aproximaciones historiográficas, no obstante, han encontrado resistencia entre los historiadores que constatan e insisten en que persiste, incluso en el pensamiento de esta nueva época, la condena moral de la riqueza como tentación diabólica contra la caridad cristiana y los ideales evangélicos. Desde su punto de vista, el surgimiento de la nueva dinámica atestigua la lucha entre el mundo mercantil, que se desarrollaba con enorme vitalidad partiendo de una nueva visión laica, por un lado, y por otro la Iglesia, que quería imponer su condena de la riqueza. En este sentido, basta pensar en la influencia de Jacques Le Goff,[1] y si bien me parece un necesario recordatorio para evitar tergiversaciones apologéticas y peligrosas distorsiones historiográficas (de las que ha habido muchas pruebas), creo sinceramente que basta con tomar en cuenta el trazado urbano de

---

han sido la base de estos estudios en Italia y en otros países: *L'etica economica medievale*, Bolonia, Il Mulino, 1974; *Un'economia politica nel medioevo*, Bolonia, Pàtron, 1987.

[1] J. Le Goff, *Tempo della Chiesa, tempo del mercante. E altri saggi sul lavoro e la cultura del medioevo*, trad. M. Romanò, Turín, Einaudi, 1977; *La borsa e la vita. Dall'usuario al banchiere*, Roma-Bari, Laterza, 1987. [Existe traducción en español: *La bolsa y la vida. Economía y religión en la Edad Media*, trad. A. L. Bixio, Barcelona, Gedisa, 1986].

nuestras ciudades medievales—las catedrales, las plazas y los palacios comunales—para comprender que no se trataba de dos mundos enfrentados, ni de la lucha a muerte entre la secularización y la clericalización, sino de una dialéctica cotidiana que se fecundaba mutuamente en una continua competencia y rivalidad. Las investigaciones más recientes han demostrado sin lugar a dudas las raíces ético-teológicas de la nueva ideología protocapitalista.[1]

Como ya he mencionado, ciertamente hasta el siglo XI la visión de la riqueza desvinculada del poder político y de la tierra se consideraba en Occidente fruto del pecado y del engaño: el comerciante era un mentiroso profesional o un parásito, y sólo a partir del siglo XII empezó a cambiar esta concepción. No fue un cambio repentino: en la colección fundamental contenida en el *Decretum* de Graciano, origen del nuevo derecho canónico, aún encontramos numerosas condenas al comercio y a los comerciantes sobre la base de los textos evangélicos y de los Padres de la Iglesia. En 1199, Inocencio III, que acababa de ser elegido papa, proclamó santo a un comerciante, Homobono, pero sólo porque había abandonado el comercio—una profesión que ponía en peligro la salvación eterna—para dedicarse por completo a la limosna: «Commercium deserens temporalium, mercator efficitur regni coelorum» ['Abandonando el comercio temporal, comercia con el reino de los cielos'].[2] En su gran descripción de la corrupción de la sociedad cristiana, Roger Bacon (1214-1294) presentó

[1] M. C. Jacob y C. Secretan (ed.), *The Self-Perception of Early Modern Capitalists*, Nueva York, 2008, en parte el ensayo de G. Todeschini, «Theological Roots of the Medieval/Modern Merchants' Self-Representation», pp. 17-48.

[2] A. Vauchez, «Innocent III, Sicard de Crémone et la canonisation de Saint Homobon († 1197)», en: A. Sommerlechner (ed.), *Innocenzo III. Urbis et Orbis (Atti del convegno internazionale, settembre 1998)*, vol. I, Roma, Società romana di storia patria-Istituto storico italiano per il Medio Evo, 2003, pp. 435-455.

indistintamente a comerciantes y artesanos como sujetos entre los que reinan el engaño, el fraude y la falsedad.[1] Incluso más tarde, cuando esa apreciación cambiara radicalmente y se valorara de forma positiva la profesionalidad no sólo del artesano-productor, sino también del comerciante, la desconfianza hacia la riqueza derivada de los negocios persistió durante siglos, y no sin razón, de acuerdo con el Evangelio y los Padres de la Iglesia.[2] Me gustaría ser muy claro en este punto, porque si bien es fundamental comprender la nueva sensibilidad hacia el poder económico y el reconocimiento de la autonomía del mercado con respecto al poder político, sería completamente erróneo deducir que la Iglesia occidental estaba cambiando de rumbo e intentando sacralizar la riqueza.

Dicho esto, creo que puede afirmarse que la condena de la Iglesia a los préstamos con interés, que estalló entre los siglos XIII y XIV equiparando la usura con la herejía, no es sólo una continuación del antiguo desprecio por el comercio y el beneficio, ni una reafirmación de la doctrina tradicional de la gratuidad del contrato de préstamo en el Evan-

---

[1] R. Bacon, *Opera quædam hactenus inedita, Vol. I. Containing I. —Opus tertium. II.—Opus minus. III.—Compendium philosophiæ*, Londres, Longman, Green, Longman, & Roberts, 1859, p. 400: «De mercatoribus et artificibus non est quæstio, quia in omnibus dictis et factis eorum regnat fraus, et dolus, et falsitas ultra modum».

[2] Para una visión general: *L'argent au moyen âge (XXVIIIe Congrès de la Société des Historiens Médiévistes de l'Enseignement Supérieur Public)*, París, Publications de La Sorbonne, 1998. Véase también la síntesis de W. Trusen, *Handel und Reichtum. Humanistische Auffassungen auf dem Hintergrund vorangehender Lehren in Recht und Ethik*, en: H. Lutz (ed.), *Humanismus und Ökonomie*, Weinheim, Acta humaniora, 1983, pp. 87-103. Trusen cita los pasajes del *Decretum* (dist. 5 de poen. y dist. 88 cc. 11-13) que recogen los numerosos comentarios de los Padres de la Iglesia sobre el Evangelio de Mateo (c. 21, 12, sobre la expulsión de los mercaderes del templo) y sobre el Salmo 70, sobre el necesario desprecio de las riquezas, pasajes que luego recogerán todos los especialistas en derecho canónico y teólogos de los siglos posteriores cientos de veces.

gelio, sino también una reacción a una novedad que ya se había consolidado en las ciudades italianas y europeas, un instrumento de lucha y control de la Iglesia sobre el nuevo poder que ya se había establecido con las artes de los cambistas-banqueros, mediante la declaración de la licitud de los préstamos con interés por parte de los nuevos estatutos municipales (en la ciudad de Bolonia, donde había cientos de *campsores* activos y organizados, los estatutos de 1245 preveían la legalidad de un interés de hasta el veinte por ciento sobre la base del antiguo derecho romano) y las grandes ferias de divisas que aparecían por doquier.[1] En este sentido, me parece cada vez más claro que la desproporcionada polémica historiográfica sobre la usura ha desvirtuado la interpretación de dicho fenómeno histórico, invirtiendo en cierto modo las complejas relaciones de causa y efecto: el préstamo a interés se considera peligroso cuando altera profundamente el orden tradicional del poder y, en consecuencia, se equipara a la herejía.[2]

Analizaremos esta dinámica más adelante, pero de momento me gustaría subrayar dos aspectos. El primero es que está cambiando el concepto de «riqueza»: no se trata sólo de que emerja una riqueza mobiliaria (y móvil) basada en el dinero que convive con la riqueza tradicional basada en la propiedad de la tierra, sino de una transformación semántica que cambia el concepto en su conjunto. El segundo aspecto es que se modifica la relación de la riqueza—como expresión de un poder autónomo—con el poder político y el sagrado.

---

[1] Para el caso verdaderamente ejemplar de Bolonia, véase M. Giansante, *L'usuraio onorato. Credito e potere a Bologna in età comunale*, Bolonia, Il Mulino, 2008 (con toda la bibliografía pertinente).

[2] Para una visión general véase A. Spicciani, *Capitale e interesse tra mercatura e povertà nei teologi e nei canonisti dei secoli XIII-XV*, Roma, Jouvence, 1990.

Creo que el planteamiento del que hemos partido permite subrayar un aspecto del movimiento franciscano que dominó el siglo XIII europeo: el situar la pobreza en el centro del camino de perfección cristiano, pero no en el sentido revolucionario y subversivo, como los movimientos ascéticos que lo precedieron, sino con respecto a la autoridad eclesiástica y secular. La alteridad respecto al poder que plantea el franciscanismo es de un tipo novedoso: al dejar de lado las viejas estructuras, dirige su atención a la nueva riqueza mercantil y urbana, proyectando una relación entre la llamada evangélica y la nueva economía monetaria; el mercado se convierte en el nuevo interlocutor, hasta en las controversias y condenas morales. Ésa es probablemente una de las razones de su gran éxito y aceptación en toda Europa, pese a las tensiones y los conflictos en el seno de una Iglesia jerárquica aún comprometida en su duelo con el mundo feudal.

La inmensa cantidad de investigaciones llevadas a cabo durante las últimas décadas sobre san Francisco y el movimiento franciscano me obliga a dejarlas de lado para limitarme a hacer unas breves observaciones sobre algunos de los aspectos más importantes que conviene tener en cuenta para elaborar el discurso sobre la evolución del concepto de «hurto» con respecto al mercado.[1] Los elementos que ya habían surgido en los siglos anteriores para una valoración positiva—en la vocación monástica a la perfección evangélica—de la actividad productiva y mercantil, pero que aún seguían ligados a la estructura agrario-feudal (pensemos en la labor

---

[1] Son fundamentales los estudios de G. Todeschini, en particular *I mercanti e il tempio. La società cristiana e il circolo virtuoso della ricchezza fra Medioevo ed Età moderna*, Bolonia, Il Mulino, 2002; y más recientemente la síntesis *Ricchezza francescana. Dalla povertà volontaria alla società di mercato*, Bolonia, Il Mulino, 2004 (que incluye una inmensa bibliografía orientativa).

de racionalización y recuperación de los monasterios cistercienses), encontraron una nueva organización y coherencia en la vida urbana de los artesanos y comerciantes. Los franciscanos basaron su nuevo modelo en la práctica, en la vida de su fundador, y quedaron confirmados en las constituciones pontificias que, tras la muerte de san Francisco, definieron las reglas de la nueva pobreza en el seno de la orden y alcanzaron una considerable complejidad teórica en los escritos de los grandes teólogos franciscanos, entre los que en las últimas décadas destaca cada vez más la figura de Petrus Iohannis Olivi, quien encontró precisamente en la realidad cotidiana del mercado de las ciudades comerciales en las que vivió (Narbona, París, Montpellier, Florencia) la fuente de sus premonitorias reflexiones.

Desde mi punto de vista, aunque parezca paradójico, la gran lucha doctrinal resulta secundaria, así como la brutal represión que la acompañó durante los siglos de la Baja Edad Media: la parte radical del movimiento franciscano se opuso a la jerarquía eclesiástica en la proclamación de una interpretación más rígida de la regla y fue sometida a una verdadera persecución cuando se equipararon las tesis de las órdenes mendicantes con la herejía. La polémica tuvo sin duda gran repercusión doctrinal en las discusiones universitarias a medida que se elaboraba la diferencia entre los conceptos de «dominio», «propiedad» y «uso» de las cosas, pero en cierto modo representa la manifestación más visible de una revolución interna que sacudió al cristianismo en los siglos XIII y XIV a causa de las órdenes mendicantes. El impetuoso crecimiento de tales órdenes en toda Europa puso en cuestión la organización administrativa y financiera de la Iglesia romana, su estructura territorial diocesana y sus propias relaciones con el mundo de los banqueros y empresarios encargados de recaudar los diezmos y otros impuestos del clero, sobre todo en la época del exilio de Aviñón y del Gran Cisma.

El desarrollo de las órdenes mendicantes como sistema

autónomo del clero «regular» (organizado de forma centralizada sobre la base de provincias y paralelo al clero «secular» de las parroquias y diócesis), alejado en gran medida de la habitual autoridad diocesana, también tuvo repercusiones concretas en el plano económico: con el clero mendicante se desarrolló un cuerpo eclesiástico ajeno al sistema en el que la Iglesia había basado su poder durante los siglos anteriores (una relación entre beneficio y oficio, entre propiedad de la tierra y autoridad espiritual análoga a la feudal), y eso supuso un duro golpe al concepto estático de riqueza, un golpe que no se produjo mediante proclamas mendicantes radicales, sino mediante la actividad de los grandes conventos que surgieron en todas las ciudades mercantiles de Europa.

Desde la perspectiva franciscana, el pecado contra la caridad no es la riqueza en sí misma, sino su acumulación improductiva y egoísta: estéril en sí misma, la riqueza en las arcas del avaro se vuelve positiva si circula para el bien de los demás, para el desarrollo de la sociedad. La propia calificación de los miembros de las órdenes mendicantes como «viajeros» perpetuos con una red de conventos que en pocas décadas cubrieron todas las ciudades de Europa, produjo una doble pertenencia, ciudadana y universal, clerical y laica, que hizo que los franciscanos y los miembros de otras órdenes mendicantes se aproximaran existencialmente a los mercaderes por su movilidad. Su espiritualidad era mucho más capaz de penetrar en los círculos laicos de los productores y mercaderes que la que predicaba el clero secular, porque no se consideraba la expresión de una jurisdicción siempre amenazante, como la de las instituciones y los tribunales diocesanos. Las órdenes terciarias, las cofradías laicas, los grandes movimientos penitenciales que sacudieron las ciudades a finales de la Edad Media son la prueba de que se trataba de un fenómeno de gran impacto económico. Evidentemente, ofrezco sólo un cuadro esquemático que no tiene en cuenta la alianza objetiva que se estableció entre el papado y las nuevas órdenes, y que además se convirtió en el principal instrumento de defensa del universalismo en la fragmentación de la *christianitas* a raíz de las disputas con las nuevas monarquías emergentes; concretamente, en las ciudades, junto al mercado, surgieron entonces los conventos, que aún hoy atestiguan la presencia de un pluralismo de puntos de referencia urbanos.

Sin duda, la consideración del mercado como instrumento para medir el valor de las cosas y para el desarrollo de la riqueza colectiva se impuso por completo en la segunda mitad del siglo XIII y fueron especialmente sensibles a él los franciscanos, tanto por su participación en la vida de la ciudad como por su planteamiento de separar el derecho de propiedad del uso de las cosas, y por su mayor atención a la práctica concreta y cotidiana de la vida, más que a las teorías abstractas.

Las investigaciones de los últimos años han esclarecido considerablemente el problema, y creo que no hay mejor manera de resumirlo que citando a Giacomo Todeschini:

Así pues, los mercaderes aparecen a finales del siglo XIII, entre Francia e Italia, en los escritos de Olivi y en la práctica de un intenso diálogo cotidiano con los franciscanos, posiblemente porque eran quienes conocían las riquezas presentes en las ciudades y pueblos. Para los franciscanos, el sentido socialmente positivo del dinero depende de la capacidad mercantil de hacerlo circular, en vez de inmovilizarlo: de usarlo en vez de desear acumularlo, de considerarlo una unidad de medida y no un objeto precioso.

La sociedad económica de los laicos, es decir, el mercado, debió de parecer a Olivi un mar abierto e infinito en que podían arrojarse las cosas y el dinero, que, una vez flotaban allí, habían perdido cualquier connotación de propiedad indiscutible. En ese sentido, el deber del comerciante era organizar y medir el desorden atribuyendo valores correctos y probables a las cosas cuando pasaban de unas manos a otras.[1]

---

[1] Todeschini, *Ricchezza francescana, op. cit.*, p. 100.

3. LA PROPIEDAD Y EL USO MODERNO
DE LOS BIENES

Una de las principales conquistas de la historiografía medieval de los últimos años, a la que se ha llegado por diversos caminos—aunque sobre todo a través del estudio de la polémica franciscana sobre la pobreza—, ha sido la de distinguir la propiedad como concepto y derecho inamovible del uso concreto de la riqueza. Para que se entienda mejor, diría que se trata de una metamorfosis semántica semejante a la que se produjo en los mismos siglos de la Edad Media con dos palabras de raíz latina que todavía hoy condicionan nuestra lengua: *modo* y *estado*.

La evolución de la primera palabra, *modus*, de la que deriva el término *moderno*, la ha explicado Reinhart Koselleck, junto con el concepto de «revolución», en un conocido libro sobre la semántica de los conceptos históricos.[1] Al margen de la historia del concepto de lo «moderno» o de «nueva era», con respecto a la historia antigua y de la Edad Media nos interesa constatar que en muchos países occidentales se empieza a hablar de «historia moderna» como un período en el que nada es estable, y ese sentido procede de *modus*, que significa 'un movimiento o modo de ser que se caracteriza por estar en proceso', es decir, algo que actualmente existe pero no existía de la misma manera anteriormente. Todo se ha vuelto móvil y todo se cuestiona, todo se considera perfectible y modificable, todo es transición más o menos acelerada. En esencia, el movimiento constituye el núcleo.

Nos encontramos ante un cambio conceptual-semántico de sumo interés: el centro de gravedad de la discusión sobre la

[1] R. Koselleck, *Futuro passato. Per una semantica dei tempi storici*, trad. A. Marietti Solmi, Génova, CLUEB, 1986. [Existe traducción en español: *Futuro pasado. Para una semántica de los tiempos históricos*, trad. N. Smilg, Barcelona, Paidós, 1993].

riqueza ya no se encuentra en el concepto de propiedad como realidad fija e intemporal, sino en su uso, en lo que es posible hacer y obtener concretamente mediante el uso de la riqueza.

Querría citar el magistral resumen que hizo Paolo Grossi de su investigación sobre el cambio del concepto de «propiedad» en el camino hacia la Modernidad jurídica:

A finales del siglo XII surgieron los gérmenes que se multiplicarían a lo largo del siglo XIV y condenarían a muerte el edificio jurídico medieval y su modelo, corroyéndolo desde los cimientos. Sin embargo, son los teólogos, a través de sus voces y escritos, quienes comienzan a plantear una nueva antropología que pone en el centro a un sujeto por fin realmente «propietario» y, en consecuencia, da un vuelco a la vieja relación entre el hombre y las cosas poniéndola patas arriba.[1]

Se trata de un nuevo modelo de humanidad, paralelo al desarrollo del Estado moderno y del mercado hasta el siglo XIX, que presupone una distinción fundamental, hasta entonces extremadamente ambigua, entre lo privado y lo público. Será cada vez más el soberano, la única voz de Dios, quien podrá intervenir en la esfera de la propiedad, pero sólo como regulador en la realidad histórica concreta de un principio de propiedad que es inherente al orden inmutable de la naturaleza: la propiedad, de hecho, quedará a partir de entonces completamente separada de la esfera del dominio político y estará vinculada al individuo, que se convertirá en el hombre-propietario, sujeto sólo a los mandamientos divinos.

De modo que, como señala Grossi, fueron los teólogos,

---

[1] P. Grossi, *Il dominio e le cose. Percezioni medievali e moderne dei diritti reali*, Milán, Giuffrè, 1992, p. 15. Grossi retomó el tema antes y después de 1985, como hilo conductor de sus investigaciones sobre historia del derecho: *cf.* P. Grossi, *Uno storico del diritto alla ricerca di se stesso*, Bolonia, Il Mulino, 2008. [Existe traducción en español: *Un historiador del derecho a la búsqueda de sí mismo*, trad. M. del Arenal Martínez del Campo, Barcelona, Tirant lo Blanch, 2023].

en diálogo con los juristas, quienes desarrollaron este nuevo modelo de humanidad que alcanzó su secularización definitiva en el siglo XVIII. No rastrearé el camino técnico-jurídico que condujo al final del dominio como derecho abstracto estrechamente vinculado al poder y a su separación del disfrute de los bienes (el *usus facti*), y por tanto a la división fundamental entre la propiedad y su uso: este proceso permitió ciertamente el desarrollo sin precedentes de una riqueza que no coincidía con la tierra ni los bienes inmuebles, sino que por el contrario era «móvil» y deslocalizada, y ya por aquel entonces se denominó *capitalismo*.

Ya hemos mostrado, pues, la raíz teológica del nuevo concepto de propiedad: nació durante la gran disputa franciscana sobre la pobreza porque ésta puso de manifiesto las contradicciones entre el concepto abstracto de propiedad y su dominio útil, ni siquiera en la discusión sobre la importancia de la nueva teología nominalista y voluntarista de impronta franciscana que tuvo lugar en la transición hacia el pensamiento de la llamada segunda escolástica. Como ya he señalado en otras obras sobre la justicia en general, me parece que en las últimas décadas los historiadores del pensamiento han exagerado la esquemática división de las escuelas entre aristotélicos-tomistas-realistas, por un lado, y nominalistas-franciscanos, por otro. Me inclino a pensar que prevalecen ciertas continuidades y que las novedades provienen sobre todo del esfuerzo por dominar conceptualmente el dualismo establecido entre lo sagrado y la esfera del poder político, la nueva realidad dinámica del Estado moderno en su prehistoria: la cuestión es que el dualismo es también un elemento determinante en el nacimiento del mercado, no sólo del Estado, como sigue considerándose aún en el pensamiento político actual.[1]

---

[1] P. Prodi, *Una storia della giustizia. Dal pluralismo dei fori al moderno dualismo tra coscienza e diritto*, Bolonia, Il Mulino, 2000, pp. 149-154. [Existe traducción en español: *Una historia de la justicia. De la pluralidad*

4. «BONUM COMMUNE» Y RIQUEZA

Al abordar la relación entre la riqueza y la política conviene comenzar con un breve excurso sobre la palabra *status*, como ya he hecho con el término *modus* en relación con la propiedad y su uso. En el lenguaje común seguimos escribiendo la palabra *estado* con minúscula o *Estado* con mayúscula para distinguir entre el sentido original de la palabra latina, que aludía a la condición concreta de una realidad determinada (en qué estado nos encontramos, etcétera) y el sentido político del término (Estado moderno, Estado democrático, etcétera). Lo interesante es que la segunda acepción se establece precisamente entre los siglos XII y XV. Antes de la Edad Moderna los cuerpos políticos se concebían como entidades fijas e inmóviles (según el esquema aristotélico y naturalista), como reflejos de la ordenación del cosmos en la vida social: existen diferentes regímenes (monarquía, aristocracia, democracia) o distintos modelos de organización, pero la *res publica* se concibe como inmóvil. Los cambios se producen sólo en la cúspide, en la alternancia de diferentes personas o facciones en el poder, que suelen ser consecuencia de golpes de Estado o derrotas militares. De ese modo, la palabra *estatus* se introdujo por primera vez en el lenguaje político y eclesiástico en su acepción original a partir del participio pasado del verbo *estar* para indicar la condición, la situación concreta de una comunidad particular: se habla del buen o mal *estatus* de un reino, una ciudad o una Iglesia concreta en un lugar o en una época determinados en relación con el buen gobierno y la salud pública colectiva, en una situación histórica concreta que se definía y distinguía de una entidad (reino, Iglesia, etcétera), caracte-

---

de fueros al dualismo moderno entre conciencia y derecho, trad. L. Padilla López, Madrid, Katz, 1992].

rizada por una naturaleza profunda e invariable.[1] Posteriormente, la misma palabra empezó a utilizarse con creciente frecuencia para identificar a los titulares del poder, el régimen en el poder en un momento dado (estado gibelino, estado güelfo, estado de un señorío, etcétera). Y finalmente el término se volvió autónomo, sin adjetivos, y aludió a la forma política concreta de una ciudad o de un territorio: de alguna manera se inventó una nueva palabra para expresar el nuevo sentido dinámico de la vida política que se identificaba totalmente con la gestión del poder.

En lo que se refiere al asunto que nos ocupa—la relación entre la política y el mercado—, la diferencia entre la pertenencia a un país, a una ciudad, a una república, y a un *estado* como grupo que detenta el poder—ya sea güelfo o gibelino—fue emergiendo cada vez más en el pensamiento mercantil. Como escribió a mediados del siglo XIV Paolo da Certaldo en su *Libro di buoni costumi* ['Libro de buenas costumbres'], el comerciante debe mantenerse alejado de la política y no tomar partido: «Allá donde vayas o te establezcas, procura hablar bien de quienes gobiernan la Comuna; de los demás, empero, no hables mal, porque podrían subir al poder y te tomarían por enemigo suyo y de su estado».[2] El concepto reaparece y se amplía en el siglo siguiente, sobre todo en el tratado más conocido de Benedetto Cotrugli escrito en 1458: «Al comerciante no le conviene comprometerse con ninguna corte».[3] La actividad comercial, la moralidad interna y exter-

---

[1] Y. Congar, «Status Ecclesiæ», *Studia Gratiana*, 15, 1972, pp. 3-31; G. Miglio, «Genesi e trasformazione del termine-concetto "stato"», en: *Stato e senso dello Stato oggi in Italia*, Milán, 1981, pp. 65-86 (reed.: Brescia, Morcelliana, 2007).

[2] V. Branca (ed.), *Mercanti scrittori. Ricordi nella Firenze tra medioevo e rinascimento*, Milán, Rusconi, 1986, p. 18, n. 99.

[3] B. Cotrugli, *Il Libro dell'arte della mercatura*, ed. U. Tucci, Venecia, Arsenale, 1990, p. 33.

na del perfecto comerciante, sólo depende de que sepa obtener la confianza «de todo el mundo».[1]

La única ideología permitida al nuevo hombre de negocios es la del «bien común» que justifica el uso de la riqueza y el ejercicio de un poder que, en principio, debe ser indirecto, nunca directo. No creo que se trate de ambigüedad o dualismo entre la moral cristiana y el espíritu mercantil, como ha sugerido Bec,[2] sino de una doble pertenencia en la que la ética mercantil en función del bien común representa la sustancia, la justificación religiosa de la práctica del mercado. De hecho, sabemos que en las décadas siguientes ese principio se vio desbordado por la realidad, por el establecimiento de las oligarquías mercantiles, con resultados muy diferentes, desde la toma del poder por parte de Romeo Pepoli en Bolonia hasta el encubierto señorío de Cosme de Médicis en Florencia. Esos conflictos y tensiones entre la riqueza mobiliaria y el poder político son también elementos fundamentales de la crisis de las ciudades comunales y del paso al régimen señorial.[3]

Por supuesto, no pretendo resumir aquí la inmensa literatura sobre el nacimiento del concepto de *bonum commune* en las ciudades italianas y europeas de los siglos XIII y XIV, concepto que en la historiografía reciente parece evidenciar una renacida nostalgia, tan fascinante como mítica, por nuestro «republicanismo» autóctono; el acento se ha puesto en el conflicto de intereses como fundamento de un *bonum commune* siempre por inventar y conseguir.[4] Sólo

---

[1] *Ibid.*, p. 179.

[2] C. Bec, *Les merchands-écrivains. Affaires et humanisme à Florence 1375-1434*, París-La Haya, Mouton, 1967, p. 111.

[3] Para una visión general: G. Petti Balbi (ed.), *Strutture del potere ed élites economiche nelle città europee dei secoli XII-XVI*, Nápoles, Liguori, 1996.

[4] H. Münkler y H. Bluhm (ed.), *Gemeinwohl und Gemeinsinn*, vol. 1: *Historische Semantiken politischer Leitbegriffe*, Berlín, Akademie, 2001, en particular los ensayos de O. G. Oexle, «Konflikt und Konsens», y P. Blic-

querría señalar que la aparición del tercer polo—además de lo sagrado y lo político—, la economía bursátil y financiera, modificó profundamente las relaciones de poder preexistentes y generó así la necesidad de una clara distinción, inexistente hasta entonces, entre las esferas pública y privada, y por tanto la necesidad de una dialéctica entre dichos polos. Así pues, en el Occidente de los siglos siguientes, esta dialéctica ya no se encuentra circunscrita en el ámbito de una reflexión teórico-política, sino que para ser comprendida requiere, incluso desde la reciente perspectiva nostálgica, de una consideración de las tensiones entre los intereses en conflicto que no puede remontarse a la simple oposición entre el interés privado y el colectivo.

Creo que los historiadores han sobrevalorado la importancia del redescubrimiento de las doctrinas de Aristóteles y de la naturaleza de la política, y ello no sólo resulta erróneo, sino sobre todo peligroso: en realidad, en el caso concreto de la teoría aristotélica sobre el dinero, y en general, en la reelaboración humanista de los valores de la civilización antigua (que supeditaba lo económico a lo político e ignoraba al individuo), puede afirmarse no sólo que se trata de ideologías premodernas, sino que además incluían elementos que obstaculizaban el cambio. Aunque parezca paradójico, creo que el redescubrimiento de la política y la economía aristotélicas pudo constituir un freno a un mundo que, en la variedad de sus expresiones regionales y en la separación entre sacralidad y poder político, ya no toleraba la identificación total con la ciudad, con un *princeps* o con una *res publica*, fueran cuales fueran.[1] Eso explica por qué, desde el punto de vista

---

kle, «Der gemeine Nutzen. Ein kommunaler Wert und seine politische Karriere», pp. 65-108.

[1] J. Coleman (ed.), *The Individual in Political Theory and Practice*, Oxford, Clarendon Press, 1996; véase en particular el ensayo de A. Black, «Individuals, Groups and States: A Comparative Overview», pp. 331-340.

de la vida económica, las opiniones más conservadoras tendían a estar muy presentes en las corrientes de pensamiento más aristotélicas (como el realismo tomista) mientras que
las más innovadoras tenían que romper con ellas (como el nominalismo), pero sobre todo explica que estas divergencias
se originaran a partir de situaciones concretas, no de preocupaciones teóricas. Básicamente, la doctrina del bien común se desarrolla precisamente como un compromiso frente a una identidad colectiva imposible de forjar a partir de la
tradición antigua: el *bonum commune* presupone los intereses privados de los individuos y grupos, y propone una mediación dinámica como la única posible. Las ciudades europeas se impusieron como ciudades mercantiles, desde las
repúblicas marítimas italianas hasta las ciudades comunales
del norte de Italia, Renania y las ciudades-Estado hanseáti-
cas, y cuando los contrastes se hicieron intolerables en el interior y en la relación campo-ciudad se pusieron en manos
de un señor como árbitro (a menudo delegado del emperador o del papa) capaz de garantizar los intereses fundamentales de la vida económica, que sin embargo no era titular
por derecho propio de un poder religioso. Las asociaciones
de productores y comerciantes, los gremios y, en general, todos los universitarios mantuvieron una cuota de soberanía y
siguieron siendo sujetos colectivos dialécticamente responsables ante un poder político y religioso que, a su vez, se di-
vidió en una multiplicidad de polos, durante siglos, hasta la
afirmación del Estado-nación como nueva identidad política totalizadora.[1]

---

[1] P. Michaud-Quantin, *Universitas. Expressions du mouvement commu-
nautaire dans le Moyen Age Latin*, París, J. Vrin, 1970; A. Black, *Guilds and
Civil Society in European Political Thought from the Twelfth Century to the
Present*, Londres, Methuen, 1984; P. Prodi, *Il sacramento del potere. Il giuramento politico nella storia costituzionale dell'Occidente*, Bolonia, Il Mulino, 1992, cap. IV: «La società giurata del tardo medioevo».

5. LAS NUEVAS TEORÍAS DE LA JUSTICIA Y LA REINVENCIÓN DEL DERECHO ROMANO

También es muy necesario aclarar un aspecto como la falta de una referencia única desde el punto de vista de la justicia y el derecho. Creo que puede hablarse de «orden jurídico» en singular, como hizo Paolo Grossi en su obra fundamental,[1] pero también de «órdenes» en plural, para dar cuenta de la coexistencia de diferentes sistemas dentro de un universo cultural común, si bien caracterizado por la dialéctica, por una continua tensión entre poderes. Querría insistir una vez más en que la reflexión teológica y filosófica sobre la ética y el pensamiento jurídico están permanente e indisolublemente ligadas, y el *proprium* del sistema consiste en una búsqueda continua (en la que participan teólogos, filósofos y juristas) de la jerarquía de normas que constituye la dinámica del derecho propia de la Edad Media. Parece haber una singular cercanía y coincidencia en las doctrinas de los pensadores de esa época, más allá de las filiaciones específicas, no sólo de los teólogos del derecho canónico vinculados a la Iglesia romana, sino también de los juristas del derecho civil que retoman los principios del derecho romano en el nuevo marco histórico formado por las ciudades y las repúblicas comerciales: los jurisconsultos no encuentran cabida para los *nova negotia* en el *Corpus iuris* si no es introduciendo un nuevo orden jurídico. También en la práctica cotidiana, puesto que existen dos *corpora iuris*, el civil y el canónico, se establece una dialéctica entre el orden jurídico de los tribunales y el moral de los confesionarios: existe un derecho humano (civil o eclesiástico) y un derecho natural y divino dotado de una indudable positividad propia, procedente del único so-

---

[1] P. Grossi, *L'ordine giuridico medievale*, Roma-Bari, Laterza, 1995. [Existe traducción en español: *El orden jurídico medieval*, trad. F. Tomás y Valiente y C. Álvarez, Madrid, Marcial Pons, 1996].

berano al que la civilización jurídica medieval reconoce absoluta potestad, Dios.[1]

Antes de ocuparme del mercado me parece necesario hacer dos breves aclaraciones para disipar ciertos malentendidos. En primer lugar, querría señalar la ambigüedad del concepto de «justicia», que, como un Jano de dos caras, tiene una dimensión moral (la virtud) y otra jurídica (el imperio de la ley). Por mucho que se repita la referencia ciceroniana al *unicuique suum* ('a cada cual, lo suyo'), ya no refleja una visión monolítica, sino una tensión que siempre lleva a cuestionar tanto el *unicuique* (individuos y grupos sociales) como el *suum* (Dios, hombres, cosas). Como ya han demostrado muchos autores, la teorización—que lleva a cabo sobre todo Tomás de Aquino—de la existencia de dos tipos de justicia, la conmutativa (entre sujetos en plano de igualdad) y la distributiva (que emana de arriba, del poder político) rompe el monismo interpretativo e introduce un eje horizontal y otro vertical para articular la realidad social.

En segundo lugar, sería un error establecer una línea divisoria entre los sistemas jurídicos del derecho canónico y del derecho civil. Naturalmente, existe una diferencia, porque los sistemas de normas de referencia son distintos y sobre todo lo son sus procedimientos y los tribunales judiciales que las aplican, pero la verdadera línea divisoria se encuentra entre el derecho natural y divino y el derecho positivo, sea canónico o civil, en la búsqueda de esa jerarquía de normas que es la referencia última del jurista, sea civil o canónico.

Uno de los elementos en los que más insistió la historiografía tradicional para comprender el extraordinario desarrollo cultural y civil de las ciudades fue el redescubrimiento del derecho romano. Recientemente sabemos que resulta más apropiado hablar de *reinvención* que de *redescubrimiento*: no es el derecho romano histórico lo que importa, sino su

---

[1] *Ibid.*, p. 229.

reinvención a partir de las necesidades de la nueva sociedad ciudadana para establecer nuevos derechos reales, y en particular los relativos a la propiedad, el uso y el intercambio de cosas. Lo cierto es que ya en el mundo antiguo el dinero tenía la capacidad de hacer posibles muchas transacciones: comprar esclavos y rentabilizar la posesión de tierras, desarrollar la industria y el comercio, conquistar el poder político. Con la formación de la *res publica romana*, el derecho, administrado políticamente, entró en la esfera de la propiedad y permitió la invención de contratos formalizados de venta, alquiler y préstamo. Posteriormente, en los siglos del imperio, se implantó el futuro modelo de la pareja estructural derecho-política, con la incorporación de los juristas a la burocracia.[1] Pero, como han demostrado estudios recientes, este derecho se limitaba a la prevención de la violencia y a la resolución de litigios sobre la propiedad de la tierra o de los animales, pero no intervenía en la vida económica ni en la estructura social, no se inmiscuía en el orden social tradicional de la familia ni en la práctica económica (por ejemplo, en el proceso de establecimiento de los precios). La fulgurante carrera de ese derecho comenzó más tarde, cuando ya no existía Roma, sino sólo la idea de Roma, con el redescubrimiento del derecho romano en las dietas de Roncaglia redactadas por los juristas de la Universidad de Bolonia a petición de Barbarroja.[2] El derecho romano ni siquiera reconocía la separación entre el derecho público y el derecho privado ca-

[1] M. Th. Fögen, *Storie di diritto romano. Origine ed evoluzione di un sistema sociale*, trad. A. Mazzacane, Bolonia, Il Mulino, 2005, pp. 151-194.
[2] *Ibid.*, pp. 209-210. Para una visión más general A. Schiavone, *Ius. L'invenzione del diritto in Occidente*, Turín, Einaudi, 2005 [Existe traducción al español: *Ius. La invención del derecho en Occidente*, trad. G. Prósperi, Buenos Aires, Adriana Hidalgo, 2009], que se ocupa del nacimiento de un absolutismo tardoantiguo en el que «los mayores estudiosos del derecho, a partir de Papiniano, se convertirían en altísimos funcionarios de la administración: burócratas intelectuales de tipo casi hegeliano» (p. 343).

racterística de los sistemas modernos y que tantos problemas conlleva ahora con la crisis del derecho positivo del Estado como contenedor orgánico de normas.[1]

De modo que es importante insistir en que no es posible hablar de «economía» y «política» como sistemas autónomos y diferenciados en la época de la república romana: en su desarrollo en la época imperial, el derecho romano no se ocupó de las necesidades económicas de la sociedad, las excluyó sistemáticamente. De ahí que merezca la pena subrayar que la reinvención del derecho romano como derecho natural y divino en la Edad Media representa un segundo nivel (y un orden superior de juicio, sobre la base de la equidad) con respecto a un derecho humano-positivo que por entonces estaba en constante evolución como (y junto con) el poder político y el poder religioso.

6. LOS ORÍGENES DE LA «LEX MERCATORIA»

En el próximo capítulo me ocuparé de las regulaciones del mercado, pero es necesario hacer algunas aclaraciones previas.[2] La cuestión de si existía una *lex mercatoria* en la Edad Media ha sido equívoca desde siempre: como es bien sabido, la definición de *lex mercatoria* nació en Inglaterra en el siglo XVII para reivindicar, frente al foro emergente de las cortes reales y las nuevas leyes del Estado, la presencia de reglas de

---

[1] G. Hamza, «The Classification (divisio) into "Branches" of Modern Legal Systems (Orders) and Roman Law Traditions», *European Journal of Law Reform*, 8, n.º 4, 2006, pp. 361-382.

[2] Para el marco histórico e historiográfico del derecho del comercio en la Edad Media, véase H. Pohlmann, «Die Quellen des Handelsrechts», en: H. Coing (ed.), *Handbuch der Quellen und Literatur der neueren europäischen Privatrechtsgeschichte*, vol. I: *Mittelalter (1100-1500). Die gelehrten Rechte und die Gesetzgebun*, Múnich, C. H. Beck, 1973, pp. 801-834. Volveremos a este tema más adelante, en el capítulo 9.

mercado autónomas y muy antiguas, y para proteger y defender las antiguas tradiciones mercantiles internacionales. Esta instrumentalización parece haber resurgido con fuerza en la historiografía de los últimos años como consecuencia de la preocupación que ha suscitado en nuestra época de globalización el debilitamiento de los derechos positivos del Estado frente a los grandes conglomerados internacionales y las redes informáticas actuales.[1] Creo que hablar de *lex* en sentido formal puede resultar ciertamente impreciso, como ya he mencionado en el capítulo anterior, porque tiende a comparar códigos incomparables e incurrir en anacronismo. Por ello resulta más adecuado hablar de *ius mercatorum*. No obstante, no es menos cierto que negar la existencia de un derecho mercantil nacido de las prácticas del siglo XIII y consolidado durante los siglos siguientes en el marco del pluralismo de sistemas esbozado por Paolo Grossi sería como tirar al niño con el agua de la bañera. Por eso no estoy de acuerdo en rechazar la tesis de Harold Berman,[2] según el cual el derecho mercantil se desarrolló a partir del siglo XII como un *body of law*, un ordenamiento jurídico coherente—aunque no uniforme—que convive y se enfrenta (sin imponerse), en los foros civiles y eclesiásticos, con otros sistemas preexistentes como el derecho consuetudinario y las leyes y estatutos locales. Hay que añadir que ese marco normativo incluye no sólo las normas que se remontan al derecho romano y su reelaboración como derecho común, ni el derecho canónico adoptado en los tribunales eclesiásticos, sino también el régimen penitencial, nacido de la obligación de confesar los

[1] C. Petit, «Mercatura y "ius mercatorum". Materiales para una antropología del comerciante moderno», en: *Id.* (ed.), *Del «ius mercatorum» al derecho mercantil*, Madrid, Marcial Pons, 1997, pp. 15-70.

[2] Como hace A. Cordes, «À la recherche d'une "Lex mercatoria" au moyen âge», en: P. Monnet y O. G. Oexle (ed.), *Stadt und Recht im Mittelalter. La ville et le droit en moyen âge*, Gotinga, Vandenhoeck & Ruprecht, 2003, pp. 117-132.

pecados, que se elabora como una plataforma de normas comunes a todos los territorios de la cristiandad y que constituye la base más sólida para la constitución del patrimonio de «confianza» que subyace a toda práctica comercial.

7. TEORÍAS DEL CONTRATO

Ya en el siglo XII, los jurisconsultos, grandes reinventores tempranos del derecho romano, hablaban con disgusto de los *nova negotia* para referirse al comercio—y a la navegación en particular—, pues no encajaban en las tipologías previstas en el *Corpus iuris*.[1] Que la Edad Media dio lugar a una amplia gama de contratos desconocidos en la Antigüedad (desde el contrato de sociedad hasta la sociedad limitada, los seguros, etcétera) es un hecho bien conocido para los historiadores del derecho y la economía. Tal vez sea menos conocido para los profanos el hecho de que en el sistema romano es posible identificar contratos individuales, pero no existía una teoría general del contrato como categoría general, como *pactum* basado esencialmente en el consentimiento. En las *Institutiones* de Gayo, y posteriormente en las de Justiniano de forma sistemática, es posible advertir ciertamente un tratamiento de las condiciones necesarias para la celebración de un contrato, pero no se elabora una teoría general del contrato basada en la definición de la capacidad, la voluntad, el consentimiento, la legalidad del objeto, las modalidades, etcétera: para ello habrá que esperar a los tratados *De iustitia et iure* y a los específicos de derecho mercantil de la Edad Moderna.[2]

---

[1] Grossi, *L'ordine giuridico medievale, op. cit.*

[2] V. Piergiovanni, «Rapporti tra diritto mercantile e tradizione romanistica tra medioevo ed età moderna: esempi e considerazioni», *Materiali per una storia della cultura giuridica*, 26, 1996, pp. 5-24; A. Guzmán Brito, «Para la historia de la formación de la teoría general de acto o negocio jurídico y del contrato, III: los orígenes históricos de la teoría

Así pues, las raíces se encuentran ciertamente en las decenas de *tractatus de contractibus* que se multiplicaron por toda Europa desde finales del siglo XIII, y poco a poco fueron haciéndose autónomos de la *summæ confessorum* en la que se había desarrollado el primer núcleo de discusión sobre la legalidad o ilegalidad, sobre la ética del contrato. De todo ello me ocuparé más adelante, sobre todo en relación con el hurto, pero antes es necesario hacer algunas reflexiones.

La primera es que esta nueva centralidad del contrato se desarrolla durante el paso de la situación del «estado» o el «orden»—propio de las sociedades tradicionales y destinado a integrar al individuo en el grupo—a la situación móvil del «pacto» como relación entre individuos.[1] Esto ocurre en la «sociedad jurada» tanto en el plano político, como ya he tratado de ilustrar,[2] como en el privado, siempre bajo el paraguas del juramento, al menos hasta su superación en la Modernidad, con la secularización de las formas y las pruebas documentales. En el marco de la reinvención del derecho romano, se da prioridad a la «obligación» como fase prejurídica, base y alma del contrato y de los demás actos que producen un *vinculum iuris*.[3] Eso parece ilustrar la glosa de las *Institutiones* de Justiniano que cita Jean Gaudemet: «Ut enim boves funibus visualiter ligantur, sic homines verbis intellectualiter» ['Se ata a los bueyes por los cuernos y a los hombres por las palabras'].[4]

---

general del contrato», *Revista de estudios histórico-jurídicos*, 22, 2000, pp. 45-60.

[1] Según la célebre definición «from status to contract», de H. Sumner Maine, *Diritto antico* (Londres, 1861), ed. y trad. V. Ferrari, Milán, Giuffrè, 1998. [Existe traducción en español: *El derecho antiguo*, ed. y trad. R. Cotarelo, Barcelona, Tirant lo Blanch, 2014].

[2] Prodi, *Il sacramento del potere, op. cit.*, cap. IV: «La società giurata del tardo medioevo».

[3] *L'obligation*, número monográfico de *Archives de Philosophie du droit*, 44, 2000, con una presentación de F. Terré.

[4] J. Gaudemet, «Naissance d'une notion juridique. Les débuts de l'"obli-

La segunda reflexión consiste en considerar que la obligación se asienta sobre dos pilares: por un lado, sobre la base de
los derechos subjetivos y la libertad (sin la cual sería inconce-
bible), y por otro, sobre la legislación humana que la concreta. Siempre se hace hincapié en esta copresencia, en el equilibrio y la competencia entre el *forum poli* (el 'tribunal de la
conciencia' o el 'fuero interno', que coincide con el derecho
natural o divino) y el tribunal humano o *forum fori* (el derecho positivo), que se caracteriza no sólo por el poder, sino
también por el pacto. La relación entre ambos fueros puede
variar según las escuelas—los dominicos insisten en el primero y los franciscanos en la legislación humana como acto
de voluntad en continuo cambio—, pero creo que nadie ha
resumido mejor el proceso global, como transición a la Modernidad y al mercado, que Guillermo de Ockham: «Ius poli
non est aliud quam potestas conformis rationi rectæ absque
pactione. Ius fori est potestas ex pactione» ('La ley divina no
es otra cosa que la potestad conforme a la recta razón. La ley
humana es la potestad surgida del pacto').[1]

8. HACIA LA MODERNIDAD: LA RIQUEZA PRODUCTIVA

Tal vez las siguientes observaciones parezcan triviales, pero
tengo la impresión de que ni los historiadores de la economía
ni los estudiosos del pensamiento medieval las están teniendo en cuenta. En primer lugar, el ritmo sin precedentes que
permiten las transacciones financiero-comerciales en la acumulación de riqueza, una aceleración nunca vista en la faz del

gation" dans le droit de la Rome antique», en: *L'obligation*, *op. cit.*, pp. 19-32.
[1] L. Parisoli, «Obligation naturelle et obligation positive: science nor-
mative et perfection spirituelle dans l'École franciscaine», en: *L'obligation*,
op. cit., pp. 69-85 (la cita se encuentra en la p. 84).

planeta. La riqueza basada en la propiedad de la tierra es, por su propia naturaleza, una riqueza lenta y estanca que se adquiere o se pierde sólo (aparte de con las guerras y otros conflictos) mediante el lento transcurso de las generaciones, y que apenas ofrece, sin operaciones militares ni conquistas, la posibilidad de multiplicarse: en el mejor de los casos, cuando la gestión es competente y las circunstancias favorables, la economía agrícola familiar experimenta un crecimiento moderado, pero no se multiplica. Si pensamos en lo que ocurre hoy en día en el ámbito financiero, es fácil pensar en el trastorno que esa evolución supuso en los dos o tres siglos que median entre el final de la Edad Media y la Edad Moderna: la crisis del modelo del noble de sangre, una volatilidad sin precedentes en las relaciones sociales, etcétera, fenómenos que nos resultan familiares gracias a la literatura, pero a los que apenas prestan atención quienes evalúan la sociedad. Cuando pensamos en la acción disciplinaria de los moralistas, predicadores y confesores, incluyendo la condena de la usura y de los ingresos financieros que no provenían de las ganancias de un trabajo o de la tierra, no podemos ignorar estos factores, que no son estrictamente religiosos, pero se imbrican con el proceso de secularización y disciplinamiento social. Como no puedo entrar en un análisis antropológico, me limitaré a recordar la lúcida observación de Dante Alighieri cuando, al encontrarse en el camino al infierno con sus conciudadanos de un siglo atrás y explicarles los cambios que se han producido en ese intervalo en Florencia, dice (*Infierno*, XVI, vv. 73-75):

> Los nuevos ricos, las ganancias rápidas,
> han causado arrogancia y desmesura
> en ti, Florencia, y ahora lo lamentas.[1]

---

[1] Dante Alighieri, *Comedia*, prólogo, comentarios y traducción José María Micó, Barcelona, Acantilado, 2018, p. 159. (*N. del T.*).

La conciencia de la agitación social entre la segunda mitad del siglo XIII y los primeros años del siglo XIV se suma al mito de la desaparecida edad de la caballería y el pesar por una sociedad estática y anclada en los valores tradicionales: el ascenso de las nuevas clases y las repentinas ganancias generan «arrogancia» y «desmesura». Todos éstos son temas sobre los que todavía podrían escribirse tratados enteros.

En la evolución de la concepción cristiana de la riqueza en los siglos comprendidos entre la Edad Media y la Edad Moderna, la distinción entre el poder político y cultural también se percibe como una forma específica de opresión de los pobres. Por lo tanto, nos encontramos con grandes elementos de continuidad, pero a la vez con una profunda transformación histórica a causa de la cambiante situación concreta de las estructuras políticas y sociales. Para ilustrar esa relación de continuidad y discontinuidad en el discurso cristiano sobre la riqueza tendré que retrotraerme varios siglos atrás.

Volvamos al inicio de la Edad Moderna, a las primeras décadas del siglo XVI, a los años de la Guerra de los Campesinos y de las grandes revueltas mendicantes en las primeras ciudades industriales. Un hito importante en esta evolución puede resumirse en la definición de *hurto* que dio a principios de la Edad Moderna, en 1526, Juan Luis Vives en su famosa obra *De subventione pauperum*. Los ladrones son todos aquellos que no utilizan su riqueza para el bien común, sino que la acaparan o la disipan:

Ladrón es, vuelvo a decir, y robador todo aquel que desperdicia el dinero en el juego, que lo retiene en su casa amontonado en las arcas, que lo derrama en fiestas y banquetes, el que lo gasta en vestidos muy preciosos, o en aparadores llenos de oro y plata, aquel a quien se le pudren en casa los vestidos, los que consumen el caudal en comprar con frecuencia cosas superfluas o inútiles; finalmente, no nos engañemos, todo aquel que no reparte a los pobres lo que sobra de los usos necesarios de la naturaleza es un ladrón, y como tal es castigado, sino por las leyes humanas, aunque también por algunas de éstas, a lo menos lo es, y ciertamente lo será, por las divinas.[1]

Creo que éste es un punto de inflexión fundamental hacia lo moderno para el desarrollo de los conceptos de «hurto» y «riqueza». La posesión de riquezas había dejado de considerarse como un mal en sí mismo tiempo atrás, pero en el comienzo de la Edad Moderna aparece un nuevo elemento. La disipación improductiva de la riqueza es un pecado y un hurto: quien la practica es un ladrón que debería ser castigado por las leyes humanas y ciertamente lo será por las divinas. Se ha estudiado mucho el pensamiento de Vives en relación con el nacimiento del pauperismo moderno, con la ruptura del modelo medieval de «pobreza» y la asistencia a las multitudes de marginados excluidos de los nuevos circuitos comerciales y empresariales, esas masas de vagabundos y desheredados que en épocas de crisis productivas y de carestía amenazaban también la estabilidad social y política de la ciudad: estos fenómenos no deben descuidarse en absoluto, y aunque no pueda detenerme en ellos querría recordar que constituyen el contexto fundamental para entender el conjunto.[2]

En plena Contrarreforma encontramos en los sermones de Roberto Belarmino expresiones igualmente significativas de los cambios que se han producido en el marco de la visión tradicional de la avaricia y la caridad. Las riquezas in-

[1] Juan Luis Vives, *Tratado del socorro de los pobres*, trad. Juan de Gonzalo, nieto de Ivarra, Valencia, Imprenta de Benito Monfort, 1781, p. 106.
[2] B. Geremek, *La pietà e la forca. Storia della miseria e della carità in Europa*, Roma-Bari, Laterza, 1986 (no puedo dejar de recordar a este amigo recientemente fallecido con el que pasé un año memorable en el Woodrow Wilson Center de Washington antes de su regreso a Polonia y a su militancia política). [Existe traducción en español: *La piedad y la horca. Historia de la miseria y de la caridad en Europa*, trad. J. A. Matesanz Díaz, Madrid, Alianza, 1998].

justas no son sólo las que se adquieren por medios injustos, mediante el hurto y el fraude, sino también las que, aunque se poseen con justo título, no se utilizan para beneficiar a la comunidad:

También se dice que las riquezas injustas son aquellas que, aunque se posean con justo título, se conservan empero injustamente, y éstas son las que exceden las necesidades propias y familiares. Este excedente pertenece a los pobres y, por tanto, lo retienen injustamente. El rico no es dueño absoluto de sus bienes, pues de lo contrario no estaría obligado a dar cuenta de ellos ante Dios, ni sería castigado cuando no los distribuye adecuadamente.[1]

A mi juicio, resulta interesante la percepción de una forma de opresión doble y diferente y, por tanto, de violación del principio de justicia—no sólo del de caridad—por parte de los gestores de la cultura, la riqueza y el poder político:

Las ovejas negras son las que oprimen a las demás, ya sea mediante la doctrina, la riqueza o el poder. Las ovejas que pastan en los verdes prados y beben agua pura y dan coces con sus patas, de las que habla Ezequiel (34, 18), son los doctos […] Por ejemplo, los médicos que conocen la verdad y, sin embargo, por afán de lucro, recetan remedios inútiles, y los juristas que conocen la verdad, pero agitan causas injustas, y los teólogos que dan malos consejos […] Las ovejas gordas que apartan a las más débiles y les impiden pastar, como dice Ezequiel (34, 21), son los ricos que acaparan todo y abocan a los pobres a pasar hambre. Pues Dios prodiga al mundo suficientes alimentos y otras cosas para todos, pero si algunos codician más de lo que deben, los otros se ven privados de sus necesidades […] Finalmente, los carneros que hieren a las ovejas más débiles con sus cuernos, ya sean favores, privilegios, dinero o incluso armas y violencia.[2]

---

[1] R. Bellarmino, *Prediche a Capua (1602-1603)*, ed. P. Giustiniani, Brescia, Morcelliana, 2004, p. 79.
[2] *Ibid.*, pp. 166-169.

Es interesante seguir el razonamiento según el cual el uso injusto de la riqueza se convierte en una falta no sólo contra la caridad, sino también contra la justicia:

Hay que hacer justicia al prójimo. Si eres comerciante, conténtate con una renta justa; si eres soldado, con un estipendio justo; si eres siervo, con un jornal justo; si eres artesano, con un precio justo; si eres obrero, con una recompensa justa. Si eres médico o abogado, no des a tu trabajo un precio tan alto que los pobres no puedan acercarse a ti; si eres rico, no pagues más tarde de la fecha acordada; si eres juez, no hagas distinción entre personas.[1]

Al hurto como delito contra el mercado se une la «parcialidad» como concesión de favores personales a familiares o recomendados por el poder político: «Este pecado ofende a Dios; ofende al Estado, al que no se sirve debidamente; ofende al perjudicado, porque sufre una injusticia, y ofende a quien disfruta del cargo, ya que al ser indigno del mismo es la causa de su propia ruina».[2]

El esquema de la justicia conmutativa y retributiva se plasma en la nueva situación. Se trata de un discurso que asume la existencia del Estado y del mercado como dos foros diferentes para juzgar los actos de los hombres.

[1] *Ibid.*, p. 208.   [2] *Ibid.*, p. 244.

4

EL MERCADO Y SUS REGLAS

I. EL NACIMIENTO DEL PRECIO JUSTO:
LA «COMMUNIS ÆSTIMATIO IN FORO»

Sin duda, el ámbito en que más se ha profundizado en las últimas décadas a raíz de las reflexiones de Joseph A. Schumpeter es la reflexión sobre la economía desarrollada por los teólogos y juristas medievales.[1] Los estudios, ya clásicos, de Raymond de Roover,[2] así como las exhaustivas investigaciones posteriores de Odd Langholm y muchas otras constituyen en la actualidad una base muy sólida para nuestros conocimientos.[3] Lejos de confirmar el estereotipo de un conflicto entre la doctrina de los teólogos del derecho canónico y las nuevas ideologías ligadas a la economía monetaria, no sólo se ha de-

---

[1] J. A. Schumpeter, *Historia del análisis económico*, trad. M. Sacristán, Madrid, Ariel, 2012.

[2] R. de Roover, *La pensée économique des scolastiques, doctrines et méthodes*, Montreal-París, Institut d'études médiévales J. Vrin, 1971. También me parece útil para la revisión de textos canónicos sobre economía J. Gilchrist, *The Church and Economic Activity in the Middle Age*, Londres-Melbourne-Toronto, Macmillan-St. Martin's Press, 1969, pp. 144-154.

[3] O. Langholm, *Economics in the Medieval Schools. Wealth, Exchange, Value, Money and Usury According to the Paris Theological Tradition 1200-1350*, Leiden-Colonia-Nueva York, Brill, 1992; *Id., The Legacy of Scholasticism in Economic Thought. Antecedents of Choice and Power*, Cambridge, Cambridge University Press, 1998; *Id., The Merchant in the Confessional. Trade and Price in the Pre-reformation Penitential Handbooks*, Leiden-Boston, Brill, 2003. Una reciente y extensa revisión de la bibliografía y las fuentes en M. Bukała, «Enterprise Ethics, "Management" Ethics, and Work Ethics. Less examined aspects of "Oeconomica Medievalia". Previous Research and new Questions», *Studia Antyczne i Mediewistyczne*, 5, 2007, pp. 185-205.

mostrado que la revolución comercial es también anterior en el pensamiento cultural a lo que parecía haber asumido la historiografía de la primera mitad del siglo XX, sino sobre todo que, tras la Reforma gregoriana y la querella de las investiduras, la defensa que hizo la Iglesia de su autonomía económica no se limitó a reivindicar la independencia y la superioridad del poder espiritual, sino que se tradujo de forma muy concreta en una lucha por conseguir tal autonomía, lucha que condujo a una alianza objetiva con los nuevos poderes de la ciudad así como con los poderes económicos emergentes.

No pretendo decir nada nuevo al sugerir que conviene extrapolar los resultados obtenidos que parecen más interesantes para nuestras reflexiones, de modo que me remitiré a ellos para profundizar mi análisis. Quiero insistir una vez más en que no me propongo descubrir una «teoría económica medieval» y menos aún encontrar a los precursores de Adam Smith en el análisis económico,[1] y que, de hecho, me parecen descarriadas tales aproximaciones, como ha demostrado con autoridad Giacomo Todeschini.[2] Lamentablemente, algunas obras recientes y actualizadas sobre el pensamiento económico medieval persisten en este intento, cerrándose tanto a un método interdisciplinar como a una visión histórica más amplia de los fenómenos y, por tanto, también a los resultados de la gran historiografía medieval.[3] No obstante, ello no debe impedirnos estudiar las obras de los pensadores de la época, filósofos-teólogos y juristas, en las que trataban de comprender el cambio revolucionario

[1] B. Gordon, *Economic Analysis before Adam Smith. Hesiod to Lessius*, Londres, Palgrave Macmillan, 1975.

[2] G. Todeschini, *Il prezzo della salvezza. Lessici medievali del pensiero economico*, Roma, Nuova Italia Scientifica, 1994, p. 34.

[3] Véase, por ejemplo, la síntesis de D. Wood, *Medieval Economic Thought*, Cambridge, Cambridge University Press, 2002. [Existe traducción en español: *El pensamiento económico medieval*, trad. N. Móra, Barcelona, Crítica, 2003].

EL MERCADO Y SUS REGLAS

que se producía ante sus ojos, y de establecer las reglas, así como el vocabulario, que les permitiera controlar y gestionar los nuevos fenómenos. En ese terreno tenemos estudios fundamentales a los que podemos remitirnos con seguridad.

La primera certeza es la superación de la concepción tradicional del precio como realidad objetiva (establecido en base al coste de la materia prima más el trabajo incorporado para su conservación, transformación, transporte y comercialización), superación que se produce muy pronto en perfecta consonancia con la revolución comercial: el valor de las mercancías es una realidad subjetiva que viene determinada por el mercado como sujeto colectivo y varía en función de lo deseable que resulta el bien y de su escasez, básicamente de la oferta y la demanda. Como ya se decía en el antiguo derecho romano: «Res tantum valet quantum vendi potest» ('La propiedad vale el precio por el que pueda venderse', *Digesto*, 35, 2, 63), pero lo que representa una verdadera innovación es que entre el vendedor y el comprador se inserta el mercado como *foro* que fija el valor del bien más allá de las negociaciones bilaterales individuales. Accursius, el gran experto en derecho romano, advirtió esta novedad al añadir la revolucionaria palabra *communiter* en la glosa ordinaria del *Digesto*: el precio justo no sólo está vinculado a las valoraciones, necesidades y demandas de los individuos, sino que es fijado *communiter* por el mercado, que hace las veces de juez colectivo.[1]

John W. Baldwin ha tenido el mérito de captar los antecedentes de ese ambiente en el París del siglo XII examinando—en su estudio sobre Pedro Cantor y su escuela, en particular Robert de Courçon y Thomas de Chobham—la estrecha relación entre la política, la universidad y el mercado:[2]

[1] De Roover, *La pensée économique*, *op. cit.*, p. 53; Langholm, *The Legacy*, *op. cit.*, pp. 77-99.
[2] J. W. Baldwin, *Masters, Princes and Merchants. The Social Views of Pe-

la capital francesa también se encuentra en el centro de una red de tráfico y mercados entre Italia e Inglaterra, y en ese ambiente se asiste—más entre los teólogos parisinos que entre los expertos en derecho canónico boloñeses, que seguían anclados en las tradiciones y la recopilación de máximas del pasado—a la revalorización de la figura del comerciante y la definición empírica del valor de las mercancías como el precio variable al que es posible vender determinado bien en un momento y lugar determinados. El trabajo del comerciante es encontrar y comprar mercancías en los lugares donde abundan y transportarlas y venderlas donde escasean: el beneficio se justifica no sólo por el trabajo y el riesgo, sino también en el plano moral por el ejercicio de una función indispensable para la vida social. Todos los pensadores, expertos en derecho romano o canónico y teólogos, están de acuerdo en que los precios difieren en el tiempo y en el espacio y en que el precio justo sólo puede ser el que determina concretamente el mercado en las circunstancias específicas de escasez y abundancia. Y precisamente gracias a los comerciantes el precio tiende a acercarse al coste de producción.

El mercado puede ser bueno (con precios bajos) o malo (con precios altos) o viceversa, según se vea con los ojos del comprador o del vendedor, y se mueve como un sujeto colectivo en base a su propia lógica. Esto queda claro ya en las *Sententiæ* de Pedro Lombardo a mediados del siglo XII, donde se ofrece una definición que refleja los nuevos horizontes y será la base de innumerables citas en los siglos siguientes, con ampliaciones y explicaciones cada vez más complejas. El comercio es un arte, una técnica, y como tal no puede ser

---

ter the Chanter and his Circle, Princeton, Princeton University Press, 1970, 2 vols.; *Id.*, «Medieval Theories of the Just Price. Romanists, Canonists and Theologians in the Twelfth and Thirteenth Centuries», *Transactions of the American Philosophical Society*, 49, n.º 4, n. s., 1959, pp. 1-92.

perversa; el vicio sólo lo introduce la malicia del hombre.[1]

Lo que convierte el comercio en un arte, como todas las demás artes y técnicas productivas, son las reglas objetivas: el mercado determina las reglas del intercambio como el tribunal en el que se fija el valor de las cosas, el precio justo. Un tribunal que hace objetivo lo que en su ausencia sólo refleja la afinidad o rivalidad de necesidades subjetivas, deseos o sensaciones de escasez y abundancia, que dependen por completo de la vida y las pasiones de los individuos. Evidentemente, la conciencia de las implicaciones de ese discurso crecerá poco a poco, y conducirá a la superación de la idea tradicional según la cual las cosas tienen un valor objetivo independiente del mercado y a un mayor conocimiento de la relación entre escasez/abundancia de las mercancías y el precio de las mismas, pero el punto de partida, la base de la revolución comercial, está fijada antes que las teorías.

El foro-mercado se considera una persona colectiva, un mercado «bueno» o «querido», ya a principios del siglo XIII en la *Summa* de Thomas de Chobham.[2] El valor normal y legítimo de los bienes coincide a partir de entonces con el precio de mercado y varía con él: los teólogos dominicos y franciscanos, Alberto Magno y Tomás de Aquino, Petrus Iohannis Olivi y Duns Escoto coinciden esencialmente en esa afirmación, pese a tener sensibilidades diferentes y plantear distintas normas de comportamiento. En su comentario al cuarto libro de las *Sententiæ* de Pedro Lombardo, Tomás de Aquino da una definición que será una referencia incuestionable durante siglos: «Justum autem pretium est, quod secundum æs-

---

[1] *Commentarius in psalmos* (comentario al Salmo 70 versículo 17), en: *Patrologia latina* (PL), 191: «Sed hæc vicia hominis sunt, non artis, quæ sine viciis agi potest, sicut eciam in omnibus artibus male agitur non ex eis, sed hominibus; ars enim nescit vicium».

[2] Citado en Langholm, *Economics, op. cit.*, p. 61: es neccesario reflexionar sobre las convenciones del mercado: «Considerare eventus boni fori vel carioris».

timationem fori illius temporis potest valere res vendita» ('El precio es justo según el valor que el mercado estime que tiene el objeto en el momento de la venta').[1] Incluso el agustiniano Enrique de Gante, al tiempo que subraya el peligro de la profesión mercantil para la salvación eterna («summe periculosa est emptionis et venditionis negotiatio», 'es un negocio muy peligroso el de comprar y vender'), concluye refiriéndose al dicho común de que el valor de una cosa es el precio al que pueda venderse en un determinado momento y lugar.[2]

Petrus Iohannis Olivi recuerda el mismo dicho popular en su *quodlibeta*, en términos muy similares a los de Enrique de Gante. Cuando el contrato entre las partes se establece libremente («ex utriusque partis libero ac pleno consensu ratificatur») deben tenerse en cuenta tres factores fundamentales: las cualidades intrínsecas del bien en cuestión, su rareza y, por último, la valoración subjetiva y la satisfacción que aporta al comprador.[3]

Por supuesto que persisten las razones generales de la justicia distributiva y conmutativa, igual que los derechos subjetivos relacionados con las necesidades y deseos. Así pues, las reflexiones de los teólogos y especialistas en derecho canónico adquieren diferentes matices según las categorías interpretativas—desde las de la escuela tomista ligada al redescubrimiento de Aristóteles y su ética, hasta las de la escuela voluntarista franciscana, pasando por las de los agustinianos y los platónicos—, pero creo que en general el pensamiento de la escolástica gira en torno a este horizonte. Me gustaría hacer sólo dos comentarios para evitar dos malentendidos que me parecen generalizados en la literatura sobre el tema. Por un lado, conviene subrayar que el descubrimiento de la

---

[1] *Commentario in* IV *Sententiarum Petri Lombardi*, dist. 16, art. 46, en: De Roover, *La pensée économique, op. cit.*, p. 57.

[2] *Ibid.*, p. 259.

[3] *Ibid.*, p. 356.

función positiva del mercado como «arte» es anterior al redescubrimiento de Aristóteles y que, por el contrario, el redescubrimiento del filósofo griego, así como de Cicerón y, en
general, del pensamiento clásico y patrístico (que, como ya
señalado, desconfiaba de la actividad mercantil) constituirá
un freno considerable al desarrollo de las nuevas ideas: en el
tomismo del siglo xiii parece haber una mayor desconfianza hacia un mercado que tiende a independizarse del poder
político, desconfianza que contestan los franciscanos.

En segundo lugar, las diferencias de interpretación me parecen más relacionadas con las contingencias históricas—los
cambios en la sociedad concreta y las diferentes relaciones
que establecen con el poder político—que con los diferentes enfoques metafísicos. En ese sentido, al igual que en las
últimas décadas se ha desubierto que doctrinas consideradas
innovadoras en la prédica del siglo xv, como la de Bernardino de Siena o la de Antonino de Florencia, se remontaban
a doctrinas desarrolladas más de un siglo antes por Petrus
Iohannis Olivi—cuya autoría se había ocultado debido a las
sospechas de ortodoxia del autor y a las controversias sobre
la espinosa cuestión de la propiedad franciscana—, tal vez
ahora también estemos en mejores condiciones de comprender que, tras las declaraciones individuales y las diferentes
sensibilidades de teólogos y juristas, puede apreciarse un ru-
mor de fondo común: la revolución comercial y los desarrollos ligados a las transformaciones de la política.

El problema que se presenta es que el mercado como sujeto colectivo no puede pecar: sólo los actores individuales
pueden ser pecadores en la medida en que tienden a violar
las reglas del mercado. Obviamente, éstas pueden verse al-
teradas tanto desde dentro, por efecto de los actos individuales de sus actores (algo que se verá más claramente en el
próximo capítulo al examinar la práctica penitencial de la
confesión), como desde fuera, por efecto de la intervención
de poderes externos, que también pueden escapar a la res-

ponsabilidad del comerciante individual y que tienden a deformar el curso natural de la transacción.

La *læsio enormis*, el único instrumento jurídico previsto por el derecho romano—aparte de las categorías del derecho penal de «fraude» y «dolo»—para la resolución de un contrato (cuando se considera que el precio de un bien es más del doble o menos de la mitad de su valor real), se revela como un instrumento viejo, que desempolvan los juristas, tanto expertos en derecho civil como canónico, pero de forma cada vez más marginal frente al nuevo bagaje conceptual con el que se afronta el problema de las reglas del mercado. Ciertamente se mantiene el dicho del derecho romano, también repetido por expertos en derecho canónico y teólogos—«Res tantum valet quantum vendi potest», 'las cosas valen el precio al que pueden venderse'—, pero el contexto es completamente nuevo: el mercado determina el precio y el pecado es violar las reglas del mercado.

La novedad central es que se considera ilícito todo contrato que perjudique la caridad o el bien de la sociedad.[1] Eso conduce a un nuevo concepto de «hurto», que ya no es estático ni deducido de fórmulas abstractas y ahistóricas, sino que es dinámico y está vinculado al cumplimiento concreto de las reglas del mercado en un momento y una sociedad determinada. Los autores de las *summæ confessorum* de los siglos siguientes, tanto teólogos como expertos en derecho canónico, tratarán de vincular la responsabilidad individual, personal y moral del comerciante con los problemas que surgen en el mercado y en los intercambios diarios.

Juristas y teólogos, escolásticos o no, abordarán el tema de las reglas del mercado y sus vulneraciones en las diferentes contingencias históricas, no tanto para ofrecer una defi-

---

[1] Petrus Iohannis Olivi, *Quodlibeta quinque*, ed. S. Defraia, Grottaferrata, Collegii S. Bonaventuræ ad Claras Aquas, 2002, I, q. 17, p. 59: «Quia omnis contractus qui est directe contra bonum caritatis et societatis est illicitum».

nición útil para la teoría económica, sino más bien para proteger el mercado y asegurar su supervivencia frente a los peligros y problemas que van surgiendo. Me interesa insistir en que las reflexiones teóricas nunca están desvinculadas de la realidad: entre los tratados académicos, teológicos y jurídicos, y la realidad concreta de la vida económica surge una maraña de escritos, recomendaciones y opiniones que solicitan y encargan tanto ciudades, como príncipes, corporaciones y comerciantes directamente interesados en encontrar las soluciones más favorables a su poder o a sus negocios para cada uno de los conflictos que surgen.[1] Más allá de la responsabilidad personal del vendedor o del comprador individual de atenerse a la corrección y no incurrir en dolo ni fraude—responsabilidad que permanece más o menos constante e inalterada—, se plantean esquemas fenomenológicos y estructurales de larga duración con los que medir la existencia y el funcionamiento del mercado como persona colectiva. Plantearé a continuación los que, desde mi punto de vista, son los principales ejes sobre los que girará esta reflexión entre la Edad Media y la Edad Moderna.

2. PERJUICIOS A LA COMPETENCIA: MONOPOLIOS Y ACUERDOS

El mercado como sujeto y juez colectivo del valor de las mercancías sólo puede funcionar si no se ve pervertido por la imposición de un determinado precio—para una determinada mercancía o para toda una gama de mercancías—por parte de un monopolio o como resultado de un acuerdo entre

---

[1] H. Angiolini, «I "consilia" quale fonte per la vita economica: alcuni problemi», en: M. Ascheri, I. Baumgärtner y J. Kirshner (ed.), *Legal Consulting in the Civil Law Tradition*, Berkeley, The Robbins Collection, 1999, pp. 293-315.

vendedores para limitar la competencia. A mediados del siglo XIII ya está claro que la única condición que vuelve ilícita cualquier sociedad de productores y comerciantes es pretender limitar la competencia en una ciudad. Según la definición que dio Enrique de Segusio (*cardinalis Hostiensis* † 1271) en su *Summa aurea*, todo monopolio impuesto por un pacto entre operadores económicos (hoy diríamos *cártel*) o por el poder político constituye la mayor violación de las leyes del mercado.[1] En contra de lo que se suele pensar, las investigaciones más recientes han constatado que en la Baja Edad Media la condena de cualquier forma de monopolio y el ataque a la competencia eran absolutos y se dirigían contra cualquier sujeto, privado o público, individual o corporativo: uno de los principales objetivos de los estatutos de los gremios parece ser el mantenimiento de la igualdad de la competencia (entre los asociados y con el exterior) antes que la defensa del establecimiento de precios y salarios.[2] A la misma preocupación parece obedecer el control ejercido por los gobiernos municipales para garantizar normas homogéneas de producción e intercambio y, al mismo tiempo, impedir la formación de cárteles, e incluso prohibir que los productores de bienes como los alimentos de primera necesidad se asociaran.[3]

---

[1] Enrique de Segusio (Hostiensis), *Summa aurea* (Venecia, 1574), Turín, Bottega d'Erasmo, 1963, libro I, rúbrica «De syndico», col. 399: «Corpus autem monopolarum illicitum est, et dicitur monopola, penultima syllaba longa, quoniam pactum fit inter aliquos mercatores, ut uno precio vendant, vel uni soli vendere liceat; vel dicitur a monos, quod est unus, et pola quod est venditor, quasi unus venditor. Vel dicitur monopola, penultima silla brevi, a polis quod est civitas, quasi unus in civitate talia vendens. Vel dicitur monopolium, inde monopola: qui impetrat ut sibi soli vendere liceat cerras (certas) species vel res: sed si quis huius officium exerceat, bonis propriis spoliatus perpetuo esilio damnant».

[2] R. de Roover, «The Concept of the Just Price: Theory and Economic Policy», *The Journal of Economic History*, 18, n.º 4, 1958, pp. 418-434.

[3] M. Berengo, *L'Europa delle città. Il volto della società europea tra medioevo ed età moderna*, Turín, Einaudi, 1999, pp. 401-519.

Obviamente, esta preocupación dará lugar a planteamientos teóricos que cambiarán pronto bajo la presión de las circunstancias y los intereses. Los casos serán, naturalmente, de lo más variado a lo largo de los siglos: la reivindicación de un monopolio directo por parte del soberano (príncipe o república), la concesión de privilegios que sitúan a un único actor en una posición de cuasi monopolio *de facto*, los precios fijados verticalmente por decreto (se empieza a distinguir entre el precio de mercado y un precio legal que puede divergir por razones políticas), el cierre del mercado a las importaciones procedentes del exterior, los acuerdos entre productores de forma individual o mediante pactos de tipo empresarial, las asociaciones o consorcios con el objetivo de influir en los distintos componentes del precio (como los salarios de los trabajadores), etcétera.

Es evidente que esas intervenciones en el mercado adquieren dimensiones diferentes según se trate de la intervención del gobierno de una ciudad para limitar los gastos en productos de lujo en el siglo XIV o de un decreto para bajar el precio del pan en la Italia española del siglo XVII: más adelante nos ocuparemos de este aspecto.

3. FISCALIDAD Y DEUDA PÚBLICA

Como es lógico, el instrumento directo de intervención del Estado en el mercado es la fiscalidad, entendida no sólo como establecimiento de impuestos, sino también y principalmente como imposición de precios en el mercado por parte de la autoridad política. En las primeras manifestaciones de este problema se habla, de hecho, de precios «tasados» para indicar precisamente los precios que no fija el mercado, sino la autoridad pública. No me ocuparé aquí del problema de la evolución de la fiscalidad y la administración tributaria en su conjunto, sobre el que ya disponemos de muchas investigaciones. Tan sólo querría señalar que la confluencia entre la política y el mercado, a medida que éste se hace cada vez más autónomo, se centra en la fiscalidad, que poco a poco se convierte en el límite, en la frontera en la que los dos poderes se enfrentan, entran en conflicto y se coaccionan mutuamente. La fiscalidad, en sus diversas manifestaciones, se desarrolló siempre en dos niveles: el más conocido, constituir una base cada vez más preponderante de los ingresos necesarios para el funcionamiento de la maquinaria estatal (cada vez más numerosa: burocracia, ejército, obras públicas, etcétera), pero también proteger y gobernar el mercado según los diversos objetivos políticos que persigue el príncipe o la república.

Que la Iglesia romana proporcionó el modelo del Estado moderno para la construcción del aparato administrativo y, en particular, del aparato fiscal, es un hecho conocido y aceptado en la historiografía sobre los orígenes del Estado moderno.[1] La Iglesia no sólo creó la primera gran red burocrática estructural para la evaluación de las rentas eclesiásticas en todas las regiones de Europa, para la recaudación de los diezmos y otros impuestos sobre los beneficios y la transferencia a Roma de los inmensos recursos monetarios adquiridos, sino que también promovió la invención y el desarrollo de instrumentos técnicos, contables y, sobre todo, financieros—como anticipos y préstamos con las grandes empresas bancarias, que adquirieron gran dimensión europea al servicio de la Santa Sede—.[2] Además, el papado inventó, cuando

[1] J. Ph. Genet y B. Vincent (ed.), *État et Église dans la genèse de l'État moderne*, Madrid, Casa de Velázquez, 1986.

[2] Todavía es ejemplar la poderosa investigación de Y. Renouard, *Les relations des papes d'Avignon et des compagnies commerciales et bancaires de 1316 à 1378*, París, Boccard, 1941. [Existe traducción en español: *Los papas de Aviñón*, trad. A. Agostinelli, Buenos Aires, Los Libros del Mirasol, 1961]. Véase también A. Jamme y O. Poncet (ed.), *Offices, écrits et papauté (XIIIᵉ-XVIIᵉ siècle)*, Roma, École française de Rome, 2007, en particular el ensayo de A. Jamme, «De la banque à la chambre? Naissance et mu-

ese sistema entró en crisis a causa de los ataques de las nuevas monarquías y principados, nuevas técnicas de ingresos con el desarrollo de la deuda pública, formas de contratación de ingresos por adelantado y la venta de cargos, como se verá más adelante.[1] Sólo querría subrayar dos aspectos: en primer lugar, que no es posible pasar por alto la alianza entre Roma y el poder financiero (en contra de la opinión general, todavía muy extendida, de que existía un conflicto entre la revolución comercial moderna y la Iglesia romana); en segundo lugar, que es precisamente la separación de sacralidad y política la que proporciona a las finanzas la base doctrinal y práctica de su autonomía y universalidad europeas con respecto a los antiguos poderes territoriales feudales y a los nuevos poderes emergentes.

En realidad, la gran innovación que subyace al nuevo dualismo entre el poder económico y el político es el principio del impuesto directo que se desarrolló (junto a las innumerables formas de impuestos indirectos que existían antes y que perviven hasta hoy) en las ciudades italianas y europeas entre los siglos XIII y XV sobre la base de la estimación de la renta de cada habitante individual con la construcción de un sistema complejo y racional de evaluación, registro, recaudación y lucha contra la evasión: por ejemplo, entre los casos más estudiados y conocidos, la estimación boloñesa de 1296-1297 o la florentina de 1429.[2] En nuestros manuales de histo-

---

tations d'une culture comptable dans les provinces papales entre XIIIe et XVe siècle», pp. 97-161.

[1] Para una visión general: P. Prodi, *Il sovrano pontefice. Un corpo e due anime: la monarchia papale nella prima età moderna*, Bolonia, Il Mulino, 2006. [Existe traducción en español: *El soberano pontífice. Un cuerpo y dos almas: la monarquía papal en la primera Edad Moderna*, trad. E. Juncosa Bonet, Madrid, Akal, 2011].

[2] Para el caso de Bolonia, *cf.* R. Smurra, *Città. Cittadini e imposta diretta a Bologna alla fine del Duecento. Ricerche preliminari*, Bolonia, CLUEB, 2007; para el de Florencia, G. Petralia, «Fiscalità, politica e dominio nella Toscana

ria se hace hincapié en la elaboración de los catastros como parte de las reformas ilustradas del siglo XVIII, olvidando muy a menudo que los catastros no son más que el resultado de una larga evolución desde el punto de vista técnico y político, y pasando por alto que representan una definición de la distribución de la propiedad de la tierra dentro de un Estado ya consolidado políticamente, no una línea de demarcación entre el poder político y el económico dentro de una comunidad urbana.[1]

Éstos son algunos aspectos que retomaré más adelante, también para examinar un fenómeno relacionado con la fiscalidad más intrínseco al mercado: el recurso a la deuda pública para sostener el déficit presupuestario del Estado, que siempre aparece de forma dramática para aumentar los ingresos de la fiscalidad propiamente dicha. Como bien han ilustrado los verdaderos expertos, desde la época comunal Italia ha desarrollado (y en esto ha sido el verdadero laboratorio de Europa) un endeudamiento público con un abanico muy amplio de aplicaciones que van desde la imposición forzosa, muy cercana a la fiscalidad en sus objetivos y métodos, a la captación voluntaria de capitales a cambio de una renta asegurada a través de la emisión de títulos de deuda pública (la constitución de los llamados *Monti*, como 'montones o montañas' de deuda pública, divididos en cuotas), o a través de la concesión de contratos, el cobro de impuestos futuros con el adelanto de capitales, licencias, privilegios e incluso cargos o puestos públicos.[2]

---

fiorentina», en: A. Zorzi y W. J. Connell (ed.), *Lo stato territoriale fiorentino (secoli XIV-XV). Ricerche, linguaggi, confronti*, Pisa, Pacini, 2002, pp. 161-187. Para una visión general, sigue resultando sugerente G. Luzzatto, *Le origini dell'organizzazione finanziaria dei Comuni italiani*, ed. P. Giannotti, Urbino, Quattroventi, 1990 (publicación póstuma de la tesis de 1904).

[1] A. Rigaudière (ed.), *De l'estime au cadastre en Europe. Le moyen âge*, París, Comité pour l'histoire économique et financière de la France, 2006.

[2] Para una visión general, véase R. Bonney (ed.), *Systèmes économiques*

Muchas de estas formas de participación del capital privado en la construcción, mantenimiento y defensa del Estado evolucionarían durante los siglos siguientes, incorporando técnicas que llevarían a la formación del actual sistema de deuda pública, pero conviene destacar que la formación de una gran deuda ciudadana adquirió mucha importancia en las ciudades italianas ya en el siglo XIII: las llamadas *prestanze, compere, paghe, luoghi di monte* o simplemente préstamos en Génova, Venecia y Florencia se convirtieron en el vínculo más importante entre el poder político y el económico de la ciudad, fenómeno que presagia crisis—como veremos más adelante—cuando el capital invertido escapa al control de los órganos de gobierno (un fenómeno que ahora llamaríamos *deslocalización*) o exige el control interno de las finanzas públicas y del gobierno.[1] Baste decir que en este taller político de las ciudades italianas de la Baja Edad Media se elaboró por primera vez una nueva relación entre el bien común y los intereses privados, entre la democracia y el mercado, en el marco del nuevo dualismo que se consolidaba entre los poderes político y económico. Nació así una nueva práctica y una nueva idea del hurto, no sólo respecto al mercado, sino a la relación entre los poderes económico y político.

A mediados del siglo XIV, la comuna de Florencia convirtió los préstamos forzosos en anualidades públicas perpetuas al cinco por ciento, que se conservaron, comercializaron y le-

---

et finances publiques, París, PUF, 1996 (en la serie *Les origines de l'État moderne en Europe*, ed. W. Blockmans y J.Ph. Genet), en particular el ensayo de E. Isenmann, «Les théories du Moyen Age et de la Renaissance sur les finances publiques», pp. 3-35; R. Bonney, *The Rise of Fiscal State in Europe, c. 1200-1815*, Oxford, Clarendon Press, 1999.

[1] J. Kirshner, *States of Debt*, ponencia para el Mellon Sawyer Seminar sobre «Debt, Sovereignty, and Power», Universidad de Cambridge, 18 de noviembre de 2006, en: www.sps.cam.ac.uk/pol_sawyer/documents/papers/kirshner_state-debt.pdf). Aquí también se pueden encontrar también referencias a las anteriores, numerosas y esenciales investigaciones del propio Kirshner.

garon a pesar de la resistencia de los moralistas, que acabaron cediendo a una práctica incontenible e incontrolable: si hay fechas que marcan un punto de inflexión histórica, ésta es una de ellas. Sin entrar en la disputa sobre la pertinencia de la condena moral que tiende a distinguir durante todos los siglos de la Baja Edad Media entre los que compran títulos de deuda pública en función del bien común y los especuladores-usureros que ganan al comprarlos y venderlos,[1] sólo querría apuntar que esta discusión contribuye en buena medida (en el contexto del debate general sobre la usura del que nos ocuparemos más adelante) a distinguir el fuero interno de la conciencia del foro externo de la jurisdicción civil e incluso eclesiástica. En la práctica, como se verá, los casos legales sobre este asunto desaparecen o casi desaparecen de los tribunales civiles y eclesiásticos, y queda reservado a los teólogos, predicadores y confesores como moral de mercado para la cual la especulación se considera hurto porque atenta contra el bien común, si bien existen opiniones diversas y no se emite ninguna norma vinculante.

4. LA MONEDA

Al margen del discurso sobre la eficacia de la moneda, al que nos referiremos en relación con el interés y el crédito, como medida del valor de todas las cosas la moneda se convierte en el principal punto de encuentro de la economía y la política. En una época en la que la revolución comercial recorría la sociedad europea, el problema de la «medida» se convirtió en el centro de la reflexión filosófico-teológica y jurídica,

---

[1] L. Armstrong, «Usury, Conscience, and Public Debt: Angelo Corbinelli's Testament of 1419», en: J. A. Marino y Th. Kuehn (ed.), *A Renaissance of Conflicts. Visions and Revisions of Law and Society in Italy and Spain*, Toronto, Centre for Renaissance and Reformation Studies, 2004, pp. 173-240.

no sólo en lo que respecta al precio de las mercancías, sino también como instrumento de control racional de una realidad que había crecido confusa y contradictoriamente dada la fragmentación de la época feudal.[1] El tema de la moneda es el más directamente vinculado con la revolución científica que afectó tanto a la naturaleza como a la sociedad, ya que supuso, a partir del siglo XIII, el establecimiento de una visión numérica y cuantitativa del tiempo y el espacio.

Mientras que la historiografía económica tradicional se ha limitado a considerar las repercusiones de esta revolución científica en la tecnología comercial, el desarrollo de los libros de cuentas y la aparición del sistema de partida doble en la contabilidad, en la última década Joel Kaye, entre otros, ha hecho una contribución fundamental al inscribir el nacimiento de la ciencia en la nueva economía monetaria y explicar la relación dialéctica que mantuvo con ésta.[2] Esta nueva concepción ha modificado profundamente la valoración tradicional del redescubrimiento de Aristóteles: de un mundo estático a un mundo dinámico en continuo cambio en el que el problema de la cuantificación y la medición se vuelve central a partir de la consideración del valor de las mercancías en un mercado continuamente variable. Sin duda, la moneda se considera la medida de todas las cosas según la definición antigua, pero su valor mismo cambia constantemente sobre la base de las transformaciones de la sociedad, de modo que la *æstimatio communis in foro* sólo puede derivarse de un conjunto de relaciones matemáticas. De acuerdo con el análisis de Kaye sobre los pensadores de los siglos XIII y XIV (que ofre-

---

[1] De entre la inmensa bibliografía me limito a apuntar a C. M. Cipolla, *Le avventure della lira*, Bolonia, Il Mulino, 2001; *Id.*, *Il governo della moneta a Firenze e a Milano nei secoli XIV-XVI*, Bolonia, Il Mulino, 1990. [Existe traducción en español: *El gobierno de la moneda*, trad. J. Viranio, Barcelona, Crítica, 1994].

[2] J. Kaye, *Economy and Nature in the Fourteenth Century*, Cambridge, Cambridge University Press, 1998.

cieron la primera imagen, el primer modelo de la naturaleza sobre el que los pensadores de los siglos siguientes, de Copérnico a Galileo, construirían la nueva ciencia), me limitaré a señalar que la moneda se convirtió, con la variación de su valor metálico intrínseco y con la reserva de la acuñación al poder político, en el vínculo más importante entre éste y el mercado: la mayoría de los cientos de *ordonnances regie* ('ordenanzas reales') emitidas en París en los siglos XIII-XIV se refieren directa o indirectamente a cuestiones monetarias.[1] Así pues, no es de extrañar que el dualismo entre los poderes político y económico encontrara su primera gran configuración teórica en el tratado *De moneta* de Nicolás Oresme (mediados del siglo XIV): el príncipe, aunque aparezca representado en la moneda, no es su propietario («Non tamen ipse est dominus seu proprietarius monete currentis in suo principatu»).[2]

La obra de Oresme no sólo abre el camino al debate de los siglos siguientes sobre el poder regulado por las leyes o *potestas ordinata* de los soberanos como imitación del modo divino de operar en el mundo a través de las leyes de la naturaleza,[3] sino que fundamenta la parábola evangélica de Mateo (22, 21), «Dad a César lo que es de César, y a Dios lo que es de Dios» en un nuevo dualismo: el mercado se convierte en el protagonista de la determinación del valor del dinero, incluso en el período en que es más evidente la tendencia del Estado a manipular la moneda, alterando su valor metálico intrínseco o fijando un valor legal artificial. La historia del endeudamiento de las ciudades y los principados con los ciudadanos y las grandes empresas financieras, de las devaluaciones, la consolidación de la deuda pública a niveles in-

---

[1] *Ibid.*, p. 19.

[2] *Ibid.*, p. 230.

[3] N. De Fernex, «"Potentia", patto e segno in relazione alle teorie monetarie», en: M. Beonio Brocchieri (ed.), *Sopra la volta del mondo. Onnipotenza e potenza assoluta di Dio tra medioevo e età moderna*, Bérgamo, Lubrina, 1986, pp. 157-167.

feriores a su emisión y las quiebras no es menos importante que la a de las guerras que encontramos en los libros de texto de nuestros estudiantes. El comercio entre ciudades y lugares distantes, más allá de las fronteras de los Estados individuales, requería la transferencia de moneda, y el ejercicio del arte del cambio tendió a identificarse con la actividad del crédito y a convertirse así en el eje de la actividad comercial, sujeta no a las leyes de la política, sino a las del mercado, con el desarrollo de técnicas para la transferencia fiduciaria de sumas incluso enormes sobre la base de cartas de crédito sin la transferencia de moneda real, sobre todo a través de las compensaciones que tenían lugar en las grandes ferias financieras.[1] Surgieron nuevos tipos de hurto que habían sido completamente ignorados en épocas anteriores: el poder religioso y el político compitieron por regular esos nuevos sectores de la vida social recurriendo a las categorías de «pecado» o «delito», a las normas morales o a las leyes positivas.

5. EL SALARIO

Obviamente, las observaciones sobre los componentes del coste y, por tanto, del precio, se aplican también a los salarios: no representan un valor objetivo y fijo, sino que dependen del contenido profesional específico y de la singularidad de las competencias. De ahí que el trabajo intelectual se pague más, y sin ningún escándalo, que el trabajo manual y repetitivo, y que la reflexión teológica y jurídica no tenga ninguna dificultad para avalar esa práctica. La historiografía de la primera mitad del siglo XX se ocupó a menudo del tema en relación con el desarrollo del asociacionismo sindical y la llamada doctrina social católica a partir de la encíclica *Rerum*

---

[1] R. de Roover, *L'évolution de la lettre de Change. XIVe-XVIIIe siècles*, París, Armand Colin, 1953.

novarum de León XIII: en el asociacionismo medieval por categorías se ha intentado ver—en sentido positivo o negativo, con nostalgia o con reprobación—una anticipación de un discurso corporativo desde una mirada contemporánea y a menudo para utilizar instrumentalmente la proyección histórica.[1] Como ya observó De Roover, en contra de la creencia popular, la opinión de los teólogos escolásticos respecto a las asociaciones o corporaciones de trabajadores se mantuvo durante mucho tiempo dubitativa, precisamente porque existía la posibilidad de que la defensa de unos salarios demasiado elevados pusiera en peligro los precios y, por tanto, la competencia en el mercado.[2]

Como no puedo detenerme en el amplio discurso histórico sobre los gremios, me limitaré a subrayar, en lo que respecta a la fijación de precios y salarios, que su nacimiento está entrelazado con el del mercado y que su planteamiento en defensa de la autonomía del mercado y de sus reglas está claro desde el principio: representan en cierto modo la bisagra—con sus estatutos, sus órdenes autónomas, sus juramentos—entre el mercado y la política al participar, a menudo de forma directa, en una soberanía dividida.[3] De hecho, durante siglos, la organización y distribución del trabajo en las ciudades a través de las asociaciones de artes y oficios, los gremios o cofradías, permitió mantener y elevar continuamente los niveles de producción. Es necesario recordar el papel, recientemente revalorizado, que desempeñaron también durante la Edad Moderna en el aprendizaje y la innovación tecnológica: en ese período, su deriva aparece más ligada a la acción del Estado moderno para aniquilar los cuerpos sociales interme-

---

[1] M. Rocha, *Travail et salaire à travers la scolastique*, París, Desclée de Brouwer et Cⁱᵉ., 1933. [Existe traducción en español: *Trabajo y salario a través de la escolástica*, Buenos Aires, Librería Santa Catalina-Difusión, 1938].

[2] De Roover, *La pensée économique, op. cit.*, pp. 74-75.

[3] A. Black, *Guilds and Civil Society in European Political Thought from the Twelfth Century to the Present*, Londres, Methuen, 1984.

dios que a un agotamiento de su función histórica, una crisis que llevó a los gremios a ser cada vez más un instrumento de intervención estatal hasta ser suprimidos por decreto y sustituidos finalmente por la intervención directa de la administración pública.[1] El hecho de que en realidad el sistema corporativo, incluso pese a los conflictos entre sus componentes, intentara influir en la política de la ciudad según sus intereses particulares es demasiado conocido y estudiado como para insistir en ello: la antigua lucha por la defensa de las libertades se transformaría progresivamente, en los siglos XVI y XVII, en la defensa de los privilegios de los «ramos».

Lo cierto es que con la crisis de la ciudad-Estado y la formación de los principados regionales y de las nuevas monarquías, las relaciones de poder cambiarían profundamente y los gremios entrarían en una profunda crisis como instrumento de preservación del *statu quo* o se convertirían en estructuras semiautónomas dependientes del Estado absoluto y bajo su control, hasta ser considerados instrumentos anticuados y completamente negativos en el transcurso del siglo XVIII, y rechazados como todos los organismos que se interponían entre el Estado y el individuo.[2]

6. BIENES NO ENAJENABLES Y PROPIEDADES COMUNES

Con la definición de los nuevos conceptos de propiedad y uso privado de las cosas y los bienes, es natural que los límites del mercado se cuestionen mucho más que antes: ¿hasta

[1] R. Mackenney, *Tradesmen and Traders. The World of the Guilds in Venice and Europe, c. 1250-c. 1650*, Totowa, Barnes and Noble, 1987; S. R. Epstein, «Craft Guilds, Apprenticeship, and Technological Change in Preindustrial Europe», *The Journal of Economic History,* 58, n.º 3, 1998, pp. 684-713.
[2] F. Olivier-Martin, *L'organisation corporative de la France d'ancien régime*, París, Librairie du Recueil Sirey, 1938 (sigue siendo fundamental).

qué punto de vista el derecho de la persona, del individuo o de los grupos sociales puede extenderse sobre las cosas? En primer lugar, se intentó delimitar el ámbito de las cosas «sagradas» que se sustraen al mercado: ésta fue la primera gran batalla de la Reforma gregoriana entre los siglos XI y XII contra la simonía como compraventa de lo sagrado, que preludió durante el siglo XII la definición de un ámbito sagrado como no comerciable, tanto con el nacimiento del derecho canónico como con la definición de la teología sacramental. La lucha contra la simonía, es decir, contra la venta de objetos «sagrados», las prohibiciones a los clérigos de participar en el comercio, que se suceden en los decretos conciliares y en los textos de los expertos en derecho canónico del Medioevo—y a menudo son consideradas por cierta moda en la historiografía como desconfianza de la Iglesia hacia el comercio—, en realidad pueden y deben leerse también como signos de desacralización del mercado y de reconocimiento de su autonomía. La definición de un ámbito de cosas «sagradas» que no es posible comprar ni vender contribuye de forma decisiva a la supresión de todos los obstáculos que en la sociedad premonetaria impedían la monetización y comercialización de los bienes.

Merece la pena subrayar las consecuencias de ese distanciamiento en la definición de la propiedad y de los privilegios económicos en la sociedad eclesiástica: las grandes batallas no son entre expertos en derecho canónico y especialistas en derecho civil—muy a menudo coincidentes en su formación universitaria en *utroque iure* y en la asimilación de los dos sistemas—; lo polémico son las tesis a favor o en contra del poder político o sagrado. Por un lado, encontramos las luchas de las órdenes mendicantes extremas, que llevarían desde las herejías de los frailes hasta los grandes movimientos subversivos de Juan Wiclef, Jerónimo de Praga y Jan Huss, pero en el interior de la Iglesia tenemos un enjambre de opiniones teológico-jurídicas sobre la legitimidad del mercado en la transmisión de los bienes eclesiásticos, o como instrumento de renta, etcétera.

No me detendré a examinar los últimos estudios sobre la Iglesia medieval como corporación o empresa económica (lo haré más adelante),[1] pero no querría dejar de señalar su papel global en el mercado en relación con el gran debate sobre la usura y el problema de la restitución de las ganancias ilícitas. No sólo, como se ha estudiado hasta ahora, proporcionó los primeros modelos de administración racional del cobro de rentas, del recurso al crédito, de la deslocalización de la riqueza móvil sobre una base continental (basta pensar en la mencionada magnífica investigación de Renouard sobre la curia aviñonesa), sino que también contribuyó, en sus disputas con el poder político, a la definición del mercado como territorio neutral. Proyectar hacia el pasado, en los siglos de la Alta Edad Media, la concepción de una Iglesia empeñada sólo en la defensa de sus privilegios sería incurrir en anacronismo. Tal concepción sólo es válida para comprender la Iglesia de Edad Moderna, en los siglos XVII y XVIII. Por el contrario, durante los siglos de la Edad Media la acción de la jerarquía eclesiástica, así como la doctrina de sus teólogos y moralistas, a menudo defendió el mercado frente a las invasiones del poder político, que denunciaba como hurto.

Otro problema importante es la definición de los bienes que por su naturaleza deben ser retirados del mercado o, al menos, protegerse en virtud del derecho natural y divino: el aire, el agua, el derecho a alimentos básicos. Es cierto que, como veremos, la distinción se irá difuminando paulatinamente con el establecimiento del derecho de la propiedad privada (una especie de coto cósmico que no se limita ciertamente al ámbito de la propiedad colectiva) durante las épocas tardomedieval y moderna: en cualquier caso, sería un error proyectar incluso en tales períodos un concep-

---

[1] R. B. Ekelund *et al.*, *Sacred Trust. The Medieval Church as Economic Firm*, Oxford, Oxford University Press, 1996.

to de mercado sin fronteras que sólo se ha impuesto en las últimas generaciones y que incluso ahora ha cuestionado el ecologismo al señalar el carácter limitado de los recursos de nuestro planeta.

7. EL «TURPE LUCRUM» Y EL JUEGO

Otro problema central para los estudiosos medievales del mercado es definir el límite de la legitimidad o ilegitimidad en la adquisición de riqueza. Aparte del problema del hurto en sentido estricto, que se examinará en el próximo capítulo, la ilegitimidad puede derivar sobre todo de la voluntad de apoderarse de cosas que pertenecen a la Iglesia, a la comunidad o a Dios mismo como Señor del tiempo y de la naturaleza. En un estudio reciente, a partir de una intuición de Lucien Febvre, se propone una lectura muy interesante sobre este problema a la luz del juego, el riesgo y el desarrollo del contrato de seguro en los siglos XII y XIII.[1] El nacimiento de este contrato está vinculado al viraje de las relaciones entre la religión y la economía que hemos tratado de identificar: para que los aseguradores sustituyeran a Dios como garantes de la imprevisibilidad de los acontecimientos y las iniciativas humanas, era necesario ese cambio de concepción, que lo sagrado se retirara del mercado. E incluso el debate sobre los juegos de azar o apuestas, como los dados o similares, se convirtió en un banco de pruebas del mercado en el que intervenía tanto la nueva ciencia matemático-cuantitativa como la ética. El desarrollo y la conclusión de la antigua disputa sobre la legitimidad de las ganancias del juego o de las apuestas, del azar, confirma la condena moral del juego, que se considera pecado mortal en todos los ma-

[1] G. Ceccarelli, *Il gioco e il peccato. Economia e rischio nel Tardo Medioevo*, Bolonia, Il Mulino, 2003.

nuales y sermones de los confesores, si bien establece que la deuda contraída mediante el juego y las apuestas es jurídicamente obligatoria: aunque el enfoque varía según las diversas concepciones del papel de Dios en el desarrollo de los asuntos humanos, en cualquier caso la deuda contraída mediante el juego o las apuestas parece vinculante, de ahí el valor económico del riesgo relacionado con las incertidumbres de la vida humana.[1] Esto abre el camino a los contratos de los seguros, la estimación y la cobertura del riesgo, un elemento fundamental en el desarrollo del mercado de capitales moderno.

Más adelante veremos la relación de este debate con el problema de la restitución de los bienes robados. Por ahora tan sólo quería señalar el surgimiento de la distinción entre la naturaleza inmoral de un pacto y su carácter vinculante, es decir, de forma más general, la distinción entre pecado y delito en el plano del derecho penal, ya que ésta es la base de la civilización jurídica moderna, incluso en ámbitos relacionados con la convivencia y la vida sexual en países católicos y en los mismos Estados Pontificios: la prostitución es moralmente condenable, pero el precio acordado debe pagarse y pueden ocuparse de garantizarlo las autoridades públicas, políticas e incluso eclesiásticas.

8. USURA Y RENDIMIENTOS FINANCIEROS

Son varias las razones por las que he dejado el tema de la usura para el final de este capítulo. En primer lugar, porque un asunto como el crédito y la difusión de la actividad crediticia de los mercaderes-banqueros italianos por toda Europa ha sido objeto de numerosas investigaciones en los últimos años, en particular en los congresos del Centro studi

[1] *Ibid.*, cap. VI, pp. 329-427.

sui Lombardi e sul credito nel Medioevo: ciertamente se ha establecido que a partir del siglo XII la actividad crediticia se desarrolló gracias a las redes europeas y se fue afianzando desde el inicio de la revolución comercial, convirtiéndose en cierto modo en su motor.[1] Por otra parte, la cantidad de controversias sobre la usura ha contribuido a hacer de ella un asunto central en toda discusión sobre la economía medieval y moderna, y por desgracia el resultado ha sido que a menudo se olvida el marco histórico en el que se inscribe el problema de la usura y el crédito, es decir, la formación del mercado de crédito occidental del que forma parte y en cuya relación he tratado de insistir repetidamente.

Por otra parte, en mi opinión la historiografía ha estudiado tan a fondo la historia de la condena de la usura como para ofrecer, aunque sea a través de las diversas tesis opuestas, un cuadro completo del problema. Sólo querría recordar, a modo de antídoto, la observación de los consejeros de Luis IX cuando empezaban a discutir las medidas contra la presencia de prestamistas judíos: «Populus vivere non potest sine mutuo, nec terræ excoli, nec ministeria nec mercimonia exerceri» ['Las personas se necesitan unas a otras, el pueblo no puede vivir sin cultivar la tierra o prestarse servicios, ni sin ejercer el comercio'].[2] Ya a principios del siglo XII, la nueva economía no podía vivir sin crédito ni en la agricultura, ni en la administración, ni en el comercio. Eso llevó pronto a una bifurcación decisiva en la conciencia pública de la sociedad occidental entre el derecho civil, por un lado, y el canónico y la moral, por el otro. Con respecto a la usura, como con la prostitución en otros aspectos, se desarrolló por primera vez

[1] Véase R. Bordone (ed.), *L'uomo del Banco dei Pegni. «Lombardi» e mercato del denaro nell'Europa medievale*, nueva edición, Asti, Centro Studi sui Lombardi, 2003; R. Bordone y F. Spinelli (ed.), *Lombardi in Europa nel medioevo*, Milán, Franco Angeli, 2005.
[2] Citado en Angiolini, «I "consilia" quale fonte», *op. cit.*, p. 293.

en Occidente una clara distinción entre pecado y delito: la usura es y sigue siendo un pecado horrendo (de hecho, entre los predicadores, cuanto más se impone la usura en la sociedad más aumenta su condena), pero la autoridad política y la ley civil debe garantizar el préstamo a interés, ya que es un mecanismo necesario para la supervivencia de la sociedad. El jurista Baldo degli Ubaldi, por ejemplo, denunció a los usureros como leprosos a los que convenía expulsar de la comunidad civil, pero admitía que había que resignarse a su existencia porque de su actividad dependía el resto de la sociedad.[1]

Con todo, considero que la perspectiva que propongo puede al menos contribuir a repensar las coordenadas cronológicas del fenómeno. Teniendo en cuenta la influencia de la prohibición de los préstamos con interés en dos direcciones opuestas, es decir, en sentido negativo como obstáculo a la formación de la riqueza mobiliaria o al desarrollo del capitalismo, por así decirlo, y en sentido positivo como impulso para inventar nuevas instituciones comerciales y nuevos contratos (desde los de las empresas y la *commenda* hasta las nuevas técnicas de intercambio), las investigaciones más recientes parecen confirmar las últimas intuiciones de Max Weber sobre la posición de la Iglesia, de los expertos en derecho canónico y los moralistas, que fueron progresivamente favorables a la remuneración del capital bajo las formas más variadas, desde el pago compensatorio del lucro cesante o del daño emergente, hasta la estimación del riesgo, pa-

---

[1] «Ideo princeps, et leges tolerant usuras non propter animarum salutem, sed propter victus necessitatem, nam sine pecunia vivere impossibile est [...] Et nemo vult gratis suam pecuniam mutuare: unde de necessitate pervenitur ad usuram, alioquin homines sine tali subsidio vivere non possunt, ut dixi», D. Quaglioni, «"Inter Iudeos et Christianos commertia sunt permissa". Questione ebraica e usura in Baldo degli Ubaldi (c. 1327-1400)», en: S. Boesch Gajano (ed.), *Aspetti e problemi della presenza ebraica nell'Italia centro-settentrionale: secoli 14 e 15*, Roma, Istituto di scienze storiche dell'Università di Roma, 1983, pp. 275-305 (citado en la p. 292).

sando por la técnica del cambio en el tiempo y el espacio.[1]

En este sentido, las investigaciones más recientes han iluminado el camino que va desde las prohibiciones totales ligadas a la tradición canónica, pasando por los primeros debates en el siglo XIII sobre la legitimidad de una recompensa o interés, más allá del capital prestado, por el daño emergente o el lucro cesante (*damnum emergens* o *lucrum cessans*) sobre la base de la nueva concepción del dinero, hasta una creciente influencia de las necesidades concretas del mercado que encuentra en los juristas del derecho civil su mayor defensa doctrinal y una atención cada vez mayor entre los autores de las sumas para confesores y moralistas.[2] Querría destacar tan sólo dos cosas: en primer lugar, que no se trata sólo de la laboriosa elaboración de alternativas contractuales para eludir la prohibición del pago de intereses, sino del progresivo establecimiento del contrato de préstamo y, con ello, de la restricción del ámbito de la prohibición; en segundo lugar, que el ejercicio de la usura se inscribe en la categoría más general del «hurto», junto con el robo y la estafa: el usurero es un parásito que perjudica no sólo a quien explota, sino a la comunidad en su conjunto.[3]

---

[1] L. Kaelber, «Max Weber and Usury: Implications for Historical Research», en: L. Armstrong, I. Elbl y M. M. Elbl (ed.), *Money, Markets and Trade in Late Medieval Europe. Essays in Honour of John H. A. Munro*, Leiden-Boston, Brill, 2007, pp. 59-86.

[2] L. Armstrong, «Law, Ethics and Economy: Gerard of Siena and Giovanni d'Andrea on Usury», en: *Money, Markets and Trade in Late Medieval Europe, op. cit.*, pp. 41-58. Un ejemplo significativo de este camino, entre los siglos XII y XIV, se encuentra en el ensayo de D. Durissini, «La voce "usura" nel "Supplementum Summæ Pisanellæ" di Niccolò da Osimo», *Studi medievali*, 35, n.º 1, n. s., 1994, pp. 217-258.

[3] Enrique de Segusio (Hostiensis), *Summa aurea, op. cit.*, lib. V, rúbrica «De usuris», col. 1612: «Prælibavimus de furtis et raptoribus: et quia nullus improbior fur, vel raptor quam usurarius, et quo ad restitutionis legem, parum refert, utrum per furtum, vel per rapinam, vel usuram res pervenerit ad aliquem». La distinción entre el arrendamiento y el préstamo

El obstáculo que supuso el redescubrimiento de la teoría de Aristóteles sobre la improductividad del dinero, que ciertamente tuvo gran importancia al principio, no tardó en ser superado por Petrus Iohannis Olivi y la escuela franciscana con la afirmación de la productividad «seminal» del dinero como «capital». Partiendo de la afirmación de Duns Escoto, retomada y comentada innumerables veces en los siglos siguientes, el dinero puede ser considerado como una mercancía y, por tanto, debe tenerse en cuenta su utilidad intrínseca.[1] El dramatismo del problema de la usura puede considerarse como una consecuencia del desequilibrio que se produjo con la revolución monetaria entre la esfera de la riqueza mobiliaria en expansión y la esfera de la riqueza inmobiliaria, y no tanto como resultado de la prohibición del Antiguo y del Nuevo Testamento, más relacionada con la perfección de los consejos evangélicos que con un mandamiento o ley divina. Pero en el contexto de esta investigación basta señalar que, en el pensamiento de los teólogos y expertos en derecho canónico, el pago de intereses muy pronto deja de juzgarse como hurto, salvo cuando existe el deseo de enriquecerse a costa de la necesidad de los demás y en contra del bien común, que se afirma como justificación última de toda actividad mercantil.[2]

---

resulta fundamental, ya que en el primer caso se trata de una propiedad que permanece con el primer propietario, en el otro de la transferencia de la propiedad al prestatario con los consiguientes riesgos: «Et est ratio secundum quosdam quia periculum rei locatæ ad locatorem pertinet: sed rei mutuatæ ad debitorem» (*ibid.*, col. 1613).

[1] Juan Duns Escoto, *Quæstiones in IV librum sententiarum*, t. IX, Lyon, 1639, dist. 15, scholium 17, p. 172: «Intelligendum etiam, quod pecunia habet aliquem usum utilem ex propria natura, utpote ad videndum, ornandum, vel ostendendum possibilitatem tanquam divitem: et ad illum finem potest locari, sicut equus, vel aliud locabile; et pro usu isto, retento dominio, pecunia recipi; et tunc ex toto est contractus locationis, vel conductionis, non autem mutuatio, seu mutui datio: et deberet idem pondus restitui, nisi forte sufficiat locati æquale in pondere, et valore».

[2] *Ibid.*, scholium 22, p. 185: «Ex quo sequitur quod mercator, qui affert

Lo que queda por explorar del problema de la usura no reside tanto en la aparición del concepto moderno de «interés», como en la definición del contrato de préstamo como un tipo particular en el que, mientras que por un lado se produce la transferencia de dinero, por otro no se produce la correspondiente transferencia de propiedad de un bien. Esta evolución de la reflexión sobre el contrato de préstamo también puede ayudarnos a comprender la bifurcación que se produjo en esos siglos entre los préstamos para la inversión y el empeño de bienes (que no estaba necesariamente destinado a los pobres, ya que los nobles y los príncipes también recurrían al empeño bajo la presión de la guerra o las catástrofes, o incluso para celebrar contratos matrimoniales ventajosos). Desde el mencionado desarrollo de la mercantilización de las rentas feudales hasta la difusión de la deuda pública, forzada o voluntaria, de los municipios y luego de los modernos Estados territoriales, pasando por el nacimiento y desarrollo de los *Monti* (que desde el principio se dividen en cuotas o títulos comercializables), nunca se puso ningún obstáculo al gran crédito, a los grandes banqueros ni a las grandes empresas financiadas colectivamente, entre las que la Iglesia siempre tuvo una posición destacada. El problema se circunscribe, pues, al crédito entre particulares como «préstamo» en sentido técnico, y sobre eso trata la disputa del siglo xv: qué papel asume en esa situación de desventaja el préstamo judío, favorecido por la legislación vigente puesto que la escasez de moneda ponía en peligro el bienestar colectivo. Como ya he mencionado, los tribunales eclesiásticos habían perdido toda jurisdicción sobre la usura a lo largo del siglo xv: el arzobispo de Florencia Antonino, durante su largo episcopado—pese al enorme poder que tenía

---

rem de patria, ubi abundat, ad patriam ubi deficit, vel qui illam emptam conservat, ut prompte inveniatur venalis a volente eam emere, habet actum utilem Reipublicæ».

como delegado y comisario apostólico, y pese a su doctrina específica, de la que me ocuparé en el capítulo siguiente—calificó como usura solamente un caso.[1] La invocación que encabeza todos los libros de cuentas de los banqueros—«en el nombre de Dios y del beneficio»—[2] no es un indicio de ambivalencia, sino que expresa la conciencia del fundamento religioso de un poder que tienen los comerciantes-banqueros y no coincide con el poder político.

Así pues, para concluir este capítulo querría recordar la centralidad del tema del hurto como violación del bien común de la ciudad: se considera unánimemente como el tormento que perturba a las ciudades italianas, a las repúblicas urbanas, desde el siglo XIII hasta el establecimiento de los Estados señoriales y la crisis de la «libertad italiana». Sobre la base de cierta literatura humanista, se han magnificado ideológicamente nuestras libertades republicanas, o la virtud y la prevalencia de los intereses individuales, como una maldición: el espíritu de facción, el mito de un origen dominado por la honestidad y las buenas costumbres, al que habría que volver quizá recurriendo a la monarquía imperial universal o a la protección del papado romano, hasta convertirlo en una máscara demoníaca del carácter italiano.[3]

Sobre esta base, me parece que en los últimos años, la búsqueda de una nueva religión cívica ha dado lugar a reflexiones bastante abstractas sobre el específico republicanismo italiano, la crisis italiana, las ideas de nación y las razones de su fracaso, sustituyendo las interpretaciones bastante manidas pergeñadas durante la unificación de Italia sobre las responsabilidades morales de los italianos y la nefasta influen-

---

[1] C. Bec, *Les merchands-écrivains. Affaires et humanisme à Florence 1375-1434*, París-La Haya, Mouton, 1967, p. 273.

[2] *Ibid.*, p. 275.

[3] F. Bruni, *La città divisa. Le parti e il bene comune da Dante a Guicciardini*, Bolonia, Il Mulino, 2003.

cia del papado.[1] Me ocuparé de estos temas más adelante, pero, en lo que respecta a las ciudades medievales, creo que las reflexiones actuales sobre las doctrinas políticas del humanismo y su crisis deberían ir acompañadas de la constatación de que ya existía un problema estructural de falta de identidad entre las instituciones de la democracia de la ciudad y la presencia de una verdadera sociedad monetaria que cultivaba intereses particulares y también un poder propio no sólo ligado a la ciudad, sino deslocalizado. Se produjo una división progresiva en la que la llamada al bien común chocó inexorablemente, y no por la maldad de los hombres, contra la presencia de estructuras políticas que podían entrar en conflicto y contradicción con los principios que dieron lugar al nacimiento del mercado. Trágicamente, el poder político y económico tiende a otros equilibrios que ponen en crisis las instituciones de la ciudad. Los principados señoriales y las monarquías tendieron a dominar las estructuras eclesiásticas y de mercado, y viceversa; el papado tendió a establecerse como estructura política estatal y como poder financiero. En mi opinión, la mirada del investigador debe seguir adentrándose en un terreno más profundo y complejo donde no sólo hay güelfos y gibelinos.

[1] N. Bobbio y M. Viroli, *Dialogo intorno alla Repubblica*, Roma-Bari, Laterza, 2001. [Existe traducción en español: *Diálogo en torno a la república*, trad. R. Rius Gatell, Barcelona, Tusquets, 2002].

5

DE LA CONDENA DE LA AVARICIA
AL SÉPTIMO MANDAMIENTO

1. LA JURISDICCIÓN SOBRE LAS CONCIENCIAS Y LA CONFESIÓN

El IV Concilio de Letrán, convocado por Inocencio III en 1215, representó un auténtico punto de inflexión: por un lado, constituyó el final del camino iniciado en el siglo anterior con la elaboración del derecho canónico como derecho de la Iglesia y, por tanto, de un dualismo de sistemas jurídicos. La obligación de la confesión anual, que recae sobre todos los cristianos, abre el camino a la jurisdicción sobre las conciencias como propuesta de una jurisdicción intermedia entre el *ius poli*, como juicio de Dios sobre las acciones de los hombres, y el *ius fori*, como derecho de todos los tribunales humanos, incluidos los eclesiásticos, basado únicamente en la comprobación de los hechos, la prueba y un procedimiento procesal seguro. En otra obra he tratado de examinar este problema desde una perspectiva más general para estudiar su aplicación y sus ambigüedades (sobre todo en lo que respecta al delito de herejía) en los siglos siguientes:[1] en este libro querría examinar el significado particular que adquiere este punto de inflexión en lo que se refiere al hurto, situado entre el pecado y el delito.

Para ello, es muy importante destacar la transición que se

[1] P. Prodi, *Una storia della giustizia. Dal pluralismo dei fori al moderno dualismo tra coscienza e diritto*, Bolonia, Il Mulino, 2000, cap. II: «Il diritto della Chiesa», pp. 59-106. [Existe traducción en español: *Una historia de la justicia. De la pluralidad de fueros al dualismo moderno entre conciencia y derecho*, trad. L. Padilla López, Madrid, Katz, 1992]; A. Prosperi, *Tribunali della coscienza. Inquisitori, confessori, missionari*, Turín, Einaudi, 1996.

produce en el plano más general de la normativa a partir de la cual se juzgan las acciones de los cristianos como malas o buenas y se distinguen unas de otras, transición que podría resumirse así: se pasa de la revisión y condena de los siete pecados capitales al cuestionamiento de las transgresiones de los Diez Mandamientos. La guía para el examen de conciencia de los penitentes que prevalecía en la Alta Edad Media eran, en efecto, los pecados capitales (con muchas variantes, pero sobre todo la soberbia, la envidia, la ira, la pereza, la avaricia, la gula y la lujuria): en ese contexto, la avaricia, entendida como afán desmedido de poseer bienes y riquezas, ocupó siempre un lugar destacado (junto con la soberbia como deseo desmedido de poder) y siguió siendo una referencia esencial para la reflexión sobre la sociedad y la economía en la época patrística y altomedieval.[1]

No obstante, a partir del siglo XIII, el esquema que se impuso como base para la práctica del sacramento de la confesión fueron los Diez Mandamientos, la ley mosaica en la que las faltas cometidas contra Dios y el hombre, los errores y las desobediencias concretas a la ley divina por excelencia podían inscribirse con mayor precisión en términos cualitativos y cuantitativos, ya que no eran simplemente inclinaciones hacia la virtud o el vicio.[2] El interrogatorio del confesor-juez no se detiene, pues, en un examen de conciencia general sobre el vicio de la avaricia, sino que exige una respuesta con-

---

[1] B. Emmerich, *Geiz und Gerechtigkeit. Ökonomisches Denken im frühen Mittelalter*, Wiesbaden, Franz Steiner, 2004.

[2] J. Bossy, «Moral Arithmetic: Seven Sins into Ten Commandments», en: E. Leites (ed.), *Conscience and Casuistry in Early Modern Europe*, Cambridge, Cambridge University Press, 1988, pp. 214-234; C. Casagrande y S. Vecchio, *I sette vizi capitali. Storia dei peccati nel medio evo*, Turín, Einaudi, 2000. De los mismos autores, sin embargo, hay que tener en cuenta el ensayo anterior, «La classificazione dei peccati tra settenario e decalogo (secoli XIII-XV)», *Documenti e studi sulla tradizione filosofica medievale. Rivista della società internazionale per lo studio del medioevo latino*, 5, 1994, pp. 331-395.

creta al interrogatorio sobre el séptimo mandamiento: «No robarás». El confesor quiere saber qué se ha robado, cómo, cuándo, a qué personas, cuántas veces, para juzgar la gravedad del pecado. Por supuesto, la condena de los vicios, y en particular de la avaricia, no desaparece de la predicación ni de la práctica penitencial: parece «intemporal» en el sentido de que, al referirse a una pasión del alma humana, persistirá en la literatura penitencial y la predicación cristiana de los siglos siguientes, con una gran uniformidad de contenido y tono. Para los confesores y predicadores la avaricia sigue siendo el peor de los pecados, porque atenta contra Dios, contra la naturaleza y contra el prójimo. Por otra parte, la condena del hurto como acto específico, como apropiación injusta de los bienes ajenos, está destinada a medirse en función de las circunstancias concretas de la sociedad, de la legislación positiva y, por tanto, a adoptar formas históricas cambiantes y a medirse con los cambios introducidos por la revolución comercial.

Por su capacidad para catalogar y clasificar las infracciones de la ley divina, los Diez Mandamientos se convirtieron también en la base y la estructura del nuevo derecho penal que se desarrolló a finales de la Edad Media.[1] La conexión del séptimo mandamiento con el octavo y el décimo («No darás falso testimonio contra tu prójimo» y «No codiciarás los bienes de tu prójimo») permite superar la antigua restricción del derecho romano sobre el hurto como apropiación de bienes ajenos «contra la voluntad del propietario» (*invito domino*) para incluir todos los casos de fraude y engaño en el comercio, configurando como delitos conductas que antes, al dañar sólo intereses privados, no entraban en la esfera de

---

[1] J. Mielke, *Der Dekalog in den Rechtstexten des abendländischen Mittelalters*, Aalen, Scientia, 1992. Sobre el problema general del valor jurídico del Decálogo véase D. Tonelli, «Note sul lessico giuridico del "Decalogo"», *Materiali per una storia della cultura giuridica*, 38, 2008, pp. 3-32.

la criminalidad salvo en casos concretos como el *stellionatus* ('estafa'). De este modo, la regularidad del mercado no sólo se protegía mediante la acción civil de nulidad de los contratos en los que la tasación suponía valores superiores a la mitad del valor de los bienes en cuestión (*ultra dimidium*) o, con Justiniano, *læsio enormis*, sino también mediante un paraguas mucho más amplio de prohibiciones que representaban una condena tanto a nivel ético como jurídico.

La revolución comercial y la expansión de la economía monetaria implicaron, pues, el desarrollo de un nuevo concepto de hurto cuyo núcleo normativo fue el séptimo mandamiento. Por un lado, a partir del siglo XII la antigua práctica contra el hurto tradicional se desarrolló por medio de la ampliación de la legislación penal, el establecimiento de nuevas magistraturas municipales y el endurecimiento de las penas para los ladrones en sentido tradicional: en particular se amplió la tipología de la malversación en relación con los abusos en la administración de los asuntos públicos y la corrupción de los funcionarios públicos, se prestó mayor atención a la esfera intermedia entre el mercado y el hurto en sentido propio, es decir, la recepción de bienes robados como participación indirecta en el hurto.[1] Por otro lado, se agudizó la atención al hurto como violación de las reglas del mercado, y la Iglesia, a través del sacramento de la confesión y del principio fundamental de la restitución, asumió una función de control e inspiración de la justicia dentro del mercado que tenía un sistema normativo y jurisdiccional al margen del poder político.

---

[1] A falta de estudios más generales, véase la investigación ejemplar de S. Piasentini, *«Alla luce della luna». I furti a Venezia 1270-1403*, Venecia, Il Cardo, 1992: esta investigación parte de la institución de la nueva magistratura de los «Signori di notte al criminal».

2. EL NUEVO CONCEPTO DE «HURTO»

Un problema que no creo que se haya abordado es, de hecho, el de la transformación del concepto de «hurto» como sustracción de la propiedad ajena: se desarrolló en paralelo a la transformación del concepto de «propiedad» como derecho en sentido propositivo. Las razones de este vacío historiográfico pueden ser muchas, pero como ya he dicho creo que la principal es la persistencia de la escuela weberiana, que ha ignorado el pensamiento mucho más complejo elaborado por Weber en los últimos años sobre el impacto de la dilatada historia de la Iglesia cristiana en la formación de la racionalidad occidental. Un tema tan vasto como la usura ha sido en cierto modo un elemento de desviación, porque ha aglutinado toda la discusión y apenas se ha investigado en el marco más amplio del precepto «No robarás», que en realidad constituye su fundamento en la teología y en la moral práctica cotidiana. Sólo recientemente, me parece, se han distinguido en los tratados teológicos medievales dos lógicas ético-económicas diferentes y paralelas, la lógica contractual y la lógica de la usura.[1]

La tesis que deseo plantear—y que constituye el núcleo de este libro—es que el concepto y la práctica del «hurto» han cambiado radicalmente en Occidente junto con los conceptos y la realidad de la «riqueza» y la «pobreza», y que ese cambio ha sido un componente importante en el camino hacia la Modernidad. Se ha pasado de la concepción inmovilista basada en la tradición bíblica y en el derecho natural (recogida por el derecho romano) del hurto como violación del princi-

---

[1] G. Ceccarelli, «L'usura nella trattatistica teologica sulle restituzioni dei "male ablata" (XIII-XIV secolo)», en: D. Quaglioni, G. Todeschini y G. M. Varanini (ed.), *Credito e usura fra teologia, diritto e amministrazione. Linguaggi a confronto (sec. XII-XVI)*, Roma, École française de Rome, 2005, pp. 3-23.

pio fundamental de justicia (*suum cuique tribuere*: de ahí el hurto como sustracción de la propiedad ajena *invito domino*) a una concepción dinámica del hurto como infracción de las normas concretas de la comunidad humana en la posesión y uso de los bienes de esta tierra, y también como violación fraudulenta de un pacto contractual, ya sea formalmente estipulado entre dos o más sujetos, o implícitamente aceptado en el pacto de convivencia de una comunidad.

Un primer paso se dio en el derecho bizantino de Justiniano con la incorporación de un nuevo elemento en la definición de hurto, el *animus furandi* ['voluntad de robar']: al incorporar la voluntad de un sujeto de apropiarse de lo que no es suyo es posible ampliar el concepto de hurto y aplicarlo a comportamientos ligados a la actividad crediticia y contractual.[1] No obstante, esta incorporación, ligada a la influencia del cristianismo, desarrolló su potencial muy lentamente. Un examen de los libros penitenciales o de la Patrología latina atestigua que en el Occidente cristiano del primer milenio el concepto de hurto apenas varía: en los libros penitenciales de la Alta Edad Media, el hurto de cuadrúpedos u otros objetos preciosos, cometido en perjuicio de la casa de otra persona, se describe como *capitale*, el hurto *de re publica* como *peculatus*, y el hurto de objetos sagrados, obviamente el más execrable, como *sacrilegus*. La penitencia que se da al pecador es proporcional al valor del objeto robado, a quién es el ladrón (más culpable si es un clérigo, obispo o administrador de bienes comunes) y quién es el robado (si es pobre, el hurto es más grave), pero el castigo eclesiástico es siempre modesto y condicionado a la restitución de lo sustraído.[2] Una

---

[1] E. Albertario, *Animus furandi. Contributo alla dottrina del furto nel diritto romano e nel diritto bizantino*, Milán, Vita e Pensiero, 1923.

[2] Por ejemplo, en el *Penitencial de Pseudo-Egberto* (diócesis anglosajona del siglo VIII), cap. 25: «Si homo quis rem pretiosam furatus sit, v annos jejunet, subdiaconus VI, diaconus VII, presbyter X, episcopus XII et si homo quis rem mediocrem furatus sit, reddat furtum ei, cuius proprium

cuestión fundamental es la de quien roba alimentos o ropa en casos de extrema pobreza, movido por la necesidad de sobrevivir, y no se trata de un problema teórico: la situación de indigencia se considera siempre un atenuante de peso, hasta el punto de anular el pecado de hurto, mientras que la usura (que se evoca siempre en la Alta Edad Media en términos generales como el monstruo producto de la avaricia) se compara con el hurto más grave cometido con violencia: el robo.[1]

En cualquier caso, el hurto es un pecado que siempre está a medio camino entre el vicio y el delito, lo que permite castigar a los que se aprovechan de su poder para explotar a otros, a los que se enriquecen ilícita o inmoderadamente con el comercio y el intercambio, y a los que son cómplices del hurto aunque se limiten a acaparar excedentes.[2] Podríamos

---

erat, et annum in pane et aqua jejunet; et si non habeat unde furtum reddat, III annos in pane et aqua jejunet», en: F. W. H. Wasserschleben, *Die Bussordnungen der abendländischen Kirche* (Halle, 1851), Graz, Akademische Druck-u. Verlagsanstalt, 1958, p. 241. De un penitencial milanés del siglo IX: «Qui hospitalis domus administrator aliquid de administratione subtraxit, restitutet quod abstulit, poenitensque erit annos tres. Qui pauperem oppresserit, ejusque bona abstulerit, reddet ei suum, et poenitens erit die triginta in pane et aqua» (*ibid.*, pp. 718-719).

[1] *Ibid.*, p. 720 (de nuevo del penitencial milanés del siglo IX): «Si quis per necessitatem cibum vel vestem furatus sit, in poenitentia erit hebdomadas tres; si reddiderit, jejunare non cogitur [...] Si quis usuras accipit, rapinam facit, ideoque circumque illum exegerit, poenitentiam aget annis tribus, uno in pane et aqua».

[2] Otros ejemplos contenidos en los penitenciales anglosajones del siglo VIII pueden encontrarse en H. J. Schmitz, *Die Bussbücher und Bussdisciplin der Kirche*, vol. I (Maguncia, 1883), Graz, Akademische Druck-u. Verlagsanstalt, 1958, pp. 99 y 527. El confesor «confessum vero interroget, quale ministerium faciat. Et si es comes aut judex dicat ei, ut non accipiat præmia et non judicet injuste [...] si monetarius aut negotians, non gravet aliquem in negotio et cambio [...] si missarius, non sit fraudulentus seniori de labore suo [...] Non omnibus ergo in una eademque libra pensandum est, licet in uno constringentur vitio, sed discretio sit unumquodque eorum, hoc est inter divitem et pauperem, liber, servus, infans, puer, juvenis, ado- lescens, etate senex, ebitis, gnarus, laicus, clericus, monachus,

resumir la tradición del primer milenio con el título del tercer capítulo del penitencial *De avaritia furtiva* de Teodoro
de Canterbury: el hurto se sitúa en algún punto entre el vicio de la avaricia y la codicia de lo ajeno; quien acapara lo
superfluo sólo puede redimirse mediante obras de caridad
dando una tercera parte a los pobres.[1]

En la encrucijada entre la tradición altomedieval y el inicio de un nuevo ciclo podemos situar la conocida definición
de Raterio de Verona, según la cual la riqueza constituye un
hurto que sólo puede ser redimido mediante la misericordia
y la caridad, es decir, por su utilidad social.[2] El siglo XII da
inicio a una nueva era: los conceptos de «riqueza» y «pobreza» han cambiado, y también el concepto de «hurto». Los
bienes de este mundo proceden de Dios y en ese sentido—al
margen de las distintas teorías sobre la propiedad originaria, común o no, de todos los hombres—debe interpretarse
el mandamiento «No robarás», como señala Sicardo de Cre-
mona a finales del siglo XII.[3]

---

episcopus, presbyter, diaconus, subdiaconus, lector, in gradu vel sine, in
coniugio vel sine, preregrinus, virgo, femina canonica vel sanctimonialis,
debile, infirmi, sani […] loca ac tempora discernat».

[1] *Ibid.*, p. 527: «Et qui furata monet, det tertiam partem pauperibus, et qui
thesaurizat superflua, pro ignorantia, tribuat tertiam partem pauperibus».

[2] PL, 136, col. 185: «Ecce, prudens lector, tres in uno genere distinc-
tiones advertere vales, si voles, divitum: unam scilicet eorum, qui rapiunt,
nec tribuunt; tertia qui rapiunt multa, et tribuunt pauca; medium eorum
qui nec rapere nec tribuere referuntur, sed exaggerandis quæstibus insis-
tentes, thesaurizant dupliciter, id est hic alteri, licet nesciant cui, in futu-
rum autem iram Dei sibi».

[3] «In decalogo namque significatur aliquid alicuius cum dicit: "Non
concupisces rem proximi tui", "Non furtum facies". In constitutionibus
similiter cum dicitur: "si emeris servum hebreum". In evangelio similiter:
"Reddite que sunt cesaris cesari". Resp. Id est de iure divino quod est a
domino insitum tractant divine scripture, non quod censeant omnia esse
communia, set ipsum a deo dari», R. Weigand, *Die Naturrechtslehre der
Legisten und Dekretisten von Irnerius bis Accursius und von Gratian bis Johannes Teutonicus*, Múnich, Max Hueber, 1967, p. 357.

Pese a las diferentes hipótesis sobre el origen de la propiedad privada en relación con una originaria propiedad común en un estado de naturaleza—es decir, si la propiedad privada es o no consecuencia del pecado original y, por tanto, no está exenta de una iniquidad intrínseca—, tanto los expertos en derecho civil como los especialistas en derecho canónico del siglo XII coinciden en que está garantizada por el derecho de gentes y, por tanto, que el hurto es al mismo tiempo un delito contra el derecho de gentes y un pecado, porque quebranta el séptimo y el décimo mandamientos, salvo que la ley divina disponga otra cosa.[1]

En la base de esa nueva concepción del hurto como incumplimiento de la ley divina encontramos un texto del *Decretum* de Graciano que equipara el robar a los pobres y el fraude al asalariado con el asesinato (causa XIV, q. V, c. 1).[2] Sobre esta premisa surge la discusión, que también expone Graciano (causa XIV, q. V, c. 16), sobre la prohibición de seguir el ejemplo de los israelitas con el pretexto de imitar su obediencia al mandato divino de despojar a los egipcios del oro, la plata y otras prendas preciosas (Éxodo 11, 2; 12, 35-36).[3]

---

[1] *Ibid.*, pp. 83-99 y 307-361.

[2] *Cf.* L. Richter y E. Friedberg (ed.), *Corpus iuris canonici*, vol. I, Leipzig, ex officina Bernhard Tauchnitz, 1879, col. 738: «Immolans ex iniquo, oblatio est maculata [...] Qui offert sacrificium de substantia pauperum, quasi qui victimat filium in conspectu patris sui. Panis egentium, vita pauperis est. Qui defraudat illum, homo sanguinis est. Qui aufert in sudore panem, quasi qui occidit proximum. Qui effundit sanguinem, et qui fraudem facit mercenario, fratres sunt».

[3] *Ibid.*, I, col. 741: «Non hinc quisquam sumendum exemplum putare debet ad expoliandum isto modo proximum. Hoc enim Deus iussit, qui noverat, quid quemque pati oporteret. Nec Israëlitæ furtum fecerunt, sed Deo iubenti ministerium præbuerunt». Es interesante la glosa de Huguccio (finales del siglo XII): «Preterea deus erat dominus et illorum et illarum rerum et tam illos quam illas possidebat. Qualiter ergo possent vocare furti qui eas eius precepto acceperant? Preterea in figuram factum fuit. Egyptus enim interpretatur tenebre et significat mundum istum tenebrosum et plenum peccatis et tribulationibus; Israëlite dicuntur electi et periti

Para nuestro tema no es importante examinar pormeno-
rizadamente el desarrollo de la doctrina sobre la usura en el
derecho canónico ni en la doctrina de los autores de decretos
posteriores a Graciano: el tema está muy estudiado y me limitaré a decir que se considera, cada vez de forma más unánime,
un caso particular de la categoría más amplia de «hurto».[1]

3. LA «RESTITUTIO» COMO CONDICIÓN PARA LA ABSOLUCIÓN

Antes de hablar de las prescripciones de los manuales de confesores para los casos de hurto, es necesario hacer una breve
precisión, sin la cual creo que sería difícil entender el sentido
del debate. La confesión en la Europa cristiana medieval tiene poco que ver con la que se practica en la actualidad, cuando la penitencia se reduce a la imposición de breves oraciones
(tres padrenuestros, avemarías y glorias ya es una penitencia
severa) y la absolución se parece más a un acto protocolario,
si no burocrático. Desde la Antigüedad tardía, y durante toda
la Edad Media y la Edad Moderna, la absolución estuvo condicionada a la reparación del mal causado o, cuando eso no
era posible, a la ejecución de prácticas expiatorias consideradas equivalentes. Al menos desde finales del siglo XI está
claro que sin la *restitutio* la penitencia sacramental se convertía en una farsa, según la definición contenida en el *Decretum*
de Ivo de Chartres.[2] También se cita repetidas veces el tex-

---

in lege dei qui aurum sapiente et argentum eloquente de mundi sapientia
colligunt», en: Weigand, *Die Naturrechtslehre, op. cit.*, p. 433.

[1] Véase en particular A. Spicciani, *Capitale e interesse tra mercatura e
povertà nei teologi e nei canonisti dei secoli* XIII-XV, Roma, Jouvence, 1990.

[2] San Ivo de Chartres, *Decretum*, pars. XIII, c. 4 (PL, 161, col. 803): «Si
res aliena propter quam peccatum est, cum reddi possit, non redditur, non
agitur poenitentia, sed fingitur. Si autem veraciter agitur, non remittetur
peccatum nisi restituatur ablatum: sed (ut dixi) cum restitui potest».

to de Agustín en su famosa carta a Macedonio, «Non remittetur peccatum, nisi restituatur ablatum» ('No se perdonará el pecado si no se restituye lo robado'), un texto que pasó al *Decretum* de Graciano y luego se convirtió en *regula iuris*.[1] La restitución se convierte así en el punto donde confluyen el fuero interno de la conciencia y el foro externo del tribunal y del mercado, con procedimientos complejos, tanto en relación con la operación condenada (hurto en sentido específico, engaño, daño corporal o a la reputación, violación, etcétera), como en relación con la persona del autor y su familia y herederos, y en relación con la persona del perjudicado y de quienes, en su ausencia, debían obtener la indemnización.[2]

Para el problema general podemos remitirnos a lo que ya he comentado, pero querría subrayar que, en lo que se refiere al séptimo mandamiento, la práctica implica en cualquier caso y sobre todo la restitución de las ganancias mal obtenidas, sin la cual no es posible lograr la absolución, y que esta condición se recuerda de manera específica y detallada a partir del siglo XIII en lo que se refiere a la violación de las reglas del mercado.[3] Desde el punto de vista de la evolución histórica, es importante señalar que en la permanencia del principio enunciado por Agustín comprobamos una evolución importante cuando, con el canon 21 del IV Concilio de Letrán, la confesión de los pecados se convierte en una obligación anual para todo cristiano: la restitución de las ganan-

---

[1] Agustín de Hipona, *Epistolæ*, LIV (PL, 33, p. 662).
[2] Para un caso interesante de Siena, véase M. Pellegrini, «Attorno all'"economia della salvezza". Note su restituzione d'usura, pratica pastorale ed esercizio della carità in una vicenda senese del primo Duecento», *Cristianesimo nella storia*, 25, 2004, pp. 59-102.
[3] G. Andenna, «Non remittetur peccatum, nisi restituatur ablatum» (causa XIV, q. 6, c. 1). Una inédita carta pastoral relativa a la utilización y restitución tras el II Concilio de Lyon, en: *Società, istituzione, spiritualità. Studi in onore di Cinzio Violante*, vol. I, Spoleto, Centro Italiano di Studi sull'Alto Medioevo, 1994, pp. 93-108.

cias mal obtenidas no es sólo una condición para la absolución, sino parte integrante del sacramento de la penitencia, como aclara entre otros Alejandro de Hales (1170-1245), ya que ese pecado no sólo atenta contra Dios, sino también contra el prójimo.[1]

Obviamente, el problema de la *restitutio* no se limita al séptimo mandamiento, sino que atañe de un modo u otro a los cinco últimos preceptos, que hacen referencia a las relaciones con el prójimo: en particular, el daño que el pecador causa por el asesinato o las lesiones (quinto mandamiento), por la violación u otros actos perjudiciales para el honor (sexto mandamiento), etcétera. De hecho, puede decirse que a menudo son objeto de la creatividad de los moralistas, dada la dificultad de precisar y cuantificar la reparación debida en esos casos, pero ciertamente es el séptimo mandamiento el que está en el centro del tema de la reparación: la restitución de los bienes mal obtenidos no sólo se refiere al hurto en sentido tradicional, sino a todas las ofensas a la honra, o los menoscabos al mercado y a la práctica contractual. Por ese motivo, la restitución no se refiere únicamente a la relación entre el comerciante deshonesto y su víctima, sino entre éste y toda la comunidad que se ha visto perjudicada por su comportamiento.

El tema del mercado y de la restitución de los bienes mal obtenidos prevalece en todos los manuales para confesores y tratados de moral que se suceden por centenares, en poderosos tomos en folio o en octavo, hasta el siglo XVIII e incluso más allá: veremos a continuación unos pocos ejemplos, pues no quiero aburrir al lector con listas interminables, pero la

---

[1] Alejandro de Hales, *Glosa in quatuor libros sententiarum Petri Lombardi*, Florencia, Collegium S. Bonaventuræ-Frati Editori di Quaracchi, 1954, III, dist. XXXVII, p. 249, n. 27: «Quæritur an restitutio ablatorum sit pars poenitentiæ. Quod videtur, quia peccatur et in Deum et in proximum et in se: cuilibet ergo est satisfaciendum; alioquin non est poenitentia si non satisfaciat proximo».

importancia concedida a este tema parece indiscutible. Estas lecturas han permitido refutar la opinión extendida en la actualidad de que la práctica del sacramento de la penitencia privilegió siempre la moral sexual sobre otros pecados, como los económicos, una tesis común en las interpretaciones historiográficas más en boga: una cosa es sostener, como hizo Michel Foucault, que en la primera mitad del siglo XVII la Iglesia se concentró en el control del cuerpo, en la represión de la vida sexual y de la familia, y otra muy distinta es entender que el control de la sexualidad era sólo una parte del enfoque de las Iglesias sobre la vida social. De hecho, el posterior y anormal desarrollo de la moral sexual fue probablemente, al contrario de lo que suele afirmarse, una consecuencia de la pérdida de control de las Iglesias sobre la esfera pública del mercado y, por tanto, el resultado de un repliegue de su atención en la esfera privada y de su jurisdicción sobre las almas individuales.

4. LAS PRIMERAS INDICACIONES DE LA «SUMMÆ CONFESSORUM»

En torno al IV Concilio de Letrán, y sobre todo en los años posteriores a 1215, se multiplicaron los manuales de confesores, los llamados *summæ confessorum*, como instrumento práctico para la administración del sacramento de la penitencia. Ya he hablado de ellos en relación con el nacimiento del foro interno de la Iglesia, destacando el componente jurídico, canónico, junto al teológico, sobre todo en la primera fase.[1] La jurisdicción sobre el pecado nos lleva a subrayar

---

[1] Prodi, *Una storia della giustizia, op. cit.*, pp. 87-92. De la bibliografía allí mencionada, véase especialmente el ensayo de P. Grossi, «Somme penitenzali, diritto canonico, diritto comune», en: *Annali della Facoltà giuridica di Macerata*, vol. I, n. s., 1966, pp. 95-134. Para una introducción al

el esquema de los Diez Mandamientos y, por tanto, a destacar los cuestionamientos correspondientes al séptimo como una red de servicio al confesor para comprender y juzgar las faltas relacionadas no sólo con el vicio de la avaricia en general, sino con los diversos tipos de hurto que podían cometerse, tanto los vinculados con la antigua sociedad agrícola como con la vida de la ciudad y el mercado.

Desde el punto de vista de la relación con las *summæ* de tipo teórico-teológico, creo que es necesario señalar que los primeros manuales para las confesiones y los sacramentos preceden en cierto modo a la gran ordenación teórica que tendría lugar a mediados del siglo XIII con Alberto Magno y Tomás de Aquino, y que en cierto modo ésta se vio influenciada por la elaboración práctica que había tenido lugar en las décadas anteriores en el plano (como diríamos hoy) de la pastoral concreta. En segundo lugar, encontramos en esta primera generación de manuales para confesores una afinidad sustancial en el enfoque de las dos órdenes principales, los dominicos y los franciscanos, quizá por el predominio de la elaboración jurídica sobre la teológica mencionado anteriormente.

Para la primera generación de las *summæ* me limitaré a considerar a dos autores de referencia que también tuvieron una gran influencia en los siglos siguientes, pero que todavía se encuentran en la línea divisoria del IV Concilio de Letrán celebrado en 1215: Thomas de Chobham y Raimundo de Peñafort.

Thomas de Chobham es un autor particularmente interesante porque podemos advertir la evolución de su pensamiento entre la primera obra *Summa de commendatione virtutum et extirpatione vitiorum* y su posterior *Summa confe-*

---

tema y un censo de publicaciones impresas hasta 1650, véase M. Turrini, *La coscienza e le leggi. Morale e diritto nei testi per la confessione della prima età moderna*, Bolonia, Il Mulino, 1991.

ssorum. En la primera, compuesta mucho antes del IV Concilio de Letrán, todavía inscribe el problema del hurto en el sistema de virtudes y vicios, la justicia y la avaricia respectivamente.[1] La justicia coincide con la definición clásica del derecho («unicuique reddere quod suum est», 'para dar a cada cual lo que es suyo'), pero se analiza concretamente según las categorías tradicionales de los deberes sociales: además de la justicia natural y la divina, existe la justicia positiva y la política («Iustitia positiva est reddere unicuique quod suum est secundum mores et instituta civitatis», 'La justicia positiva consiste en dar a cada cual lo que es suyo según la costumbre y las instituciones del Estado').[2] Los hombres con poder, ya sea eclesiástico o laico (cap. *De iustitia maiorum*), corren el riesgo de condenarse más que los demás: deben juzgar no según su poder, sino según la sabiduría divina, deben conocer la ley, pero sobre todo deben evitar aprovecharse de su poder para despojar a los pobres que se hallan sometidos a ellos.[3] Para los súbditos la virtud de la justicia es naturalmente prospectiva y consiste en la obediencia, pero incluso en este caso se hace una aclaración interesante, porque clérigos y laicos, al contrario que los religiosos para los que la obediencia es la virtud más elevada, están obligados a obedecer sólo «in debitis et constitutis obsequiis» ('en las deudas y obligaciones establecidas').[4] Pero lo interesante es que además de la justicia de los *maiores* y *minores* hay una *iustitia omnium* que atañe claramente a la justicia del mercado: devolver las ganancias mal obtenidas significa pagar las deudas y las mercedes debidas, las primas y las rentas pactadas,

---

[1] *Corpus Christianorum. Continuatio Medievalis*, ed. F. Morenzoni, Turnhout, Brepols, 1997, vol. LXXXII B, IV, 2, 2, pp. 142-180 y 219-224.

[2] *Ibid.*, p. 148.

[3] *Ibid.*, p. 151: «Unde fere omnes principes et prælati in certam incidunt dampnationem. Cum enim aliqua occasione subditos suos possunt capere in iudicio pro minimo peccato, eos spoliant usque ad nudum».

[4] *Ibid.*, p. 159.

mantener los compromisos contractuales.[1] A esto le siguen soluciones para los casos dudosos, por ejemplo el de quienes se han apropiado de bienes ajenos por herencia y han actuado por extrema necesidad, o el de los bienes encontrados por casualidad, la imposibilidad de encontrar a una persona a la que devolvérselos, etcétera. La *iustitia omnium* supone una situación de igualdad sobre la base del contrato y las normas vigentes, y tiene como punto de referencia la comunidad, la Iglesia y la ciudad. El vicio de la avaricia permite ilustrarlo: junto con la tradicional condena bíblica y patrística del avaro, que por su inmoderado afán de riqueza priva al prójimo de lo necesario, el avaro-prestamista es equiparado al hereje y, en consecuencia, excomulgado como opositor a la constitución de la Iglesia, no tanto porque el dinero sea en sí mismo estéril si no está vinculado al trabajo del hombre, sino porque la transferencia de la propiedad del dinero que se produce en el acto del préstamo, con el contrato, hace que sus frutos se deban a quien lo recibe e invierte y no a quien lo presta.[2]

---

[1] *Ibid.*, p. 169: «Restat dicere de tercia specie iusticie que est ad omnes. Que similiter triplex est, scilicet in reddendo debita et mercedes, et in restituendo deposita, et in dicendo vera. Omnes enim tam maiores quam minores, debita et mercedes restituire tenentur. Et inter debita numerantur ablata, quia nichil magis iustum est omnibus quam restituire ablatum [...] Est ergo notandum quod quilibet de iusticia tenetur reddere mutuum vel commodatum, furtum vel raptum, mercedem vel premium, et etiam inventum, et censum statutum, et depositum, sicut predictum est».

[2] *Ibid.*, pp. 173 y 222: «Pecunia autem numerata tamen mortua est et non fructificat ex sui natura, sed tantum ex labore alieno. Unde fructus agri sunt penitus restituendi, set non fructus pecunie [...] Est etiam notandum quod non pro omni vitio excommunicat ecclesia. Non enim fornicatores omnes excommunicantur, neque gulosi, neque invidi, neque superbi, neque accidiosi, neque iracundi. Set avari omnes manifeste excommunicati sunt. Avaros autem manifestos vocat ecclesia feneratores, quia ipsi quasi publice prostant in avariciis sui set non negant esse tales. Et precipue pestiferi sunt inter pauperes et inmisericordes, excoriantes eos usque ad ossa. Et ideo rationabiliter excommunicat eos ecclesia, quia publice videntur agere contra ecclesiasticam constitutionem [...] Sunt etiam quasi he-

En la siguiente *Summa confessorum* que compuso Chobham hacia 1215, la novedad consiste en poner la profesión y condición de las personas en la base del interrogatorio del confesor. No se trata de una completa novedad, porque existen muchos indicios en los penitenciales de la Alta Edad Media, pero lo cierto es que en la obra de Chobham aparece por primera vez la figura del mercader: esta profesión, siempre peligrosa para la salud de las almas, estaba prohibida a los clérigos pero no a los laicos, que podían obtener un beneficio legítimo incluso por bienes que no producían ni manipulaban: la ganancia no deja de ser el corazón del comercio, a pesar de que debe circunscribirse no sólo a los límites del derecho secular para no invalidar el contrato (según el derecho romano de lesión cuando supera el doble del valor presumido), sino a la honestidad y al precio justo para evitar el pecado.[1] La cuestión del hurto se mantuvo dentro de la discusión sobre la avaricia como una de las cinco subespecies (hurto, atraco, usura, simonía, malversación de limosnas): en cuanto a la usura, se recordaba la discusión anterior, pero estableciendo la distinción entre el contrato de comodato y el

---

retici et errantes in fide, quia dicunt quod fenerari non est peccatum, quia sicut licet lucrari ex equo suo conducticio vel ex agro vel vinea locata, ita etiam ex denario suo. Cum hoc manifeste falsum sit duplici ratione. Cum enim denarius mutuo conceditur, statim efficitur alterius. Et ita, si lucrum provenit ex illo denario, eius est lucrum cuius est denarius. Ergo eius debet esse lucrum qui mutuum accepit, non qui mutuum dedit».

[1] Thomas de Chobham, *Summa confessorum*, ed. F. Broomfield, Lovaina-París, 1968, art. VI, dist. III, qq. 9-10, pp. 301-304: «Negotiatio autem est emere aliquid vilius eo animo ut vendatur carius. Hoc autem bene licet laicis, etiam si nullam emendationem apponant rebus quas prius emerunt et postea vendunt [...] Unde mercatores bene possunt percipere pretium laboris sui et evectionis sue et expensas suas ultra sortem quam dederunt in emptione. Et etiam si mercibus apposuerunt aliquam emendationem, bene possunt pretium percipere. Sed si fecerint aliquas sophisticationes in mercibus suis ut decipant emptorem, fures sunt et latrones. Preterea, dicit lex secularis quo nulli venditori licet percipere ultra medietatem iusti pretii, et tamen peccatum est si aliquid receperit ultra iustum pretium».

de mutuo: en el primero la propiedad permanece con el comodante, en el segundo pasa al prestatario, de ahí la prohibición del interés.[1] Pero, como reconocía Chobham, en esta materia «multi sunt casus dubitabiles» ('muchos son los casos dudosos') y es posible vislumbrar las razones que más tarde se desarrollarían en las teorías del daño emergente, el lucro cesante y el riesgo como justificaciones del pago de intereses.

Con la *Summa* de Raimundo de Peñafort, escrita después de 1223 pero difundida por toda Europa e impresa varias veces como texto básico de la nueva confesión hasta el siglo XVIII,[2] se dio un paso decisivo al inscribir el hurto en el séptimo mandamiento para comprender la nueva situación del mercado, junto con la usura y los contratos: a diferencia del atraco, que implica violencia, el hurto consiste en apoderarse fraudulentamente de la propiedad ajena, *mobilis* y *corporalis*, contra la voluntad del propietario, con el fin de obtener un beneficio.[3] Dejando a un lado los tipos tradi-

---

[1] *Ibid.*, art. VII, dist. VI, q. II, p. 504: «In omnibus enim aliis contractibus possum lucrum sperare et recipere, sicut si dedero tibi aliquid, possum sperare antidotum, id est contra datum, et recipere quia prius dedi. Similiter si commodavero tibi vestes meas vel vasa mea possum inde recipere pretium. ¿Quare non similiter si commodavero tibi denarios meos? Ad hoc plana est responsio, quia in commodato non transit dominium, sed sempre remanet penes commodantem [...] sed ubi est mutuum ibi transit dominium, unde mutuum dicitur quasi de meo tuum. Si igitur mutuavero tibi denarios vel etiam frumentum vel vinum, statim denarii sunt tui, et frumentum tuum est. Unde si pretium inde reciperem, haberem lucrum de tuo, non de meo. Unde fenerator nihil vendit debitori quod suum est, sed tantum tempus quod dei est. Unde quia vendit rem alienam non debet inde aliquod lucrum habere».

[2] San Raimundo de Peñafort, *Summa*, Verona, 1744, lib. II, tit. 6: «De furtis»; tit. 7: «De usuris et pignoribus»; tit. 8: «De negotiis sæcularibus», pp. 201-232.

[3] *Ibid.*, p. 201: «Furtum est contrectatio rei alienæ, mobilis, corporalis, fraudolosa, invito domino, lucri faciendi gratia, vel ipsius rei, vel etiam usus ejus, possessionisve». Interesante énfasis: «Mobilis, corporalis, quia in rebus immobilibus, vel incorporalibus non committitur fur-

cionales de hurto (y las doctrinas de los Padres de la Iglesia sobre la no pecaminosidad del hurto en casos de extrema necesidad), se dan ejemplos concretos de la restitución necesaria para obtener la absolución en el foro penitencial: la apropiación de cosas prestadas o empeñadas, los retrasos en la devolución, la compra involuntaria de bienes robados, las cosas encontradas por casualidad, con independencia de su valor.[1] Ese planteamiento permite ocuparse de la usura como ganancia derivada del contrato de préstamo: al margen de la condena general, hay casos en los que la usura o el interés pueden estar permitidos cuando el prestamista necesita a su vez el dinero «propter negotia mea tractanda» ('a causa de mis propios negocios'). El discurso se profundiza con la cita y el comentario de la decretal Naviganti de Gregorio IX sobre la prohibición de la usura específicamente para los marineros y los cambistas que van a las ferias.[2] Pero, como he insistido, no es mi intención abordar el debate sobre la usura, sobre su legitimidad en virtud del daño emergente o el lucro cesante del prestamista o de los riesgos y peligros que afronta, ni sobre el interés derivado de un contrato distinto del préstamo como el de asociación en el gran comercio marítimo, o la positividad de las leyes seculares que permiten la usura «ratione interesse vel ratione moræ» ('en razón de la participación o del retraso'). No deja de ser significativo que la obra de Raimundo de Peñafort se recupere en el siglo XVIII, con el último coletazo de los debates sobre la usura para superar

---

tum quia talia non possunt contrectari propter sui immensitatem, vel incorporeitatem».

[1] *Ibid.*, p. 205: «Item nota, quo ita committitur furtum in re parva, sicut in re magna; ideo furtum non solum in majoribus, sed etiam in minoriibus judicatur: non enim quod furto ablatum est, sed mens furantis attenditur».

[2] *Corpus iuris canonici* (*Decretales*, lib. V, 19, 19), *op. cit.*, vol. II, col. 816: «Naviganti vel eunti ad nundinas certam mutuans pecuniæ quantitatem, pro eo, quod suscipit in se periculum, recepturus aliquid ultra sortem, usurarius est censendus».

el poso dialéctico y escolástico que habían dejado los siglos. Lo que me parece importante subrayar es que la usura se inscribe dentro del hurto como *turpe lucrum*: no es lícito acaparar bienes para venderlos a un precio mayor, pero siempre es lícito venderlos, incluso más caros, al precio del mercado («prout communiter venditur in foro»).[1]

En cualquier caso, el oficio de comerciante se incluye en el examen de conciencia de todas las profesiones productivas y artesanales, superando la anterior desconfianza: el problema del *turpe lucrum* como ganancia injusta afecta a todos y peca gravemente quien miente o perjura sobre el valor de los bienes.[2]

5. EL HURTO COMO VIOLACIÓN DE LAS REGLAS DEL MERCADO

Resumiendo muy brevemente lo que ocurrió en el transcurso del siglo XIII, creo que puede decirse que la evolución se produjo sobre todo en los textos para los confesores: el tema del mercado se inscribió en el séptimo mandamiento y se desarrolló cada vez más a partir de los casos cotidianos de la prácti-

[1] Raimundo de Peñafort, *Summa, op. cit.*, p. 211: «De quibusdam autem, qui tempore messis, vel vindemiæ emunt annonam, vel vinum vilius, ut postea vendant carius; dico, quod peccant, et turpe lucrum est: secus si aliquis propter necessitatem emat, et postea non indiget, sicut credebat; hic potest licite vendere, prout communiter venditur in foro, licet vendatur carius, quam emerit».

[2] *Ibid.*, p. 223: «Sed quid faciet judex poenitentialis de mercatoribus, pelliparis et similibus, qui de longa, non dico consuetudine, sed corruptela, nec emere sciunt, nec vendere absque mendaciis et juramentis, nec non interdum perjuriis, et breviter mentiuntur simplicibus rem vilem, vel corruptam pretiosam esse, et in hunc modum exercitant pro magna parte quidquid doli, et fraudis excogitari potest. Ad hoc dico, quod quoties scienter, et causa decipiendi proximo pejerant, vel mentiuntur, peccant mortaliter et tenentur ad restitutionem».

ca de las distintas ciudades comerciales de Europa, hasta que hacia el final del siglo, como veremos, llegó a ser tan predominante que sobrepasó los Diez Mandamientos, dando lugar a una producción específica y especializada, los tratados *de contractibus*. Las doctrinas del derecho canónico y romano confluyen en el tema de la *bona fides*, que en ambos casos se considera el fundamento o el alma del comercio: la no observancia de los pactos se convierte, aunque con diversos matices, en un pecado contra el séptimo mandamiento, y la violación de las normas comerciales no se considera tanto una cuestión de doctrina jurídica como de respeto a un comportamiento ético fundamental: la confianza y observancia de los pactos.[1]

Mencionaré tan sólo el máximo referente de este discurso, que ha sido muy estudiado: la «Seconda Secundæ» de la *Summa Theologiæ* de Tomás de Aquino, ya que en las cuestiones 57-80 se abordan los problemas del derecho y la justicia.[2] Tomás de Aquino pone el tema de la justicia (distributiva y conmutativa) como punto de partida de su comentario a los cinco últimos mandamientos, que tratan sobre la relación con el prójimo, y a continuación se ocupa de la necesidad de «restitución» como mecanismo común a todas las

---

[1] V. Piergiovanni, «La "bona fides" nel diritto dei mercanti e della Chiesa medievale», *Zeitschrift der Savigny-Stiftung für Rechtsgeschichte/ Kanonistische Abteilung*, 91, 2005, pp. 168-179. El autor basa su análisis en dos pasajes, de un experto en derecho canónico y de un especialista en derecho civil, especialmente significativos para todo nuestro recorrido: la *regula iuris* LXXXII fijada por Dino del Mugello al *Liber sextus* de Bonifacio VIII («Qui contra iura mercatur, bonam fidem non præsumitur habere») y la afirmación de Baldo degli Ubaldi: «In causis mercatorum, ubi de bona fide agitur, non congruit de iuris apicibus disputare sed pacta servare».

[2] G. Todeschini, «"Ecclesia" e mercato nei linguaggi dottrinali di S. Tommaso d'Aquino», *Etiche economiche*, número monográfico de *Quaderni Storici*, 105, 2000, pp. 585-621. Sobre el tema general del derecho y la justicia en santo Tomás, véase Prodi, *Una storia della giustizia, op. cit.*, pp. 141-154.

acciones humanas que causan daño a los demás y condición para la absolución y la salvación; luego sigue el examen del quinto mandamiento («No matarás») y del que nos ocupa, el séptimo: «De furto et rapina».[1] El esquema permaneció inalterado en decenas o tal vez cientos de tratados en los siglos siguientes hasta nuestros días: algunos autores desarrollaron el examen de un solo mandamiento como un tratado en sí mismo (un ejemplo típico es el sexto mandamiento, que dio lugar a innumerables tratados sobre el matrimonio y la sexualidad), pero los Diez Mandamientos fueron siempre el punto de partida de cualquier examen de conciencia. En Tomás, por supuesto, los discursos son todavía *in nuce*, pero ya contienen el germen de futuros desarrollos: para los bienes de este mundo se reconoce la propiedad privada como «potestas procurandi et dispensandi» ('la potestad de procurar y administrar') es de derecho natural, porque la propiedad común sólo conduce a la irresponsabilidad y la multiplicación de los conflictos. Pero Tomás distingue la *potestas* sobre los bienes de este mundo del uso de los mismos: «Et quantum ad hoc non debet homo habere res exteriores ut proprias, sed ut communes: ut scilicet de facili aliquis ea communicet in necessitate aliorum» ('Y en este sentido, el hombre no debe tomar las cosas exteriores como propias, sino considerarlas comunes, de modo que pueda compartirlas cuando los demás las necesiten'). La distribución de los bienes no forma parte del derecho natural, sino que es el resultado del derecho humano positivo «per adinventionem rationis humanæ» ('invención de la razón humana') y, por tanto, no va en contra del derecho natural, pero la obligación de no perjudicar a los demás sigue siendo preponderante. Lo que permite tipificar el hurto y distinguirlo del robo es que

---

[1] *Summa Theologiæ*, ed. P. Caramello, Turín, Marietti, 1963, «Secunda Secundæ», q. 66, pp. 324-331 (ahora también *online*: www.corpusthomisticum.org).

sea «encubierto», que se produzca con dolo, fraude y otros engaños, de modo que no es hurto apoderarse de los bienes de otra persona por decisión del juez. Así pues, el hurto es siempre un pecado mortal perjudicial para la caridad («tamquam contrarium caritati»), no sólo para la justicia, aunque no sea castigado por la sociedad civil de su época («secundum præsens iudicium») con la pena de muerte (aparte del hurto sacrílego y la malversación, que constituyen hurtos de bienes comunes). Por ello, es una obligación de derecho natural paliar las necesidades de los pobres, y en casos de extrema necesidad el hurto no es un pecado, pues está destinado a satisfacer las necesidades por medio de los bienes de otros. En cualquier caso, la represión violenta del hurto está reservada al poder público:

A su vez, a los príncipes está encomendada la autoridad pública para que sean los guardianes de la justicia; y, por consiguiente, no les es lícito emplear violencia y coacción sino con arreglo a las exigencias de la justicia, y esto ya contra los enemigos en el combate, ya contra los ciudadanos castigando a los malhechores. El hecho de que por tal violencia se despoje no tiene razón de rapiña, puesto que no va contra la justicia. Pero si, en contra de la justicia, algunos, a través de la autoridad pública, arrebatan violentamente las cosas de otras personas, obran ilícitamente, cometen rapiña y están obligados a la restitución.[1]

Los asuntos específicos del mercado se tratan en las cuestiones 77 y 78 de la misma «Secunda secundæ» de la *Summa theologiæ*, aunque no en profundidad. Según Tomás, no es lí-

---

[1] *Ibid.*, q. 66, 8: «Principibus vero publica potestas committitur ad hoc quod sint iustitiæ custodes. Et ideo non licet eis violentia et coactione uti nisi secundum iustitiæ tenorem: et hoc vel contra hostes pugnando, vel contra cives malefactores puniendo. Et quod per talem violentiam aufertur non habet rationem rapinæ: cum non sit contra iustitiam. Si vero contra iustitiam aliqui per publicam potestatem violenter abstulerint res aliorum, illicite agunt et rapinam committunt, et ad restitutionem tenentur».

cito vender ni comprar algo por encima o por debajo del precio justo, pero es ambiguo acerca de cuál es el precio justo: se mantiene en el marco aristotélico y no habla del mercado;[1] la compraventa es en todo caso ilícita por fraude si se miente sobre la naturaleza, la cantidad (el control de pesos y medidas corresponde a los *rectores civitatum*) o la calidad de las cosas; si hay un defecto oculto debe revelarse, mientras que no hay obligación de revelar un defecto manifiesto si se tiene en cuenta al fijar el precio; también es posible vender a un precio superior al de la compra, ya que los precios varían según el lugar y con el tiempo, pero la ganancia no debe ser en ningún caso el fin sino «quasi estipendium laboris» ('como la remuneración') del comerciante. La prohibición de la usura también se basa en el derecho natural y en la doctrina aristotélica de la esterilidad del dinero,[2] pero si uno confía su dinero a un comerciante o a un productor con un contrato de asociación, es legítimo participar en el beneficio, ya que se comparte el riesgo.[3]

Me he permitido hacer este excurso sobre santo Tomás —a un tiempo demasiado largo y corto—para establecer al menos el punto de partida: resulta evidente que la división entre lo público y lo privado, y la definición de la propiedad y su uso como fundamento de los derechos del individuo, anticipan la Modernidad. Me han parecido oportunas estas citas porque creo que la discusión sobre el hurto y el precio justo (a la que luego añadiremos los análisis sobre la hipoteca, el crédito, las políticas monetarias, las prácticas de monopo-

[1] *Ibid.*, q. 77, pp. 362-366: «De fraudelentia quæ committitur in emptionibus et venditionibus».

[2] *Ibid.*, q. 78, pp. 367-371: «De peccato usuræ» (el tema está tomado de la obra anterior *De malo*, q. 13).

[3] *Ibid.*, p. 370: «Sed ille qui committit pecuniam suam vel mercatori vel artifici per modum societatis cuiusdam, non transfer dominium pecuniæ suæ in illum, sed remanet eius, ita quod cum periculo ipsius mercator de ea negotiatur vel artifex operatur».

lio, etcétera) no se ha planteado adecuadamente con respecto a la importancia que se da al marco teórico, neoaristotélico o voluntarista según las escuelas dominicana o franciscana, o sobre la propiedad y el uso de la riqueza con respecto al nuevo ideal de bien común. Ovidio Capitani ha ilustrado magistralmente el conflicto que se produjo en las primeras décadas del siglo XIV entre la antigua condena de la *cupiditas* y la avaricia y el concepto del *bonum commune* en la nueva dialéctica entre política y economía.[1] De hecho, me parece que no se produjo ninguna novedad significativa en las aulas universitarias, ni en la especulación racional y teológica, ni en las discusiones que se iniciaron a mediados de siglo entre las escuelas dominicana y franciscana sobre los grandes conceptos de la propiedad y el uso de las cosas.

Dando todo esto por sentado, y advirtiendo de nuevo del peligro de convertir a los franciscanos en los precursores de la moderna teoría del mercado, creo que no carece de interés señalar en los manuales para confesores y los primeros tratados de *contractibus* el esfuerzo por definir el nuevo concepto de «hurto» como violación de las reglas del mercado, y por establecer quién podía ser el garante ante sus violaciones, y cómo podía producirse la restauración del orden violado mediante la restitución.

6. DE LA «SUMMÆ CONFESSORUM» AL «TRACTATUS DE CONTRACTIBUS»

La característica de la vastísima literatura sobre el sacramento de la penitencia en el período comprendido entre los si-

---

[1] O. Capitani, «Cupidigia, avarizia, "bonum commune" in Dante Alighieri e in Remigio de' Girolami», en: O. Münsch y Th. Zotz (ed.), *Scientia Veritatis. Festschrift für H. Mordek zum 65. Geburtstag*, Ostfildern, Jan Thorbecke, 2004, pp. 351-364.

glos XIII y XIV es la inscripción, en el esquema establecido de los Diez Mandamientos—como base formal y jurídicamente más válida para el examen de conciencia del penitente y para el interrogatorio del sacerdote-juez—, de una serie de especificaciones y casos que permiten la evolución de la penitencia mediante la autoinculpación del penitente sobre sus actos concretos y precisos. En lo que respecta al séptimo mandamiento, asistimos a una especificación cada vez mayor de las posibles versiones del hurto y de las violaciones de las leyes del mercado, hasta el punto de elaborar tratados especiales *de contractibus* que no estaban destinados a la enseñanza universitaria, sino a la práctica mercantil y a facilitar la administración del sacramento de la penitencia.

No es mi intención examinar los aspectos específicos de tales tratados, sino tan sólo señalar algunas de las características generales que es posible atisbar en ellos. En primer lugar, su uniformidad, independientemente de la procedencia de sus autores, tanto de las distintas órdenes mendicantes como del clero secular. En efecto, tras muchas supuestas innovaciones se encuentran citas, incluso literales, de afirmaciones ya presentes en reflexiones previas a lo largo del siglo, y las diferencias parecen depender de la posición concreta respecto a la autoridad política y la práctica mercantil individual. Por lo tanto, el tema tiende a alejarse cada vez más del ámbito del pensamiento teológico y a adentrarse en el técnico-jurídico. El hecho de que las normas preexistentes del derecho civil y canónico se trasladen al plano de la conciencia permite desarrollar por primera vez una reflexión sobre la intención, que es la base de la moderna teoría jurídica del contrato.

Por poner algunos ejemplos entre la inmensa multitud de autores, destacamos dos de la orden franciscana que tuvieron un gran eco: Petrus Iohannis Olivi y Juan de Erfurt, que escribieron sus obras entre finales del siglo XIII y principios del XIV.

La historiografía se ha interesado especialmente por Petrus Iohannis Olivi en las últimas décadas, de forma casi inversamente proporcional al olvido que acompañó a su nombre en vida e inmediatamente después de su muerte, debido a su vinculación con la parte más radical del movimiento mendicante franciscano de los *fraticelli*. Ideas que fueron atribuidas *a posteriori* a los más célebres tratadistas y predicadores del siglo xv, como Antonino de Florencia y Bernardino de Siena, fueron anotadas con mucho acierto en las páginas de Olivi y, según la costumbre de la época, reproducidas una y otra vez sin citar al autor,[1] lo cual también pudo deberse a la voluntad de los copistas de evitar la acusación de heterodoxia.

A nuestro juicio, podemos decir que Olivi se basaba en un principio que ya había sido formulado en la primera mitad del siglo y que, en sus palabras, puede resumirse: «Omnis contractus qui est contra bonum caritatis et societatis est illicitum» ('Cualquier contrato contrario al bien común y a la caridad es ilegítimo').[2] También la cuestión de la usura se examina desde esta perspectiva: mientras que anteriormente, en tiempos de Inocencio IV, cualquier pago de intereses se consideraba usura y se condenaba por constituir un peligro desde el punto de vista económico—ya que suponía la retirada del capital financiero de la producción agrícola—, ahora está claro que se tienen en cuenta dos hipótesis completamente diferentes. Por un lado la posible inclusión del préstamo (evitando el contrato de crédito) en las inversiones productivas, y por otro la especulación usurera en detrimento de la comunidad y de los pobres. En el *Tractatus de con-*

---

[1] A. Spicciani, «Sant'Antonino, San Bernardino da Siena e Pier di Giovanni Olivi nel pensiero economico medievale», *Economia e storia*, 19, 1972, pp. 315-341.

[2] Petrus Iohannis Olivi, *Quodlibeta quinque*, ed. S. Defraia, Grottaferrata, Collegium S. Bonaventuræ-Frati Editori di Quaracchi, 2002, *Quodlibet I*, q. 17, p. 59.

tractibus que Olivi compuso posteriormente, en 1294-1295, la división interna que propone («de emptionibus et venditionibus; de usuris; de restitutionibus») pone de manifiesto una concepción general del mercado:[1] al margen de los problemas teóricos relativos al *usus pauper* de la riqueza y a la concepción de la productividad «seminal» del dinero, su obra aparece como un hito en la concepción de las relaciones del mercado con la sociedad y en la nueva visión jurídica del contrato, basada no tanto en una objetividad abstracta del intercambio como en la centralidad de la intención en el quehacer económico.

Desde el punto de vista jurídico y técnico, más determinante resulta la inscripción del tema del contrato en la *Summa confessorum* que escribió el franciscano Juan de Erfurt unos años más tarde, entre 1300 y 1304. En cuanto al pecado de la avaricia, en el libro primero hay más de veinte situaciones concretas sobre las que el confesor debe medir su juicio según los esquemas del derecho civil: la donación, la dote, el testamento, la herencia y sucesión intestada, la compraventa, el arrendamiento, el contrato enfitéutico, el comodato, el precario, la permuta, la promesa, el depósito, la fianza, el empeño, la sociedad, etcétera. El tema se retoma en el segundo libro a propósito de los Diez Mandamientos, donde, en referencia al séptimo, se trata, entre otras cosas, del sacrilegio, el robo, la usura, los préstamos, la simonía, los patrimonios (con impuestos y exacciones), el juicio temerario, la adquisición del dominio de las cosas, los jugadores, los histriones, la mala conducta intencionada, etcétera.[2] No quiero aburrir al

---

[1] *Id., De emptionibus et venditionibus, de usuris et restitutionibus*, ed. G. Todeschini, Roma, Istitutio Storico Italiano Per II Medio Evo, 1980. Para encontrar un hilo conductor en la vasta literatura sobre el tema, véase A. Boureau y S. Piron (ed.), *Pierre de Jean Olivi (1248-1298). Pensée scolastique, dissidence spirituelle et société (Actes du colloque de Narbone, mars 1998)*, París, J. Vrin, 1999.

[2] N. Brieskorn, *Die Summa Confessorum des Johannes von Erfurt*,

lector con tecnicismos, sólo subrayar que según Juan de Erfurt la conciencia cristiana debe calibrar la avaricia no sólo de forma genérica, sino valorando todas las formas previstas o prohibidas por ley de la ganancia, más allá de la división entre derecho civil y canónico.[1]

Lo esencial para nosotros es que en Juan de Erfurt la definición de hurto cambia radicalmente respecto a la tradicional en relación con el desarrollo del mercado: el hurto no es sólo la sustracción de bienes ajenos y su uso, sino también la violación del derecho común, cualquier compra, enajenación o daño ilícitos, la imposición ilegal de cargas fiscales por parte de señores o prelados, la simonía, la usura, el fraude, el juego, la falsificación de moneda, etcétera.[2] No obstante, es interesante que el contrato de préstamo se incluya, no entre los contratos, sino en la prohibición de hurto establecida

---

Fráncfort del Meno, Peter Lang, 1981, 3 vols., pp. 345-617 (lib. I, parte 6); pp. 1192-1486 (lib. II, parte 6).

[1] *Ibid.*, p. 345: «Lex autem quædam lucra prohibet et concedit ex diversis circumstantiis, ut ea quæ possunt licite et illicite fieri, ut lucrum consequens ex donatione et dote, ex testamento, ex hereditaria succione ab intestato, ex emptione et venditione, ex locato et conducto [...] prohibet tantum ut ea, quæ mox nominata sunt coniuncta malo, ut rapina, furtum et usura, de quibus post dicetur»

[2] *Ibid.*, p. 1192: «Furtum autem large sumptum committitur, quandoque in re ipsa quandoque in usu rei: in re ipsa committitur furtum qui rem alienam illicite aufert, acquirit vel alienat vel devastat, vel non reddit; qui contra ius commune facit, nisi de hoc privilegium habeat; prælatus, qui procurationem in visitatione recipit, usurarius, qui fructus sibi usurpat». *Ibid.*, p. 1221: «Nunc restat videre de illis speciebus, in quibus res aliena illicite acquiritur, quod fit multipliciter, scilicet, per usuram, symoniam, iniusti census et thelonei exactionem, per iuris divini usurpationem, per usurpationem rei alienæ, per ludum alearum, per histrionatum, per dolum et circumventionem, per malæ fidei præscritionem, per malæ fidei usucapionem, per plus petitionem, per terminorum patronorum transgressionem, per beneficiorum ecclesiasticorum vel præbendarum vel vicariarum illicitam adeptionem, per monetæ falsificationem, per iniustam condempnationem, per iniustam transactionem».

en el séptimo mandamiento («Usura in mutuo consistit»):[1] mientras que en el contrato de sociedad la aportación de capital basta para que la participación en los beneficios y en los riesgos de las actividades producidas por el dinero resulte completamente legítima, la configuración jurídica del préstamo-usura es en sí misma un caso de hurto sobre la base del principio de la transferencia de la propiedad de los bienes-dinero en el acto del préstamo.

7. EL MERCADO, LA POLÍTICA Y LA UNIVERSIDAD EN LA BAJA EDAD MEDIA

En este apartado dejaré de lado la gran proliferación de tratados teológicos y jurídicos que caracterizó el siglo XIV después de las primeras nuevas contribuciones en materia económica. La gran producción de tratados *de contractibus* durante todo el siglo es especialmente significativa porque atestigua la relación entre la gestión política del mercado, la universidad (eruditos jurisconsultos y teólogos llamados a dar su opinión experta) y el poder político, pero tales tratados rara vez se ocupan directamente del tema del hurto. Esta producción ha sido especialmente estudiada desde el punto de vista del desarrollo del pensamiento teológico sobre la usura y de la doctrina erudita en el derecho civil y canónico.[2] Con todo, no se trataba de discusiones académicas, ya que las peticiones de opinión y *consilia* de parte de los príncipes y comunidades a las nuevas universidades regionales (a menudo fundadas por los príncipes) obedecían a conflictos entre el

---

[1] *Ibid.*, p. 1235.
[2] Véanse los ensayos fundamentales sobre la deuda pública y el comercio de rentas vitalicias de W. Trusen, recogidos en el volumen *Gelehrtes Recht im Mittelalter und in der frühen Neuzeit*, Goldbach, Keip, 1997.

poder político y el eclesiástico por propiedades rurales, eclesiásticas y feudales. El problema de la comercialización de las rentas y los censos es fundamental en la formación del capital financiero y, en cierto modo, previo al problema que más tarde estallaría en la ética pública sobre la relación entre el poder político y el mercado.

Querría insistir en que no se trata sólo de disputas entre eruditos: la historiografía más reciente, con los innovadores estudios de Julius Kirshner y otros muchos historiadores, ha puesto de relieve que la motivación de esos tratados eran los intereses de la época, y también en este caso las pruebas y errores de la ciudadanía italiana constituyeron el laboratorio a partir del cual se desarrolló la revolución financiera de la Europa moderna en los siglos posteriores.[1]

Actualmente sabemos con certeza que la relación entre el mercado y el poder político experimentó su primer gran desarrollo en las repúblicas marítimas y luego en las ciudades-Estado del norte de Italia, Renania y los Países Bajos. No es de extrañar, por tanto, que los temas de la fiscalidad, la deuda pública, las rentas o censos que se creaban a partir de ella y su comercialización, y el dinero se convirtieran en los grandes temas emergentes: estos problemas socavaron el esquema de la ciudad-Estado al fomentar la dialéctica entre el poder político y el nuevo poder económico. Se sigue hablando del paso de la comunidad señorial a la popular, de la lucha entre facciones como causa de la inestabilidad y la crisis de las comunidades en Italia, pero se tiene poco en cuenta el cambio que se produjo, sobre todo a finales del siglo XIII y durante el XIV, en la relación entre el capital financiero y el

---

[1] Algunas pistas para rastrear la enorme bibliografía de estudios que se han realizado en las últimas décadas: L. Armstrong, *Usury and Public Debt in Early Renaissance Florence: Lorenzo Ridolfi on the «Monte Comune»*, Toronto, Pontifical Institute of Mediaeval Studies, 2003; L. Armstrong, I. Elbl y M. M. Elbl (ed.), *Money, Markets and Trade in Late Medieval Europe. Essays in honour of John H. A. Munro*, Leiden-Boston, Brill, 2007.

poder político: en realidad, sólo las repúblicas urbanas que inventaron y desarrollaron formas institucionales para regular esta relación pudieron sobrevivir como repúblicas en el nuevo mundo que estaba surgiendo. Esas nuevas estructuras podían ser muy distintas entre sí, pero todas cumplían la nueva función de vincular el mundo de las finanzas con el poder político. Para ilustrarlo, podemos tomar el ejemplo de las dos soluciones más conocidas y divergentes: Génova con el Banco de San Giorgio como consorcio de acreedores y Venecia con la consolidación de la representación política de la clase mercantil y la restricción del acceso al Gran Consiglio en 1297. En cuanto al resto, en la crisis de las repúblicas ciudadanas, sólo los Estados principescos o monárquicos serían capaces de dotar esta relación del grado de estabilidad necesario que exigía la construcción de las nuevas estructuras estatales y el mundo financiero.[1]

El ejemplo más significativo, precursor de estos planteamientos, proviene quizá de la corona catalano-aragonesa, en la que en el siglo XIV se desarrolló la más completa doctrina cristiana de ética económica como ideología capaz de vincular el mercado con el nuevo Estado en construcción en la orilla europea del Mediterráneo. El representante más veterano de esta doctrina es el franciscano Francesc Eiximenis, que reconoce al comerciante como el eje político de la comunidad en alianza con la corona: Iglesia, mercado y sociedad se unen en una única *fidelitas*-confianza (*fiducia*) que tiene al comerciante-*fidelis* y la moneda como pivote para el desarrollo de la riqueza del país en la reunión de *charitas* y

---

[1] Para una visión general, véase el volumen resultante de la conferencia organizada en Chicago en 1993 por el Instituto Histórico Italogermánico de Trento y el *Journal of Modern History*: G. Chittolini, A. Molho y P. Schiera (ed.), *The Origins of the State in Italy, 1300-1600,* publicado en Chicago en 1994 como número único de la revista y simultáneamente en italiano (*Le origini dello Stato. Processi di formazione statale in Italia fra medioevo ed età moderna,* Bolonia, Il Mulino, 1994).

utilidad pública.¹ Ese proyecto, sin embargo, parece entrar en crisis al mismo tiempo que la disolución de la *christianitas* en la época del gran cisma: en ella, de hecho, se abre un conflicto irremediable entre las grandes finanzas, que crecen como una «república internacional del dinero», y las comunidades territoriales locales basadas en el concepto del bien común. Sólo las nuevas monarquías lograrán establecer una relación dialéctica sobre otras bases con el poder económico. El fracaso de esta forma de «religión cívica» no se limitó al área catalano-aragonesa, sino que implicó a toda la Europa mediterránea.

A finales del siglo XIV, el problema no resuelto de la nueva relación entre política y economía parece emerger incluso en las obras teóricas más comprometidas. Si en Juan de Erfurt habíamos leído, un siglo antes, el primer gran intento de trasladar la problemática jurídico-económica al discurso de la conciencia, en el tratado *De contractibus* del dominico Mateo de Cracovia (compuesto casi un siglo más tarde, después de 1393-1394) podemos advertir el intento de teologizar el mercado a partir de los principios tomistas.² Sólo el mercado es juez del valor de las mercancías, y al exponer sus mercancías a ese juzgado el comerciante cumple con su profesión y puede ganar dinero legítimamente, aunque deben tenerse en cuenta las antiguas reservas de los Padres de la Iglesia: el hurto coincide con la violación del principio del precio justo y, por tanto, con el intento de engañar sobre el valor de las

¹ P. Evangelisti, *I francescani e la costruzione di uno Stato*, Padua, EFR-Editrici Francescane, 2006.
² Mateo de Cracovia, *De contractibus*, ed. M. Nuding, Heidelberg, Editiones Heidelbergenses, 2000. Sobre Mateo de Cracovia en el contexto de los *studia* de las órdenes mendicantes, con una extensa y actualizada bibliografía, véase M. W. Bukała, *Oeconomica Mediaevalia of Wrocław Dominicans. Library and Studies of Friars, and Ethical-Economic Ideas: the Example from Silesia*, Spoleto, Centro Italiano di studi sull'alto medioevo (CISAM), 2010.

mercancías o de alterar el curso del mercado mediante prácticas de monopolio. Resulta interesante la nueva sensibilidad a propósito de la variabilidad de los precios debida al cálculo de probabilidades y previsiones;[1] es precisamente el afán de lucro del comerciante el que se convierte en el instrumento para determinar el precio de las mercancías en el mercado.[2]

El aspecto más interesante de los escritos de Mateo de Cracovia, como apertura a la nueva era, es la afirmación de que todos los contratos, para ser verdaderamente legítimos, no sólo deben estar en consonancia con la justicia propia de las partes contratantes, sino que deben ser útiles (o al menos no deben ser perjudiciales) para la comunidad política en la que opera el empresario y cuyas necesidades satisface: es un intento de introducir el argumento del bien común en el juicio sobre la legitimidad de los contratos (según la «iusticia legali, morali vel divina») no sobre la base de una simple apelación a la caridad cristiana, sino sobre la base de un *do ut des* con respecto a la política.[3]

---

[1] Mateo de Cracovia, *De contractibus*, *op. cit.*, p. 107: «Quod autem, quando dubitatur, in quanto res plus aut minus valeat, modica probabilitas sufficiat ad estimandum valorem rei, patet ex eo, quia eciam communitas ex parvo motivo movetur ad estimandum rem aliter quam prius» (el ejemplo dado es el de la pimienta).

[2] *Ibid.*, pp. 110-111: «Mercatores enim ut tales non emunt ad alium usum nisi ut lucrentur; unde illud, in quo non possunt lucrari, non valet eis ad usum nogociatorum in quantum tales […] Ideo cuilibet eorum valet res illa ad usum suum precium, quod pro ea dat aut recipit, vel potest credi ab uno plus valere, ab alio minus et secundum hoc quilibet potest se in empcione et vendicione tenere. Nec obstat, si unus vel ambo aut omnes errent, dummodo sine fraude fiant contractus».

[3] *Ibid.*, p. 72: «Quilibet enim in aliqua comunitate vivens tam racione caritatis divinitus mandate quam racione emolimentorum, utpote solacii, defensionis et similium, que habet ab ea, debet eidem esse utilis iuxta statum suum et maxime non dampnosus […] Hinc est, quod, si quis interrogetur de aliquo contractu vel opere, an liceat, non sufficit solum respicere ad iustitiam particularem, cum ceteris paribus gravius sit communitatem offendere, quam privatam personam».

De hecho, en las primeras décadas del siglo xv el tema del hurto como infracción de las reglas del mercado se impone en la exposición del séptimo mandamiento y prevalece no sólo la reflexión teológica, sino la práctica diaria de toda la cristiandad europea. Es el séptimo mandamiento el que permite la interconexión entre las normas éticas, el derecho canónico y el derecho romano, preparando el camino para la concepción moderna del contrato.[1] Creo que en este sentido basta indicar (las reflexiones teológicas se verán en el capítulo siguiente) los capítulos en los que se divide el tratamiento del séptimo mandamiento en la obra más difundida, impresa innumerables veces en los siglos siguientes, la *Summula confessionalis*, conocida por la primera palabra del texto *Defecerunt*,[2] de Antonino de Florencia (sobre cuyo pensamiento también volveremos en el capítulo siguiente): la usura, incluyendo la materia de la sucesión, la venta a plazos y la permuta (cap. 1); la compra y venta de deuda pública (Florencia, Venecia, Génova, cap. 2); el fraude en el comercio (cap. 3); la falsificación de contratos, de dinero, de pesos y medidas (cap. 4); las injusticias en la discusión de los casos ante los tribunales (cap. 5); el hurto en el sentido concreto de sustracción de la propiedad ajena «invito domino» (cap. 6); el hurto sacrílego (cap. 7); el robo con violencia (cap. 8). Con variaciones y nuevos añadidos, éste será, como veremos, el esquema básico para la confesión de los penitentes en los siglos posteriores.

Me parece que en las tesis de Mateo de Cracovia y en la práctica de la confesión de Antonino podemos ver el primer intento que se extenderá en la primera mitad del siglo xv, durante la gran crisis del Cisma de Occidente, y en los debates de los Concilios de Constanza y Basilea, de reconducir al plano religioso el debate sobre la vida económica y el merca-

---

[1] W. Trusen, *Spätmittelalterliche Jurisprudenz und Wirtschaftsethik*, Wiesbaden, Franz Steiner, 1961.
[2] Utilizo la edición de Venecia de 1530, cc. 34v-36r.

do, con el pensamiento innovador de Jean Gerson y la contribución de grandes confesores predicadores como Bernardino de Siena y Antonino de Florencia. Se trata de la búsqueda de una solución contractual o pactada promovida por el movimiento conciliar dentro de la Iglesia, pero que implica a la sociedad y a la economía en su conjunto.

Una vez más, lo que nos interesa destacar en este caso es que en el camino que va de Petrus Iohannis Olivi a Bernardino de Siena no sólo hay un reconocimiento pleno por parte de la Iglesia de la economía de mercado y del crédito, como ya se ha demostrado en estudios anteriores, sino también el desarrollo de un sistema de normas que condenan el hurto como una infracción de las reglas del mercado. Así como, en el plano del poder político, con el desarrollo del pacto nace la «sociedad jurada», la sociedad del pacto que conduce hacia la Modernidad y los derechos humanos,[1] en el plano del poder económico, mediante la inserción del pacto, con juramento explícito o implícito, nace en el mercado la sociedad contractual: las normas morales que surgen del tronco del séptimo mandamiento adquieren un valor jurídico, una encarnación objetiva, «material», que permite inscribirlas en las antiguas costumbres, construir el mundo del mercado como algo dotado de autonomía propia y autoridad intrínseca, para elaborar el nuevo derecho de la república internacional del dinero que se discutirá más adelante.[2] La obliga-

[1] P. Prodi, *Il sacramento del potere. Il giuramento politico nella storia costituzionale dell'Occidente*, Bolonia, Il Mulino, 1992, cap. IV: «La società giurata nel tardo medioevo», pp. 161-226.

[2] M. Bartoli, «Pietro di Giovanni Olivi e il "sacramento del potere"», *Bullettino dell'Istituto Storico Italiano per il Medio Evo e Archivio Muratoriano*, 99, n.° 1, 1993, pp. 91-115. El apéndice contiene una «Quæstio quodlibetalis» de Petrus Iohannis Olivi que considero fundamental para este discurso. Los comerciantes que se comprometen a no vender sus mercancías durante las vísperas del sábado, salvo en caso de necesidad, están obligados por el juramento aunque algunos no lo observen: «An mercatores eiusdem urbis sibi in simul iurantes quod in vespera sabbati extra casu ne-

ción del príncipe de respetar los pactos de soberanía (*Herr-schaftsverträge*) con sus súbditos está ya estrechamente vinculada para los juristas del siglo XV con la obligación de respetar los contratos que estipula en el mercado como particular porque, de lo contrario, toda la sociedad contractual entraría en crisis.[1]

---

cessitatis nihil vendant, teneantur illud iuramentum servare ex quo quidam ipsorum hoc non servant. Et videteur quod sic, quia hanc conditionem in suo iuramento non exceperunt» (*ibid.*, p. 110).

[1] A. Black, «The Juristic Origins of Social Contract Theory», *History of Political Thought*, 14, n.º 1, 1993, pp. 57-76.

6

LA SOCIEDAD CONTRACTUAL

Con la crisis de la *christianitas* medieval y el nacimiento de los principados y las nuevas monarquías, un fenómeno que en el siglo XV ya mostraba su modernidad, el problema del mercado y del hurto también adquirió tintes completamente nuevos.

Evidentemente se mantuvieron las distintas posturas vinculadas a la pertenencia a las diversas órdenes religiosas y escuelas filosóficas, sobre todo en los círculos intelectuales, pero los problemas se presentaban ya bajo una nueva óptica. El nuevo poder político, con los Estados Pontificios y el papado a la cabeza, tendieron a tomar el control de un mercado que revelaba todo su poder y se extendía por toda Europa con un eje central que iba desde el norte de Italia hasta Renania, Francia, los Países Bajos, las ciudades de la Liga Hanseática e Inglaterra. La Iglesia (tras la fractura del siglo XVI hablaremos de las Iglesias) tendió a desarrollar su control universal sobre las conciencias, pero tuvo que contar cada vez más con las nuevas monarquías y los nuevos principados, mientras que globalmente se fue pasando del pluralismo de los sistemas jurídicos universales a la relación entre el derecho positivo emitido por el poder político del Estado y la conciencia. Me ocuparé de las fuerzas en juego en el próximo capítulo.

En este período, el problema clave es el control de la conciencia, la relación entre el derecho y la ética. En otro lugar he hablado de esta cuestión en relación con la dialéctica entre la nueva ética de la conciencia y el derecho positivo como uno de los problemas nucleares, centrándome en la contienda entre la esfera ética, en cuyo intérprete único pretende convertirse la Iglesia, y el poder político, que tiende a absorberla dentro del sistema jurídico.[1] En esta ocasión querría examinar este conflicto en el campo de batalla que, en mi opinión, es el mercado y el séptimo mandamiento.

Debo señalar que no es mi intención ni entra dentro de mi competencia abordar el problema de la relación entre *contractum* y *pactum* desde el punto de vista interno de la historia del derecho común y de los juristas eruditos.[2] Tan sólo quiero señalar que los innumerables tratados *de contractibus*, que se suceden desde el siglo XIV hasta comienzos de la Modernidad, no pertenecen normalmente a las tipologías de los juristas eruditos, los glosistas o los postglosistas, los expertos en derecho canónico o civil que se esforzaban por lograr una mayor certeza en la relación entre la realidad y la forma del acto, sino que se elaboraron en el terreno más amplio y diverso de la teología moral en relación con la práctica mercantil: en este terreno se juega un tránsito que no es sólo el de la cobertura legal del pacto, sino el de la transformación misma de la institución contractual. No se trata únicamente de la influencia del derecho canónico en el derecho civil sobre la base de la *æquitas* en las cuestiones relativas a las relaciones económicas, la buena fe y el fraude, el precio justo, la usura y el interés, sino de la intervención de la nueva teo-

---

[1] En este punto me veo obligado a señalar que las ideas expresadas en P. Prodi, *Una storia della giustizia. Dal pluralismo dei fori al moderno dualismo tra coscienza e diritto*, Bolonia, Il Mulino, 2000 [Existe traducción en español: *Una historia de la justicia. De la pluralidad de fueros al dualismo moderno entre conciencia y derecho*, trad. L. Padilla López, Madrid, Katz, 1992], no pueden «reducirse a la heterodirección del foro confesional, como parece hacer Prodi» (así M. L. Pesante en el «Prólogo» al monográfico de *Quaderni storici* titulado *Etiche economiche*, 105, 2000): de hecho es una reducción indebida, pero de mi pensamiento, que en realidad se centra en el conflicto entre normas.

[2] R. Volante, *Il sistema contrattuale del diritto comune classico*, Milán, Giuffrè, 2001.

logía moral que pone en el centro del debate el pecado y la doctrina de la responsabilidad personal en las relaciones entre los individuos.[1] Esta distinción de los dos planos, el ético y el jurídico, permitió poner en primer término el elemento subjetivo del consentimiento y formular una teoría general del contrato como categoría general y, por tanto, superar la fórmula romana de *læsio enormis* como único fundamento de la resolución judicial.[2]

Lo que llama la atención en la literatura relativa al mercado y los problemas económicos es que la teoría general del contrato no surge en el ámbito del derecho culto, del derecho común, sino en los tratados de teología moral. Ya hemos visto que estos tratados se originan en el límite entre los comentarios a las sentencias de Pedro Lombardo (Libro II) y los manuales para confesores. A principios de la Modernidad alcanzarán su madurez como parte fundamental de los tratados de *iustitia et iure*: se desprenden de los comentarios a las sentencias de Pedro Lombardo, de acuerdo con la tradición que había recorrido los siglos anteriores de la Edad Media, para enlazar con los fundamentos del derecho romano, poniendo en la base de toda la construcción el *incipit* de las *Institutiones* de Ulpiano sobre la justicia como arte de los buenos y los justos (*Digesto*, 1, 1, 1): «Iuri operam daturum prius nosse oportet, unde nomen iuris descendat. Est autem a iustitia appellatum: nam, ut eleganter Celsus definitus, ius est ars boni et æqui». ('Conviene que quien ha de dedicarse al derecho conozca de dónde procede el término *derecho*, llamado *ius* por derivar de *justicia*, pues, como elegantemente define Celso, el derecho es el arte de lo bueno y de lo justo').

En los Diez Mandamientos, la ética y los principios jurí-

---

[1] U. Wolter, *Ius canonicum in iure civili. Studien zur Rechtsquellenlehre in der neueren Privatrechtsgeschichte*, Colonia-Viena, Böhlau, 1975, pp. 101-128.

[2] *Cf. supra*, cap. 2, §7.

dicos se funden para dar lugar a un sistema orgánico de normas que tiende a superar en cierto modo las antiguas divisiones entre derecho natural, derecho divino, derecho positivo eclesiástico y derecho positivo civil para erigir un sistema unitario de normas. Es importante señalar que sobre esta base se parte de la relación entre derecho y conciencia, y se llega al contrato como un conjunto de normas que no se limitan a una división entre justicia retributiva y conmutativa en el sentido tomista-aristotélico, sino que tienden a regular todas las relaciones entre los hombres que no pertenecen directamente a la esfera del poder religioso o político.

2. JEAN GERSON: LA IGLESIA, EL ESTADO Y EL MERCADO

La situación de malestar y desequilibrio que dominaba las plazas de las ciudades europeas era evidente en las primeras décadas del siglo XV, y la comprobamos, aunque desgraciadamente sólo a través de indicios, en las palabras de Bernardino de Siena. Pero quien fue capaz de hacer los diagnósticos intelectuales más agudos y también de vislumbrar los nuevos tiempos, en parte por su posición estratégica en el París de la política, la cultura y el comercio, fue Jean Gerson (1363-1429), canciller de la Universidad de París. En mi opinión, su tratado *De contractibus*, compuesto en 1421, marca realmente el comienzo de la nueva era por su diagnóstico de las transformaciones que se produjeron y por su análisis de los fenómenos. A partir de Gerson, al que no dejará de citarse en las discusiones de los siglos siguientes, comenzarán las diferentes vías tanto en la dirección de la Reforma como en el mundo que permanecerá fiel al papado romano. La novedad de la Modernidad es que el hombre no puede sustraerse al sistema de vida contractual, aunque no quiera enriquecerse ni comerciar: renunciar al mercado, con todas sus complicaciones y degeneraciones, significa ya, en la sociedad tal como se ha desarrollado, abandonar la sociedad civil.[1]

En esencia, el nuevo mundo, a pesar de la tradicional corrupción debida al pecado original, se caracteriza por dos condiciones existenciales: la primera es que nadie puede escapar de la sociedad contractual porque eso supondría abandonar el mundo, la segunda es que en ese mercado todo se pesa, numera y mide. El contrato se define como un intercambio civil legítimo, es decir, conforme a la ley civil: no se niega que hubiera una sociedad previa al pecado original, una ley divino-natural en la que no había necesidad de contratos, ya que la propiedad era común, pero ese período concluyó y desde entonces vivimos en la historia y bajo leyes positivas.[2] No entraremos aquí en el tema de la ley natural y la ley positiva según Gerson, baste recordar que incluso en los siglos

---

[1] Eso es lo que dice Jean Gerson al principio de su *De contractibus* (1421), con una expresión latina demasiado bella como para no citarla al menos en parte: «Sed væ filiis Adam post peccatum, quos oportet transire per viam contractuum civilium, ubi meum et tuum perstrepunt et altercantur; ubi dolos, fraudes, laqueos deceptionis spargit et abscondit inimicus, dum iniqua rebus pretia suadet imponi [...] Quo fit ut spirituales etiam Dei homines vix evadant pericula, licet nolint divites fieri [...] Incumbit siquidem eis, vel per se vel per suos, ambulare viam quæ dicta est anfractuosam contractuum, plena laqueis et funibus circumplexis peccatorum [...] Numquid debuerant, prout alibi loquitur, extra mundum exisse, nedum animo sed corpore, qui nec fodere valent et mendicare erubescunt, et de altario vivere habent. At vero providit idem Apostolus dum prioribus verbis continuo subjunxit: sectare autem justitiam. Hæc est enim quæ commutationem omnem aequo pretio mensurat, numerat, ponderat», J. Gerson, *Œuvres complètes*, París, Desclée & Cᵢₑ, 1973, vol. IX, n.º 452, pp. 385-421 (el pasaje citado está en la p. 385).

[2] *Ibid.*, p. 386: «Potest autem contractus ita breviter definiri: contractus est commutatio civilis legitima. Commutatio ponitur pro genere; civilis additur ad differentiam mutationum naturalium quas considerat philosophia naturalis: contractus enim spectat ad ethicam seu moralem philosophiam. Subjungitur legitima, id est legi conformis, ad diffferentiam contractuum illicitorum vel illegittimorum; inventa est autem commutatio civilis post peccatum quoniam status innocentiæ habuisset omnia communia».

siguientes se lo considera, con exaltación o reserva, en la línea divisoria entre dos tendencias: una que seguirá buscando la continuidad y la homogeneidad en la relación entre la justicia divino-natural y la humana, y otra que, partiendo de la naturaleza humana caída como consecuencia del pecado, se inclinará a considerar la realidad como históricamente determinada por el poder y la ley positiva. Al igual que las leyes de Moisés, las leyes de los pueblos cristianos sólo tienen valor vinculante donde y cuando son promulgadas por un legislador legítimo y, por tanto, varían de un tiempo a otro y de un lugar a otro.[1] La tendencia de los legisladores a preverlo todo lleva a menudo al resultado opuesto de confundir a los pobres cristianos a fuerza de imponerles restricciones cada vez más engorrosas. En este sentido, Gerson pone un ejemplo sobre la usura que nos interesa porque se aplica a todo el mercado: en materia de usura se condenan muchos contratos que no son usureros y que serían útiles para la república y el pueblo.[2]

El nuevo protagonista de la sociedad contractual es el Estado: sólo el legislador, que por definición debe ser considerado el más sabio de la república, puede remediar las dificultades que surgen en el mercado para fijar el precio justo de los bienes muebles e inmuebles, de los patrimonios feudales y no feudales; sólo el legislador puede establecer en un terri-

---

[1] *Ibid.*, pp. 389-390: «Hæc autem lex inducitur hic, non quod obliget pro nunc populum christianum, nisi quod noviter instituerentur per legislatorem legitimum in ista patria vel in illa, sicut et factum est de multis legibus judicialibus legis antiquæ; quemadmodum præterea leges civiles non arctant in foro ecclesiastico, nisi pro quanto per legislatorem ecclesiasticum firmatæ sunt [...] Arbitrio legislatoris fas est quando expedit et decet, contractus aliquos nunc validare, nunc invalidare pro temporum, locorum, personarum et aliarum circumstantiarum variata qualitate».

[2] *Ibid.*, p. 391: «Et hoc potest accepi in materiis usurarum quibus dum quæritur aditus præcludi, condemnantur multi contractus qui secundum legem Dei non sunt usurarii, nec illiciti, et essent utiles tam reipublicæ quam personis».

torio determinado («in illa patria») y en pos del bien común la cuantía y el precio de las rentas, su amortización, qué contratos a plazo o de cambio incurren en usura o no, etcétera. La relación entre el contrato y la usura es a menudo tan enmarañada que sólo la conciencia puede hacer de brújula: se puede dar un préstamo para la supervivencia a un pobre sin que pierda su casa y su propiedad, incluso si se le cobra una pequeña cantidad de interés. El papa y la Iglesia pueden intervenir—ésta es la clave de nuestro planteamiento—pero no pueden invalidar los contratos legítimamente aprobados por el derecho estatal: sólo pueden decir que son ilegítimos desde el punto de vista del derecho canónico y de la conciencia.[1] La Iglesia debe ser muy cauta a la hora de condenar los contratos como simonía o usura, señala Gerson—citando a su maestro Pierre d'Ailly y las discusiones que tuvieron lugar en el Concilio de Costanza—[2] porque podría acabar confundiendo aún más lo legítimo con lo ilegítimo: el problema central es el contrato de compraventa de las sernas y sus réditos porque obviamente, una vez resuelto eso favorablemente, el discurso sobre la usura pierde (como perdió de hecho en la realidad concreta) casi toda su importancia quedando tal y como lo entendemos hoy, limitado sólo al interés excesivo; algo que sólo puede ser regulado, a pesar de los decretos, en función del mercado.[3] Las *auctoritates* de tiem-

---

[1] *Ibid.*, p. 406: «Constat præterea quod papa, sicut non est immediatus dominus bonorum temporalium, præsertim laicorum, sic non debet passim irritare leges utiles pro dispensatione talium bonorum constitutas, utiles, inquam, civiliter licet fiant cum peccato quoad finem beatitudinis consequendæ. Sufficit quod papa vel Ecclesia significent et prædicent tales vel tales contractus illicitos esse de jure canonico et in foro conscientiæ».

[2] *Cf.* C. Bauer, «Diskussionen um die Zinsund Wucherfrage auf dem Konstanzer Konzil», en: A. Franzen (ed.), *Das Konzil von Konstanz. Beiträge zu seiner Geschichte und Theologie*, Friburgo de Brisgovia, Herder, 1964, pp. 174-186.

[3] Gerson, *Œuvres complètes*, *op. cit.*, p. 416: «Si dicatur quod propter pretium majus et excessivum, hoc habet locum in foro conscientiæ, sicut

pos pasados tienen poco valor porque han cambiado dema-
siadas cosas y la realidad demuestra que los contratos antes
considerados ilegítimos pueden ser legítimos posteriormente. Como sucede con las enfermedades gracias a la medici-
na, también en la sociedad las reglas deben cambiar junto con
el cambio de la conciencia, «quanto plures sunt mutationes
animorum quam corporum» ('pues más cambian las mentes
que los cuerpos').[1]

No puedo exponer en profundidad el pensamiento de
Gerson sobre la actividad económica y el mercado, ya que
mi intención sólo es mostrar la sutileza de la que fue capaz
el intelectual más dotado de la época a la hora de percibir los
signos de la naciente Modernidad en la nueva sociedad contractual. He señalado en otra obra lo central que es el pensamiento de Gerson para comprender la génesis de la modernidad política y jurídica en la transición del pluralismo de
los foros al dualismo de la conciencia y el derecho positivo.
También en lo que respecta al mercado, Gerson comprende
antes que nadie que la realidad del mercado ya no se mueve en un marco fijo entre sistemas jurídicos en competencia,
sino que se trata de una relación dialéctica entre el legislador
positivo (tanto eclesiástico como laico) y la conciencia de los
agentes. Todas las leyes humanas se hacen «pro ordinatione
politiæ humanæ, ecclesiasticæ vel civilis» ('en beneficio de
la política humana, eclesiástica o civil') y, por lo tanto, el legislador tan sólo puede determinar concretamente las reglas
del mercado.[2] En ese marco, la esfera privada del pecado en
materia económica se mantiene para el comerciante cristiano sin cambios: no comerciar en días festivos, no cometer
perjurio, no retrasar los pagos, pagar las deudas, no mentir

---

etiam videtur notare Decretalis, sed non in exteriori iudicio ubi res tantum
valet, secundum legistas, quantum vendi potest».

[1] *Ibid.*, p. 420.
[2] *Ibid.*, III (n. 97: *De vita spirituali animæ*), p. 162.

ni adulterar las pesas ni las medidas.[1] Pero además de las faltas tradicionales se reconoce un nuevo tipo de pecado-hurto: la participación consciente en la violación de las reglas del mercado. Como ya hemos dicho, los pensadores de los siglos posteriores, con independencia de sus valoraciones y divergencias, se remitirán al pensamiento de Gerson con distintos resultados que no pueden identificarse completamente con la línea de fractura que en el siglo siguiente enfrentará a las distintas confesiones.

3. PREDICADORES Y CONFESORES EN LA PRIMERA MITAD DEL SIGLO XV

Si Jean Gerson es capaz de entrever los grandes problemas de la Modernidad, creo que es necesario—antes de abordar el tema de la ruptura del sistema y la búsqueda de nuevos equilibrios—detenerse en textos muy diferentes, aunque casi contemporáneos, del siglo XV que pueden ayudarnos a entender el nuevo ambiente de la sociedad contractual en la concreción de la vida cotidiana. Se trata, en primer lugar, de las distintas obras, aunque paralelas, de Antonino de Florencia (Antonino Pierozzi, dominico, más tarde obispo de Florencia, 1389-1459), su *Summa theologica*, que trata de cuestiones económicas «per modum praedicationis», y el *Quadragesimale de evangelio æterno* de Bernardino de Siena (Bernardino Albizzeschi, de los frailes menores franciscanos, 1380-1444).[2] Se

---

[1] *Ibid.*, VIII (n. 399: *De modo vivendi fidelium*), p. 4: «Regula mercatorum est ut non in die domenica mercentur. Nec perjurent. Ab illecito sibi caveant lucro; nec ad diem vendant, nec carius propter dilationem. Ut debitum suum tempore promisso solvant; nec scienter mentiantur. Æquam stateram habeant, æqua pondera et æquam mensuram».

[2] En la inmensa literatura véase R. de Roover, *S. Bernardino of Siena y S. Antonino of Florence. The two great economic thinkers of the Middle Ages*, Baker Library-Harvard Graduate School of Business Administra-

trata de una literatura fascinante precisamente porque vincula la teología con la pastoral confesional (hasta entonces reservada en cierto modo al confesor como juez), la espiritualidad con la predicación, logrando así un impacto cultural muy amplio y de gran difusión en la conciencia popular de las grandes ciudades mercantiles. En los siglos siguientes, esos textos tendrán una gran importancia no sólo por sus numerosas reediciones, sino también por la formación de un género literario específico: los tratados de *iustitia et iure*, que no eran obras puramente teológicas, de expertos en derecho canónico, ni manuales para los confesores, sino textos en cierto modo mixtos de teología, ética y derecho para orientar las conciencias. Precisamente por eso, como han escrito con razón muchos estudiosos, Antonino y Bernardino deben ser leídos no tanto por su originalidad en la historia del pensamiento económico—de hecho, todas las doctrinas de las que se ocupan habían sido elaboradas en tratados anteriores y en particular anticipadas por Petrus Iohannis Olivi—[1] como por su esfuerzo en transformar dichas doctrinas en una ideología difundida en el preciso momento, no obstante, en que revelan su incapacidad para dominar una realidad cambiante: la realidad de una *christianitas* que se desmorona y de unas iglesias y mercados regionales o nacionales que crecen en oposición o en simbiosis con los nuevos Estados.

Tras ocuparse en la primera parte de su *Summa theologica* de los temas generales de la conciencia y de la ley según el

---

tion, Boston, 1967. [Existe traducción en español: *San Bernardino de Siena y San Antonino de Florencia. Los dos grandes pensadores económicos de la Edad Media*, *Procesos de Mercado: Revista Europea de Economía Política*, VI, n.º 1, 2009, pp. 239 a 302]; O. Capitani, «S. Bernardino e l'etica economica», en: *Atti del convegno bernardiniano*, Téramo, Edigrafital, 1982, pp. 47-67.

[1] G. Todeschini, *I mercanti e il tempio. La società cristiana e il circolo virtuoso della ricchezza fra Medioevo ed età moderna*, Bolonia, Il Mulino, 2002, p. 365 y *passim*.

tomismo sin plantear ninguna innovación particular, en la segunda parte Antonino pasa a examinar los vicios según el esquema de los pecados capitales, y dedica al examen de la avaricia el primer texto, que ocupa más de cuatrocientas columnas y casi medio tomo.[1] En la tercera parte, vuelve a dedicar un apartado específico a los mercaderes y los productores, deteniéndose más directamente en las prácticas concretas del mercado, en los fraudes y las estafas de los mercaderes individuales en cuanto a la calidad y la cantidad de los bienes o mercancías vendidas (los ejemplos son concretos e innumerables, desde el vino adulterado hasta el aumento artificial del peso humidificando la mercancía, etcétera), pero también todas las maniobras que tienden a perturbar el mercado e impedir el establecimiento de un «precio justo», las prácticas monopolísticas, la imposición de impuestos y gravámenes injustos o la corrupción de los jueces mediante sobornos para que emitan sentencias favorables.[2]

Antonino abordó el problema de la usura de forma bastante conservadora, condenándola sobre la base de la tradición anterior: vinculándola estrictamente al contrato de préstamo, trataba de identificar elementos condenables también en otros contratos (sociedades, intercambio, etcétera), ya que encubrían un contrato de préstamo. Pero también constataba que la práctica del pago de intereses sobre las sumas prestadas se había convertido en algo cotidiano y estaba refrendada por los estatutos municipales, tanto en situaciones de deudas relacionadas con las dotes como en el embargo de bienes, los de-

---

[1] Antonino de Florencia, *Summa theologica in quattuor partes distributa*, Verona, Ex typographia Seminarii, 1740. Esta edición, editada por los rigurosos Pietro y Gerolamo Ballerini y dedicada al papa Benedicto XIV, es particularmente interesante por las premisas y las notas de los editores en relación con las disposiciones pontificias de los últimos siglos y por haber dado lugar a la polémica con Scipione Maffei sobre la legitimidad del interés.

[2] *Ibid.*, t. IV, parte IV, tit. 8: «De statu mercatorum et artificum».

pósitos con intereses entre artesanos y comerciantes-empresarios, las inversiones en títulos de deuda pública o los préstamos forzosos o voluntarios que ya dominaban los mercados financieros, especialmente en Florencia (el Monte cittadino), Génova (el Banco di San Giorgio) y Venecia.

Dejando aparte el largo razonamiento y la bien informada documentación jurídica y económica de su tratado (que ya se ha estudiado a fondo conforme a estos aspectos técnicos) la consecuencia última que deduce Antonino (y nos interesa aquí) es que todas las actividades comerciales y financieras que son útiles para la ciudad son legítimas, mientras que las mismas actividades, si se realizan con intención especulativa y en perjuicio del bien de la comunidad y la ciudad, son ilegítimas o usureras: así, distingue la usura real como el pago de intereses en el marco del derecho civil y de los estatutos de la ciudad y, por tanto, necesaria para el bien común, de la usura mental «in iudicio animæ», que se basa en una motivación especulativa, como un pecado de intención que obliga moralmente, en el fuero interno de la conciencia, al penitente a hacer una restitución.

En términos más generales, me parece que la verdadera novedad en las páginas de Antonino es que distingue, en la complejidad de los contratos, la «intrinseca affectio» de la «extrinseca operatio»: la primera corresponde a la esfera de la conciencia, la segunda a la del derecho.[1] Dentro del merca-

---

[1] Un ejemplo entre muchos otros: al final del capítulo sobre el fraude en el comercio (*ibid.*, parte II, tit. I ca. 16, col. 260-261), Antonino responde a los que ven el pecado y la maldad a cada paso: «Quod in huiusmodi contractibus sunt duo præcipue attendenda, scilicet intrinseca affectio, et extrinseca operatio. Et quantum ad primum, scilicet intrinsecam affectionem, sciendum quod pro quanto vult in proximum scienter aliquam inæqualitatem, ut scilicet in huiusmodi contractibus meliorem partem habeat quam ille, pro tanto aliquid de iustitia habet: quæ si non est mortale, quia scilicet non notabilis, sufficit, aut per contritionem, et poenitentialem satisfactionem, aut purgatorii ignem, sicut et cetera venialia, expiari. Quantum ad secundum, scilicet operationem extrinsecam, et commutationem, licet secun-

do, el agente económico, ya sea artesano, comerciante o financiero, tiene un amplio margen de maniobra porque el precio justo no está fijado y cada contratante puede pensar que ha hecho un buen trato: el valor de los bienes varía según las circunstancias y las apreciaciones subjetivas, y contiene siempre una parte de justicia e injusticia que puede entrar en la esfera de la conciencia subjetiva y, por tanto, si acaso, del pecado venial, una falta muy leve que no puede poner en peligro la seguridad de las leyes del mercado. Por ello, Antonino concluye su erudito discurso dirigido a los especialistas con la recomendación de ser prudentes al predicar estos conceptos, ya que la conciencia de la gente es elástica.[1]

Por los mismos años, la diferencia entre el nivel de reflexión teológico-jurídica y el nivel de predicación se hace evidente en Bernardino de Siena. En su *Tractatus de contractibus et usuris*, inscrito en el esquema «cuadragesimal», pero escrito en latín y dirigido a los especialistas,[2] se muestra mu-

---

dum veridicam æstimationem prætii sui contineat aliquantolam inæqualitatem; respectu tamen ad commune statutum, et ad condescensivam legem Dei, quæ permittit aliquos minores defectus, ita scilicet, quod per eos non punit ad mortem æternam, et ad liberum consensum contrahentium, non habet inæqualitatem, immo potius benignam, et concessoriam, et salutiferam æquitatem. Teneretur etiam quilibet venditor, sive emptor omnem talem excessum restituere, et sic omnes, qui hic non restituerent, damnarentur: quod quidam nequissimum et durissimun est pensare».

[1] *Ibid.*, col. 261: «Hæc tamen prædicanda cum magna discretione, cum populi ad dilatandam conscientiam sint proni; et ideo quæ tutiora sunt, dicenda sunt».

[2] San Bernardino de Siena, *Opera omnia*, t. IV: *Quadragesimale de evangelio æterno. Sermones XXVII-LIII*, Florencia, Collegium S. Bonaventuræ Frati Editori di Quaracchi, 1956. El *Tractatus* abarca los sermones 33 a 37, pp. 117-416: «Incipit tractatus de contractibus et usuris secundum prædictum fratrem Bernardinum de Senis» (p. 117); «Explicit tractatus de contractibus et usuris» (p. 416). *Cf.* entre la amplia literatura, los ensayos de Capitani, «S. Bernardino e l'etica economica», *op. cit.*, y de G. Todeschini, «Il problema economico in Bernardino», en: *Atti del convegno storico bernardiniano*, Téramo, Edigrafital, 1982.

cho más abierto. Creo que su punto de partida (también aquí, para el análisis del pensamiento económico, me remito a los numerosos estudios publicados) coincide con la propuesta de Antonino sobre la necesidad y conveniencia del arte del comercio, del beneficio personal para el bienestar de la sociedad[1] y de la distinción entre el plano subjetivo de la conciencia y el objetivo de la validez de los contratos, pero parece ir más allá al reconocer la legitimidad de todo pacto que no atente contra las leyes y el *bonum commune*. Los posibles fraudes se analizan con cuidado teniendo en cuenta tanto las cualidades como las medidas de los diferentes bienes; y los pactos de monopolio se enumeran entre los fraudes. Incluso las transacciones con pago aplazado y la compraventa de rentas financieras son necesarias para la república siempre que no haya intención usurera: sin el reconocimiento del pago de intereses el mercado se hundiría y habría un empobrecimiento inaceptable de la ciudad. El problema de la usura se circunscribe al contrato de préstamo, que sólo se ve (la palabra *solum* se repite una y otra vez)[2] como una obra de caridad obligatoria por parte de los ricos hacia los indigentes: «Caritas est causa mutui» ('La caridad es la causa del préstamo').[3]

En esencia, creo que Bernardino tiende a reservar al préstamo una función fuera del mercado para preservar la presen-

---

[1] San Bernardino de Siena, *Opera omnia, op. cit., Sermo* XXXIII, p. 162: «Denique qui supradicta septem diligentius observabit cum Dei adiutorio efficietur mercator lucrosus, famosus, Deo et hominibus gratus, exemplar et speculum cupientium iuste mercari, confusio omnium infidelium mercatorum».

[2] Por ejemplo *ibid., Sermo* XXVI, cap. 1 «Quod usura solum in contractu mutui committatur», p. 207. Las mismas expresiones en las páginas 223 y siguientes.

[3] *Ibid., Sermo* XXXVII, p. 232: «Prima intentio est caritatis, in qua caritas est causa mutui. Hoc quidam est, quando, in mutuo dando, homo solum ex caritate movetur, nec ex eo intendit habere aliquam temporalem utilitatem, sed ex mera gratia et absque aliqua impuritate usuræ mutuat indigenti».

cia del elemento de gratuidad y «gracia», que hasta entonces había permanecido indistinto dentro del mercado incluso
después de la revolución comercial y de los nuevos desarrollos de la economía capitalista: un oasis que debía permitir la
presencia de la caridad cristiana incluso en las nuevas circunstancias. Naturalmente, la condena de la usura sigue siendo
absoluta y se remite siempre al pensamiento tradicional, pero
se subraya que sólo es contraria a la ley de la naturaleza en la
medida en que pretende comerciar con la gracia y la caridad.[1]
La usura perjudica a la comunidad y, por tanto, también al
mercado, ya que es un «domesticum furtum» ('hurto doméstico'), una apropiación de la riqueza del prójimo sin aportación de trabajo ni riesgo, y atenta contra la ley fundamental
del mercado, que es la igualdad de las partes contratantes.[2] El
contrato de seguro, la compraventa de rentas públicas y privadas, los contratos de sociedades anónimas, las divisas, etcétera, son contratos legítimos, aunque tengan muchas lagunas
y falte una legislación conciliadora adecuada a los tiempos: la
justificación que se repite muchas veces es que la experiencia
demuestra que sin esos instrumentos contractuales la economía se hunde y la ciudad se sume en la pobreza.[3]

---

[1] *Ibid.*, *Sermo* XXXVIII, cap. 12: «Usura contra legem naturæ est, quia
per eam liberalitas et gratia venduntur» (cap. 11); «Quod usura contra
legem naturæ est, quia contra præceptum est fraternalis dilectionis, per
quod quilibet obligatur subvenire proximo suo indigenti, sicut sibi subve-
niri vellet», p. 253.

[2] *Ibid.*, *Sermo* XLIV, p. 393, los usureros son peores que los ladrones:
«Nam raptores et fures dici possunt latroni silvestri; ipsi vero usurarii latrones domestici comprobantur [...] nam usurarius cum maiori malitia
rem alienam usurpat quam fur et raptor, eo quod compellat voluntatem
eius qui mutuum recipit ad consentiendum in talem rapinam, atque per
hoc simulat proximo suo aliquam iniustitiam non inferre».

[3] Por ejemplo para el contrato de seguro *ibid.*, *Sermo* XXXIX, p. 273:
«Propter experimentationem communis utilitatis eo quod inde sequitur reipublicæ comune bonum et utilitas mercatorum. Multæ enim mercationes
fieri possunt et fiunt, quæ cessarent, si non reperirentur tales assicuratores».

En cuanto a la predicación propiamente dicha, como no puedo extenderme, me limitaré a dar algunos ejemplos tomados de las obras más fascinantes de este tipo de literatura, los sermones de Bernardino de Siena, pronunciados en la piazza del Campo de Siena en 1427.[1] La inspiración humanista y la belleza literaria hacen de estas piezas herederas y copartícipes de la novela, en la medida en que ofrecen grandes frescos de la vida cotidiana en las ciudades mercantiles. La condena de la avaricia no puede abstraerse del posible uso positivo de la riqueza: la constatación de la inmensa prosperidad que la ciudad obtiene de las nuevas técnicas de producción y de la actividad del mercado se combina con la denuncia del peligro de que esa misma prosperidad se vea amenazada por mecanismos injustos, abusos y luchas políticas internas que acaben por comprometerla; con la descripción de la corrupción que domina el mercado por medio de la usura encubierta y el engaño más tradicional:

Algunos mercaderes hacen trampas o venden fraudulentamente sus mercancías, ya sabéis a qué me refiero: los que cobran más si no pagáis al contado, los que trucan el peso, los que mienten sobre el objeto que os venden, os enseñan uno bueno pero os venden otro defectuoso, u os muestran una pieza fresca y limpia, pero os venden una picada y rancia. Os sentís injustamente tratados porque son situaciones injustas.[2]

La verdadera novedad, a mi juicio, es conjugar el análisis del mercado con la denuncia de la corrupción política, desde los votos vendidos en el gobierno de la ciudad hasta los nombramientos de parientes y amigos en cargos públicos, así como en los gobiernos comarcales:

[1] Utilizo la excelente edición de C. Delcorno, *Bernardino da Siena. Prediche sul campo di Siena 1427*, 2 vols., Milán, Rusconi, 1989.
[2] *Ibid.*, p. 723 (sermón 25).

¡Oh, cuánto daño se hace muchas veces al olvidar lo que se debe hacer! Quien quiere desempeñar estos oficios deja su taller y su arte, y por esa razón suelen faltar las artes y los oficios en la ciudad. Así que ésos dejan sus oficios para robar y así arruinan la ciudad, porque no sólo abandonan sus oficios, sino que salen a saquear a los pobres y a los aldeanos.[1]

El problema, el pecado más grave, no es tanto la avaricia como la ofensa a la prosperidad de la ciudad que causa la corrupción, la mala distribución de la riqueza que empobrece a sectores de la población marginados, el gran endeudamiento público, la mala administración. Resulta extremadamente moderna la denuncia de una economía ya ligada a la especulación financiera («contrato fraudulento»), que, más allá de la usura en el sentido específico, determina la crisis del aparato productivo: «El artesano no puede ganar dinero, porque las artes y los oficios están en decadencia: tiene la bolsa vacía y nada le queda a lo que aferrarse, y la cosa sólo puede degenerar». La riqueza ya no se compromete con la producción, sino con la especulación financiera o con el acaparamiento improductivo y el lujo.[2] Al leer los sermones de Bernardino podemos tener la impresión de estar asistiendo a algunos debates actuales sobre los perjuicios de la especulación financiera cuando se impone sobre la economía real.

Aunque podría dedicar páginas a citar los sermones de Bernardino de Siena, puesto que resulta tan fascinante como ciertos predicadores laicos actuales que nos alertan contra el

---

[1] *Ibid.*, p. 729.

[2] *Ibid.*, p. 985 (sermón 34) y p. 1029 (sermón 35): «Hay quien roba al vender las mercancías, prefiriendo venderlas a crédito que al contado, otros que roban mediante contratos fraudulentos y chapuceros, ¡hay mil modos de robar!». *Ibid.*, p. 1088 (sermón 37): «¿Cuántas cosas guardáis hoy sin usar en vuestras casas, y cuántos hay que, aun teniendo mucho, compran más? Sería mejor que invirtierais el dinero en vuestra tienda o en comprar mercancía, en lugar de tenerlo muerto como hacéis».

consumismo, para concluir me limitaré a hacer algunas reflexiones. La riqueza y el comercio son actividades benefi-
ciosas, y la preocupación de estos predicadores y confesores se centra en las grietas que ven en la economía de mercado frente al advenimiento de una economía especulativa que
no sólo se desentiende del bien común, sino que corrompe
el poder político para reforzar el suyo: todo comercio puede
ser peor que la usura si se socava el mercado mediante pactos que afectan a su autonomía a la hora de determinar el valor de las mercancías con manipulaciones que van desde la
venta por debajo del coste hasta prácticas de monopolio de
precios y salarios. La ciudad debe centrarse en el comercio
internacional a gran escala, pero con vistas al bien común.[1]
Ahora bien, lo que Bernardino considera difícil o imposible
en todos sus sermones es precisamente el ejercicio del control político—en función del bien común—sobre un mercado que ya se ha expandido más allá de sus límites en las sucursales de las empresas sienesas repartidas por toda Europa
en un proceso que hoy llamaríamos *globalización*.

La novedad de Bernardino de Siena y de otros moralistas,
tanto religiosos como laicos, del humanismo italiano de principios del siglo xv no radicó en el descubrimiento de nuevas
teorías sobre los precios, la usura, el interés, etcétera, sino en
la conciencia de que había surgido una profunda crisis entre
el mercado y la ciudad-Estado o la política. Desgraciadamente, en Italia no se aportaron soluciones y quizá pueda decirse
que el Renacimiento fue el gran fruto de esta destrucción de
riqueza que estalló con la fuerza de unos fuegos artificiales
y la dulzura de un atardecer entre espléndidos monumentos

---

[1] *Ibid.*, p. 1133 (sermón 38): «Así quiero decir de los otros mercaderes:
hay lana de San Mateo, de Francesca, de Inglaterra y de otros muchos países, y aquí no hay. También tenemos cosas que otros no tienen, y es muy
bueno que tales bienes viajen a lugares donde no los hay y se traigan de allí
otros que no tenemos aquí. Todo esto beneficia al común y es legítimo».

y el refugio de la riqueza en la nueva propiedad agraria. No se trata del «otoño del Renacimiento» para hablar de la decadencia italiana desde finales del siglo XVI hasta el siglo XVII, sino del Renacimiento «como un otoño espléndido» que ya se vislumbraba en el siglo XV, en su momento de mayor esplendor cultural, pero también del inicio de la diáspora de los grandes centros comerciales y financieros.

Estas reflexiones pueden evocar debates que ya han ocupado miles de páginas sobre la decadencia italiana o la existencia, en el humanismo italiano, de un espíritu capitalista o precapitalista, pero aquí tan sólo querría hacer una puntualización mucho más limitada, aunque creo que importante. En Italia, la reflexión sobre el mercado quedó atascada hacia mediados del siglo XV en un punto central, la relación entre la economía y la política, y no consiguió encontrar una salida. Ésta sólo podía darse en la nueva relación entre el mercado y el naciente Estado moderno.

4. LOS «TRACTATUS DE CONTRACTIBUS» EN LA SEGUNDA MITAD DEL SIGLO XV

Heiko Oberman pretende trazar una línea homogénea de pensamiento económico en el seno de la corriente nominalista de la escolástica que ve encarnada en la escuela de Tubinga y, en particular, en las obras de Gabriel Biel y Konrad Summenhart: en ellas se funda una nueva teología económica que preludia la Reforma y prepara el camino para una economía moderna adaptada a las necesidades del comercio internacional en las ciudades del sur de Alemania.[1] Creo que el problema no es tan sencillo y que también en este caso la búsqueda

---

[1] H. A. Oberman, *I maestri della Riforma. La formazione di un nuovo clima intellettuale in Europa*, trad. A. Prandi, Bolonia, Il Mulino, 1982, cap. VIII.

de precursores puede llevar a equívocos. Tras las investigaciones de las últimas décadas, la conexión entre las propuestas de Biel y Summenhart y las de Gerson y la tradición de los tratados puede demostrarse con bastante facilidad: ciertamente, es de esta inquietud, de la percepción de una fractura que no puede conciliarse en el marco de la doctrina tradicional de la *societas christiana*, de donde surgen las nuevas exploraciones del mercado que desembocan en diferentes direcciones. Al margen de la contradicción que supone situar a Eck—el gran polemista antiluterano—entre los maestros de la Reforma, parece claro que la reflexión en profundidad realizada en territorio germano en el siglo xv importó ideas que ya circulaban desde hacía tiempo en Italia y Francia, y que, después de la Reforma, la inquietud que producían las nuevas prácticas financieras que se extendieron por Europa siguió impregnando durante muchas décadas tanto el mundo que permaneció fiel a la Iglesia de Roma como el mundo evangélico.

El comentario de Gabriel Biel (m. 1495) a la *Distinctio* xv de Pedro Lombardo, en la estela de la tradición secular, sigue al pie de la letra a Duns Escoto en un patrón que luego adoptarían los tratados *de iustitia et iure* de la llamada segunda escolástica con su interpretación de la primitiva comunión de bienes previa al pecado de Adán y de la propiedad privada como consecuencia del pecado original.[1] De ahí la relevancia del contrato, del pacto, como forma fundamental de transmisión de derechos sobre los bienes y de la «restitución» como única posibilidad de reparar el pecado cometido y restaurar un orden transgredido. Lo que parece surgir con Biel es una nueva sensibilidad hacia el poder político y la necesidad de que sus intervenciones las oriente la recta razón y el bien común: a falta de estos requisitos, el príncipe debe

---

[1] G. Biel, *Collectorium circa quattuor libros Sententiarum. Libri quarti pars seconda (dist. 15-22)*, ed. W. Werbeck y U. Hofman, Tubinga, Mohr Siebeck, 1977.

devolver lo que ha obtenido indebidamente mediante el uso de su poder, incluso mediante el uso incorrecto o exagerado de los impuestos.[1] Asimismo, Biel condena, siguiendo los pasos de Oresme, cualquier devaluación de la moneda que no sea a corto plazo y esté justificada por una situación concreta, acordada con los súbditos y cuyas consecuencias estén limitadas al territorio del Estado.[2] Francamente, no me parece encontrar en Biel ninguna idea innovadora sobre la definición del precio justo, ni sobre la teoría de la usura ni del préstamo a interés, ni sobre la legitimidad de los impuestos sobre las rentas, pero sí emerge con fuerza un concepto central que orienta tanto la actividad comercial en sentido amplio como la actividad crediticia: es condenable toda *negotiatio* inútil y perjudicial para la república y que, por tanto, se realice con fines puramente especulativos y en interés privado;[3] y todos los soberanos, príncipes o repúblicas colectivas, deben trabajar para atraer las mejores mercancías al mejor precio. Creo que el interés de esta reelaboración de las doctrinas de Escoto en vísperas de la Reforma reside—también en lo que se refiere al mercado—en la marcada distinción entre el papel del Estado y el de la conciencia: el Estado

[1] *Ibid.*, p. 103, dist. xv, q. 5: «De novis vero pedagiis et augmentationibus noviter factis oportet certificari de legittima auctoritate et iusta causa. Quo si non fit, ius præsumit ea iniusta».

[2] *Ibid.*, p. 187, dist. xv, q. 9: «Respondetur breviter quod in uno solo casu princeps potest sentire lucrum ex moneta, scilicet dum lucrum redundat in utilitatem rei publicæ, ut tantum est in concl. 2. Puta quando princeps indiget subsidio pro defensione rei publicæ, ad quod præstandum subditi obligantur [...] Sed hæc mutatio fieri non debet sine consensu subditorum [...] Duo tamen necessario hic attendenda sunt. Primum, quod moneta illa tantum currat inter subditos illius dominii, qui tenentur subvenire domino et suæ rei publicæ; quoniam si dispergeretur ad alios, isti per hoc iniuste gravarentur. Secundum, quod collecta necessaria pecunia, moneta reducatur ad priorem statum, quia cessante causa cessare debet et effectus».

[3] *Ibid.*, p. 195, dist. xv, q. 10.

puede castigar los delitos probados en los tribunales, pero nunca puede juzgar las motivaciones, que deben dejarse al juicio superior de Dios.[1]

Creo que lo mismo puede decirse de los escritos de la otra figura principal de la escuela de Tubinga, Konrad Summenhart.[2] La novedad de su aportación consiste sobre todo en haberse interesado y haber resuelto de forma definitiva el problema de la compraventa de rentas vitalicias o redimibles y, por tanto, también de los títulos de crédito emitidos por los soberanos y las repúblicas: un tema central en la discusión de teólogos y expertos en derecho canónico desde el siglo XIII que estaba en el eje de toda la organización financiera eclesiástica y civil, sobre todo en lo tocante a la admisibilidad de las rentas vinculadas a una persona y a un cargo, no sólo a un inmueble. Para Summenhart, la inversión de capital en rentas privadas o públicas constituía, en cualquier caso, un verdadero contrato de compraventa que no tenía nada que ver con un contrato de préstamo; sólo era ilegal cuando el precio acordado superaba el precio justo de mercado.[3] Su teoría de que la imposición de los diezmos es un derecho humano y no divino (que deriva de un precepto «judicial», no «divino» del Antiguo Testamento, y, por tanto, es modificable en diferentes circunstancias históricas) quizá no fuera especialmente original en su época, pero le permitió proponer la tesis de que la condena de la usura no se fundamentaba en el derecho divino, sino en el humano.[4] Es posible ad-

---

[1] *Ibid.*, p. 339, dist. XV, q. 16: «Iustum enim est, ut divinum iudicium excedat iudicium reipublicæ».

[2] H. Ott, «Zur Wirtschaftsethik des Konrad Summenhart (*c.* 1455-1502)», *Vierteljahrschrift für Sozial und Wirtschaftsgeschichte*, 53, n.º 1, 1966, pp. 1-27.

[3] Para una visión general B. Schnapper, «Les rentes chez les théologiens et les canonistes du XIIIᵉ au XVIᵉ siècle», en: G. Chevrier (ed.), *Études d'histoire du droit canon dédiés a G. Le Bras*, París, Sirey, 1965, pp. 966-995.

[4] Como dice H. A. Oberman, *Werden und Wertung der Reforma-*

vertir dicha tesis cuando se aborda el tema de la fiscalidad: en la discusión sobre el asunto se establece la distinción entre el principio de tributación derivado de la ley natural-divina y las leyes fiscales concretas, que son sin duda de carácter humano y cambiantes según las circunstancias históricas. Ciertamente en Summenhart la división entre la esfera de la gracia-caridad y la esfera de la sociedad contractual ya indicada por Gerson se convierte en la conciencia de la validez objetiva de los contratos prevista y protegida por el sistema y por el poder civil (*dominium*) más allá de la ética de los contratantes y de su propia *fides*.[1]

5. ANTES DE LA FRACTURA: TOMÁS DE VIO (CARDENAL GAETANO)

El último intento de encontrar una solución conjunta a esa tensión fue el del dominico Tomás de Vio, conocido como cardenal Gaetano, que está a caballo entre el mundo medieval y el moderno incluso en lo que respecta a la reflexión económica.[2] Partiendo de unas sólidas raíces tomistas, se aleja claramente de ellas, sobre todo en los opúsculos escritos entre finales del siglo XV y principios del XVI sobre la limosna, el intercambio, la usura y los montes de piedad, distinguiendo incluso en los contratos—de acuerdo con su doctrina más general de la separación entre el carácter espiritual del hombre y el natural—[3] entre la esfera de la gra-

---

tion. Vom Wegestreit zum Glaubenskampf, Tubinga, Mohr Siebeck, 1979, pp. 161-200. En el mismo volumen, pp. 381-411, se encuentra el tratado de Sommenhart *De decimis*, al que me remito en el texto.

[1] Todeschini, *I mercanti e il tempio, op. cit.*, pp. 423-424.

[2] J. Giers, *Gerechtigkeit und Liebe. Die Grundpfeiler Gesellschaftlicher Ordnung in der Sozialethik des Kardinals Cajetan*, Düsseldorf, Mosella, 1941.

[3] Prodi, *Una storia della giustizia, op. cit.*, pp. 200-201.

cia y la caridad y la esfera de la justicia. El tema del hurto es clave en Gaetano precisamente porque es un pecado muy grave contra la justicia y al mismo tiempo contra la caridad («quia justitiam violat contra charitatem proximi», 'porque atenta contra la caridad con el prójimo'):[1] en la sociedad moderna, en la sociedad de mercado, es imposible distinguir el plano de la justicia del de la caridad entendida como «bien común» de la comunidad.

El razonamiento de Gaetano, partiendo de los dos preceptos de santo Tomás sobre la limosna (dar lo que nos sobra a los pobres e incluso lo que necesitamos a los más necesitados) introduce la consideración de que en la sociedad contemporánea no puede haber una distinción abstracta entre lo superfluo y lo necesario. Hasta los confesores, cuando intentan aplicar al gobierno de las almas el dicho evangélico «Es más fácil que un camello pase por el ojo de una aguja que el que un rico entre en el reino de los cielos», caen muy a menudo en una peligrosa equivocación.[2] Retomando, pues, la doctrina tradicional sobre el buen uso de la riqueza, De Vio afirma la necesidad de una concepción de lo superfluo y lo necesario adaptada a los tiempos y formas de la nueva sociedad, una concepción no abstracta y doctrinal, sino empírica y relativa.[3]

---

[1] Giers, *Gerechtigkeit und Liebe, op. cit.*, p. 61.

[2] Tomás de Vio, *Opuscula omnia* (Lyon, 1587), Hildesheim-Zúrich-Nueva York, Georg Olms, 1995, p. 154: «Non absque temeritate ergo a tot doctoribus ac rationibus substrahet se quispiam, volens hominibus placere, quam veritatem sequi [...] Confessoribus autem, si cæcus cæco ducatum præbeat, ambo in foveant cadunt».

[3] «Et sic patet regula generalis, circa elemosynarum necessariam elargitionem, applicatio autem eius ad particularia scientifica determinatio non subest, sed prudentiae comittitur, quae circa particularia versatur. Est autem magna opus circunspectione, ut concludatur hunc habere superflua, oportet siquidem considerare statum, filios, filias, servos, alumnos, hospites, convivas, divisionem, munificentiam, magnificentiam, et si qua sunt huiusmodi, et habere semper prae oculis, quod necessarium personae non consistit in indivisibili, multis enim adiunctis, non apparebit su-

El juicio sobre la riqueza y la pobreza, sobre lo superfluo y lo necesario no puede ser absoluto y universalmente válido, sino que debe estar relacionado con la posición social del sujeto y la estructura de la propia sociedad. Sobre esta base también es posible entender la oposición de Gaetano a los intereses, aunque modestos, exigidos por el monte de piedad para los gastos de administración a los pobres a los que se les concede un préstamo. En otro opúsculo de 1498 considera que no pueden considerarse exentos del cargo de usura. Lo más interesante es su enfoque metodológico. Considera que las ciencias jurídicas, canónicas y civiles, y la propia teología, aunque bien avenidas en el pasado, no pueden ser consultadas en materias en las que no son competentes y, por tanto, no están habilitadas para meter la hoz en trigo ajeno: sólo puede ser competente el filósofo moral animado por la razón y competente en concreto sobre los problemas de los que habla.[1]

Sin duda, corresponde al papa y al príncipe establecer normas para resolver los conflictos sobre el interés y la usura y resolver las ambigüedades, pero en dos niveles distintos.[2]

---

perfluum, et multis subtractis, non censebitur quis indigens», *Ibid.*, p. 154.

[1] *Ibid.*, p. 155: «Ex hoc autem, quod nulla autoritas quæstionem hanc propriam sibi vendicat, evidenter quatuor patere possunt. Primo, quod presente quæstionis decisio, nec canonici, nec civilis iuris doctores, nec purum theologum secundum quod theologia ultra philosophicas disciplinas est simpliciter necessaria, exposcit, sed moralem philosophum. Secundo, quod sapientes in hac parte nec habendi nec vocandi sunt doctores prædicti: sed ponentes potius falcem in messem alienam. Gratiæ tamen sunt eis habendæ, qui secundum iura, quantum licuit, quæstionem hanc ventilarunt. Tertio, quod non est mirum, si tot huiusmodi homines in re hac minus bene dixerint: quoniam tractant fabrilia fabri: Quarto, quod ex eo quod tot et tales dixerint vel dicturi sint in re hac suas opiniones, aut decisiones, nemo hæc intelligens debet, aut potest conscientiam su eis credere: sicut nec corporeæ infirmitatis periculum aromatariis, nisi stulte committeret».

[2] *Ibid.*, p. 155: «Et sic summi Pontificio iudicio subsunt ea tantum, quæ sunt fidei: eo quod ipse est constitutus a Christo doctor et rector fidelium, inquantum fideles sunt, et non hominum, inquantum homines sunt, et sibi promissa est omnis veritas de necessariis ad salutem fidelium: et non om-

El papa tiene autoridad sobre los hombres en tanto que fieles, pero no en tanto que hombres: en las cuestiones naturales y morales sólo Dios, como autor de la naturaleza, puede hablar a los hombres, a través de la luz de la razón, en el estudio y la discusión de los expertos. Por tanto, el papa no tiene autoridad para intervenir en los contratos que implican derechos de terceros, entre un hombre y otro, aunque estén confirmados por juramento, como sí puede hacerlo con los votos que conciernen a Dios.[1]

Parece increíble hasta para nuestros ojos que estas cosas se escribieran en 1498, antes de la Reforma y más de un siglo antes del caso Galileo. Pero ésa es precisamente la cuestión: tras la fractura religiosa y la formación de frentes opuestos, cualquier razonamiento que pudiera favorecer la posición contraria habría sido considerado peligroso y herético. Sin embargo, a finales del siglo XV estos temas podían todavía discutirse con libertad, y eso tal vez nos permita comprender la complejidad de la escisión que se produjo con la Reforma, más allá de los esquemas que hemos heredado de la historiografía confesional y anticonfesional.

---

nis veritas naturaliter scibilis, aut moralis [...] Et propterea sicut in his, quæ sunt fidei summi Pontificis auctoritas omnibus præest rationibus: ita in his scibilibus supra tam ipsum, quam quemcunque alium iudicem, ratio naturali lumine roborata locum obtinet: contra quam sola autoris naturæ autoritas statuere, aut decidere aliquid potest. Et quoniam solius veritatis amore opus hoc agitur, et materia moralis est, ut omnibus amabilis veritas reddatur, nemo opinans nominabitur, aut mordebitur quovis modo: sed opiniones discutiemus, bene dicta suscipientes, minus autem bene, ordinantes, et secundum vires fraternitate et charitate emendantes».

[1] Tomás de Vio, *Secunda secundæ* (comentario a la q. 89 de santo Tomás), Lyon, apud Ioannam Iacobi Iuntæ F., 1580, p. 323: «Quia non est ita in potestate papæ auferre ius tertii in rebus non ecclesiasticis, sicut est in potestate sua commutare in aliquid gratius Deo, quia est Dei vicarius, et non est vicarius illius hominis: ne ita est super eum ut possit illum rebus suis privare ad libitum. Et hoc non est propter defectum potestatis papæ, aut excellentiam iuramenti, sed ex natura contractus iuramento firmati, scilicet inter hominem et hominem».

6. ¿ENTRE ROMA Y WITTENBERG?

En contra de las tesis sostenidas por el cardenal Gaetano, el V Concilio de Letrán, en su décima sesión del 4 de mayo de 1515, aprobó la bula del papa León X *Inter multiplices* que, al mismo tiempo que reafirmaba la tradicional condena de la usura en términos absolutos, proclamaba, poniendo fin a una disputa que se prolongaba desde hacía décadas, la validez de la práctica de los montes de piedad y, sobre todo, la legitimidad de los modestos intereses que se exigían para los gastos de administración y conservación de las prendas empeñadas.[1] La posición de Gaetano no era simplemente reaccionaria: para él los montes de piedad representaban una especie de contaminación entre la esfera de la gracia y la del mercado. Esta afirmación, al menos en parte, es cierta si se observa la evolución de los montes de piedad hasta convertirse en verdaderas instituciones bancarias, como lo demuestra su propia historia posterior y su distribución en determinadas regiones de Europa en los siglos siguientes. Sin detenerme en las conocidas tesis de John Maynard Keynes sobre la positividad de las discusiones teológicas de los escolásticos destinadas a encontrar una fórmula que mantuviera el tipo de interés bajo con el recurso a las normas éticas y que, por tanto, permitiera la máxima eficiencia marginal del capital, me limitaré a señalar que tuvieron una gran función en el desarrollo de la banca pública pero que sólo se establecieron, en su desarrollo, en algunas regiones del mundo católico, en particular en el centro-norte de Italia. Dejando de lado cual-

---

[1] La colección de «consilia» en defensa de los montes de piedad y una amplia bibliografía actualizada sobre el tema en S. Amadori, *Nelle bisacce di Bernardino da Feltre. Gli scritti giuridici in difesa dei Monti di pietà*, Bolonia, Compositori, 2007. Para un resumen general G. Muzzarelli, *Il denaro e la salvezza. L'invenzione del Monte di pietà*, Bolonia, Il Mulino, 2001. Antología de ensayos en T. Fanfani (ed.), *Alle origini della banca: etica e sviluppo economico*, Roma, Bancaria, 2002.

quier discusión sobre el carácter bancario o no de los montes
de piedad en sus orígenes, puede decirse que la innovación
que constituye su invención en las ciudades del centro-norte de Italia en la segunda mitad del siglo XV constituye una
respuesta a dos exigencias que luego estarán en la base de
todos los bancos públicos en la Modernidad: una garantía
de seguridad para los capitales procedentes en gran parte de
la propiedad de la tierra pero no invertidos en la riqueza inmobiliaria, y una contención de los tipos de interés para los
individuos (en particular los pequeños productores y artesanos, pero también los nobles en dificultades y todos aquellos que intentaban sobrevivir como sujetos económicos activos en las nuevas situaciones de la ciudad) que se veían obligados a actuar en una economía monetaria desequilibrada.[1]

En el ámbito del crédito, la predicación del franciscano
Bernardino de Feltre (1439-1494) en Pavía para la fundación
del monte de piedad en abril de 1493 puede leerse como resultado y síntesis de esta evolución en vísperas de la Reforma: me limitaré a dar algunos ejemplos, ya mencionados en
otro lugar.[2] De hecho, él mismo pone a sus oyentes —en una

---

[1] P. Prodi, «La nascita dei Monti di Pietà: tra solidarismo cristiano e lo-
gica del profitto», *Annali dell'Istituto storico italo-germanico*, VIII, 1982,
pp. 211-224 (reed. también en *Quaderni del Monte*, 3, 1984); Muzzarelli,
Il denaro e la salvezza, op. cit.

[2] P. Prodi, «La nascita dei Monti di Pietà: nuove riflessioni», en: *Bernardino da Feltre a Pavia. La predicazione e la fondazione del Monte di Pietà*, Como, Litografia New Press, 1994, pp. 55-62. Para recordar la actualidad, quisiera citar una observación que incluí en aquel artículo, leído en
1992 con motivo del quinto centenario del nacimiento del monte de piedad de Pavía: «Hablando en estos días con algunos responsables de las ca-
jas de ahorros, reconocí ciertamente el problema de la necesidad de fusiones y de racionalización, pero también expresé mi perplejidad al ver cómo
se destruían patrimonios de imágenes centenarias tras nuevas siglas mecánicas como Cariplo, Caribo, Caritro, etcétera. El cambio de nombre y de
matrícula podría representar el desprendimiento final y definitivo entre las
instituciones y las personas que las crearon, el desarraigo del territorio entendido no en sentido abstracto, sino como una comunidad social y eco-

lengua latina-italiana que es en sí misma una obra maestra de maravillosa eficacia retórica—el ejemplo de la tradición cívica de la Antigüedad, anterior a los orígenes cristianos.[1] El crédito está en la base de la riqueza y el desarrollo de la ciudad, y el préstamo representa una especie de limosna colectiva para el bien común: «Et si est obligatio adiuvare unam personam, quanto magis unam communitatem» ('Y si existe la obligación de ayudar a una persona, con más razón a una comunidad');[2] en el fondo, el crédito puede sustituir todas las formas de limosna típicas de la civilización arcaica pre-

---

nómica vinculada por una identidad particular y una simbiosis con su entidad bancaria. Estas fusiones serán necesarias—no dudo de las decisiones de los técnicos que conocen su trabajo—, pero hay que ser muy conscientes de que muchas veces tiramos por la borda y perdemos un patrimonio centenario cuando quizá sería posible inventar soluciones técnicas alternativas más respetuosas con ese patrimonio, al igual que se ha empezado a ser más respetuoso con el patrimonio urbanístico y arquitectónico».

[1] «"Ille artifex, ille mercator, etc. Et sic adiuvabant suam civitatem. Nondum venerat Evangelium, nondum Apostoli: non andava a torno Fratres de socholi, che semper vano metendo qualche stimolo etc.; erant pagani etc. Et si est obligatio adiuvare unam personam, quanto magis unam communitatem" y desde la Antigüedad hasta el ejemplo actual de las ciudades italianas más prósperas en las que todas las categorías de ciudadanos ricos han hecho fluir su dinero: "Vide quot civitates habent hunc Montem. Tota Marchia, exceptis duabus civitatibus omnes habent Montem; Brixia, Verona, Vicentia, Mantua, Padua. In tot civitatibus. Padue, unus sartor centum aureos; non dico compagnia Mantue, unus aromatarius centum aureos; omnes artes suam offertam. Padue artiste centum aureos; legiste et canoniste, quia sunt duplicati ducentos aureos; talis Episcopus centum; talis ducentos; talis trecentos. Si omnes faciunt, quid vultis facere vos?" hasta el memorable final: "Haec est victoria que vincit mundum. Su, su! Que stai a far? Que omnes se preparent. Mo, de chi serà 'sto Mont? Sarà pur vostro, che invenieritis meliorem nidum quam relictus fuerit vobis. La utilità sarà pur de Pavia etc"», P. Carlo Varischi da Milano (ed.), *Sermoni del B. Bernardino Tomitano da Feltre nella redazione di fra Bernardino da Brescia*, vol. II, Milán, Cassa di Risparmio delle Provincie Lombarde e Banca del Monte di Milano, 1964, pp. 200 y 211-212.

[2] *Ibid.*, p. 200.

contractual en una nueva síntesis de las antiguas obras de misericordia (dar de comer al hambriento, etcétera).[1]

En la institución de los montes de piedad aflora de forma evidente el problema de la relación entre la comunidad política y la vida económica, el tema de la confianza, que, pese a su centralidad a la hora de hablar del crédito, suele descuidarse.[2] Los historiadores económicos autorizados han observado que la extraordinaria extensión del crédito a finales de la Edad Media (mediante la invención de múltiples formas de acuerdos corporativos, el depósito bancario, la carta de crédito, etcétera) presupone una nueva confianza. Con los montes de piedad se abrió una nueva vía que permitía, bajo la garantía de la Iglesia, una cobertura que se extendía naturalmente a todos los miembros de la comunidad. Así, la creación de capital móvil encontró una fuerte protección, un terreno que le permitió crecer, protegiéndolo también de la arrogancia y la voracidad financiera de los nuevos Estados modernos, insaciables en su continua búsqueda de fuentes para alimentar su creciente y a menudo incontrolable deuda pública. Los montes de piedad no sólo sirvieron para que los pobres pudieran seguir participando del sistema económico en los frecuentes momentos de crisis, sino que a menudo se convirtieron durante el transcurso de la Edad Moderna en el principal instrumento a través del cual las clases acomodadas que no participaban directamente en el mercado podían preservar y emplear con seguridad su riqueza mobiliaria, aunque fuera con bajos rendimientos.[3] Esto tal vez ayu-

---

[1] *Ibid.*, p. 207: «Si das vinum, non das panem; si panem, non vestitum, si etc, non das denarios ad sovendum debita, medicinas etc. Da Monti, et dedisti omnia. Hic imples septem opera pietatis, De illo denario subvenitur a chi compra panem, vinum, medicinas et omnia etc.».

[2] Véase P. Prodi (ed.), *La fiducia secondo i linguagi del potere*, Bolonia, Il Mulino, 2008.

[3] De ahí, obviamente, los esfuerzos de las clases dirigentes de las ciudades por hacerse con el control de los montes de piedad y la extensión

de a explicar por qué los montes de piedad, de origen colectivo, no se expandieron allí donde el Estado era más fuerte, como en los países al otro lado de los Alpes, y por qué también entraron en crisis en Italia en los siglos siguientes de la Edad Moderna: en ese sentido, son indicadores interesantes de comportamiento las normas de protección incluidas en algunos estatutos de los primeros montes de piedad destinadas a prohibir la inversión de capital en deuda pública del municipio, normas que pronto desaparecieron.[1]

En cuanto al problema específico de los juramentos en el ámbito del crédito, no pretendo hablar tanto de los juramentos de los funcionarios y gestores del monte de piedad sobre el cumplimiento de sus obligaciones concretas establecidas en los estatutos (juramentos parecidos a todos los demás juramentos oficiales de funcionarios, magistrados, etcétera) como del juramento que se exigía en los primeros estatutos al prestatario, en el momento de contratar el crédito. De hecho, todos los estatutos de los montes de piedad de la primera generación prevén, con reglas bastante similares, que para que el préstamo sea aprobado hay que jurar, por lo general, sobre dos puntos fundamentales: pertenecer a la comunidad de la ciudad o al campo y comprometerse a utilizar el dinero recibido para las propias necesidades y no para gastos superfluos o fines ilícitos: «No atesorar para el juego ni hacer ninguna compra superflua y perjudicial», como reza la fórmula de los estatutos de Pistoya de 1475.[2] En este

---

de la degeneración de su gestión en paralelo al progresivo estancamiento económico y social de las ciudades italianas sobre todo en los siglos XVII y XVIII (cf. A. Pastore, «Strutture asistenziali fra Chiesa e Stati nell'Italia della Controriforma», en: *Storia d'Italia. Annali 9. La chiesa e il potere politico*, Turín, Einaudi, 1986, pp. 451-457).

[1] G. Garrani, *Il carattere bancario e l'evoluzione strutturale dei primigenii Monti di Pietà*, Milán, Giuffrè, 1957, pp. 67 y 68.

[2] I. Capecchi y L. Gai, *Il Monte di Pietà a Pistoia e le sue origini*, Florencia, Olschki, 1976, p. 78.

punto, basta con señalar que la incorporación de una referencia ética general no sólo proporcionaba una garantía moral, sino opciones políticas precisas y normas jurídicas (podríamos decir de disciplina colectiva) sobre las que todavía debe realizarse una investigación sistemática. Lo importante es el carácter difuso de las fronteras entre la ciudadanía (una realidad que parece prolongarse bastante en el tiempo), que confirma, entre otras cosas, la dignidad personal del pobre como sujeto y miembro de la comunidad capaz de asumir la obligación de su deuda. La incertidumbre inicial en cuanto a los límites impuestos al gasto de la suma prestada también es importante: algunos estatutos se detienen en la prohibición del juego y del uso ilícito, mientras que otros incluyen la prohibición de invertir el dinero recibido en el mercado. No obstante, esta prohibición parece desaparecer muy pronto, lo que confirmaría que la función central de los montes de piedad desde su inicio fue ayudar a los pequeños artesanos y comerciantes en apuros.

En ese sentido es interesante apuntar que en 1471 en Perugia se modificaron los estatutos de unos años antes para hacer posibles las inversiones en la producción.[1] Éste es el camino que seguirán muchos montes de piedad en el siglo XVI, facilitando créditos a la artesanía y al comercio en forma de anticipos garantizados con bienes empeñados, hasta que se funden los montes de piedad especializados en la protección de los sectores productivos más importantes para la economía local, como el trigo, el cáñamo, la seda, etcétera.[2] Hasta

---

[1] «Item cassamo et cancellamo la condictione che [...] li dinari dil Monte non si possino acactare per fare merchantia, ma volemo che sia licito al bisognioso aver denare dil Monte ancora per fare alcuna merchantia», V. Meneghin, *Bernardino da Feltre e i Monti di pietà*, Vicenza, L.I.E.F., 1974, p. 596, cit. en: R. Segre, «Bernardino da Feltre, i Monti di Pietà e i banchi ebraici», *Rivista storica italiana*, 90, 1978, p. 827.

[2] Para el ejemplo de Bolonia, véase M. Maragi, *I cinquecento anni del Monte di Bologna*, Bolonia, Banca del Monte di Bologna e Ravenna,

aquí mis reflexiones en voz alta, preliminares a una historia que en buena medida está por escribir.

Dos meses después de la definición del Concilio de Letrán, el 2 de julio de 1515, Johann Eck, el joven erudito de la escuela de teología de Tubinga que más tarde se haría célebre por su poema antiluterano, habló con éxito en la basílica de San Petronio de Bolonia sobre la legitimidad de cobrar un tipo de interés fijo y seguro por el dinero prestado. Su viaje lo financió el banquero de Augsburgo Jacobo Fúcar. En vísperas del nacimiento de la Reforma, el problema de la ética económica se había convertido en el centro de la reflexión teológica, y uno de sus ejes centrales era, naturalmente, el principio de condena de la usura. La elección de Bolonia para la disputa, como ha escrito Oberman, uno de los historiadores más autorizados de la Reforma, no fue ciertamente arbitraria, porque los italianos habían resuelto hacía tiempo los problemas que seguían atormentando las conciencias alemanas.[1] El llamado «contrato trino», que Eck se disponía a defender, compuesto por tres actas formalmente separadas (un primer pacto de asociación, un segundo de participación en el riesgo con un alto interés, un tercero de cesión de esos beneficios a cambio de un interés menor, sin riesgo) fue la base, junto a otros contratos similares, de la gran expansión financiera italiana durante más de un siglo.

Nuestro problema parece venir de las grandes capitales políticas y económicas: de Madrid, París, Augsburgo y Amberes, más que de Roma y Wittenberg.

1973. Para el panorama general *Banchi pubblici, banchi privati e Monti di pietà nell'Europa preindustriale. Amministrazione, tecniche operative e ruoli economici (Atti del convegno di Genova, 1990)*, Atti della Società Ligure di Storia Patria, XXXI, n.º 1, n. s., 1991; Muzzarelli, *Il denaro e la salvezza, op. cit.*

[1] Oberman, *I maestri della Riforma, op. cit.*, pp. 195-238.

La conciencia común en toda Europa a comienzos de la Edad Moderna, más allá y por encima de las nuevas barreras confesionales, era que la superioridad de la civilización cristiana en el mundo se basaba no tanto en las innovaciones técnicas fundamentales—la conquista de los mares, la formación de grandes capitales... —como en la capacidad de autogestión, autorregulación y autocorrección del mercado: la sociedad contractual vivía sobre la base del principio de restitución de las ganancias ilícitas y sólo cuando se producía una patología se recurría al derecho positivo de los Estados.

El testimonio más sorprendente es el del oratoriano Tommaso Bozio, en Roma durante la última década del siglo XVI. Tommaso, uno de los grandes protagonistas, junto con su hermano Francesco, de la controvertida literatura de la Contrarreforma, parece suspender por un momento la polémica con los protestantes para defender la superioridad global de los cristianos sobre todos los pueblos en virtud de la centralidad del contrato: Europa ha conquistado el mundo no sólo por superioridad política sino también «in rerum commerciis». Ninguna civilización anterior a la europea ha conocido mercados como los de Venecia, Amberes, Londres y muchos otros, que permitieron por primera vez la unificación de todos los pueblos del planeta. La superioridad de la nueva civilización comercial europea pudo imponerse gracias a la seguridad de los contratos establecidos sobre la base de la *fides*, la religión cristiana, que garantizaba la devolución de las ganancias ilícitas y, por tanto, la indemnización de los daños causados por el incumplimiento de las reglas del mercado.[1] La polémica con los herejes se reanuda inmedia-

---

[1] T. Bozio, *De signis Ecclesiæ Dei libri* XXIIII, Colonia, apud Ioanncm Gymnicum sub Monocerote, 1592, p. 648 (Signum XXXIV): «Et sane opus est catholicos esse longe iustissimos plerumque in contractibus, quando

tamente después, en el mismo texto, a propósito de la secularización de los bienes eclesiásticos, pero la institución del contrato se considera un patrimonio común de toda la cristiandad, en su adhesión a los mandatos divinos y en las leyes positivas que prevén todos los casos contractuales, la visión común del hurto como violación de las reglas del mercado y la necesidad de restituir las ganancias mal habidas.

Como ya he dicho, no quiero ni estoy en condiciones de profundizar en los problemas técnicos que plantea la génesis de la doctrina moderna del contrato en relación con el derecho civil de origen romano y el *common law* anglosajón: es significativo, sin embargo, que se haya abierto la discusión sobre tales problemas entre los juristas que tratan de señalar una base histórica común de los sistemas de derecho que se han desarrollado en los distintos países europeos en las dos tradiciones.[1] Mientras que el derecho romano, incluso

---

nulla gens tantae sit constantiae in credendis suae religionis decretis, ut nostros esse inde cognoscimus, quod innumeri e nostris vitam ponunt singulis aetatibus pro nostri cultus assertione, quod signo de perpetua martyrum successione aperuimus. Illud vero est praecipuum nostrae doctrinae praeceptum, non remitti peccatum, nisi ablata restituantur: et idcirco necesse est hoc maxime sit nostrorum cordibus infixum, et hac in re superent omnes gentes. Hinc apud nullos populos id esse in more positum cognosces, quod apud nos, ut si quis aliena retinet, caveat in sua ultima voluntate, ut id, si quidem certus est dominus, ei reddatur omnino; quod si incertus, illud in usus pauperum distribuatur. Hoc neque fando in antiquorum testamentis auditum. Sic usuræ a nullis gentibus severius cohibitæ, ut a nostris: contractus eodem modo inæquales, et alia huiusmodi infinita rescissa habita nulla. Rebusque omnibus habendis, fruendis, possidendis, utendis, per omnia consitutæ leges, quibus humana cupiditas coerceatur: denique et religionis timore intimo, et poenis extrinsecus adiectis, animi mortalium per nostros ad iustitiæ metas revocati, et intra illius confinia conclusi, ut hæretici non alia re magis ad se pretrahant impios, Ecclesiamque nostram discerpere conentur, quam una re prædicanda, ut bona sacra, et sacris usibus destinata diripiant, expilent, in suosque et prophanos usus convertant».

[1] J. Gordley (ed.), *The Enforceability of Promises in European Contract Law*, Cambridge, Cambridge University Press, 2001 (se trata de un pro-

en el Medioevo, protegía sólo cierto tipo de contratos sobre la base de una formalización específica, en la transición de la Edad Media a la Edad Moderna, tanto en la elaboración de los teólogos-juristas de la segunda escolástica (que analizaré más adelante, en particular a través de Domingo de Soto, Luis de Molina y Leonardo Lesio) como en la de los teóricos del derecho natural (de Hugo Grocio a Samuel Pufendorf) vemos el crecimiento de un paraguas común para la defensa de la validez de los contratos como categoría general, de los cuasi-contratos y de las promesas sobre la base del consentimiento, del presupuesto de la confianza expresa y de la obligación de restitución de las ganancias ilícitas, de cualquier enriquecimiento injusto.[1] Lo único que creo que puede señalarse es que este tipo de vía no sólo es discernible dentro de la historia de las teorías jurídicas o en el marco de las doctrinas del derecho natural en su transición al derecho contractual moderno o, por utilizar la expresión clásica de Henry James Sumner Maine, de la sociedad basada en el estatus a la sociedad basada en el contrato («from status to contract»).[2]

En cuanto al tema que nos ocupa—la definición del hurto como delito y pecado—me gustaría partir de una tesis general: la criminalización del hurto se entrelaza con el desarrollo de la religión de la propiedad privada dando lugar a la otra cara de la luna respecto al desarrollo de la capacidad empresarial sobre la que tanto ruido se ha hecho en la historiogra-

---

yecto iniciado en Trento en 1993 sobre «The Common Core of European Private Law», bajo la dirección de Rudolf B. Schlesinger).

[1] J. Gordley, *Foundations of Private Law. Property, Tort, Contract, Unjust Enrichment*, Oxford, Oxford University Press, 2006.

[2] H. Sumner Maine, *Diritto antico* (Londres, 1861), ed. y trad. V. Ferrari, Milán, Giuffrè, 1998. [Existe traducción en español: *El derecho antiguo*, cd. y trad. R. Cotarelo, Barcelona, Tirant lo Blanch, 2014]. Por supuesto, no es posible discutir aquí las tesis de Maine sobre la relación entre agravio, delito y pecado en el derecho romano, la teología moral, la casuística y el derecho natural.

fía del siglo pasado. Se ha escrito que durante la Edad Moderna se produjo una profunda mutación en la imagen del criminal, bestia feroz a la que había que perseguir sin piedad: en el siglo XVI se lo identificaba con el hereje, en el XVII con la bruja y en el XVIII con el vagabundo.[1] Me gustaría añadir que si el vagabundo se convierte en el delincuente por excelencia es porque rechaza la propiedad y el mercado, y por lo tanto, al menos potencialmente, es visto como ladrón. Este comportamiento desviado lo persiguen tanto las Iglesias como el Estado para mantener su autoridad: por su parte, el mercado se aprovecha de esa competencia para mantener su poder autónomo, siempre condicionado pero nunca completamente dominado por lo sagrado ni por lo político.

Es en el marco de la reflexión sobre las posibles violaciones del séptimo mandamiento donde la doctrina moderna del contrato se apoya en la realidad histórica de lo que se ha llamado *the economy of obligation, the contractual society*: el pacto y el convenio se fundan en el modelo de la ética de la confianza del contrato de compraventa.[2] Mi opinión como historiador que siempre se ciñe a los hechos es que sobre esa sociedad y esa realidad se construye la teoría del contrato y de los derechos naturales subjetivos (y no a la inversa, como tienden a creer algunos historiadores de la doctrina) con intención de crear un sistema en el que la esfera pública del poder político se separe cada vez más de la esfera privada y

---

[1] M.-S. Dupont-Bouchat, «Culpabilisation et conscience individuelle. L'individu, l'église et l'état à l'époque moderne (XVIe-XVIIIe s.)», en: J. Coleman (ed.), *L'individu dans la théorie politique et dans la pratique* (serie sobre «Les origines de l'État moderne», dirigida por W. Blockmans y J.-Ph. Genet), París, PUF, 1996, p. 158.

[2] Véase la investigación fundamental de C. Muldrew, *The Economy of Obligation. The Culture of Credit and Social Relations in Early Modern England*, Londres, Macmillan, 1998; *Id.*, «Zur Anthropologie des Kapitalismus. Kredit, Vertrauen, Tausch und die Geschichte des Marktes in England 1500-1750», *Historische Anthropologie*, 6, n.° 2, 1998, pp. 167-199.

en la que el individuo se convierte en «sujeto», plena y únicamente, en la relación de propiedad e intercambio. Pero eso también obliga a una consideración más profunda de la ampliación del concepto de «hurto» para que incluya toda infracción de las reglas del mercado: todo incumplimiento, cualquiera que sea su formalización, exige una reparación en relación con la voluntad, pactada o unilateral, que subyace al contrato.

El discurso sobre el mercado y sus reglas, y por tanto sobre el hurto como violación de esas reglas, se caracteriza a mi juicio al principio de la Modernidad por la contraposición entre las fuerzas que tienden a controlar la sociedad y por una circularidad de las normas entre la ética y el derecho. Debo insistir una vez más en que no es mi intención abordar aquí el discurso sobre el proceso de modernización y sus diversas trayectorias, y mucho menos el del espíritu del capitalismo. Sólo quiero subrayar que no es posible saltar de la Edad Media al siglo XVIII (entendido como el punto de ruptura de una estructura feudal-eclesiástica aún dominante), como pretende hacer todavía hoy una historiografía que busca claves interpretativas meramente dentro de un discurso socioeconómico sin buscar las interrelaciones entre las transformaciones políticas, institucionales y culturales, y que en consecuencia acaba por no entender ni siquiera los datos cuantitativos.[1]

Para explicar lo que quiero decir, me limitaré a citar el cambio que se produjo en la «conversación» en una pequeña ciudad del norte de Italia como Casale Monferrato en plena Contrarreforma tal y como lo relata la famosa descripción de Stefano Guazzo (1530-1593):

---

[1] Véase A. Guerreau, «Avant le marché, les marchés: en Europe, XIIIᵉ-XVIIIᵉ siècle (note critique)», *Annales, Histoire, Sciences sociales*, 56, n.º 6, 2001, pp. 1129-1175.

Y si esto no basta para comprender el dulce placer que brinda esta conversación, mirad la multitud de personas que se congregan allá donde se trata de tener razón (es decir, en los tribunales): más de una vez he visto el gran Palacio del Parlamento de París estremecerse como si hubiera un terremoto ahogado por infinitas voces mientras se libran las disputas petitorias y posesorias.

Pero ¿por qué poner ejemplos lejanos? Basta caminar por esta ciudad nuestra para ver, no sólo en los días destinados a las obras y actividades mundanas, sino también en los días consagrados al culto de Dios, una multitud infinita de hombres en los pórticos celebrando un mercado continuo en el que no se habla de otra cosa que de comprar, vender, intercambiar, dar o tomar dinero a interés, y en fin, se negocian todas aquellas cosas que convienen para curar los males de la pobreza y adquirir la salud de las riquezas. Así que no es preciso mucho esfuerzo para poner en el corazón de los hombres la conversación a la que tan naturalmente inclinados están.[1]

Persisten las diferentes coordenadas espaciales y temporales con el paso del centro de gravedad político de la Italia humanista del siglo xv al norte de los Alpes; persiste también la marginación de la propia Italia con respecto a los grandes flujos comerciales y, por tanto, también del pensamiento relacionado con el comercio; se mantiene la fractura de la unidad religiosa y, por tanto, la presencia, dentro de Europa, de diferentes caminos que no sólo divergen, sino que luchan encarnizadamente entre sí. Pero la *contractual society*, la sociedad del crédito y la confianza, sobrevive a la fractura religiosa y al floreciente desarrollo de los Estados modernos, constituyendo, con sus intereses y su cultura, el principal aglutinante de la civilización europea en los siglos de la Edad Moderna.

Las reflexiones de los capítulos siguientes—tras un pa-

---

[1] S. Guazzo, *La civile conversazione* (Brescia, 1574), ed. A. Quondam, Módena, Franco Cosimo Panini, 1993, 1, pp. 82-83. [Existe traducción en español: *La conversación civil*, ed. G. Marino, trad. J. G. de Hervás, Madrid, Iberoamericana/Vervuert, 2019].

réntesis destinado a dar una visión de conjunto de las fuerzas en juego—se desarrollarán en diferentes direcciones convergentes: me ocuparé del intento de las Iglesias, y en particular de la Iglesia romana, de dominar el mercado mediante el control de las conciencias, con la doctrina, la confesión y la predicación; de la tendencia del mercado a desarrollar su autonomía sobre bases universalistas, en la teoría y en la práctica; del avance progresivo del poder de los Estados en el control de la esfera jurídica y en la reivindicación de toda acción represiva y disciplinaria. Se trata, evidentemente, de caminos opuestos pero entrelazados en los que, pese a la feroz competencia, se produce una ósmosis continua en el intento de las Iglesias de legalizar la esfera de la conciencia y en la pugna victoriosa de los Estados para que el derecho positivo incluya la ética.

Desde el punto de vista espaciotemporal, puede afirmarse de manera esquemática que la falla tectónica que divide las distintas fuerzas en movimiento se desplazó, según la fuerza de los contendientes, desde el imperio de Carlos V y la península ibérica en la época de Felipe II hasta Francia al final de las guerras de religión y la recién nacida Holanda, y alcanzó su madurez a finales del siglo XVII y en el siglo XVIII en Inglaterra y la nueva Prusia con diferentes resultados. Pero éste no es más que un esquema abstracto que debe plasmarse en realidades concretas.

7

LAS FUERZAS EN JUEGO:
IGLESIAS, ESTADOS Y LA REPÚBLICA
INTERNACIONAL DEL DINERO

I. LOS PROTAGONISTAS

Este capítulo debería servir para rescatar, al menos con unas
pinceladas, a los verdaderos protagonistas del relato histórico del mercado en la Edad Moderna: las Iglesias, los Estados
y la república internacional del dinero. No pretendo presentar un panorama completo, e invito al lector que disponga de
una formación elemental en la materia a saltarse este capítulo. Tan sólo quiero explicitar mis principales puntos de referencia al emprender esta investigación y relacionar ciertos
ámbitos historiográficos que normalmente se consideran por
separado: en efecto, los relatos de los libros de texto tienden
a presentar las reformas, las guerras de religión, la expansión
colonial, etcétera, como si fueran distintos capítulos e historias paralelas que no se comunican entre sí.

Por el contrario, es al entrelazamiento de todas esas fuerzas, de esos protagonistas del poder, a lo que se enfrentaron
quienes reflexionaron sobre los fenómenos económicos de
la Modernidad, pensadores que ciertamente no tenían como
objetivo la fundamentación de una ciencia autónoma, sino
que trataban de comprender lo que sucedía, de dar sugerencias o reglas de comportamiento a los operadores y, a menudo,
también de servir al sistema de poder del que formaban parte.

Aún hoy, en los frescos historiográficos más acreditados
—como el de Immanuel Wallerstein— se identifica el siglo XVI, el inicio de la Edad Moderna, con la «creación de la
economía mundial europea» y se considera las nuevas monarquías absolutas como piezas clave en el «desarrollo del

capitalismo moderno».[1] Si bien acepto el marco general del análisis de los fenómenos presentado por Fernand Braudel o Wallerstein, creo que partir del mercado, del nudo de la relación entre el poder político y el poder económico, de sus conflictos y tensiones, de sus superposiciones y fusiones, puede ser más útil para una visión más compleja en el tiempo y en el espacio; una perspectiva menos hegemonizada por la visión del capitalismo como una «entidad» que sigue dominando la historia, incluso después de la crisis de las ideologías. Creo que si nos centramos en el tema del poder y tratamos de comprender cómo actúa realmente en los siglos de la Edad Moderna para reconstituir su monopolio sobre el mercado en contra de sus propias reglas, podemos comprender mejor la dinámica propia del progreso en Europa bajo las representaciones de la explotación de clase y la división del trabajo. No creo que uno de los rasgos dominantes del mundo moderno temprano sea «la alternancia entre "nacionalismo" e "internacionalismo"»[2] (ni creo que podamos hablar de la Edad Moderna temprana en estos términos), sino que se trata de una competencia por dominar el mercado y recomponer el monopolio del poder.

En obras anteriores he intentado examinar de un modo general la fractura religiosa del siglo XVI y la Reforma como una respuesta al nuevo problema planteado por la relación entre el derecho positivo y la conciencia en el origen del Estado moderno. Ahora me gustaría tratar de entender más claramente las consecuencias de tal fractura desde el punto de vista del mercado, entre la ética y el derecho. En la nue-

---

[1] I. Wallerstein, *Il sistema mondiale dell'economia moderna*, vol. I: *L'agricoltura capitalistica e le origini dell'economia-mondo europea nel XVI secolo*, trad. G. S. Panzieri y D. Panzieri, Bolonia, Il Mulino, 1978, pp. 189-190. [Existe traducción en español: *El moderno sistema mundial*, vol. I: *La agricultura capitalista y los orígenes de la economía-mundo europea en el siglo XVI*, trad. A. Resines, Madrid, Siglo XXI, 1979].

[2] *Ibid.*, p. 311.

va sociedad contractual, el problema que pasa a primer plano es la relación en la esfera pública entre esas leyes de conciencia que siguen dependiendo de la Iglesia y la creciente intervención del poder político que se encarna progresivamente en los nuevos príncipes y monarquías. Los temas más discutidos representan, por tanto, las fronteras en las que se mueven esas grandes fuerzas: la obligatoriedad de las leyes estatales en materia de conciencia y, en sentido contrario, la sanción que el derecho positivo otorga a las transgresiones éticas en la definición del hurto; el principio de la fiscalidad y su choque con las exenciones y privilegios eclesiásticos; la legitimidad de los monopolios y las limitaciones a la competencia; la compraventa de rentas públicas civiles y eclesiásticas; la regulación del dinero y de los grandes flujos financieros; la competencia entre el Estado y la Iglesia en el control de la sociedad.

La cuestión de fondo es: ¿quién juzga la validez de los contratos? ¿Quién establece que se ha cometido un hurto que infringe las normas del mercado? Conviene, pues, dar alguna indicación, aunque sea de forma superficial, de los cambios que se produjeron en esos protagonistas entre el final de la Edad Media y el comienzo de la Edad Moderna. En este conflicto y competencia la república internacional del dinero encuentra el espacio para vivir y afirmarse. Desde el punto de vista metodológico, se trata de ampliar nuestra visión intentando captar el desarrollo de las ideas en el marco de la evolución de los poderes reales.

Es importante destacar un aspecto que a menudo queda en la sombra. La aparición de esa nueva concepción de la riqueza y del hurto como violación de las reglas del mercado y del bien común contribuye a la revisión y la redefinición de todas las fuerzas en juego (la religión, la política y el dinero) en un complejo circuito: la idea misma de soberanía.[1]

[1] Siguen siendo sugerentes las reflexiones de A. Serrano González,

2. IGLESIA Y MERCADO

En la literatura sociológica y económica, la relación entre la Iglesia cristiana y los hechos económicos se suele leer en los últimos años a través del prisma de las modernas teorías de los estudios de las religiones. La aplicación de los actuales análisis sociológicos o económicos puede resultar fascinante para acabar con viejos esquemas, pero parece insuficiente para comprender una realidad histórica en la que la gestión de lo sagrado implicaba complejas estructuras institucionales entrelazadas entre sí y con el poder.[1]

Por lo que se refiere, en concreto, a la transición de la Edad Media a la Modernidad en Europa, también ha habido una tendencia reciente a estudiar la Iglesia como una potencia económica que dominaba la Europa medieval, una *corporation* superior a muchas de las grandes multinacionales que dominan el mercado en la actualidad: la Reforma se ve sobre todo como un desafío lanzado por un nuevo competidor, al igual que la Contrarreforma se ve como una respuesta, como una reacción de la «empresa» dominante a la aparición del nuevo competidor en el mercado.[2] También la doctrina de la Iglesia sobre el mercado y la usura se considera vinculada a los intereses concretos del aparato eclesiástico,[3] de acuerdo con la aplicación algo ingenua e infantil de los esquemas actuales de las multinacionales a una realidad mucho más

---

Como lobo entre ovejas. Soberanos y marginados en Bodin, Shakespeare, Vives, Madrid, Centro de Estudios Políticos y Constitucionales, 1992.

[1] Véase J. Rüpke, «Der "rational choice approach towards religion": Theoriegeschichte als Religionsgeschichte», en: W. Reinhard y J. Stagl (ed.), *Menschen und Märkte. Studien zur historischen Wirtschaftsanthropologie*, Viena-Colonia-Weimar, Böhlau, 2007, pp. 435-449.

[2] R. B. Ekelund *et al.*, *Sacred Trust. The Medieval Church as Economic Firm*, Oxford, Oxford University Press, 1996.

[3] Ekelund *et al.*, *Sacred Trust, op. cit.*, especialmente el cap. VI, «How the Church Gained from Usury and Exchange Doctrines».

compleja: aunque algunas coincidencias pueden ser interesantes y significativas (por ejemplo en la devolución de los beneficios ilícitos mediante la restitución—en caso de imposibilidad de encontrar a los perjudicados—a las instituciones eclesiásticas o a las obras pías controladas por los eclesiásticos), sigue habiendo un profundo desconocimiento de los mecanismos financieros y de las propias contradicciones implícitas en la transformación de las estructuras financieras del papado, de las diócesis y de las grandes órdenes religiosas. Tal vez el resultado más interesante de estos nuevos estudios que establecen el paralelismo entre la Iglesia bajomedieval y las multinacionales más complejas y poderosas de la actualidad es el haber señalado que la principal diferencia entre ambas sigue siendo la ausencia de un propietario-accionista.[1] En cualquier caso, en el estudio de las doctrinas eclesiásticas sobre la usura y, más en general, sobre el mercado es importante no olvidar la exigencia metodológica de prestar atención a la praxis.[2]

Queda claro que el estudio de la relación entre la Iglesia y el mercado no puede olvidar la profunda transformación, tanto desde el punto de vista de las instituciones como de la propia concepción de la vida cristiana, que tuvo lugar en estos siglos. Todo cambió a mediados del siglo XV, con la resolución de la crisis conciliar, el fin de la *respublica christiana* y la afirmación del papado renacentista, a partir de la propia configuración de las rentas de la Iglesia de Roma. Aunque se suele hablar de la Reforma protestante como una reacción a los abusos de la Iglesia medieval, en realidad, como ha demostrado

---

[1] *Ibid.*, p. 9: «In fact, as we shall argue more forcefully later, the medieval Church surpassed many modern-day corporations in its size, complexity, and sophistication. Its chief difference lay in the absence of stockholder-owner control».

[2] E. S. Tan, «Origins and Evolution of the Medieval Church's Usury Laws. Economic Self-Interest or Systematic Theology?», *The Journal of European Economic History*, 34, n.° 1, 2005, pp. 263-281.

la historiografía de las últimas décadas, la reacción se produjo no tanto por la corrupción de los antiguos sistemas de tributación previstos en el derecho canónico como por las innovaciones implantadas en la Baja Edad Media para hacer frente al debilitamiento de la estructura fiscal de la Iglesia derivado de las pretensiones de las nuevas monarquías y de la economía monetaria.[1] Los tradicionales impuestos fundamentales, los diezmos y la anata, todos los impuestos que se habían cobrado durante siglos sobre la concesión y las rentas de los beneficios eclesiásticos, disminuyeron o desaparecieron; los príncipes empezaron a confiscar o intervenir en las propiedades y rentas eclesiásticas mucho antes de la Reforma y para remediarlo Roma incrementó la recaudación de rentas extraordinarias para la concesión de exenciones, dispensas de irregularidades canónicas y privilegios por la Penitenciaría Apostólica. En esta nueva realidad surgió la venta de indulgencias, que se convirtió en un detonante.

Sólo a la luz de estas grandes coordenadas cronológicas y espaciales es posible captar con la debida perspectiva el significado de la Reforma protestante y de la propia reforma católica promovida por el Concilio de Trento, acontecimientos que en los manuales de historia suelen considerarse como el origen de la Edad Moderna. No obstante, cada vez está más claro que tales acontecimientos no fueron tanto una ruptura repentina o una reacción a la corrupción y los abusos que se habían establecido en la vida eclesiástica, cuanto la conclusión de un largo período de crisis en la cristiandad medieval: más que un origen, en cierto modo fueron la culminación, el resultado de un proceso de transformación tanto en la nueva relación del individuo con Dios, como en la relación pública entre lo sagrado y el poder, entre la Iglesia, el Esta-

---

[1] J. Chiffoleau, «Pour une économie de l'institution ecclésiale à la fin du Moyen Âge», *Mélanges de l'Ecole française de Rome*, 96, n.º 1, 1984, pp. 247-279.

do y el mercado. Incluso antes de la Reforma, muchos Estados europeos ya estaban tomando directa o indirectamente (por concesión de la Iglesia romana y las iglesias regionales) el control de una gran parte de la estructura económica eclesiástica, como el sistema de beneficencia.[1]

En realidad, con la Reforma cambió todo, tanto en los países que se adhirieron a las ideas innovadoras como en los que se mantuvieron fieles al papado: fueron respuestas diferentes, más revolucionarias o reformistas (por usar nuestro lenguaje actual), a un mismo problema, el de la Modernidad, en un proceso de afirmación de una nueva relación entre la conciencia y lo sagrado tanto en el ámbito privado como en el público. Despojado de su lugar tradicional en el cosmos, el individuo moderno puso en primer plano el problema de la «salvación» individual, el problema teológico de la «gracia», que pasó a ser central en los siglos de la Edad Moderna, tanto en los países católicos como en los reformados. En la esfera pública, el Estado fue convirtiéndose en el garante de la ética, en el guardián de los preceptos de los últimos cinco mandamientos relativos a las relaciones entre los hombres, incluido el séptimo, «No robarás».

Evidentemente, no conviene resumir—y banalizar, por tanto—temas tan vastos como la Reforma y la Contrarreforma, tan sólo señalaré que en la esfera pública de los comportamientos colectivos surgen dos tendencias diferentes (en

---

[1] P. Prodi y P. Johanek (ed.), *Le strutture ecclesiastiche in Italia e in Germania prima della Riforma*, Bolonia, Il Mulino, 1984 (Semana de estudios celebrada en el Instituto Histórico Italogermánico de Trento en septiembre de 1982), en particular el ensayo de A. Prosperi, «"Dominus beneficiorum": il conferimento dei benefici ecclesiastici tra prassi curiale e ragioni politiche negli Stati italiani tra '400 e '500», pp. 51-86. Véase también P. Prodi, «Konkurierende Mächte: Verstaatlichung kirchlicher Macht und Verkirchlichung der Politik», en: P. Blickle y R. Schlögl (ed.), *Die Säkularisation im Prozess der Säkularisierung Europas*, Epfendorf, Bibliotheca Academica, 2005, pp. 21-36.

una gran variedad de manifestaciones, incluso dentro de la misma Iglesia). Por un lado, en los países que se adhirieron a la Reforma, se tendió a dejar el gobierno de la disciplina eclesiástica, el llamado *ius circa sacra*, al poder político (diversamente dividido); en algunos países nacieron Iglesias separadas (como la Iglesia anglicana) que, manteniendo la estructura doctrinal católica, reconocían al soberano como máxima autoridad. Por otra parte, en los países que siguieron siendo católicos, se intentó contrarrestar la fragmentación de los Estados modernos con el centralismo de la curia romana y el poder indirecto del pontífice romano también en los asuntos temporales, para garantizar el objetivo espiritual de la salvación humana por encima de la política: tal situación abrió el camino a una serie de conflictos que se desarrollaron durante la Edad Moderna entre los partidarios del poder real (regalistas) y los partidarios del poder del papa y de la curia romana (curialistas). Incluso dentro de la Iglesia católica que permaneció fiel a Roma, el sistema de concordatos (acuerdos entre los distintos Estados y el papado, con concesiones hechas por los papas a los soberanos, en particular en cuanto al derecho a nombrar obispos y a la disciplina eclesiástica) tendía a formar Iglesias que coincidían con el territorio estatal y estaban fundamentalmente controladas por el Estado. Las organizaciones del clero regular universalista, como las órdenes mendicantes, fueron progresivamente sometidas al control del Estado, utilizadas para la construcción de las nuevas estructuras educativas y asistenciales públicas y suprimidas cuando se las consideraba inútiles o peligrosas para los intereses estatales: una larga serie de conflictos que se prolongaría en la segunda Edad Moderna en relación con los nuevos Estados liberales y democráticos, en la medida en que éstos tendían a asumir paulatinamente la educación de los ciudadanos.

Nacieron las Iglesias confesionales—incluso la Iglesia católica postridentina puede considerarse «confesional», como la luterana y las reformadas—que caracterizaron la primera Modernidad, en simbiosis y dialéctica con los Estados modernos y confesionales: a partir de entonces la pertenencia a una Iglesia no sólo la determina el hecho de compartir el credo común de verdades de fe—que en la Edad Media se había heredado de los grandes concilios de la Antigüedad—, sino también las profesiones de fe juradas, como la de Augsburgo en el caso de la Iglesia luterana (1530) o la tridentina en el de la católica (1564), destinadas a garantizar una pertenencia específica. Se excluía y perseguía a los herejes: quienes no se adherían a ninguna de las confesiones, así como los exponentes de un cristianismo radical o sectario que se consideraba un peligro para el poder político y religioso establecidos, movimientos que tuvieron una importancia fundamental tanto en las revueltas populares que se produjeron en la primera fase de la Reforma (la Guerra de los Campesinos, por ejemplo), como en la posterior historia intelectual y política de Europa (desde los anabaptistas hasta los cuáqueros y puritanos). No se trata de restar importancia revolucionaria a la Reforma, sino de señalar que no se entendería nada si no se enmarcaran esos fenómenos en el proceso de modernización y confesionalización. En esta situación se desarrolla en Europa lo que también se ha llamado «disciplinamiento social», no como paradigma interpretativo sino como atención al terreno en el que se forman los comportamientos colectivos, entre el derecho positivo y la ética, entre las normas impuestas desde arriba y la formación de sistemas de valores desde abajo, entre las fuerzas en juego (Iglesias, Estados y mercados) y el nuevo *homo oeconomicus* que va madurando los ideales de libertad y democracia a lo largo de este proceso dinámico.[1]

---

[1] En la inmensa bibliografía, sobre todo de origen alemán, sobre el problema de la disciplina social y la confesionalización, son centrales los innumerables estudios de Wofgang Reinhard y Heinz Schilling (últimas publica-

Aunque en la era confesional nos acercamos peligrosamente al monopolio del poder (es el momento en que el poder político y el religioso tienden a fusionarse), sigue habiendo competencia entre los Estados y las confesiones, y se mantiene la distinción entre las esferas pública y privada que había permitido el nacimiento del individuo. El sistema dualista que había caracterizado los siglos de la Alta Edad Media, en la tensión entre papado e imperio, entre poder eclesiástico y poder secular, experimenta cierta metamorfosis. El dualismo típico de este cristianismo occidental no desaparece, pero los puntos de fricción de esta tensión continua se dislocan de manera diversa en la competencia entre Estados e Iglesias, en la reivindicación de diferentes fundamentos de autoridad, en la distinción entre la esfera de la conciencia y la esfera del derecho positivo del Estado.

Lo primero que me llama la atención, por extraño que parezca, es el silencio del Concilio de Trento y del magisterio eclesiástico, tanto católico como protestante en general, sobre los problemas del mercado o de la ética económica en general. Ya a principios del siglo xv, en la época de los grandes concilios de Constanza y Basilea, muchos mercaderes pedían el pronunciamiento de una gran asamblea eclesiástica o de un consejo de expertos nombrado por la Iglesia para aclarar la cuestión de la legitimidad de los intereses financieros y la deuda pública.[1] Pero no se atendió esta petición, lo cual ge-

---

ciones en: *Die Anthropologie von Macht und Glauben. Das Werk Wolfgang Reinhards in der Diskussion*, Gotinga, Wallstein, 2008). Sobre los trabajos realizados sobre este tema en Trento y Bolonia, véase P. Prodi (ed.), *Disciplina dell'anima, disciplina del corpo e disciplina della società tra medioevo ed età moderna*, Bolonia, Il Mulino, 1994; P. Prodi y W. Reinhard (ed.), *Identità collettive tra medioevo ed età moderna*, Bolonia, CLUEB, 2002.

[1] Muy significativo es el testamento del notario florentino Corbinelli, que en 1419 condiciona el destino definitivo de su herencia a una aclaración del magisterio sobre la ética económica, con una declaración que merece la pena reproducir íntegramente (citado en L. Armstrong, «Usury, Conscience, and Public Debt: Angelo Corbinelli's Testament of 1419», en:

neró una gran confusión entre los cristianos de a pie. En el Concilio de Trento, a pesar de que el papado se vio obligado a transigir en los grandes temas de la Reforma con una sustancial renuncia a la jurisdicción sobre los Estados—limitando los decretos de reforma casi exclusivamente a la disciplina interna del aparato eclesiástico, del clero regular y secular—, tampoco encontramos nada parecido a los grandes decretos de los concilios medievales sobre temas económicos en las definiciones del magisterio romano ni en la enseñanza de los maestros de la Reforma, salvo algunas intervenciones puntuales de las que me ocuparé en el próximo capítulo.

De este silencio es posible extraer dos conclusiones. La primera es que, en realidad, los principales interlocutores del poder religioso ya eran los Estados, tanto en los países protestantes, con las Iglesias territoriales, como en los países católicos: incluso la estructura política y financiera de la Iglesia romana (con el Estado papal y el Sumo Pontífice) dependía entonces de un equilibrio europeo entre la política y la circulación de capitales.[1] Como ejemplo de esa circularidad (y

---

J. A. Marino y Th. Kuehn (ed.), *A Renaissance of Conflicts. Visions and Revisions of Law and Society in Italy and Spain*, Toronto, Centre for Renaissance and Reformation Studies, 2004, p. 230): «Et quia testator multotiens per multos magistros et baccalaureos et alios teologos disputari vidit an sit licitum pagas ex predictis quantitatibus assumere, et vidit et audivit inter prudentissimos magistros et teologos opiniones contrarias [...] voluit, iussit et mandavit quo si ullo unquam tempore per ecclesiam Romanam vel concilium vel per aliquod collegium doctorum cui per ecclesiam Romanam vel eius pastores commissa fuerit decisio et declaratio super predictis pagis, donis et interesse, que universaliter recipiuntur per cives a comuni de denariis pro eorum honeribus dicto comuni solutis, an licite sint vel non fieret aliqua declaratio vel decisio super predictis, quod tunc et in dicto casu, salvis legatis et relictis supra et infra factis, per heredes dicti testatoris fiat et observetur in totum et in omnibus et per omnia prout per dictam ecclesiam Romanam vel eius concilium vel collegium doctorum cui predicta decidenda commissa fuerint, ut prefertur, fuerit dictum, decisum, terminatum seu conclusum, et sic in omnibus et per omnia observari et fieri voluit».

[1] Véase el epílogo de la segunda edición de P. Prodi, *Il sovrano pontefi-*

también de las verdaderas causas de la marginación económica de Italia y de los Estados Pontificios en el siglo XVII)
me parece significativa la frase lapidaria del cardenal Giulio
Sacchetti, quien en 1627, al llegar a Ferrara, anexionada a los
Estados Pontificios desde hacía tres décadas, lamenta sobre
todo encontrar la ciudad «desprovista de dinero, de mercancías y de hombres de ingenio dedicados a producir riqueza».[1]

La segunda conclusión es que, aun compitiendo entre sí
las confesiones, las Iglesias de la Edad Moderna mantienen
una actitud muy similar y común, más allá de la presencia o
no del «espíritu capitalista», en lo que se refiere a la ética del
mercado, dando lugar a una plataforma compartida por toda
Europa que permite la continuación y el desarrollo de una
práctica mercantil esencialmente unificada y la circulación
de hombres y capitales independientemente de las creencias
religiosas, incluso durante la larga noche de las guerras de
religión. A pesar de las prohibiciones del Santo Oficio en los
países católicos y del control de la vida religiosa por parte de
las Iglesias reformadas, las comunidades comerciales cató-
licas siguieron floreciendo durante mucho tiempo en los territorios protestantes y viceversa.[2] Una investigación recien-

---

ce. Un corpo e due anime: la monarchia papale nella prima età moderna, Bolonia, Il Mulino, 2006. [Existe traducción en español: *El soberano pontífice. Un cuerpo y dos almas: la monarquía papal en la primera Edad Moderna*,
trad. E. Juncosa Bonet, Madrid, Akal, 2011].

[1] I. Fosi, «Le acque, la guerra, la peste: la legazione ferrarese di Giulio
Sacchetti (1627-1631)», en: *Cultura nell'età delle legazioni*, Florencia, Le
Lettere, 2005, p. 161.

[2] Un caso muy interesante es el investigado por R. Mazzei, «Conviven-
za religiosa e mercatura nell'Europa del Cinquecento. Il caso degli italiani
a Norimberga», en: H. Mechoulan, R. H. Popkin, G. Ricuperati y L. Si-
monutti (ed.), *La formazione dell'alterità. Studi di storia della tolleranza
nell'età moderna offerti a A. Rotondò*, t. 1: *Secolo XVI*, Florencia, 2001,
pp. 395-428: según la memoria que presentó Carlo Albertinelli a la Inquisición romana en 1607, los comerciantes católicos de Núremberg todavía
tenían una comunidad floreciente con su propio capellán a principios del

te, original y fascinante, ha analizado comparativamente tres ciudades mercantiles como Lucca, Ragusa (la actual Dubrovnik) y la puritana Boston, entre los siglos XVI y XVII, y ha señalado inesperadas similitudes en el comportamiento y las estructuras sociales.[1] Las reflexiones de Spinoza sobre la Bolsa de Ámsterdam en la segunda mitad del siglo XVII, a las que se añaden un siglo más tarde las de Voltaire a propósito de la Bolsa de Londres, atestiguan que las personas de todas las confesiones se reúnen y negocian libremente y por igual, lo cual no implica tanto una nueva *fides* secularizada en la racionalidad del mercado frente a la fe religiosa—como afirma Ginzburg—,[2] sino más bien una ética compartida a pesar de las diferentes filiaciones confesionales.

Pese a que no soy un defensor de la microhistoria, sí creo firmemente que algunos «hechos» o acontecimientos concretos son importantes por su ejemplaridad, y en esa medida pueden contribuir a comprender fenómenos mucho más complejos. En 1562, Aurelio Cattaneo, un empresario milanés que había frecuentado durante años los principales centros políticos y económicos europeos, decidió vender todo su capital invertido en la corte de Roma (en ingresos financieros, oficinas y «lugares de montes de piedad») para depositarlo en tierras agrícolas, en fincas del Oltrepò de Pavía. Le rendiría mucho menos (alrededor del cuatro por ciento frente al doce por ciento de las anualidades financieras), pero estaría mucho más tranquilo: tras el desprendimiento de Alemania de Roma, también en Francia los hugonotes amenaza-

siglo XVII, y obstaculizar su vida sólo habría favorecido a los herejes, con perjuicio económico también para el papado: «Al eliminar el comercio, el pueblo carece de beneficios, por consiguiente, de ingresos de los magistrados».

[1] S. Bertelli, *Trittico. Lucca, Ragusa, Boston. Tre città mercantili tra Cinque e Seicento*, Roma, Donzelli, 2004.

[2] C. Ginzburg, «Tolleranza e commercio. Auerbach legge Voltaire», *Quaderni storici*, 109, 2002, pp. 259-283.

ban seriamente la supervivencia de la Iglesia de Roma, y las reformas que se estaban elaborando en el Concilio de Trento corrían el peligro de no ser el incendio súbito que esperaba la curia romana. En mi caso, la lectura del epistolario entre Cattaneo y su agente de Roma, que hice unos cincuenta años atrás, influyó profundamente en mis líneas de investigación.[1]

3. ESTADO Y MERCADO

En lo que respecta al mercado, la novedad más visible de la primera Modernidad es el nacimiento del Estado moderno como sujeto político colectivo único que tiende al monopolio del poder en un territorio determinado. Hasta qué punto la aparición del Estado fue decisiva en el desarrollo de los mercados modernos, desde los Estados regionales italianos del siglo XV hasta las grandes potencias de los siglos XVII y XVIII, lo ha analizado recientemente Stephan R. Epstein en una fascinante síntesis a la que nos remitimos para una visión de conjunto:[2] simplificación y racionalización del marco geopolítico, consolidación de una soberanía integrada con

---

[1] P. Prodi, «Operazioni finanziarie presso la corte romana di un uomo di affari milanese nel 1562-63», *Rivista storica italiana*, LXXIII, fasc. IV, 1961, pp. 641-659. Para una visión general de las finanzas papales en la época tridentina, véase L. Palermo, «Il denaro della Chiesa e l'assolutismo economico dei papi agli inizi dell'età moderna», en: U. Dovere (ed.), *Chiesa e denaro tra Cinquecento e Settecento*, Cinisello Balsamo, San Paolo, 2004, pp. 87-152.

[2] S. R. Epstein, *Freedom and Growth. The Rise of States and Markets in Europe, 1300-1750*, Londres-Nueva York, Routledge, 2000. [Existe traducción en español: *Libertad y crecimiento: el desarrollo de los estados y de los mercados en Europa, 1300-1750*, trad. J. R. Gutiérrez y S. Moreta, Valencia, PUV, 2009]. Del mismo autor es un importante ensayo sobre la realidad toscana: W. J. Connell y A. Zorzi (ed.), «Market Structures», en: *Florentine Tuscany Structures and Practices of Power*, Cambridge, Cambridge University Press, 2000, pp. 90-121.

la superación de las autonomías feudales y de las ciudades, uniformidad de la jurisdicción, garantía del orden público, centralidad en la administración de la fiscalidad y la justicia, expansión de las redes infraestructurales en las comunicaciones y la cultura, establecimiento de una clara distinción entre la propiedad privada y la pública, etcétera.

Sin duda, es necesario recordar, aunque no podamos abordar el problema de la historia de la economía real—un asunto que nuestro planteamiento deja deliberadamente al margen—, que nos encontramos en la sociedad preindustrial de principios de la Edad Moderna, en la que domina absolutamente la producción agrícola, y que los productos alimenticios siguen estando en el centro de la vida cotidiana del mercado.[1] Durante siglos, a partir de las ciudades-Estado italianas, la primera tarea de la política fue garantizar el abastecimiento de la ciudad, mantener el control de los productos agrícolas indispensables para la supervivencia de las grandes aglomeraciones urbanas y bajar sus precios frente a la carestía y la especulación: de ahí los conflictos con las nuevas clases agrarias emergentes y el desarrollo no sólo de una política agraria, sino también de una extensión de la dominación, directa o indirecta, sobre el campo y luego sobre un espacio regional cada vez más vasto. Al mismo tiempo, la libertad de mercado entró en conflicto con el poder autocrático del Estado absolutista, que estableció fronteras, intervino mediante prácticas monopolísticas y exprimió la riqueza financiera mediante el aumento de los impuestos y la deuda pública en función de la política del poder.

Desde mi punto de vista, lo que merece la pena subrayar a propósito de esta nueva realidad son las dialécticas y tensiones que surgen interna y externamente entre las diferentes

---

[1] L. Palermo, *Sviluppo economico e società preindustriali. Cicli, strutture e congiunture in Europa dal medioevo alla prima età moderna*, Roma, Viella, 1997.

estructuras de las Iglesias, la república internacional del dinero y los Estados en construcción: un proceso que no es sólo de alianzas y conflictos, sino también de ósmosis e influencias recíprocas, incluso a través de canales subterráneos, en la vida y en las ideas.

Los resultados concretos sólo se producirán internamente después de una lenta evolución y a lo largo de la Edad Moderna todavía encontramos una soberanía fragmentada, pero no hay duda de que el rumbo al que tendrán que hacer frente la Iglesia y el mercado es visible desde el comienzo del período: en su desarrollo, el Estado tiende no sólo a volverse Iglesia, sino también a volverse mercado; ésa es la dinámica con la que los protagonistas del mercado y quienes reflexionan sobre el mercado deberán reconciliarse al pasar de la Edad Media a la Modernidad. Tal vez no sea necesario, pero sí me parece oportuno hacer una aclaración previa, dadas las controversias historiográficas que aún persisten sobre los tiempos y modos de construcción del Estado absoluto y sobre los límites del proceso de confesionalización.[1] Es cierto que la construcción del Estado soberano y centralizado fue un proceso secular, que el poder seguía estando extremadamente fragmentado a nivel local, que la configuración social siguió teniendo gran importancia durante mucho tiempo en una sociedad que seguía siendo gremial y en muchos territorios feudal. También es cierto que el proceso de disciplinamiento social no puede interpretarse en un sentido único, de arriba hacia abajo, sino más bien como un paradigma útil para entender un proceso de ósmosis en que el papel de los sujetos no resulta meramente pasivo. E incluso es cierto que las

---

[1] H. R. Schmidt, «Perspektiven der Konfessionalisierungsforschung», en: R. Leeb, S. C. Pils y T. Winkelbauer (ed.), *Staatsmacht und Seelenheil: Gegenreformation und Geheimprotestantismus in der Habsburgermonarchie*, Viena, Böhlau, 2007, pp. 28-37 (especialmente contra las tesis de Wolfgang Reinhard y Heinz Schilling).

Iglesias mantienen su propia identidad y el proceso de confesionalización no puede reducirse al disciplinamiento social. Pero en cualquier caso, cuando se quiere estudiar la historia social e institucional, el poder es el nodo central, y entre las fuerzas que hay que tener en cuenta no es posible pasar por alto las generadas por la nueva economía mercantil y financiera o—si queremos utilizar una expresión ya en desuso— por el primer capitalismo.

Así pues, la perspectiva que quiero proponer para captar el carácter dinámico de la realidad del período es la que permite identificar los cambios que se producen en la práctica y en la reflexión sobre el mercado en función del aumento progresivo de la intervención estatal. No se trata sólo de un proceso de ósmosis, sino de la transformación del Estado—sobre todo bajo el impulso de la expansión colonial en el mundo—en una «empresa militar»: la guerra y el comercio se vuelven estrictamente complementarios en la afirmación del predominio de las grandes potencias o nuevos imperios.[1] No es posible, sin embargo, trazar un camino de una sola dirección, como si la guerra hubiera sido la causa de las necesidades financieras del Estado y, por tanto, un factor preponderante en la construcción de un nuevo tipo de poder: también hubo un camino inverso, dirigido a la construcción de ejércitos como empresas estatales y mercados coincidentes con el Estado. Los costes de la protección militar de las redes comerciales, y en concreto de las rutas marítimas, también aumentan de forma desproporcionada, unos costes que los Estados pequeños ya no pueden asumir.[2] Esta nueva relación entre el Estado y el mercado adoptaría aspectos muy

---

[1] J. Tracy (ed.), *The Political Economy of Merchant Empires*, Cambridge, Cambridge University Press, 1991 (especialmente importante para estas reflexiones es el ensayo de Th. Brady Jr., «The Rise of Merchant Empires, 1400-1700. A European Counterpoint», pp. 117-160).

[2] L. Pezzolo, «Violenza, costi di protezione e declino commerciale nell'Italia del Seicento», *Rivista di storia economica*, 23, n.º 1, 2007, pp. 111-124.

diferentes, desde el modelo de Estado de ultramar de Portugal y España (a su vez muy diferenciado) hasta las grandes compañías neerlandesa e inglesa de las Indias Orientales y Occidentales. Volveremos sobre ello más adelante, pero merece la pena mencionar que el papel empresarial de la monarquía portuguesa en el siglo XV para la explotación económica de los territorios conquistados en África, directa o indirectamente a través de la concesión de licencias monopolísticas, constituye el primer modelo de relación entre Estado y mercado destinado a influir en toda la política europea de los siglos siguientes.[1] La crisis de la república internacional del dinero y la transformación de las reglas del mercado en la Edad Moderna seguirán midiéndose por el desarrollo de la intervención estatal en la economía.

De hecho, mientras que en el ocaso de la Edad Media encontramos en Europa una cantidad innumerable de autoridades (es imposible realizar un cálculo exacto y pretenderlo sería ir en contra de la complejidad de la realidad) que participan de alguna manera y en distintos niveles de la gestión del poder político (en competencia con la Iglesia, los gremios, etcétera), esa cifra se reduce drásticamente durante los siglos de la Edad Moderna.[2] En el siglo XVIII podemos hablar de un «sistema de Estados europeos» formado por una treintena de Estados soberanos: esos sujetos en perpetua lucha por mantener el equilibrio—los nuevos Estados que conforman una especie de *respublica* europea—[3] parecen ahora

---

[1] I. Elbl, «The King's Business in Africa: Decisions and Strategies of the Portuguese Crown», en: L. Armstrong, I. Elbl y M. M. Elbl (ed.), *Money, Markets and Trade in Late Medieval Europe. Essays in honour of John H. A. Munro*, Leiden-Boston, Brill, 2007, pp. 89-118.

[2] Para todos estos problemas la referencia es, por supuesto, la gran síntesis de W. Reinhard, *Storia del potere politico in Europa*, trad. C. Caiano, Bolonia, Il Mulino, 2001.

[3] P. Prodi, «La storia d'Europa come rivoluzione permanente», *Il Mulino*, 431, 2007, pp. 495-503.

bien definidos, a pesar de las grandes diferencias en sus fuerzas efectivas, su soberanía, su compartimentación y su territorio, aparte de la persistencia de ciertas configuraciones que se remontan al período anterior, como el Sacro Imperio Romano Germánico (vaciado en gran medida de poder soberano tras la Paz de Westfalia) y la Confederación Suiza. La simplificación del marco político y la concentración de la soberanía se produjeron a través de una serie de conflictos y guerras que llenan las páginas de nuestros libros de texto y que son incomprensibles si no se inscriben en el contexto de la dinámica construcción del Estado: entre los siglos XVI y XVIII, la violencia por excelencia, la guerra, se volvió legítima sólo entre sujetos con plena soberanía y fue fundamental para la propia construcción de la soberanía dentro de los Estados.

No puedo detenerme en el análisis del sistema de Estados y las relaciones internacionales en la era del Leviatán, pero es necesario mencionar la política de poder europea en el camino hacia el imperialismo—tal y como la esbozaron las importantes y diversas perspectivas de Carl Schmitt y Martin Wight en el contexto de las grandes tragedias del siglo XX—[1] para afirmar que ni siquiera en los estudios más panorámicos es posible pasar por alto dos fuerzas como las Iglesias y la república internacional del dinero. Se trata de formas de resistencia al monopolio del poder que siguen ejerciendo una fuerte influencia incluso después de que el sistema de Estados europeos se asentara en Westfalia, y que no siempre fueron expulsadas y marginadas, sino que se incorporaron por ósmosis a la política del poder estatal.[2]

---

[1] *Cf.* C. Schmitt, *Il nomos della terra nel diritto international dello «Jus publicum europæum»*, trad. E. Castrucci, Milán, Adelphi, 1991. [Existe traducción en español: *El nomos de la tierra en el Derecho de Gentes del «Ius publicum europæum»*, trad. D. Schilling Thou, Granada, Comares, 2003]; y M. Chiaruzzi, *Politica di potenza nell'età del Leviatano. La teoria internazionale di Martin Wight*, Bolonia, Il Mulino, 2008.

[2] P. Prodi, «Sul concetto di secolarizzazione», en: C. Donati y H. Fla-

Por lo demás, tampoco hay que pasar por alto la resistencia interna que ofrecieron las estructuras feudales y las autonomías urbanas supervivientes. La construcción del Estado adquiere un aspecto muy diferente cuando la consideramos desde un punto de vista teórico e ideológico que cuando estudiamos su arduo progreso a lo largo de los siglos, en la realidad concreta: una cosa es la afirmación teórica de la doctrina de la soberanía, la concentración del poder y el absolutismo, y otra la puesta en práctica de tales principios. Es lógico, por tanto, que la historiografía que se ocupa de las ideas y la que estudia la realidad efectiva de las cosas se muevan a ritmos diferentes. En primer lugar, discrepan en la periodización de la construcción del Estado moderno.[1] Algunos historiadores subrayan la importancia de los primeros intentos de concentración del poder e identifican las primeras manifestaciones del fenómeno en los señoríos italianos del siglo xv; otros, por el contrario, hacen hincapié en la indudable lentitud y debilidad del aparato estatal que, sobre todo en Italia, luchó por imponer su monopolio del poder a la Iglesia, las ciudades y los gremios insumisos, pero vio sobrevivir durante largo tiempo el poder en manos de las ciudades y de los señores feudales. No hay duda de que durante mucho tiempo la presencia del Estado siguió siendo débil y de carácter contractual (es decir, basada en acuerdos de señorío con los poderes supervivientes). Y tampoco hay duda de que la precocidad de la tradición italiana, desde las ciudades marítimas de Pisa, Génova y Venecia, pasando por las ciudades-Estado, hasta los señoríos regionales del siglo xv, constituyó más tarde un factor de fragilidad, cuando el co-

---

chenecker (ed.), *Le secolarizzazioni nel Sacro Romano Impero e negli antichi Stati italiani*, Bolonia-Berlín, Il Mulino, 2005, pp. 321-337.

[1] Para una aproximación problemática, G. Chittolini, A. Molho y P. Schiera (ed.), *Le origini dello Stato. Processi di forzione statale in Italia fra medioevo ed età moderna*, Bolonia, Il Mulino, 1994.

mercio globalizado requirió el apoyo de una fuerte organización militar y una base territorial, demográfica y económica adecuadas.

La república de las Provincias Unidas de los Países Bajos se constituyó a principios del siglo XVII como Estado soberano, tras la guerra de los Ochenta Años, pese a que Hugo Grocio (1583-1645) no le reconociera las características fundamentales de soberanía: lo que merece la pena señalar es que esta «república de mercaderes» se convirtió en Estado en mitad de una crisis profunda, mientras que la Liga Hanseática, que seguía ligada tras siglos de hegemonía en los mares del norte y en la línea de tráfico oeste-este (Colonia-Erfurt-Cracovia) al modelo federal de las ciudades mercantiles italianas de la Edad Media (entre organizaciones de mercaderes y ciudades dominadas por ellos) seguía sin adquirir la forma de Estado.[1] Así, los Países Bajos se salvaron como potencia comercial, pero también quedaron destinados a sucumbir en la competencia con una Inglaterra que combinaba la riqueza con un fuerte Estado territorial: mientras que hacia 1650 la renta *pro capite* de los Países Bajos seguía siendo muy superior a la de Gran Bretaña, un siglo más tarde quedó claramente atrás y, pese a sus vastos territorios de ultramar, se vieron abocados a seguir siendo definitivamente una potencia de segunda categoría.

La mayoría de las investigaciones analizan los factores más innovadores desde el punto de vista institucional: el nacimiento del aparato burocrático y de la hacienda pública; de los ejércitos permanentes y de la diplomacia moderna. Estas líneas de investigación, desarrolladas en Italia en los últimos cincuenta años de acuerdo con el magisterio fundamental de Federico Chabod, son bien conocidas, de modo que me

---

[1] V. Conti, «La città anseatica di J. A. Werdenhagen», en: *Id.* (ed.), *Le ideologie della città europea dall'umanesimo al romanticismo*, Florencia, Olschki, 1993, pp. 265-278.

limitaré a recordarlas muy someramente.[1] Se crea entonces
un cuerpo de funcionarios llamados «oficiales» (*ufficiali*),
cada vez más amplio y organizado, especializado en diversas
funciones, directamente dependiente del príncipe (se crean
también departamentos o ministerios del gobierno, coordi-
nados por un consejo que depende de un primer ministro
responsable); en la base de la relación aparece el «salario»,
institución que hasta entonces se limitaba a las relaciones laborales privadas: el funcionario contratado puede ser tras-
ladado como servidor del Estado (servicio civil). En un primer y dilatado período de transición, la burocracia distaba
mucho de ser lo que es actualmente: los «funcionarios» eran
muy pocos y se limitaban a unas pocas funciones, las relaciones seguían siendo personales, el salario constituía sólo una
pequeña parte de los ingresos del funcionario, que compen-
saba de diversas formas las restricciones de sus administra-
dores; sobre todo, predominaba el principio de la «venalidad» de los cargos, principio contrario a cualquier concepto
de burocracia moderna. Los cargos los vendía el soberano
como una especie de licitación para anticipar los ingresos del
Estado, lo cual tenía diversas consecuencias, negativas y positivas: por un lado, el cargo se percibió durante siglos como
una inversión privada por parte de quien lo compraba; por
otro lado, el soberano conseguía atar con este sistema a una
gran parte de la clase burguesa que se convertía así, en cierto
modo, en accionista del Estado. En cuanto a la relación dinámica con el capital financiero, conviene recordar la conocida
definición de la monarquía francesa del siglo XVI y la primera mitad del XVII como un Absolutismo «atemperado por
la venalidad de los cargos»,[2] definición que, con diferentes

[1] La cita obligada es F. Chabod, «Esiste uno Stato del Rinascimento?»,
en: *Id.*, *Scritti sul Rinascimento*, Turín, Einaudi, 1967, pp. 591-623, aunque
toda su investigación sobre el Estado de Milán es modélica.
[2] R. Mousnier, *La vénalité des offices sous Henri IV et Louis XIII*, París,

matices según el período, puede extenderse a toda Europa.

Naturalmente, la construcción de estructuras estatales genera grandes costos, los cuales llevan los presupuestos a fuertes pasivos y a menudo incluso a la quiebra. Las rentas procedentes de la venta de cargos estatales son una pequeña parte de los ingresos, procedentes de los préstamos públicos, de las licitaciones y, sobre todo, de las nuevas formas de impuestos directos e indirectos. Hasta entonces no existía una forma continua de tributación, sino que las recaudaciones se realizaban según las necesidades circunstanciales (campañas militares, construcción de determinadas obras públicas, etcétera), pero en adelante la tributación se vuelve permanente y alimenta a su vez la sed de dinero que caracteriza a todos los principados y nuevas monarquías: la primera rama de la burocracia que adquirió gran peso y especialización fue la fiscalidad.

El factor más importante de déficit es la guerra, la necesidad del Estado de obtener el monopolio de la fuerza y, por tanto, de disponer de un ejército permanente para afirmar su poder en el exterior y en el interior: la guerra no es un estado de excepción en la Edad Moderna, sino que el Estado se construye en torno a la guerra. De un modo similar al proceso de la burocracia, se pasa lentamente, a lo largo de los siglos, de los cuerpos mercenarios al reclutamiento forzoso. Ese proceso se ve reforzado por las innovaciones técnicas del arte militar. Si los instrumentos defensivos y ofensivos utilizados en la Edad Media (desde el castillo hasta las armas individuales) permitían ejercer la violencia de forma generalizada y en cierto modo igualitaria, la invención de la artillería y las armas de fuego facilitó la concentración de la fuerza en manos de los soberanos de las grandes potencias, los únicos que podían permitirse cuantiosas inversiones en su produc-

PUF, 1971, p. 666. Para una visión general: I. Mieck (ed.), *Aemterhandel im Spätmittelalter und im 16. Jahrhundert*, Berlín, Colloquium, 1984.

ción y en la organización de flotas y cuerpos militares especializados.

El tercer ámbito importante de innovación es el vinculado directamente a la política exterior, al sistema de Estados, a la necesidad de mantener el equilibrio de fuerzas mediante un juego continuo de alianzas y contraalianzas, a la gestión de los intervalos entre una guerra y otra por parte de quienes quedan como únicos sujetos reconocidos. Al comienzo de la Edad Moderna, nace la diplomacia estable, se crean las embajadas modernas: no se trata sólo de un cambio técnico, ya que la nueva diplomacia es el instrumento que mantiene el nuevo orden interestatal. Los diplomáticos residen permanentemente en los distintos países extranjeros, representando a su soberano como órganos de enlace, y son también agudos observadores de la situación del país en el que viven (de ahí también la importancia de los informes y despachos diplomáticos como fuentes fundamentales para la historia de la Modernidad).

En el interior de esta evolución institucional, del desarrollo de la fuerza coercitiva del Estado, de la burocracia y de la política exterior, se modifica la forma misma de concebir la política, la relación entre lo público y lo privado: ya no se da una simple oposición entre el soberano y los súbditos, una imposición del poder desde arriba, sino una nueva dialéctica que lleva al nacimiento del individuo moderno. El Estado interviene en la esfera privada de sus súbditos imponiendo un sistema cada vez más orgánico de normas jurídicas y ordenanzas policiales, pero también, imponiendo o proponiendo sistemas culturales y religiosos o modelos de comportamiento, interviene en la vida social en los ámbitos más dispares, antes reservados a la Iglesia o a la sociedad civil: educación pública, asistencia a los huérfanos o a los pobres, costumbres, modas... Toda la estructura gira en torno al concepto de lealtad, no como un simple deber de obediencia, sino como conformidad y adhesión interior a un sistema

de poder. Los soberanos de la primera Edad Moderna so-
lían imponer a sus súbditos una especie de bautismo secular
y tácito: nacer en un territorio determinado significaba asumir un vínculo de lealtad a su príncipe. Este vínculo con el
soberano, con el monarca, constituye el eje de la política en
los primeros siglos de la Edad Moderna.

He tratado de esbozar este marco sucinto porque en los
manuales de historia moderna el discurso sobre el Estado se
limita casi siempre al plano político e institucional, dejando
el tema del cameralismo y del mercantilismo al margen (considerado sólo como el nacimiento de una política económica por parte de los Estados, destinada a las necesidades del
presupuesto y al mantenimiento de las estructuras bélicas y
administrativas). En realidad, la relación con el mercado es
parte integrante de la construcción del Estado moderno en
el paso de una «razón de Estado» entendida como «arca-
no» del poder, que sigue dominando el pensamiento político desde Maquiavelo hasta principios del siglo XVII, a una
razón de Estado como *ratio*, como cálculo y presupuesto no
sólo de los gastos del Estado sino del bienestar de la sociedad
gobernada.[1] No en vano, el tema del mercantilismo histórico
será retomado en la Alemania de Bismarck como prehistoria
del nuevo Estado de poder.[2] No se trata, por tanto, sólo de la
asimilación de las técnicas contables o de la difusión del salario como base del contrato de trabajo entre la administración y los funcionarios (ya en uso en las ciudades-Estado co-

[1] Véase la innovadora investigación de P. Schiera, *Dall'arte di governo
alle scienze dello Stato. Il cameralismo e l'assolutismo tedesco*, Milán, Dott.
A. Giuffrè, 1968.

[2] G. Schmoller, «Das Merkantilismus in seiner historische Bedeutung:
städtische, territoriale und staatliche Wirtschaftspolitik», *Jahrbuch für
Gesetzgebung, Verwaltung und Volkswirtschaft im Deutschen Reich*, 1884;
R. B. Ekelund y R. D. Tollison, «A Rent-Seeking Theory of French Mer-
cantilism», en: J. M. Buchanan y R. D. Tollison (ed.), *The Theory of Public
Choice - II*, Ann Arbor, University of Michigan Press, 1984, pp. 206-223.

munales), sino sobre todo de la definición del espacio público y del espacio privado como esferas separadas pero interconectadas, especialmente a través de la fiscalidad, la deuda pública y los contratos monopolísticos, en un sistema único que vincula tanto a los súbditos como a los soberanos dentro de un mismo sistema financiero.[1] Es más, creo que la interpretación tradicional ha contribuido a algunas distorsiones interpretativas en la historiografía de las doctrinas económicas al acentuar demasiado la importancia de los cambios teóricos (el paso de un pensamiento voluntarista-mercantilista a un pensamiento naturalista-fisiocrático) sin tener en cuenta el cambio global del mercado en su relación con el Estado. Pero volveremos sobre ello más adelante.

En esencia, si bien la historiografía ha puesto acertadamente el acento en la famosa fórmula atribuida a Federico Guillermo I (pero de ascendencia mucho más lejana) «pecunia est nervus rerum regendarum» ('el dinero es el nervio mismo del gobierno'), es decir, en las transformaciones que la necesidad de acumular enormes sumas necesarias para el nuevo aparato militar y administrativo supuso para el Estado moderno, quizá el camino inverso ha sido poco esclarecido, es decir, el uso de grandes cantidades de capital en la política, y cómo y de qué manera ese uso cambió la relación preexistente, contribuyendo a la crisis tanto del Estado territorial de la ciudad (donde la estructura corporativa perdió el control del poder en relación con el capital financiero internacional) como del sistema general del *Ständestaat* (el Estado corporativo, caracterizado sobre todo por el condicionamiento de las finanzas públicas por parte de las instituciones parlamentarias) y llevó a la afirmación del absolutismo no sólo como

---

[1] A. De Maddalena y H. Kellenbenz (ed.), *Finanze e ragion di stato in Italia e in Germania nella prima età moderna*, Bolonia, Il Mulino, 1984 (Semana de estudios celebrada en el Instituto Histórico Italogermánico de Trento en septiembre de 1982).

doctrina, sino también como práctica concreta.[1] De forma esquemática—y provocadora—también puede sostenerse la hipótesis de que la vía democrática hacia el *bonum commune*, que fracasó en las comunas italianas del siglo XIV, triunfó unos siglos más tarde en Inglaterra a través de la articulación entre el nuevo parlamento y la participación de la burguesía en la gestión del Estado y la deuda pública como negocio.

4. LA REPÚBLICA INTERNACIONAL DEL DINERO

Sea como sea, fue en el seno de las economías urbanas y mercantiles donde se desarrollaron nuevas formas de sociedades de capital y de organización del trabajo que dieron lugar al nacimiento del primer proletariado moderno; nacieron los grandes bancos mercantiles, las grandes compañías navieras y, finalmente, las grandes manufacturas, precedidas por las empresas estatales para la flota (pensemos en el Arsenal de Venecia, siempre en el centro de la intensa innovación tecnológica) y para el armamento (las nuevas tecnologías introducidas con el desarrollo de la artillería). Cuando este camino no se completa, el proceso de participación democrática es también más lento, y es necesaria una aceleración revolucionaria para la afirmación de la ideología de la nación.

Básicamente, si queremos esbozar el tema de la relación entre el Estado y el mercado en la Edad Moderna, la observación histórica debe centrarse en la relación entre la política y el nuevo capital financiero, junto con las consideraciones tradicionales sobre la historia ético-política y las estructuras internas de representación y gobierno. La formación de una deuda pública dio lugar a una clase cada vez más amplia de acreedores, libres u obligados, del Estado: esta deuda públi-

---

[1] E. Klein, *Geschichte der öffentlichen Finanzen in Deutschland (1500-1870)*, Wiesbaden, Franz Steiner, 1974.

ca, con las rentas que producía, encontró primero su ubicación interna «en la ciudad» y luego cada vez más en el ámbito interregional italiano y europeo, en especial con el lanzamiento de grandes operaciones de préstamo por parte de Génova, Venecia y Florencia. Tal relación acabó abriendo a menudo dramáticas crisis en las estructuras democráticas y contribuyó en buena medida a la crisis de las ciudades-Estado: surgió el problema del centro de gravedad del poder, ya estuviera dentro o fuera de la ciudad.

Un caso típico es el de Génova, donde el consorcio de acreedores, que se constituyó en el Banco de San Giorgio, se convirtió rápidamente, según la definición de Maquiavelo, en un Estado dentro del Estado: pasó de garante de los acreedores frente a la república a administrador de contratos y jurisdicciones, verdadera estructura de la continuidad del poder en las luchas de facciones y en la sucesión de grupos en el gobierno.

Ejemplo nada común, y jamás visto por los filósofos en tantas de sus imaginadas y vislumbradas repúblicas, es tener dentro de un mismo círculo, entre los mismos ciudadanos, la libertad y la tiranía, la vida civil y la corrupción, la justicia y la licencia: porque sólo ese orden mantiene la ciudad llena de costumbres antiguas y venerables. Y si llegara a suceder, como de hecho sucederá con el tiempo, que San Giorgio ocupara toda la ciudad, sería una república más memorable que la veneciana.[1]

De acuerdo con los estudios más recientes, ya no es posible oponer el buen gobierno del banco al mal gobierno de la república, sino que en Génova se constata un pacto partidista dentro de la propia clase dirigente, entre las finanzas y la po-

---

[1] N. Maquiavelo, *Istorie fiorentine*, lib. VIII, cap. 29, en: *Opere*, vol. VII, Milán, Feltrinelli, 1962, p. 562. [Existe edición en español: *Historia de Florencia*, ed. y trad. F. Fernández Murga, Tecnos, Madrid, 2009].

lítica, a costa, diríamos hoy, de la política.[1] En Venecia, por el contrario, la política se impuso a las finanzas.[2] En Florencia (con el control indirecto de la política por parte de la banca de los Médicis y otros allegados) el problema de la compatibilidad de los intereses de la ciudad con los del capital extranjero que no podía controlarse se hizo más acuciante en el siglo xv. Evidentemente, no puedo abordar aquí el problema del republicanismo europeo en la Modernidad, pero creo ciertamente que, como se ha afirmado hace poco con razón,[3] debemos superar la visión totalmente ideológica—en la historia de las ideas—que sigue prevaleciendo de las repúblicas «imaginadas y vislumbradas por los filósofos y jamás encontradas» (por utilizar la notable expresión de Maquiavelo), para incluir en el conjunto la cuestión de la dificultad de las repúblicas para controlar su deuda pública interna y la presencia de las finanzas internacionales en comparación con la fuerza homologadora de las monarquías nacionales. Para estudiar la crisis del republicanismo europeo y el renacimiento de las ideas republicanas al otro lado del Atlántico creo que es mucho más útil examinar las contradicciones de las «repúblicas mercantiles» y las diversas soluciones que dieron a la relación entre los intereses nacionales y la república internacional del dinero.[4]

---

[1] C. Bitossi, «Il governo della Repubblica e della Casa di San Giorgio: i ceti dirigenti dopo la riforma costituzionale del 1576», en: G. Felloni (ed.), *La Casa di San Giorgio: il potere del credito (Atti del convegno, 11-12 novembre 2004)*, Génova, Società Ligure di Storia Patria, 2006, pp. 91-107.

[2] R. C. Mueller, *Money and Banking in Medieval and Renaissance Venice*, vol. II: *The Venetian Money Market. Banks, Panics and Public Debt 1200-1500*, Baltimore-Londres, Johns Hopkins University Press, 1997.

[3] E. Fasano Guarini, R. Sabbatini y M. Natalizi (ed.), *Repubblicanesimo e repubbliche nell'Europa di antico regime*, Milán, 2007.

[4] P. Burke, «Republics of Merchants in Early Modern Europe», en: J. Baechler, J. A. Hall y M. Mann (ed.), *Europe and the Rise of Capitalism*, Oxford, Blackwell, 1988, pp. 220-233.

La confusión monetaria y la volatilidad del capital financiero siguieron siendo algunos de los fenómenos más importantes (y preocupantes para quienes detentaban la soberanía política) de la Europa moderna: desde un punto de vista teórico, coincidieron con la transición de la alquimia a la química en las ciencias naturales (el mito del oro y la plata, la continua búsqueda de una moneda universal que pudiera proteger de la volatilidad de los tipos de cambio y de los procesos de inflación y deflación);[1] desde un punto de vista práctico, en los tipos de cambio y la deuda pública se midieron las relaciones de poder entre la república internacional del dinero y los Estados soberanos, al menos hasta que los bancos nacionales de Inglaterra establecieron el monopolio del dinero a finales del siglo XVII.

Aunque tengamos que contentarnos con estos indicios, creo que podemos afirmar que hasta ahora la historiografía sobre la deuda pública y los montes de piedad ha privilegiado el problema moral relacionado con el pago de intereses y, por tanto, con la usura, infravalorando el alcance de un fenómeno que implicaba también al papado directamente y que, como paradigma, debería llevarnos a poner en primer plano el aspecto político institucional.[2] Sin duda, no puede dejarse de vincular el problema de la relación entre la política y las finanzas con el nacimiento del sistema de impuestos directos, la venalidad de los cargos y el gobierno de la moneda. Todas estas manifestaciones permiten explicar el desequilibrio que se produjo en las ciudades-Estado italianas y en las nuevas monarquías que pudieron disponer de

---

[1] G. Giannantoni, *Il «vero lume» di Gasparo Scaruffi e la ricerca della moneta universale (secoli* XVI-XVIII*). L'alchimia monetaria di un finanziere italiano del Rinascimento*, Bolonia, Compositori, 2000.

[2] L. Armstrong, «Law, Ethics and Economy: Gerard of Siena and Giovanni d'Andrea on Usury», en: *Money, Markets and Trade in Late Medieval Europe*, *op. cit.* (aquí se pueden encontrar referencias a estudios anteriores fundamentales de Julius Kirshner, el propio Armstrong y muchos otros).

instrumentos mucho más eficaces para una relación de poder más equilibrada con el gran capital financiero. Asimismo, todas ellas representan limitaciones *de facto* al ejercicio del poder «absoluto» en el sentido más ordinario y abren el camino a los grandes procesos de transformación acelerada en los que el aumento del peso del Estado trae consigo, por un lado, la necesidad de una implicación ideológica cada vez más fuerte (el Estado como fuente de la felicidad de sus súbditos y condición de su propia identidad); por otro, la necesidad de instrumentos de control y, por tanto, de intervención directa en los mercados financieros. El control del territorio sobre vastas zonas puesto en práctica por el Estado moderno permite la construcción y el mantenimiento de vías de comunicación, carreteras y puentes relativamente fáciles y seguros. En la segunda mitad del siglo XVII, todos estos parámetros parecen dispararse y, de alguna manera, presagiar y preparar el terreno para la revolución industrial que se avecina.

Aunque de modo esquemático, creo que puede decirse que, del mismo modo que para el Estado moderno fue fundamental, de acuerdo con todos los manuales, la crisis de la Guerra de los Treinta Años y los tratados de Westfalia de 1648 (la desaparición de toda autoridad supraestatal-imperial y el establecimiento del sistema de Estados soberanos), también para la república internacional del dinero los Estados nacionales afirmaron, en esos mismos años, la necesidad de control de los mercados. No se trata de un vulgar colbertismo en el sentido proteccionista, sino de algo mucho más estructural que conducirá a finales de siglo a la creación de los primeros bancos nacionales: el colbertismo parece ser sólo un episodio dentro de una rivalidad mucho más amplia. Como anticipación de las burbujas especulativas actuales, podríamos tomar la «crisis de los tulipanes» que estalló en la bolsa de Ámsterdam en 1637, cuando el precio de los bulbos de tulipán (que habían llegado a costar fortunas) se desplomó repentinamente, llevando a la ruina no sólo a los especuladores, sino toda la economía del país.

En esencia, los nuevos principados y monarquías desde el principio tuvieron al mercado como interlocutor, no sólo a nivel interno, sino como protagonista de una red de relaciones nacida con la revolución comercial en toda Europa. No se trata de una vaga red de comerciantes-viajeros y de ferias, sino de un fortísimo poder inmaterial, aunque no esté arraigado territorialmente, que los condicionaba: es lo que se ha llamado la «república internacional del dinero» que caracterizó especialmente la última fase de la Edad Media y la primera de la Edad Moderna.[1] Sería un error identificar la república internacional del dinero con el mercado, porque éste nació, como se ha subrayado a menudo, precisamente de la confluencia de distintos poderes, pero sería igualmente engañoso imaginar una historia de la Edad Moderna a la sombra de las Iglesias y los Estados sin tener en cuenta el peso de un mundo comercial y financiero que ni siquiera se fragmentó en el período más oscuro de las guerras de religión.

Sólo lentamente la estructura de las ferias y mercados internacionales anuales pierde su condición de red entre ciudades europeas para adoptar cada vez más, con el desarrollo de las primeras bolsas y las grandes sociedades mercantiles estatales, la de estructuras con proyección internacional pero inscritas en una realidad política local.[2] Durante mucho

---

[1] A. De Maddalena y H. Kellenbenz (ed.), *La repubblica internazionale del denaro tra XV e XVII secolo*, Bolonia, 1986 (Semana de estudios celebrada en el Instituto Histórico Italogermánico de Trento en septiembre de 1984). Creo que este concepto puede ser más eficaz que el de redes de mercaderes utilizado en la historiografía reciente (*cf.* S. Subrahmanyam [ed.], *Merchant Networks in the Early Modern World*, Aldershot, Variorum, 1996) para comprender la dinámica de las relaciones entre el mundo internacional de los grandes mercaderes-banqueros y el temprano Estado moderno.

[2] F. Irsigler y M. Pauly (ed.), *Messen, Jahrmärkte und Stadtenentwicklung in Europa*, Tréveris-Luxemburgo, Porta Alba, 2007.

tiempo pareció existir una doble ciudadanía en las elites financieras procedentes del mundo urbano que entonces operaban a nivel europeo, una ciudadanía política local y otra vinculada a los grandes intereses internacionales: no se trata sólo de la doble vinculación entre un determinado centro financiero y un gran poder político, como Génova con la España de Carlos V y Felipe II:[1] los grandes contratos y los grandes negocios, los préstamos a los soberanos, las maniobras cambiarias e incluso las quiebras de los Estados ponían en juego un sistema de acciones y reacciones que implicaba a toda Europa.

Me gustaría proponer, provocativamente, una periodización más flexible de la historia moderna que distinga el nivel de las Iglesias—las confesiones religiosas—del Estado y la república internacional del dinero. Mientras el problema religioso se impone en el siglo XVI, el problema del Estado lo hace a principios del siglo XVII, de modo que en el siglo siguiente se producirá la disputa entre el nuevo Leviatán y la república internacional del dinero. En cualquier caso, además de la Paz de Westfalia de 1648, la Ley de Navegación inglesa de 1651 —a la que seguirían muchas otras medidas restrictivas—debe registrarse en los manuales como una fecha que marca una época: para los barcos que comercian con las colonias, se estipuló que los propietarios, el capitán y las tres cuartas partes de la tripulación debían ser súbditos de la corona inglesa. La siguiente ocasión es el conflicto con los Países Bajos, como figura en todos los manuales, pero el acontecimiento de mayor alcance es la crisis de la autonomía oceánica, que era lo que quedaba de la república internacional del dinero.

Sobra repetir que no pretendo abordar el problema del nacimiento de la economía mundial y del desarrollo del ca-

---

[1] A. Pacini, «I mercanti-banchieri genovesi tra Repubblica di S. Giorgio e il sistema imperiale ispano-asburgico», en: F. Cantù y M. A. Visceglia (ed.), *L'Italia di Carlo V. Guerra, religione e politica nel primo Cinquecento*, Roma, Viella, 2003, pp. 581-595.

pitalismo: la vastísima literatura existente de historiadores económicos y sociales me exime de realizar una lectura fenomenológica de esa gran transformación. Lo que me interesa subrayar es que los protagonistas de esa transformación mantuvieron, durante la Baja Edad Media y la primera Edad Moderna, su identidad colectiva con respecto al sistema de Estados emergentes a pesar de la fractura religiosa y las guerras. De hecho, se ha señalado recientemente que fue precisamente en este período cuando nació una auténtica cultura mercantil europea, que siguió siendo común a la Reforma y a la Contrarreforma, basada en la difusión de las lenguas vernáculas, la alfabetización y la formación técnica, mientras que la cultura de la clase dirigente (política, jurídica y burocrática) seguía vinculada a la formación latina. Desde Florencia, Venecia y Génova hasta Lisboa, Amberes y Londres, se respira el mismo aire y se habla el mismo idioma en diferentes lenguas, aunque el centro de gravedad de las finanzas se desplace con el tiempo a diferentes coordenadas geográficas y políticas.[1] Puede haber diferentes apreciaciones sobre el peso de cada uno de los componentes políticos y religiosos, de la religión en su conjunto y de cada una de las confesiones, pero en mi opinión no hay duda de que, al igual que el Estado moderno tuvo un fuerte componente confesional en su primer desarrollo, la república internacional del dinero tuvo en su desarrollo temprano y floreciente una cultura y una ética cristiana participativa que encontró en los Diez Mandamientos, y en particular en el séptimo, su eje y su *humus* común. Una situación que sólo se modificará lentamente a partir de la segunda mitad del siglo XVII.

No sólo cada «colonia» o «nación» de comerciantes solía

[1] M. Spufford, «Literacy, Trade and Religion in the Commercial Centres of Europe», en: K. Davids y J. Lucassen (ed.), *A Miracle Mirrored. The Dutch Republic in European Perspective*, Cambridge, Cambridge University Press, 1995, pp. 229-281.

mantener sus propias estructura y corporación, sino que entre los agentes de las distintas unidades presentes en un territorio se daba una relación de estrecha colaboración para la defensa común del poder político local, una colaboración basada, según Aldo de Maddalena, en:

Una ética soberana, subnacional, internacional que debían respetar todos los empresarios y que sancionaba, por tanto, la solidaridad sin fronteras [...] una organización, en definitiva, que adquirió tácitamente una fisonomía y una función comparables a las de un Estado: una institución y, podría decirse, una constitución de y sobre los distintos Estados emergentes.[1]

En la base de tal ética se encuentra el nuevo concepto de «propiedad privada», que, como hemos dicho, se libera del poder político. El soberano pierde el derecho a disponer libremente de las riquezas de sus súbditos si no es mediante el fisco, y es entonces cuando nace el liberalismo moderno, que propone un auténtico vuelco de los valores tradicionales ligados a la nueva ideología del individuo: las raíces del derecho a la propiedad dieron lugar a los nuevos derechos humanos que constituirían la base de todas las constituciones modernas. El desarrollo del nuevo principio tributario, con la lenta y secular construcción de un sistema de imposición directa basado en el catastro de bienes—junto con el sistema tradicional de gravámenes e impuestos sobre el consumo—, presupone un cambio ideológico con respecto a la Iglesia, cuyas funciones heredó en gran medida el Estado. Sólo en unos pocos casos, como Génova y Venecia (muy diferentes entre sí), la relación entre la política y la república del dinero adoptó una forma orgánica capaz de crear regímenes duraderos a lo largo

---

[1] A. De Maddalena, «La repubblica internazionale del denaro: un'ipotesi infondata o una tesi sostenibile?», en: *La repubblica internazionale del denaro tra* XV *e* XVII *secolo*, *op. cit.*, pp. 9 y 10.

de los siglos: por lo demás, las ciudades-Estado no pudieron soportar la confrontación y tuvieron que dejar paso a Estados regionales o nacionales capaces de forjar nuevas relaciones con las grandes finanzas internacionales. Tras las bancarrotas de 1577 parece iniciarse otra fase que, tras siglos de tensiones y quiebras, dará lugar al nacimiento de los primeros bancos públicos vinculados directamente al Estado.[1]

Volviendo a la realidad de la vida económica, lo que más llama la atención de los siglos de la Edad Moderna es que, mientras que en la Edad Media Europa parecía una región pobre en comparación con la riqueza y la inmensidad de Oriente, en la primera mitad del siglo XVIII, en vísperas de la revolución industrial, después de sólo unos siglos, ya era inconmensurablemente más rica y se encontraba en el centro de una red mundial de comercio que importaba materias primas de todos los países del mundo y exportaba productos manufacturados. Como dirían nuestros colegas economistas, en un corto lapso de tiempo (algo más de dos siglos) y a un ritmo cada vez más acelerado cambiaron los «fundamentos» de la economía, es decir, los pilares constituidos por la población, el desarrollo tecnológico, la organización de la empresa, el crédito y el dinero, la producción, la renta y el consumo.

En los siguientes capítulos analizaré las implicaciones doctrinales de este rumbo de los acontecimientos, pero ahora sólo quiero subrayar que el Estado moderno, a la vez que avanzaba en el ámbito que antes ocupaba la Iglesia, tendió a expandirse en la república internacional del dinero, absorbiendo así no sólo la función de modelar la concepción del hombre y transformar el pecado en delito, sino redefiniendo específicamente el hurto en función no sólo del mercado, sino también de sus propios intereses. Pero antes es obligado mencionar el proceso de globalización de esta república europea.

---

[1] H. Kellenbenz, «Lo Stato, la società e il denaro», en: *La repubblica internazionale del denaro tra XV e XVII secolo, op. cit.*, pp. 333-383.

5. DE LA PRIMERA GLOBALIZACIÓN
A LOS IMPERIOS COLONIALES

Ya he comentado la política de expansión colonial como elemento constitutivo del Estado moderno. La expansión europea en el mundo, la primera globalización, refleja la diversa relación entre las finanzas y la política en los distintos países, a partir de la forma de capitalismo colonial basada en las concesiones estatales. Ya he hecho referencia al sistema de concesiones monopolísticas desarrollado por Portugal en el siglo XV para el comercio con las tierras de ultramar.[1] El reparto del mundo entre España y Portugal—con la mediación del papa Alejandro VI—en el tratado de Tordesillas de 1494 permitió que entre las fronteras políticas se gestara una sociedad de mercaderes, todavía en gran medida internacional (el caso de Colón también lo atestigua), que prestaba sus servicios a diversas coronas a cambio de concesiones.[2] Estos espacios de la república internacional del dinero con carácter plural disminuirían pronto con el crecimiento de las rivalidades y guerras por el dominio en la Europa de la primera Edad Moderna: los vínculos entre la sociedad mercantil y la madre patria tendieron a fundirse, primero en el modelo español con predominio político-administrativo, luego en la fórmula ganadora de las grandes compañías neerlandesas e inglesas del siglo XVII, hasta el éxito definitivo del imperialismo en los siglos XVIII y XIX como fusión de intereses político-económicos dentro de los bloques estatales y como

[1] Especialmente innovador para la investigación de la función empresarial ultramarina de la corona portuguesa, con un sistema de monopolios y concesiones, es el ensayo de I. Elbl, «The King's Business in Africa», *op. cit.*, pp. 89-118.

[2] J. Guiral-Hadziiossif, «Affaires d'état et affaires privées à l'époque des rois catholiques», en: M. Balard y A. Ducellier (ed.), *Le partage du monde. Échanges et colonisation dans la Méditerranée médiévale*, París, Publications de La Sorbonne, 1998, pp. 411-421.

premisa para la futura explosión. Lo que interesa desde mi punto de vista es que hasta finales del siglo XVIII sobrevive algo del viejo universalismo en la idea y práctica de la expansión colonial, desde el antiguo imperio romano hasta la monarquía universal de la Edad Media, pasando por el internacionalismo de la república del dinero, aunque en diferentes sistemas y en relación con diferentes patrias. Hasta en la Commonwealth británica tenemos dos experiencias diferentes que progresan en paralelo durante más de un siglo: la de las concesiones a las grandes compañías (desde la fundación de la Compañía de las Indias Orientales en 1601) y la de las colonias de inmigrantes norteamericanos vinculadas a la patria mediante las «cartas» de autogobierno. En el siglo XVIII se desvaneció cualquier ilusión de mantener el universalismo en las formas federadas y ambos sistemas se vieron desbordados por la formación de los imperios modernos: los territorios de las compañías se incorporaron a los Estados y las colonias americanas se vieron obligadas a rebelarse.[1]

La expansión europea en el mundo desde mediados del siglo XV puede considerarse, por tanto, el fruto de la Modernidad y, al mismo tiempo, uno de sus factores multiplicadores más importantes. Más allá de todos los grandes marcos historiográficos a los que puede acudirse fácilmente, me limitaré a recordar o señalar la relación—bastante descuidada por la gran historiografía político-ideológica—que tal expansión impone entre la república internacional del dinero y los Estados, y las diferentes soluciones que se dan a esa rela-

[1] A. Pagden, *Signori del mondo. Ideologie dell'impero in Spagna, Gran Bretagna e Francia 1500-1800*, trad. V. Lavenia, Bolonia, Il Mulino, 2005. [Existe traducción en español: *Señores de todo el mundo: ideologías del imperio en España, Inglaterra y Francia (en los siglos XVI, XVII y XVIII)*, trad. D. Gallart, Barcelona, Península, 1997]; C. M. Cipolla, *Vele e cannoni*, Bolonia, Il Mulino, 1999. [Existe traducción en español: *Cañones y velas en la primera fase de la expansión europea 1400-1700*, trad. G. Pontón, Barcelona, Ariel, 1967].

ción mediante diversos modelos, entre los que triunfará a lo largo de los siglos el inglés, destinado a su vez a desembocar en una estructura imperial.

Todos los manuales sobre la historia de la expansión europea que se emplean en nuestras escuelas ilustran los diferentes tipos de colonización de Portugal, Países Bajos e Inglaterra con respecto al modelo español inspirado en la reconquista: no es secundario, sin embargo, investigar de algún modo los sistemas paralelos en los que el monopolio vincula las colonias individuales y las producciones individuales a la madre patria. Ya no se trata de una globalización directa, en manos de las grandes compañías mercantiles, sino de una globalización compuesta, formada de alguna manera por muchas rutas paralelas, separadas por la política de la madre patria y por ocupaciones monopolísticas: las fronteras entre ellas sólo se rompen por las guerras y las expediciones piratas, que a su vez son un elemento estructural de estas rivalidades.

Se ha argumentado, con razón, que en los siglos XVII y XVIII, al igual que existía una república de las letras y una comunidad científica europea, también existía una Europa de los mercaderes con sus propias instituciones, prácticas comunes y lenguaje, si bien se ha desmitificado la descripción de Voltaire de la *Royal Stock Exchange* de Londres, citada innumerables veces por los historiadores autorizados. Existía una sociedad cosmopolita en la que las personas de todos los rincones del mundo se encontraban en igualdad de condiciones, basándose únicamente en los negocios y la confianza, independientemente del color de su piel o de su confesión; una «república de mercaderes», con sus instituciones, sus costumbres y su lengua, y un espíritu abierto a las diferentes identidades étnicas y religiosas.[1] De hecho, pue-

---

[1] F. Trivellato, «A Republic of Merchants?», en: A. Molho, D. Ramada Curto y N. Koniordos (ed.), *Finding Europe: Discourses on Margins, Com-*

de añadirse que el cosmopolitismo del siglo XVIII—que sin duda ya existía en el plano de la convivencia y el mestizaje de culturas—suele no ser tanto un sistema como una serie de caminos que conducen a Londres o a Amberes, y forma una elite comercial cosmopolita internacional, si bien con centros de referencia políticos muy precisos: no es todavía del tipo imperial «todos los caminos conducen a Roma», pero lo acabará siendo pronto. En el fondo se trata de múltiples tipos de pactos, desde los *asientos* españoles o las cartas coloniales inglesas otorgadas por la corona hasta los acuerdos y licencias comerciales privilegiadas de las grandes empresas como compromiso entre la república internacional del dinero y los Estados individuales.

En las colonias españolas y portuguesas, donde es más difícil distinguir el estrecho vínculo y los contrastes entre el poder político de la madre patria y los intereses de las poderosas elites locales, permanecen las magistraturas consulares, heredadas de la Edad Media, como instrumentos de los gremios mercantiles en los territorios de ultramar, pero también se reducen en cierto modo a órganos periféricos de arbitraje subordinados a los tribunales estatales, uno de los factores más importantes de la crisis de la relación con la república internacional del dinero en la transición a la fase imperial.[1] De hecho, el principal factor de la derrota de España y Portugal en la disputa con Países Bajos en el siglo XVII parece haber sido la incapacidad para adoptar nuevos instrumentos que reforzaran la centralidad de la madre patria con la constitución de compañías comerciales monopolísticas según el modelo neerlandés e inglés.[2]

---

munities, Images ca. 13th-18th Centuries*, Nueva York-Oxford, Bergahn Books, 2007, pp. 133-157.

[1] Para el ejemplo español véase B. Hausberger y A. Ibarra (ed.), *Comercio y poder en América colonial: los consulados de comerciantes, siglos XVII-XIX*, Madrid, Iberoamericana/Vervuert-Instituto Mora, 2003.

[2] Para el caso de Brasil, los diagnósticos del jesuita Antonio Vieira si-

Una trayectoria completamente distinta es la de las colonias inglesas en Norteamérica: las «corporaciones» pueden considerarse la estructura del primer asentamiento de los Padres Peregrinos del *Mayflower* en 1620, y como corporaciones las primeras colonias comenzaron su existencia como Estados sobre la base de los poderes políticos contenidos en las «cartas de concesión» de la corona. Esto conduciría fatalmente a la Guerra de Independencia, pero seguiría teniendo gran importancia incluso después del nacimiento de Estados Unidos, hasta hoy: el pluralismo está arraigado no sólo en el nivel territorial-federal, sino también en el papel y la autoridad pública de las grandes *corporations*.[1]

Desde el punto de vista histórico, el fenómeno más interesante, aún por estudiar aparte de algunos análisis esclarecedores, es el de las interacciones concretas que se produjeron en el vasto mundo de la primera globalización, no sólo en Norteamérica, aunque de forma diferente, entre la sociedad mercantil y la sociedad política, entre la estructura contractual de las sociedades anónimas y las primeras cartas constitucionales. Según la definición dada a finales del siglo XVIII por José Alonso Ortiz, traductor de Adam Smith al español: «El mundo económico se convierte en un mercado público y la sociedad entera, en una gran compañía mercantil».[2] El proceso del constitucionalismo moderno no puede enten-

---

guen siendo interesantes y deberían estudiarse en profundidad: véase T. R. Graham, *The Jesuit Antonio Vieira and His Plans for the Economic Rehabilitation of Seventeenth-Century Portugal*, São Paulo, Secretaria da Cultura, Ciência e Tecnologia, Departamento de Artes e Ciências Humanas, Divisão de Arquivo do Estado, 1978.

[1] M. Calise, «The Corporate Sea-change: How Modern American Corporations Succeeded Where Ancient European Corporations Failed» (documento presentado en el congreso *Private Governments, Public Choices*, Trento, 10-12 de junio de 1992).

[2] C. Petit, «Repubblica per azioni. Società commerciale e società politica all'epoca classica», en: A. De Benedictis e I. Mattozzi (ed.), *Giustizia, potere e corpo sociale*, Bolonia, CLUEB, 1994, pp. 79-84.

derse como un desarrollo puramente interno de la práctica política contractualista y de la doctrina, sino que debe relacionarse con la sociedad internacional, con la república internacional del dinero.

En cualquier caso, estos diferentes equilibrios se rompieron en el transcurso del siglo XVIII. Las grandes empresas ya no podían garantizar la relación entre la república universal de comerciantes y el poder político de la madre patria. Las comunidades individuales se hicieron añicos, empezando por la comunidad atlántica inglesa,[1] y se produjo una ruptura: la transformación de las empresas coloniales en imperios, por un lado, y la lucha por la independencia de las elites coloniales, por otro. El esquema monopólico basado en las concesiones de explotación ya no parecía suficiente para mantener vivo el sistema integrado de los primeros siglos. La estatalización de la Compañía de las Indias Orientales por parte de Inglaterra en 1858 sólo sería la conclusión de un desarrollo secular del conflicto entre la república internacional del dinero y los Estados, con la victoria de estos últimos convertidos en imperios.

---

[1] D. Hancock, *Citizens of the World. London Merchants and the Integration of the British Atlantic Community, 1735-1785*, Cambridge, Cambridge University Press, 1995.

8

EL HURTO COMO PECADO:
LA ÉTICA Y EL MERCADO ENTRE
LOS SIGLOS XVI Y XVIII

I. EL DERECHO Y LA MORAL EN LA PRIMERA MODERNIDAD

En los siguientes capítulos querría señalar algunas pistas del entrelazamiento, en los primeros siglos de la Modernidad, de las fuerzas en juego de las que me he ocupado en el capítulo anterior. La hipótesis es que, una vez desaparecida la *res publica christiana* medieval y transformado el rol de las Iglesias, incluso en el indudable proceso de secularización que caracterizó esos siglos, la pervivencia de algo «sagrado» que no se identificaba con el poder político permitió a Europa emprender un camino de constitucionalización global del mercado y del Estado en la división no sólo de poderes dentro del Estado, sino también del «poder» en sentido global.[1] Tengo la impresión de que en el gran océano de investigaciones que se han llevado a cabo sobre el proceso de formación de los Estados constitucionales, por un lado, y el desarrollo de la economía capitalista, por otro, se ha tenido poco en cuenta (probablemente debido a la separación de las competencias disciplinares) estos entramados y los obstáculos que la tendencia al monopolio del poder encontró en la conciencia europea. La interpretación postmarxista y postweberiana predominante entre los historiadores de las ideas es que entre los siglos XVI y XVIII la noción de «interés», que antes te-

---

[1] P. Prodi, «Sul concetto di secolarizzazione», en: C. Donati y H. Flachenecker (ed.), *Le secolarizzazioni nel Sacro Romano Impero e negli antichi Stati italiani*, Bolonia-Berlín, Il Mulino, 2005, pp. 321-337.

nía muchos significados, tiende a identificarse con la ventaja material y económica: el dinero adquiere una nueva legitimidad frente a las demás pasiones e inicia una senda hacia la racionalidad, hacia la previsibilidad del comportamiento.[1] Sin embargo, la realidad es algo más compleja.

En este capítulo indicaré algunos rasgos del desarrollo de la doctrina teológica y jurídica sobre el hurto, el contrato y el mercado frente a las innovaciones de las estructuras de poder que he esbozado en el capítulo anterior. En mi opinión, se trata de un intento de delimitar las reglas de vida autónomas del mercado con respecto a las intervenciones y deformaciones, y por tanto también a las infracciones, apoyándose en la teología moral para mantener el dualismo y rechazar la coincidencia entre la culpa moral y la desobediencia al derecho positivo del Estado. Dicho en otras palabras, podría considerarse el intento de tener en cuenta la «constitución económica» (*Wirtschaftsverfassung*, un término eficaz que emplea Joseph Schumpeter en un ensayo sobre la relación entre política y economía al que nos referiremos más adelante). En otro libro he estudiado la dialéctica que se produjo al pasar de la pluralidad de sistemas jurídicos medievales al dualismo entre conciencia y derecho positivo.[2] En lo que se refiere al mercado, creo que es posible ver en el plano ético el intento de mantener el dualismo entre delito y pecado heredado de la Edad Media en la nueva situación. La infracción

[1] A. O. Hirschman, *Le passioni e gli interessi. Argomenti politici per il capitalismo prima del suo trionfo*, trad. S. Gorresio, Milán, Feltrinelli, 1979. [Existe traducción en español: *Las pasiones y los intereses. Argumentos políticos en favor del capitalismo previos a su triunfo*, trad. J. Solé, Madrid, Capitán Swing, 2014].

[2] P. Prodi, *Una storia della giustizia. Dal pluralismo dei fori al moderno dualismo tra coscienza e diritto*, Bolonia, Il Mulino, 2000, en particular el capítulo VII. [Existe traducción en español: *Una historia de la justicia. De la pluralidad de fueros al dualismo moderno entre conciencia y derecho*, trad. L. Padilla López, Madrid, Katz, 1992].

de las reglas del mercado se definirá en los siglos de la Edad Moderna cada vez más como una ofensa a las leyes de la economía y del Estado, pero el delito contra el mercado sigue siendo en la Europa de la Modernidad—incluso en los más diversos contextos territoriales, políticos y religiosos—una transgresión del séptimo mandamiento y una ofensa a Dios.[1] Por otro lado, con la desaparición de la jurisdicción canónica sobre los delitos de mercado, aumenta la importancia de la conciencia del comerciante como base para juzgar la legitimidad o ilegitimidad de los contratos: los juicios canónicos en los tribunales diocesanos para casos de usura y otras lesiones contractuales disminuyen o desaparecen (los juicios en estas materias parecen tener una vida más larga en situaciones marginales, fuera de los grandes circuitos financieros), pero el tribunal de la conciencia parece entrar y extenderse dentro del mercado (en las diferentes formas previstas por las distintas Iglesias cristianas, desde la confesión católica hasta las otras formas de disciplina previstas por las Iglesias protestantes y reformadas) en una especie de etapa intermedia en el camino hacia la concepción de la lesión contractual como un delito contra la propia naturaleza del mercado.

En este capítulo intentaré esbozar la evolución de las reflexiones éticas en relación con las nuevas fuerzas en juego con la ayuda de los textos de teólogos y filósofos. Se trata de una tradición que parte de los grandes tratados *de iustitia et iure* del siglo XVI y en la primera mitad del siglo XVII se bifurca: por un lado, se elabora la teoría de los principios naturales del mercado, que culmina con Adam Smith, en cuyo pensamiento las «normas» del comportamiento económico adquieren plena autonomía al incorporar la ética; y, por otro lado, se incorpora la ética al derecho positivo del Estado, fa-

[1] R. Rosolino, «Crimes contre le marché, crimes contre Dieu. Le juste prix dans la Sicile du XVIIᵉ siècle», *Annales. Histoire, Sciences sociales*, 60, n.º 6, 2005, pp. 1245-1273.

voreciendo su jurisdicción sobre el mercado y definiendo el hurto como infracción de las leyes del Estado y, por tanto, como delito. Éstas son las vías que intentaré seguir en los siguientes capítulos.

Se trata de plasmar como parte del mismo proceso histórico la estrecha imbricación, la simbiosis y la dialéctica, entre ética, mercado y política que caracterizó los siglos de la Modernidad hasta nuestros días. Para aclarar mi propuesta, me gustaría comenzar parafraseando a Niklas Luhmann, quien afirma que es necesario definir de una manera nueva los términos de la nueva propuesta capitalista (frente a las concepciones burguesas o marxistas que incluyen la nueva modernización en la sociedad de distintas maneras): como alternativa, como proceso de racionalización que se opone a la unidad del mundo moral y social. En ese sentido, Luhmann establece un paralelismo cosmológico-religioso citando al pensador del siglo xvii, boloñés por antonomasia, Virgilio Malvezzi: en su obra evoca el dualismo que se produjo en el mundo—incluso antes de la creación—entre Dios y el diablo tras la rebelión de Lucifer, quien se vio obligado a elegir el mal para diferenciarse del bien; en la cosmología capitalista se repite ese esquema entre la condena moral y la exaltación funcional, a falta de una verdadera comprensión de la realidad de la economía monetaria.[1] En reali-

---

[1] N. Luhmann, *Die Wirtschaft der Gesellschaft*, Fráncfort del Meno, Suhrkamp, 1989, pp. 265-266. [Existe traducción en español: *La economía de la sociedad*, trad. A. Mascareño, Barcelona, Herder, 2018]: «Es blieb ihm [a Lucifero] eine Möglichkeit, eine Differenz in die Welt einzuführen und sich hinter Grenzen zu verschanzen. Da aber das Eine schon gut war, konnte die Differenz nur als das Böse gefunden. Der arme Teufel, er musste, o er wollte o nicht, in Beobachtung Gottes böse werden [...] In der kapitalistischen Kosmologie wiederholt sich dieses Gesetz [...] Wer den Kapitalismus moralisch abkehnt, verdankt seine Position zwar dem Teufel; und der Sozialismus ist, wenn man Gutes, dass er Schlechtes, von ihm sagen will, in diesem Sinne vom Teufel. Aber auf diese Weise kommt man nicht zu einer Reflexion der Geldwirtschaft». El texto completo y co-

dad, la metáfora de Luhmann se inscribe en una perspectiva filosófico-sociológica destinada a desenmascarar la proyección de los modelos fijos que dominaron las ideologías del siglo pasado. Más allá de la metáfora, parece más productivo rechazar el dualismo teórico-metafísico (y las ideologías ligadas al socialismo o al capitalismo) para tratar de entender concretamente cómo se desarrolla la dialéctica entre poderes de la que nace la política económica como ciencia en Occidente y cómo nace el mercado en la práctica cotidiana. La transición a la Modernidad es ciertamente antropológica, pero la nueva economía no puede considerarse como un sistema «autopoiético», sino como el producto de un largo y complejo proceso de ósmosis entre los hombres y las instituciones que dará lugar al *homo oeconomicus*.[1] La mecánica de confianza-desconfianza, de inclusión-exclusión, que es fundamental para el nacimiento del mercado occidental y que marca también la frontera entre el hurto y el comportamien-

---

rregido de Malvezzi está tomado de *Pensieri politici e morali* (1625), publicado por B. Croce y S. Caramella en: *Politici e moralisti del Seicento*, Bari, Laterza, 1930, pp. 270-271, n. 24: «El uno y el dos: la razón de estado de Dios es la misma que la del diablo. En mi opinión, Lucifer no pretendía hacerse grande y prominente para ascender por encima de Dios, porque su intención no era disolver la unidad, sino mejorarla, y sólo habría podido saber que tal cosa era imposible de haber poseído el don del conocimiento. Por lo tanto, pensó en elevarse a sí mismo, echándose a un lado y apartándose del uno, formando el dos, por encima del cual, como por encima del centro, dibujó su circunferencia, que era diferente de la de Dios; ni podía apartarse del uno a menos que se convirtiera en malo, porque todo lo que es bueno es uno. Dios, trazando una línea desde su circunferencia para hacer tres, creó al hombre; el diablo también trazó una línea desde su circunferencia para hacer cuatro, y lo sedujo. Dios, que no quiso dejar al hombre en manos del diablo, vino y lo redimió».

[1] W. Plumpe, «Die Geburt des "Homo oeconomicus". Überlegungen zur Entstehung und Bedeutung des Handlungsmodells der modernen Wirtschaft», en: W. Reinhard y J. Stagl (ed.), *Menschen und Märkte. Studien zur historischen Wirtschaftsanthropologie*, Viena-Colonia-Weimar, Böhlau, 2007, pp. 319-352.

to económico «normal», no puede basarse en modelos abstractos unidimensionales,[1] sino que presupone la interacción de distintos planos que van desde la idea de salvación individual y de pecado proyectada por las Iglesias hasta la autorregulación del mercado, pasando por la disciplina y la represión penal promovidas por el poder soberano.

Ya he mencionado que en el siglo XVIII la imagen del delincuente coincide con la del vagabundo como persona excluida de la propiedad y del mercado, y que, por tanto, es visto como potencial ladrón o subversivo del sistema. Esta conducta desviada la reprimen tanto las Iglesias como los Estados para mantener su autoridad: por su parte, el mercado se aprovecha de esa competencia para mantener su autonomía, siempre condicionada pero nunca completamente sometida a lo sagrado ni a lo político. Para no mezclar todo en una única concepción de la delincuencia en la Edad Moderna como una historia social intemporal que no sabe más que lamentarse por los perdedores y las injusticias del mundo, creo que en la reflexión sobre el hurto es conveniente recordar la distinción de tres planos interconectados: el hurto en sentido tradicional como apropiación ilícita de bienes ajenos, el hurto como violación del contrato de intercambio—como fraude o manipulación por parte del individuo en la cantidad o calidad de los bienes o el trabajo intercambiados—y el hurto como invasión del poder político en la esfera económica y como corrupción del funcionario o magistrado encargado de la intervención o control público.

Son tres perspectivas que a su vez nos enfrentan a dinámicas temporales bien distintas: en el primer plano, debemos confrontar un cambio en los conceptos de «justicia» y de «propiedad», que se produce muy lentamente y marca el

[1] N. Luhmann, *La fiducia*, trad. L. Burgazzoli, Bolonia, Il Mulino, 2002. [Existe traducción en español: *Confianza*, trad. A. Flores, Barcelona, Anthropos, 1996].

paso de la estructura feudal-agraria a la nueva distinción entre las esferas privada y pública propia del Estado moderno y de la burguesía emergente; en el segundo plano nos enfrentamos al lento proceso de cambio de las estructuras jurídicas, la legislación y el desarrollo del nuevo derecho penal; en el tercer plano nos enfrentamos a los cambios más rápidos, a los tiempos cortos de las grandes decisiones de la política y la economía. Obviamente, esos diferentes ritmos se entremezclan en la vida cotidiana, pero precisamente por ese motivo quizá convenga reflexionar sobre los cambios que se producen en las fuerzas que hemos tratado de esbozar en el capítulo anterior en relación con nuestro tema de interés: la criminalización del hurto.

En cuanto a la actitud hacia las «mercancías» (es decir, la disposición de las cosas desde el punto de vista de su propiedad y uso), me limitaré a indicar dos fenómenos muy importantes: la expansión del mercado para incluir mercancías antes excluidas de él, y la desaparición del concepto tradicional de «justicia».

Se ha investigado y escrito mucho sobre los *enclosures*, el cercamiento y la privatización de las tierras antes pertenecientes a las comunidades o a las entidades eclesiásticas como un enorme factor de desarrollo de la nueva burguesía rural (la *gentry* de Inglaterra, que representa el nuevo tipo de terrateniente destinado a suplantar el viejo sistema feudal en toda Europa) y como una herramienta para la formación de importantes capitales que construyeron las primeras grandes estructuras que vinculaban el mercado y la tierra. Sólo quiero señalar que esa transformación tuvo también el efecto de ampliar el espacio del mercado a una serie de bienes que hasta entonces se habían excluido por pertenecer al conjunto de la humanidad: los bosques y la madera, los frutos naturales de la tierra, la caza, el agua, etcétera, estuvieron ciertamente sometidos al dominio feudal durante siglos, pero se consideraban en cierto modo dones de Dios; los señores podían condicionar su uso según la tradición y la costumbre, pero no eran comerciables. Cuando, de pronto, pasaron a ser propiedad privada y entraron así en el mercado, la tierra se convirtió en capital.[1] Eso supuso una gran conmoción que marcó la historia de Occidente hasta las impactantes transformaciones de nuestro tiempo: el mal uso de esos bienes podía ser pecado y, ciertamente, la transgresión de las imposiciones de los señores se castigaba con severidad, pero con la Modernidad esas transgresiones no sólo eran pecado, sino además delito. Son bien conocidas las consecuencias de este fenómeno en las rebeliones, guerras campesinas y levantamientos endémicos de la Europa moderna, pero creo que se han tenido poco en cuenta las transformaciones antropológicas que provocaron.

En cuanto al concepto de justicia, se abandona la estática dualidad basada en la diferencia entre justicia distributiva y conmutativa. La primera, en la visión cósmico-social de raigambre aristotélica-tomista, regía las relaciones entre la sociedad y sus miembros: era una justicia que venía de arriba, distribuía la riqueza y, por tanto, determinaba las relaciones entre la sociedad y sus miembros, y la propia participación en el poder; la segunda, la justicia conmutativa, presidía los intercambios entre los hombres en sentido horizontal, en situación de paridad.

Con la aparición de la sociedad contractual, este dualismo entra en crisis, porque el pacto político incluye la justicia distributiva, que también está sujeta al derecho de intercambio; el contrato se somete progresivamente a las exigencias del poder político y, por su propia naturaleza, exige la prevalencia de la norma positiva escrita sobre las normas consuetudinarias y morales. La vulneración del derecho de propiedad va entrando así en el ámbito del derecho estatal: el hurto sigue

---

[1] S. von Below y S. Breit, *Wald. Von der Gottesgabe zum Privateigentum. Gerichtliche Konflikte zwischen Landesherren und Untertanen um den Wald in der frühen Neuzeit*, Stuttgart, De Gruyter, 1998.

siendo un pecado, pero poco a poco se considera además un delito en la medida en que constituye una infracción de las leyes del mercado. Sin embargo, no se trata de niveles distintos.

En ese contexto, me parece que, más allá de las diferentes manifestaciones devotas y los distintos instrumentos de control de las costumbres, hay una clara persistencia en Europa de una adhesión sustancial a la Ley mosaica: los Diez Mandamientos, incluido el séptimo, están en la base de toda disciplina confesional tanto en las Iglesias que permanecen fieles a Roma como en las evangélicas y reformadas. Sin retomar la discusión general sobre el pecado, baste recordar la poderosa investigación de Jean Delumeau: la pastoral protestante y la católica postridentina siguen profundamente ancladas en el mundo de las prohibiciones, de un Dios que es el juez supremo del bien y del mal, del miedo a la condena eterna y al infierno para los transgresores: «Los predicadores católicos de las misiones populares y los pastores puritanos eran básicamente muy similares. Suscitaron, de hecho, las mismas reacciones entre su público, y la combinación de sus dos pastorales tuvo un serio impacto en la historia de Occidente».[1] El hurto como apropiación indebida de bienes ajenos y como infracción de las reglas del mercado sigue siendo uno de los delitos más graves en la línea ya elaborada por los teólogos y moralistas de la Baja Edad Media.

2. EL SÉPTIMO MANDAMIENTO EN EL PENSAMIENTO DE LOS REFORMADORES

Evidentemente, eso no significa que debamos mezclar la ética calvinista-puritana con la católica, ni que debamos confundir la disciplina puritana con el examen de conciencia de

---

[1] J. Delumeau, *Il peccato y la paura. L'idea di colpa in Occidente dal* XIII *al* XVIII *secolo*, trad. N. Grüber, Bolonia, Il Mulino, 1987.

Ignacio de Loyola, si bien ciertamente nos permite comprender que, frente al Estado moderno y en relación con él, pervivió durante mucho tiempo un sistema de referencia para el comportamiento que no coincidía con las normas del derecho positivo y que tenía como centro el pecado como ofensa a la ley divina. Para Lutero y las Iglesias que surgieron de su constestación el príncipe era ante todo, como representante de Dios y *pater politicus*, el guardián de los Diez Mandamientos y responsable, a través de su actividad legislativa, jurisdiccional y represiva, de su observancia y, por añadidura, también se ocupaba del hurto como infracción de la propiedad y de las reglas del comercio humano.[1]

Sin duda en este contexto resulta indispensable al menos una referencia al pensamiento de la Reforma—aunque no podamos detenernos en él tanto como deberíamos—y es que la fértil intuición de Weber sobre los orígenes calvinistas del espíritu capitalista ha contaminado en cierto modo la historiografía posterior impidiendo captar las relaciones más complejas que se manifiestan en la realidad de la vida económica. En realidad, al no tener que lidiar con el gran problema de defender las estructuras eclesiásticas y el papado romano contra el avance del Estado moderno, la posición general de los reformadores parece más sencilla y lineal que la de la Iglesia romana.

Basándose en la doctrina de los dos reinos y sometiendo la realidad visible a la política y a la ley, el reclamo de Lutero contra el hurto se concentra, como se ha señalado, en la estrecha relación entre el séptimo y el primer mandamiento («No tendrás dioses ajenos delante de mí»). La elección del

---

[1] H. J. Berman, *Law and Revolution*, vol. II: *The Impact of the Protestant Reformation on the Western Legal Tradition*, Londres-Cambridge, Massachusetts, Harvard University Press, 2003; H. Pihlajamäki, «Executor divinarum et suarum legum: Criminal Law and the Lutheran Reformation», en: V. Mäkinen (ed.), *Lutheran Reformation and the Law*, Leiden-Boston, Brill, 2006, pp. 171-204.

cristiano es entre Dios y Mammón: el amor al dinero constituye la alternativa negativa a lo divino.[1] Nada más opuesto,
en apariencia, a la cultura del nuevo capitalismo emergente, y
nada más conservador, a juzgar por el lenguaje de Lutero sobre cuestiones económicas y por el retorno a la doctrina pura
de los padres sobre la coincidencia del hurto con la avaricia,
con el ansia de riqueza y de poder, con el deseo inmoderado de cambiar de estatus social y aumentar el propio poder:
el lado negativo de la peculiar virtud de la humildad. Obviamente, bajo esta problemática subyace una cuestión canden-
te que culmina en tragedia con la Guerra de los Campesinos
y que ha impregnado la interpretación ideológica y marxista
de la Reforma hasta nuestros días, pero lo que pretendo señalar es que para Lutero el juez del séptimo mandamiento sólo
puede ser la autoridad política como guardiana de los cinco
últimos mandamientos: la medida de la culpa en la conciencia sigue siendo algo indefinible e indefinido, y se encuentra
en un ámbito que más que a la ética como norma de comportamiento humano pertenece a la dogmática y la espiritualidad. Por eso Lutero, y en general los reformadores, parecen
casi ausentes, al menos en las primeras generaciones, del discurso sobre el hurto como pecado, aunque la condena de la
avaricia y la usura, su principal expresión en el nuevo mundo monetario, es clara incluso en sus polémicas contra Eck y
los teólogos escolásticos que tienden a distinguir entre lo legítimo y lo ilegítimo; y califica de *plutólogos* («Non Teologi
sed Plutologi», 'No son teólogos, sino plutólogos'),[2] es decir,
'expertos en riqueza', a los que intervienen en el caso del liti-
gio de 1515, promovido por el banquero Jacobo Fúcar, sobre
la legitimidad de los intereses en el contrato de préstamo.

[1] F. W. Marquardt, «Gott oder Mammon. Aber: Theologie und Oekonomie bei Martin Luther», en: F. W. Marquardt, D. Schellong y M. Wein-
rich (ed.), *Einwürfe 1*, Múnich, Kaiser, 1983, pp. 176-216.

[2] *Ibid.*, p. 193.

Juan Calvino retoma a su manera los mismos conceptos en el marco de su reforma basada en la tradición ciudadana y el pacto: en 1537, se pide a los ciudadanos de Ginebra que juren públicamente obediencia a los diez mandamientos.[1] En el contexto de la exposición de los mismos, incluye el tema del hurto como problema religioso y político al mismo tiempo: Dios todopoderoso, el legislador supremo, ha distribuido la riqueza, y esa distribución no es accidental, sino querida por Él; es un pecado tomar posesión, en detrimento de otros, de bienes y derechos que no nos están destinados.[2] El concepto de hurto, la referencia al séptimo mandamiento, se convierte así para Calvino en el fundamento bíblico y teológico de la propiedad privada: ésta es, a mi juicio, la novedad que mayor influencia tendrá en los siglos siguientes. Aparte de la referencia a la vocación o *Beruf*—exaltada en la conocida obra de Max Weber—tenemos la extensión del precepto bíblico «No robarás» referido a toda violación de la propiedad privada, vista como parte integrante del individuo, de su vocación, ya sea en las relaciones familiares, eclesiásticas, laborales o políticas. Calvino no se ocupa de los castigos al hurto como delito, pues ésa es una cuestión que se deja a la autoridad política: lo que le interesa es la disposición interior del cristiano a respetar el orden social y la fortuna que Dios ha querido para cada cual. La insistencia en la predestinación, en el papel social y la vocación específica de cada individuo, contiene *in nuce* las diferentes declinaciones del pensamiento de

---

[1] Véase A. Black, *Guilds and Civil Society in European Political Thought from the Twelfth Century to the Present*, Londres, Methuen, 1984, p. 114.
[2] Juan Calvino, *L'institution chrétienne*, lib. I, Aix-en-Provence, Kerygma-Farel, 1978 (lib. II, cap. 8: en el orden de Calvino «No robarás» es el octavo mandamiento), pp. 166-168: «Car il nous faut estimer que ce que chacun possède ne lui est point advenu par cas fortuit, mais par la distribution de celui qui est le souverain Maître et Seigneur de tout: et à cette raison qu'on ne peut frauder personne de ses richesses, que la dispensation de Dieu ne soit violée».

Calvino que se darán en las décadas y siglos siguientes. Basta subrayar que para el teólogo francés, como para Lutero, la distinción entre el juez humano y el juez divino sigue siendo fundamental: es posible ser ladrón y pecador recurriendo a artimañas permitidas por la ley humana, porque en la sociedad contractual existen dos justicias diferentes.[1]

En lo que se refiere a la usura, Charles du Moulin (1500-1560, Molineus), en su célebre *Tractatus commerciorum*, profundiza el pensamiento de Calvino. Sin intención de menospreciar su aportación, la interpretación según la cual, dejando de lado el contexto histórico, fue el inventor del nominalismo monetario y de la teoría moderna del préstamo a interés ha sido objeto de una justa revisión:[2] se ha señalado su dependencia, no sólo de Calvino, sino también de la tradición románica, y sus vínculos con una tradición que—desde el *Quattrocento* italiano y Jean Gerson—bebe del pensamiento de Melanchthon así como de la segunda escolástica.[3] Lo que hace fundamental su personalidad como jurista es su atención al mercado, la valoración positiva del comercio, que sobre la base de la experiencia contemporánea abre una vía europea al dualismo entre la esfera de la caridad y la esfera de la sociedad política y del derecho.

---

[1] *Ibid.*: «Or il y a plusieurs espèces de larcins. L'une gît en violence, quand par force et quasi par une manière de briganterie, on vole et pille le bien d'autrui; l'autre gît en fraude et malice, quand cauteleusement on appauvrit son prochain, en le trompant et décevant; l'autre en une astuce ancore plus couverte, quand sous couleur de droit on prive quelqu'un de ses biens […] Car bien que ceux qui procèdent en telle façon, souvent gagnent leur cause devant le juge, néanmoins Dieu ne les a pour autres que larrons».

[2] J. L. Thireau, *Charles du Moulin (1500-1566): Étude sur les sources, la méthode, les idées politiques et économiques d'un juriste de la Renaissance*, Ginebra, Droz, 1980, pp. 348-430.

[3] R. Savelli, «Diritto romano e teologia riformata: Du Moulin di fronte al problema dell'interesse del denaro», *Materiali per una storia della cultura giuridica*, 23, 1993, pp. 291-324.

Para concluir estas breves notas, es necesario subrayar una vez más una situación que a primera vista parece paradójica, pero no lo es: los protestantes y los reformados emprendieron un camino de sumisión a la nueva teoría y práctica de la soberanía, que luego seguirían los teólogos católicos. Lo que en un primer momento parece distinguir el pensamiento de los reformadores del de quienes permanecieron en la Iglesia romana es que pusieron mayor acento en las leyes positivas ante un mercado en el que dominaba el fraude. Empezando por el famoso discurso de Lutero de 1524 sobre el comercio, cuya visión negativa recuerda a la de los antiguos Padres de la Iglesia: los cristianos son hermanos, pero si no cumplen sus contratos la autoridad secular debe intervenir para obligarlos («Aber wo nicht Christen sind, da soll die weltliche Obrigkeit treiben, dass er bezahle, was er geborget hat»).[1] Encontramos el mismo concepto en Ulrico Zuinglio: los preceptos de no robar y no codiciar la propiedad ajena caen bajo el mando de la autoridad secular, que es la única que decide sobre la reparación y la restitución.[2]

Con Melanchthon comienza, a mi juicio, la polémica destinada a prolongarse durante los siglos de la Edad Moderna en torno a la idea de la propiedad común primordial de los hombres, que desencadena precisamente el nuevo concepto de «hurto»: la propiedad ya no es una consecuencia del pecado original, sino que deriva del estado de naturaleza y debe ser defendida como un valor.[3] A la defensa de la propie-

[1] El discurso de Lutero «Wider Kaufshandlung und Wucher» se encuentra publicado en la excelente antología de textos alemanes de pensamiento económico editada por J. Burkhardt y B. Priddat, *Geschichte der Ökonomie*, Fráncfort del Meno, Deutscher Klassiker, 2000, pp. 9-34 (el pasaje citado está en la p. 21).
[2] U. Zuinglio, *Schriften*, vol. 1, Zúrich, Theologischer Verlag, 1995, pp. 200-201.
[3] De las *Disputationes de rebus politicis* de 1541: «13. Falsa est et hæc sententia in decretis Gratiani, iure divino omnia esse communia (Gratia-

dad privada y la condena del hurto, se suma la tesis de la legitimidad y necesidad de los contratos para la vida social en la forma prescrita por la ley y el poder judicial.[1] Melanchthon desarrolla entonces la concepción de la ley y de la magistratura no sólo como garantes de la justicia política en la sociedad, en el ámbito terrenal, sino como garantes en particular de la nueva concepción de la propiedad, que los visionarios y anabaptistas rechazan y amenazan subversivamente: la dialéctica entre la ley y el Evangelio, entre la justicia eterna y la justicia política que debe concretarla, se articula en el deber del magistrado de castigar el hurto, condenado en los Diez Mandamientos y en la ley natural.[2] El juicio sobre los contra-

---

nus D. 8). Nam ius divinum sancit proprietatem rerum in hoc præcepto: Non furaberis (Exod. 20, 15); 14. Licet igitur Christianis tenere proprium. Et non solum seditio sed etiam impietas est postulare, ut privatæ facultates in comune conferantur», en: J. Haussleiter (ed.), *Melanchton-Kompendium*, Greifswald, Abel, 1902, p. 64.

[1] *Ibid.*, p. 105 (*De contractibus*, 1531): «2. Quare de contractibus quærendum est verbum dei, ut certo sciamus, utrum deus probet eos; 3. Tantum hæc regula satis munit conscientiam de contractibus, videlicet, quod deus approbet distinctionem dominiorum in præcepto: Non furtum facies (Exod. 20, 15), ubi necesse est contractus simul probari».

[2] De Melanchthon véanse en particular las dos oraciones de 1550 *Oratio de legibus* y *Oratio de veris legum fontibus et causis* publicadas en G. Kisch, *Melanchton Rechts- und Soziallehre*, Berlín, De Gruyter, 1967, pp. 241-268: «Tertium officium est: Summis gubernatoribus in politia mandatum est, ut ipsi quoque leges addant decalogo, quæ tamen cum legibus naturæ non pugnent, sed aut necessaria consequentia, aut probabili ratione ex illis extructæ sint, et sint velut adiumenta legum naturalium et circumstantias aliquas definiant. Ut lex naturæ ostendit furtum puniniendum esse. Modos poenarum probabili ratione magistratus constituit» (p. 246). Incluso los contratos habían sido exterminados por los anabaptistas: «Memini furores multorum, qui prorsus totum ordinem politicum damnabant, imperia, magistratus, leges, contractus, iudicia, poenas. Non tantum error humanus horum mentes occupabat, qui hæc portentosa deliramenta spargebant, sed diabolicæ furiæ eos agitabant, ut vita hominum magis turbaretur, et tenebræ maiores religionem opprimerent. Proponebantur enim errores illi praetextu eximiæ pietatis» (pp. 261-262).

tos no es competencia de los particulares ni de los predicadores del Evangelio, sino sólo de los magistrados.[1]

Da la impresión, aunque sea precisa una investigación más detallada, de que se produce un proceso paralelo, aunque más lento y tardío, en el pensamiento teológico-jurídico católico: el sujeto no puede arrogarse el derecho de despreciar los mandatos de la autoridad política en el mercado, aunque en sí mismos parezcan moralmente neutros.[2] En los Estados católicos, el discurso se desarrolla ciertamente de manera más confusa según las diversas fases que he mencionado más arriba en términos generales, porque se suele defender una jurisdicción eclesiástica en plena decadencia (a esas alturas ni siquiera los casos más notorios de usura llegaban a los tribunales romanos y diocesanos) y a sacar a los eclesiásticos de la legislación y jurisdicción económica, transformando las antiguas «libertades» o autonomías generalizadas en privilegios clericales, en inmunidades personales y reales. Se recurre a la intervención del Estado para castigar el hurto, pero se combate y se invoca la inmunidad cuando el Estado intenta socavar los privilegios del clero en el ámbito económico.

---

[1] «Multi hoc tempore miras tragoedias agunt de contractibus, qui nostris temporibus in usu sunt. Nos meminisse convenit, quod iudicium de contractibus non pertinet ad privatos homines aut docentes Evangelium. Tota res ad magistratum reiicienda est», en: Savelli, «Diritto romano e teologia riformata», *op. cit.*, p. 303.

[2] No deja de ser significativo que, a pesar de la inevitable condena (en el contexto de las guerras de religión) de las obras de Du Moulin en el Índice Romano, éstas tuvieran una considerable difusión en Italia y uno de sus tratados, *De eo quod interest*, fuera incluido en 1584 en la gran colección romana de *Tractatus universi iuris* (t. v, cc. 17v-38v, bajo el nombre de Gaspare Cavallini). Véase R. Savelli, «The Censoring of Law Books», en: G. Fragnito (ed.), *Church, Censorship and Culture in Early Modern Italy*, Cambridge, Cambridge University Press, 2001, pp. 223-253; *Id.*, «Da Venezia a Napoli: diffusione e censura delle opere di Du Moulin nel Cinquecento italiano», en: C. Stango (ed.), *Censura ecclesiastica e cultura politica in Italia tra Cinquecento e Seicento*, Florencia, Olschki, 2001, pp. 101-154.

Creo que es posible extraer algunas conclusiones de estos indicios puntuales. El pensamiento reformista cobra importancia en el debate iniciado en los siglos XVI y XVII sobre los grandes temas de la ética económica en cuanto a los principios inspiradores, en la medida en que destaca la responsabilidad personal del agente y (con más o menos pesimismo: aunque eso no es relevante para nosotros) la existencia de un sistema de normas morales que puede no coincidir con la legislación positiva. Sin embargo, es evidente que ni en la doctrina ni en la práctica de las Iglesias evangélicas se desarrolla un sistema propio de normas a partir de esos principios, sino que permanecen un tanto pasivas en relación con la creciente intervención del Estado: la autoridad política sigue siendo, por tanto, el único y verdadero intermediario entre la ley divina y la ley humana, incluso para las generaciones posteriores de reformadores. Johann Gerhard (1582-1635), tal vez el mayor y más influyente moralista evangélico, se vincula directamente con el pensamiento de Melanchthon sobre la propiedad privada y el comercio para afirmar que los predicadores deben abstenerse por completo de emitir juicios sobre los contratos y, sobre todo, de exponerse contra las deliberaciones de la autoridad amenazando la paz social.[1] Más sensible a la distinción entre el nivel legal y el ético es la tradición calvinista en la que es la Iglesia como comunidad la que proporciona las directrices éticas para el gobierno tras la experiencia de Ginebra.[2]

---

[1] E. Uhl, *Die Sozialethik Johann Gerhards*, Múnich, Kaiser, 1932, p. 102: «Itaque non est permittendum concionatoribus, ut sibi sumant iudicium de contractibus, præsertim contra iudicium publicarum legum, quorum quum autoritas labefactatur, necesse est, maximos exoriri motus in rebus publicis». Sobre el marco más general, véase W. Sommer, *Gottesfurcht und Fürstenherrschaft. Studien zum Obrigkeitsverständnis Johann Arndts und lutherischer Hofprediger zur Zeit der altprotestantischen Orthodoxie*, Gotinga, Vandenhoeck & Ruprecht, 1988.

[2] Véase Prodi, *Una storia della giustizia, op. cit.*, pp. 350-355.

Esta actitud, intrínsecamente ligada a la responsabilidad del político en la persecución del hurto como delito, parece confirmarse en la práctica de las iglesias territoriales evangélicas. Creo que es posible apreciar que, en la disciplina de las sociedades reformadas, a pesar de la imbricación de la predicación y la vida cotidiana, no encontramos una evolución similar a la que tiene lugar en el ámbito católico, donde los contratos, como se verá en el siguiente apartado, son objeto de cuestionamiento por parte del confesor. Las *Kirchenordnungen* (como reglamentos internos de las nuevas Iglesias territoriales) dejan, al menos hasta donde he podido ver, el terreno completamente abierto a las *Polizeiordnungen* del príncipe territorial que se comentarán más adelante: sólo aparecen algunas alusiones a la exclusión de estafadores y usureros, junto con otros pecadores, de la participación en el servicio divino, de la administración de los sacramentos y de la sepultura cristiana, pero no se hace ningún análisis de los contratos, del mercado ni de sus reglas.[1]

Confieso que no he podido continuar mi exploración de los catecismos ni de las instrucciones disciplinarias de las Iglesias evangélicas en los siglos siguientes, pero la impresión es que el panorama no cambió en absoluto: hasta la literatura más reciente sobre la confesionalización y la disciplina en tierras protestantes confirma estos indicios.[2] El comentario quizá más difundido e influyente sobre los Diez Mandamien-

---

[1] *Die evangelischen Kirchenordnungen des XVI. Jahrhunderts*, una colección iniciada en 1902 bajo la dirección de E. Sehling en Leipzig, más tarde, desde 1955, editada en Gotinga y ahora por un grupo de trabajo de la Akademie der Wissenschaften de Heidelberg. Véanse, por ejemplo, las ordenanzas para Sajonia, I/I, pp. 181, 208, etcétera.

[2] H. Schilling, «Chiese confessionali e disciplinamento sociale. Un bilancio provvisorio della ricerca storica», en: P. Prodi (ed.), *Disciplina dell'anima, disciplina del corpo e disciplina della società tra medioevo ed età moderna*, Bolonia, Il Mulino, 1994, pp. 125-160; P. Blickle y R. Schlögl (ed.), *Die Säkularisation im Prozess der Säkularisierung Europas*, Epfendorf, Bibliotheca Academica, 2005.

tos en tierras luteranas, de Felipe Jacobo Spener, publicado en 1667 y reimpreso varias veces, amplía el concepto de «hurto» con referencias bíblicas a todas las acciones contrarias al bien del prójimo, no sólo en el comercio, sino también en todas las relaciones sociales y familiares, tanto en la relación de superiores con inferiores como entre pares, con vistas a un uso cristiano de los bienes y del poder, aunque sin profundizar en el tema de la violación de las reglas del mercado.[1] Incluso en la recuperación de los temas fundamentales de la Reforma por parte del pietismo destacan diferentes visiones de la concepción cristiana de la riqueza y el trabajo (que luego surgieron en la polémica sobre la importancia de la ética protestante en el desarrollo del capitalismo), pero no encontramos ninguna prescripción sobre el mercado, que simplemente se da como una realidad a la que el cristiano debe enfrentarse.[2]

A comienzos del XVIII, los grandes tratados que intentaron sintetizar las obras de los estudiosos del derecho natural del siglo anterior y la teología evangélica no parecen apartarse mucho de la doctrina tradicional. Para Johann Franz Buddeus (1667-1729) son tres los fundamentos aprobados por Dios en las relaciones entre los hombres: «Sermo, dominium et prætium rerum», 'la palabra, el dominio y el mercado'.[3] El problema es el tránsito de los principios uni-

---

[1] Ph. J. Spener, *Einfältige Erklärung der christlichen Lehr nach der Ordnung des kleinen Catechismi des teuren Manns Gottes Lutheri (1667)*, Hildesheim-Nueva York, Georg Olms, 1982, pp. 160-184.

[2] *Cf.* El ensayo de A. Gestrich, «Pietistisches Weltverständniss und Handeln in der Welt», y de P. Kriedte, «Wirtschaft», en: H. Lehmann (ed.), *Geschichte der Pietismus*, vol. 4: *Glaubenswelt Und Lebenswelten*, Gotinga, Vandenhoeck & Ruprecht, 2004, pp. 556-616.

[3] J. F. Buddeus, *Institutiones theologiæ moralis*, Leipzig, apud hæredes Thomæ Fritsch, 1727 (reed. en *Gesammelte Schriften*, vol. VI, Hildesheim, Olms-Weidmann, 2007), cap. III, sec. V, pp. 520-548: «In officiis hominum erga alios, tria instituta universalia, ab hominibus quidam ad generis umani felicitatem et commo- dum introducta, sed a Deo adprobata, commemorari solent: sermo, dominium, et prætium rerum. Cumque iure divi-

versales a las leyes concretas y vinculantes del derecho positivo, que se definen como «hipotéticas», ya que siempre dependen del derecho divino-natural. Lo que interesa aquí es que la prueba de la voluntad divina de la división de los dominios-propiedad entre los hombres consiste en la prohibición bíblica del hurto; de la división de la propiedad surge la necesidad de los contratos y del precio de las cosas como instrumento indispensable para la evaluación de los intercambios: el séptimo mandamiento se convierte así, con la ampliación del concepto de «hurto» a todo lo que interfiere injustamente en el precio de las cosas en el mercado, en el eje de la vida social.[1] Sin embargo, no se profundiza en el papel del Estado y del mercado: el centro de aplicación del séptimo mandamiento ya no es la Iglesia.

3. EL SÉPTIMO MANDAMIENTO EN EL MUNDO CATÓLICO TRIDENTINO

En efecto, Erasmo de Róterdam parece representar un punto de partida común para la ética de las Iglesias evangélica y reformada, así como para la ética de la Iglesia católica en torno al séptimo mandamiento: con respecto a los protestantes, la valoración de la confesión sacramental, cuya validez

---

no, ad officia ex hisce institutis fluentia, obligati sumus, leges inde oriuntur hypotheticæ, revera quidem ex universalii iuris principio fluentes, sed vim suam obligandi, positis hisce institutis, exerentes».

[1] *Ibid.*, pp. 546-547: «Contra officia circa rerum dominium peccatur per furta, sive crassiori, sive subtiliori ratione, directe aut indirecte, commissa, rapinas, sacrilegio, peculatus, plagiatus et alia crimina in vita humana frequentissima. Referas huc et plagium literarium, dum viri docti quandoque aliorum labores sibi vindicant, et invitis auctoribus, pro suis venditant. Porro, quod ad contractus attinte, peccatur circa eos, per fraudes, dolos, imposturas quasvis. Iniusti contractus, et præstigiæ ac corruptelæ circa eos, stellionatus nomine venire solent. Pertinent huc etiam usuræ illicitæ et immodicæ: Hæc omnia in septimo decalogi præcepto prohibentur».

reivindica Erasmo, sigue siendo diferente, pero el interés y la conciencia de la Modernidad y el mercado parecen ser los mismos. Al margen del problema específico de la relación entre el Estado y el mercado, al que volveremos más adelante, lo que nos interesa es la afirmación erasmiana de que en su época el lugar designado para el robo y el hurto es, sobre todo, el mundo de los negocios: «También hay robos y tipos de hurto que pocos confiesan, tan lejos están de pensar en devolver las ganancias mal habidas. Esto ocurre sobre todo en los pactos y negocios».[1]

Hay tres afirmaciones de Erasmo que me parecen especialmente importantes: en primer lugar, la equiparación de la transgresión de las normas del comercio no sólo con el hurto, sino también con el robo; en segundo lugar, la necesidad de que los confesores cobren conciencia de que se ha extendido la costumbre de no considerarlos un pecado; en tercer lugar, la necesidad de conocimientos, incluso técnicos, para cobrar conciencia de las responsabilidades que permiten manipular el mercado mediante el acaparamiento, los monopolios, la venta de productos adulterados o, en general, el aprovechamiento de una posición de privilegio debida al poder político, al dinero o a la ciencia para enriquecerse a costa de la sociedad: la violencia no es sólo física, de ahí la equiparación, en contra de la distinción tradicional, de estos hurtos con el robo.[2]

Sobre la base de los confesionales de Antonino, de Gaetano o algunos otros del siglo xv, y después del Concilio de Trento, floreció una inmensa literatura de la que hemos hablado en otra obra a propósito de los problemas del derecho

---

[1] Erasmo de Róterdam, *Esomologesi ovvero sul modo di confessarsi*, ed. G. Francini, Turín, Aragno, 2005, pp. 102-103: «Jam sunt rapinarum ac furtorum species, quas pauci confitentur, tantum abest ut de restituendo cogitent, huismodi potissimum committuntur in pactis et contractibus».

[2] *Ibid.*, p. 108: «Ita quidam recondunt frumentum, ut si forte inciderit penuria rei frumentariæ, vendant quadruplo, aut decuplo, nec intelligunt hanc esse veram rapinam».

y de la conciencia.[1] En las facultades de teología nacieron y
se generalizaron los tratados de teología moral o los manuales para la formación de confesores, en los que el esquema
del tratado tomista *de iustitia et iure* se hizo autónomo y en-
globó el análisis de los Diez Mandamientos dentro de las teorías sobre la conciencia, las leyes naturales-divinas y las leyes
positivas, como se verá más adelante. En la práctica pastoral
y en la literatura destinada a la preparación del clero en los
nuevos seminarios, se pasa de las primeras recopilaciones de
las discusiones de los párrocos sobre los casos de conciencia—en las reuniones periódicas prescritas para ello en los
decanatos o vicarías de la diócesis—a las presentaciones más
elaboradas de los mismos casos en la penitenciaría canónica
de la catedral, hasta las eruditas colecciones de casos teóricos
con miles de situaciones hipotéticas expuestas en orden sistemático o alfabético. Se trata de un extraño paso, también a
nivel semántico, del estudio de los «casos» (como estudio de
lo concreto y de la experiencia de lo que puede ocurrir en la
vida cotidiana) a la abstracción de casos inventados cada vez
más complejos y a menudo irreales. Nace la llamada «casuística», un instrumento académico-religioso para la afirmación
de un inmenso entramado de definiciones hipotéticas de las
acciones humanas que aparentemente ya no tiene nada que
ver con la realidad, pero que representa un poderoso instrumento para la construcción de una jurisdicción espiritual de
la Iglesia, paralela a la jurisdicción positiva del Estado. Lo
interesante—y a menudo obviado—es que la casuística se
desarrolló durante más de un siglo (sin considerar los precedentes medievales) como un estudio para la solución de los
problemas concretos que plantea la vida social y económica.

En lo que respecta concretamente al séptimo mandamiento—desde el más humilde ejercicio de confesión de los penitentes, pasando por los volúmenes de casuística, hasta los

---

[1] Prodi, *Una storia della giustizia, op. cit.*, caps. V-VII.

grandes tratados de teología moral—el problema del hurto ocupa un lugar central en la ilustración de la ley natural-divina y de los Diez Mandamientos. Partimos aquí de la *Summa de peccatis* que preparó el cardenal Gaetano, aunque podríamos tomar cualquier otro manual para confesores de la época posterior al tridentino:

El séptimo: no robarás. Insultos a la propiedad: hurto, robo, fraude, usura y similares. Si ha robado. Si ha retenido algo que pertenece a otro, que no está abandonado, con la intención de conservarlo para sí mismo. Si ha tomado la propiedad de otras personas en un naufragio. Si ha vendido o comprado algo con fraude sobre el precio, peso, medidas o número. Si ha hecho contratos usureros. Si ha implantado nuevos impuestos. Si ha exigido impuestos a los organismos eclesiásticos contra las exenciones. Si ha quitado por la fuerza cosas a otros, aunque las posean injustamente. Si ha hecho contratos de sociedad injustamente. Si ha ocupado propiedades comunes. Y en el intercambio. En resumen, los que han actuado pueden, si realmente lo desean, acusarse mejor por sus faltas, porque la conciencia se lo reprocha desde su interior.[1]

Hay tres principios que me parecen destacables en los textos de Gaetano: la vinculación del séptimo mandamiento con los impuestos, y por tanto del poder político y el mercado; la superación del concepto tradicional de hurto hereda-

---

[1] Roma, 1527, f. 95: «Septimum præceptum non furaberis. De iniuriis quantum ad res: de furto, rapina, fraude, usura et huiusmodi. Si furatus est. Si rem alienam inventam que non habetur pro derelicta accepit animo retinendi per se. Si ex naufragio res alienas accepit. Si vendidit aut emit cum fraude, aut circa precium, aut circa pondus, aut circa mensuram, aut circa numerum. Si fecit contractus usurarios. Si imposuit novam gabellam. Si exegit gabellas a personis ecclesiasticis contra ipsarum exemptiones. Si violente abstulerit rem alienam aut suam a quieto possessore quamvis male possideret. Si contractum societatis iniuste fecit. Si communia bona usurpavit. Et de cambiis. Et breviter hec melius ipsi qui fecerunt sciunt si volunt se accusare, quoniam conscientia eorum accusat eos intus».

do del derecho romano en el nuevo concepto de sociedad y mercado (el hurto es un pecado grave no sólo porque atenta contra la justicia, sino también contra la caridad como vínculo social: «Quia iustitiam violat contra caritatem proximi»);[1] y la apelación a la conciencia del comerciante que sabe mejor que el confesor lo que ha hecho.

El problema es que el papado, el magisterio de la Iglesia católica, no ofrece ninguna indicación segura para orientar las conciencias sobre un tema que por entonces era central en la sociedad. En los decretos de reforma del Concilio de Trento (1545-1563) no encontramos ninguna referencia al problema del mercado ni de la vida económica: es un silencio atronador. No sólo para nosotros: lo denuncia el primer sucesor de Ignacio de Loyola en la dirección de la Compañía de Jesús, el segundo general Diego Laínez en Génova en 1554, tras unos meses de práctica en la predicación y la confesión, en su *Disputatio de usura variisque negotiis mercatorum*.[2] Conviene señalar la fecha (anterior a la última fase del tridentino) y la ciudad, el centro más importante de las finanzas europeas en aquella época. Tras recordar las condenas seculares, desde los Padres de la Iglesia hasta el siglo XV, la usura y la especulación financiera con divisas y otras formas de contratos, Laínez señala que esos preceptos ya no tienen ningún asidero en la vida concreta de los cristianos y que el magiste-

---

[1] J. Giers, *Gerechtigkeit und Liebe. Die Grundpfeiler gesellschaftlicher Ordnung in der Sozialethik des Kardinals Cajetan*, Düsseldorf, Mosella, 1941, p. 61.

[2] Diego Laínez, *Disputationes Tridentinæ*, t. II: *Disputationes Variæ Ad Concilium Tridentinum Spectantes. Commentarii Morales Et Instructiones*, ed. H. Grisar, Innsbruck, Typis et Sumptibus Feliciani Rauch, 1886, pp. 227-331. R. Savelli, «Between Law and Morals: Interest in the Dispute on Exchanges during the 16th Century», en: V. Piergiovanni (ed.), *The Courts and the Developments of Commercial Law*, Berlín, Duncker & Humblot, 1987, pp. 39-102 (para Laínez, pp. 65-70), llamó acertadamente la atención sobre este texto en el contexto de la economía financiera genovesa.

rio papal o, en su defecto, el de los arzobispos metropolitanos en las distintas provincias debe pronunciarse para aclarar las oscuridades que ponen en peligro la salvación de las almas:[1] aparte de los frecuentes casos de evidente corrupción de los confesores por parte de los penitentes ricos,[2] el problema es que ni siquiera los cristianos piadosos son conscientes de incurrir en pecados graves en la práctica.[3] Laínez intenta demostrar que la usura y la especulación financiera son perjudiciales para el bien común y para las actividades productivas, y pueden provocar revueltas populares,[4] y concluye que es necesaria una gran asamblea o decisión solemne de la Santa Sede, con la consulta de teólogos y juristas, sobre los puntos propuestos por los comerciantes afectados; o, en su defecto, que las provincias eclesiásticas y las diócesis intervengan para tomar posición sobre las nuevas técnicas financieras acerca de las que las antiguas doctrinas son abso-

[1] *Ibid.*, p. 228: «Tum etiam quia subtilitas enim mercatorum, ducente eos cupiditate [...] tot technas invenit, ut vix facta nuda ipsa perspici possint, nedum dijudicari; ex quo quidam factum est, ut moderni tractatores, sive theologi, sive juris periti, inter se varii sint et dissoni».

[2] *Ibid.*, p. 315: «Quia fortassis blanditiis et muneribus multi confessores corrumpuntur, ut absolvant non absolvendos, præsertim Januæ, ubi multi de more solent aureum exhibere confessori, quoties confitentur».

[3] *Id.*: «Admonendi essent confessores, ut huismodi homines ad se venientes interrogarent et exigerent, ut negotia sua explicarent; quia experientia testatur, quod huismodi mercatores, etiam qui probi et sanctuli videntur, non explicant in confessione negotia sua, sed tantum dicunt, se nihil in his scrupuli habere, et ideo illis omissis, quæ gravissima sunt et maxime seria, de quibusvis tantum levibus næniis se in confessione accusant».

[4] *Ibid.*, p. 242: «Nocet etiam usura publico, tum quia impedit negotiationem, quæ publico prodest, dum multos artifices habet occupatos suis mercibus, multos etiam ministros; quæ prodest principibus, quibus solvet vectigalia, et provinciis, quibus vel copiam rerum vel pecuniam affert. Que bona omnia e medio tollit usura, quia usuris vacans sibi solus prodest, paucos occupat ministros, pauciores artifices, et quum omnibus noceat, nulli prodest [...] Nascuntur etiam discordiæ in civitatibus ex invidia et odio pauperum erga divites, præsertim si ab eis expoliati sint».

lutamente incapaces de dar orientación e incluso los nuevos expertos difieren entre sí.[1] Si eso no ocurre y el magisterio sigue ausente, todo deberá centrarse en la información y la formación de confesores especializados.

Desde la bula *In eam* (1571) de Pío V contra el cambio simulado hasta la encíclica *Vix pervenit* (1745) de Benedicto XIV sobre la usura,[2] no faltan documentos pontificios sobre el tema de los contratos y el cambio monetario que encubre usura, sobre la compraventa de rentas y de bienes muebles e inmuebles, y sobre los contratos empresariales: pero la ambigüedad de estos textos deja un enorme espacio a las especulaciones de los teólogos y a las controversias de los casuistas. La oposición entre moralistas rigurosos y laxos, entre probacionistas y probabilistas, encuentra en estas ambigüedades un campo formidable para ejercitar la erudición y ejercer el control de las conciencias: de hecho está provocada y alimentada por estas mismas ambigüedades. Afortunadamente, en los últimos años desde el interior de la propia Iglesia se ha llevado a cabo un cuidadoso análisis de esta enorme literatura, y a ella me referiré,[3] aunque limitándome

---

[1] *Ibid.*, p. 321: «Neque dicat aliquis, sufficere definitiones in hac re olim factas; quia videmus per subtilitatem mercatorum multa negotia inventa, non solum non decisa a sede apostolica, sed neque cognita doctoribus etiam modernis, qui de usura scripserunt». Me parece iluminador relacionar esta petición de Laínez sobre la necesidad de un pronunciamiento del magisterio con el lamento expresado por el notario sienés Angelo Corbinelli un siglo y medio antes, en su testamento de 1419 (*cf. supra*, pp. 180-181).

[2] Resulta interesante que Pío V incluyera en su bula la condena de las especulaciones financieras destinadas a manipular el mercado de libre cambio: «Eos vero qui conspirationes fecerint, vel congestam undique pecuniam ita ad se redegerint, ut quasi monopolium pecuniæ facere videantur, poenis quæ a iure contra exercentes monopolia constitutæ sunt teneri sancimus» (*Magnum Bullarium Romanum*, t. VI, Turín, Seb. Franco, H. Fory et Henrico Dalmazzo Editoribus, 1862, pp. 884-885).

[3] P. Vismara, *Oltre l'usura. La Chiesa moderna e il prestito a interesse*, Soveria Mannelli, Rubbettino, 2004: en esta obra pueden encontrarse exhaustivas referencias bibliográficas que omito aquí.

a algunas pistas parciales que pueden servir para ver el fenómeno desde el punto de vista externo, desde la perspectiva del mercado y del poder político.

4. MANUALES PARA CONFESORES Y CASUÍSTICA

El hombre que mayor autoridad tiene en el control de las almas, coincidiendo con las propuestas de Laínez, es el agustino Martín de Azpilcueta (1493-1586, llamado Doctor Navarrus por su origen navarro, profesor en Salamanca y en Coímbra, Portugal). En su *Enchiridion sive manuale confessariorum et poenitentium*, publicado por primera vez en 1552 y posteriormente, en las siguientes décadas, reeditado innumerables veces en latín, español, portugués e italiano, añade al esquema tradicional de los Diez Mandamientos cinco comentarios «sobre el intercambio, la usura, la simonía, la defensa del prójimo y el hurto notable».[1] Sin entrar en las cuestiones más generales, basta señalar que no sólo el tema de la transgresión de las leyes del mercado se inscribe en el séptimo mandamiento, sino que se convierte en el centro del mismo y también, cuantitativamente, en el punto decisivo de la nueva legislación penitencial. Sólo es necesario subrayar que no se trata de una obra

---

[1] Sobre su figura y la evolución de su pensamiento desde los primeros planteamientos erasmistas, véase V. Lavenia, *L'infamia e il perdono. Tributi, pene e confessione nella teologia morale della prima età moderna*, Bolonia, Il Mulino, 2004, en particular pp. 219-264. Personalmente, he utilizado la edición veneciana del manual de confesores y penitentes de 1603. Para sus ediciones italianas en el catálogo de literatura penitencial véase M. Turrini, *La coscienza e le leggi. Morale e diritto nei testi per la confessione della prima età moderna*, Bolonia, Il Mulino, 1991, pp. 365-378 (nn. 349-440). Su discusión sobre los tipos de cambio también tuvo un desarrollo aparte con el *Comentario resolutorio de cambios* (Salamanca, 1556), que atrajo la atención de los historiadores del pensamiento económico y ha sido reeditado recientemente en una edición crítica (Madrid, CSIC, 1965) con una introducción de A. Ullastres, J. M. Pérez Prendes y L. Pereña.

académica y erudita (aunque haya que mencionar su pensamiento teórico en lo que se refiere a la relación entre el derecho natural-divino y el derecho positivo): su influencia no sólo se debió a la enorme difusión del texto como referencia para la preparación de los sacerdotes-confesores, sino también como base para el debate de los casos de conciencia en las diócesis y congregaciones periódicas del clero de cada parroquia previstas por el Concilio de Trento.[1]

Como mero ejemplo, resumiré un caso de conciencia discutido en la catedral de Bolonia el 20 de abril de 1581: Giovanni exporta, sin pagar derechos ni impuestos, trigo u otras mercancías prohibidas bajo pena de prisión y confiscación (*sub poena triremium*): ¿está cometiendo pecado mortal?, ¿cómo debe actuar el confesor? No hay duda del mandato divino de obedecer a los príncipes y, por tanto, de pagar los justos tributos, pero éstos los fija la ley humana y (*ut docet ipsa experientia*) varían de un país a otro; sin duda, en un caso como éste el legislador no pretendía que esa ley penal obligara ni siquiera en conciencia (*ad culpam*): la conclusión es que Giovanni no comete pecado mortal en términos absolutos si actúa en consonancia con su conciencia, porque las leyes fiscales son siempre discutibles y a veces patentemente injustas, y además asume al riesgo de ser castigado y de que

---

[1] Para el ejemplo de Bolonia, *cf.* los volúmenes de Luis de Beja Perestrello, *Responsiones casuum conscientiæ*, publicados desde 1582 hasta los primeros años del siglo XVII (catálogo en Turrini, *La coscienza e le leggi, op. cit.*, pp. 382-385, nn. 474-492); *cf.* P. Prodi, *Il cardinale Gabriele Paleotti*, vol. II, Bolonia, Storia e Letteratura, 1966, p. 125 y *passim*. La revisión más completa de los teólogos moralistas que tratan el tema del hurto se encuentra en T. Larrañaga, *De materia gravi in furto apud theologos sæculorum XVI et XVII*, Roma, Pontificia Università Antonianum, 1960, donde se analiza la multiplicación de las reflexiones sobre el hurto, sobre su gravedad objetiva (pecado grave o venial) en relación con el valor objetivo de la cosa robada y las personas implicadas, si bien esta exhaustiva revisión no menciona el tema del mercado.

le confisquen los bienes.[1] Si se obligara a los confesores a hacer valer el principio de culpabilidad objetiva como pecado mortal todo el orden social se vería perturbado y los confesores quedarían comprometidos en la recaudación de unos impuestos que en muchas ocasiones tal vez no sean justos, tanto en relación con los fines para los que fueron establecidos como en relación con las necesidades particulares del sujeto. Numerosos autores, como Azpilcueta, se citan en apoyo de esta tesis.

Si tomamos textos breves de gran difusión destinados a la formación del clero y los confesores, con decenas de ediciones en los siglos XVII y XVIII en toda Europa, el esquema relativo al séptimo mandamiento se refiere en realidad al mercado, aunque partiendo de la definición tradicional de hurto: los posibles fraudes en la compraventa, el problema del precio justo, el tema de la usura y los intereses del cambio, los arrendamientos o los contratos empresariales en el marco del deber general de restitución de las ganancias mal habidas. Así lo plantea la *Instructio sacerdotum ac de septem peccatis mortalibus*, del célebre profesor jesuita del Colegio Romano Francisco Toledo (1532-1596), que gozó al menos de cuarenta y seis ediciones en latín y en las principales lenguas europeas.[2]

La posterior *Expedita iuris divini, naturalis et ecclesiastici moralis expositio* del jesuita Tommaso Tamburini (1591-1675) se divide en tres partes: *De sacramentis, quæ sunt de iure divino (I), De contractibus, quos dirigit ius naturale (II), De censuris et irregularitate, quæ sunt de iure ecclesiastico (III).*[3] Incluso en los textos destinados más directamente a la pastoral, como la *Medulla theologiæ moralis* del jesuita Hermann

---

[1] Luis de Beja Perestrelo, *Responsiones casuum conscientiæ*, Bolonia, apud Alexandrum Benatium, 1587, ff. 32-36, la cita se encuentra en el f. 34r: «His suppositis probatur Joannem non peccasse mortaliter eportando dictas merces sine solutione tributi, seu gabellæ, nec ad restitutionem teneri».

[2] He usado la edición de Milán, 1601 (1.ª ed.: Lyon, 1599), pp. 332-385.

[3] He utilizado la edición de Milán, 1662.

Busenbaum (1600-1668), el esquema es idéntico: sólo varía la técnica expositiva, dirigida a la confesión del penitente, y la precisión de los detalles de los casos examinados.[1]

Me parece importante destacar que en la primera mitad del siglo XVII la teología moral católica, y en particular la escuela de los jesuitas, formuló un intento generalizado de integrar la ley natural-divina y las normas morales en un marco global que permitiera regular la vida económica y la relación entre el poder económico y el político, un marco destinado a ser abandonado en las décadas siguientes para dar lugar, como ya he dicho, a desarrollos en dos direcciones diferentes: por un lado, a un discurso basado en la autonomía de un derecho natural desvinculado de la regulación eclesiástico-sacramental; y, por otro, a una regulación estatal-positiva en materia contractual. Al mismo tiempo, se produjo el desarrollo del nuevo derecho canónico como disciplina eclesiástica, particularmente con Louis Thomassin (1619-1695) y Zeger Bernhard van Espen (1646-1728): la renuncia explícita al derecho canónico como derecho universal para convertirse en una «disciplina» interna de la Iglesia católica, una «policía eclesiástica» para la vida sacramental y la organización clerical.[2]

El análisis y los preceptos relativos parecen estar siempre ligados a los problemas concretos, a las diferentes contingen-

---

[1] H. Busenbaum, *Medulla theologiæ moralis*, Venecia, Theodori Raesfeldt, 1661 (utilicé esta edición de bolsillo, en la que el tratado V del libro III está dedicado al séptimo mandamiento: 70 páginas de un total de unas 500). [Existe traducción en español: *Medula de la theologia moral*, trad. V. A. Ibáñez de Aoyz, Barcelona, Antonio Ferrer y Compañía, 1688].

[2] L. Thomassin, *Ancienne et nouvelle discipline de l'Église*, 3 vols., París, François Muguet, 1679; Z. B. van Espen, *Jus ecclesiasticum universum hodiernæ disciplinæt præsertim Belgii, Galliæ, Germaniæ et vicinarum provinciarum accomodatum*, 3 vols., Colonia, Wilhelmi Metternich & Filii, 1729-1732. Véase Prodi, *Una storia della giustizia, op. cit.*, pp. 246 y 281; *Id.*, «Note sul problema della genesi del diritto della Chiesa post tridentina dell'età moderna», en: *Legge e Vangelo*, Brescia, Paideia, 1973, pp. 191-223.

cias históricas, no destinados a una teoría económica y menos aún a nutrir los esquemas de corrientes (voluntaristas y
tomistas, probabilistas y probacionistas, etcétera) que han
acaparado el estudio de la teología moral de la Edad Moderna, sino en función de los problemas que se plantean en la
sociedad mercantil para salvaguardar las reglas del mercado frente a los ataques de los poderes externos que tienden
a apoderarse de él y los problemas que surgen recurrente-
mente en su seno. No quiero decir con ello que la polémica
entre probabilistas (laxistas) y rigoristas no tuviera importancia, al menos hasta la condena del Santo Oficio a la laxi-
tud en 1665-1666, sino que la casuística no nace del probabilismo, más bien a la inversa: el probabilismo es en cierto
modo el fruto de la práctica confesional nacida del Concilio
de Trento y de los problemas entre la conciencia y el derecho; se abandonó cuando su función histórica terminó con la
victoria del derecho positivo del Estado, que encontró apoyo
en los jansenistas y rigoristas en general. Lo único que pretendo subrayar es la centralidad de la conciencia en relación
con el séptimo mandamiento en el mundo católico postri-
dentino, aunque se conciba el papel de la Iglesia y del Estado de distinto modo a como se entiende en los países en los
que se impuso la Reforma.

Tras un interesante análisis del pensamiento de dos grandes representantes de las teorías probabilísticas, el teatino
Antonino Diana (1586-1663) y el jesuita Tommaso Tamburini (mencionado anteriormente), un estudio relativamente reciente califica las reacciones «antiprobabilistas» que se
desarrollaron en la segunda mitad del siglo XVII de «crisis de
la teología barroca».[1] La intención de los casuistas es ciertamente imponer el probabilismo «como instrumento para
ocupar los espacios entre el soberano y los súbditos», pero

---

[1] S. Burgio, *Teologia barocca. Il probabilismo in Sicilia nell'epoca di Filippo IV*, Catania, Società di Storia Patria per la Sicilia Orientale, 1998.

es precisamente eso lo que se percibe como «instrumento de subversión». Aunque estoy de acuerdo en que no es posible hablar de la promoción de un «orden» como un rasgo específico del probabilismo o de la casuística en general,[1] creo, sin embargo, que tal intención se percibió como amenaza y no fue un componente secundario ni siquiera en la lucha contra los jesuitas y la abolición de la Compañía de Jesús en el siglo siguiente, por lo que, como he dicho en otro lugar, el jansenismo no fue secundario en la afirmación de la ideología monárquica.

De hecho, desde finales del siglo xvii, en buena medida a causa de la consolidación de la alianza entre el trono y el altar, y la debilidad crónica del papado frente a los soberanos absolutos,[2] dejan de abordarse temas como las amenazas al mercado, los impuestos, los monopolios y los préstamos con intereses. La casuística se ve atacada simultáneamente en dos frentes: por un lado, los rigoristas la acusan de traicionar la Biblia en favor de la razón y los intereses;[3] por otro, los partidarios del Estado la consideran peligrosa, cuando no subversiva. Los jesuitas se vieron obligados a renunciar definiti-

---

[1] S. Burgio, *Appartenenza e negozio. La crisi della teologia barocca,* Soveria Mannelli, Rubbettino, 2004, pp. 26-27: «La intención de Diana no es proponer el probabilismo como instrumento potencial de subversión del orden político y social existente, sino ocupar espacios en la relación entre el soberano y los agentes [...] El objetivo del probabilismo no es en absoluto promover un *ordo*, sino una *auctoritas*».

[2] A. C. Jemolo, *Stato e Chiesa negli scrittori politici italiani del '600 e del '700,* ed. F. Margiotta Broglio, Pompeya, Morano, 1972.

[3] Un caso ejemplar es la crítica de Claude Fleury (1640-1723), amigo de Fénelon, en su obra *Mœurs des chrétiens,* reeditada y traducida en muchas ocasiones durante el siglo xviii (iv parte, cap. 64): «Il s'est à la fin trouvé des casuistes qui ont fondé leur morale plutôt sur le raisonnement humain, que sur l'Écriture et la Tradition». Citado por Alessandro Manzoni en el capítulo iv de *Osservazioni sulla morale cattolica,* Cinisello Balsamo, San Paolo, 1986, p. 90. [Existe traducción en español: *Observaciones sobre la moral católica,* trad. F. Navarro y Calvo, Madrid, Luis Navarro, 1882].

vamente al establecimiento de un orden normativo objetivo que se interpusiera, sobre la base de la razón y las *auctoritates*, entre el juicio moral de la conciencia y el avance arrollador de la legislación estatal. Así, como máximos representantes de la casuística, los jesuitas fueron marginados y más tarde abatidos, hasta la abolición de la orden con Clemente XIV en 1767 mediante la política del concordato: la autonomía del mercado respecto a la autoridad política no fue una cuestión secundaria en este punto.

La atención parece centrarse únicamente en la economía familiar, el salario de los criados y las relaciones dentro de la empresa.[1]

5. LOS TRATADOS «DE IUSTITIA ET IURE»: ESTADO Y MERCADO

Esta vía puede apreciarse con mayor claridad en los tratados universitarios *de iustitia et iure*, que también pretenden abordar la relación entre el Estado y el mercado desde un punto de vista teórico. Si bien no es posible trazar una línea de demarcación clara entre los libros destinados a la práctica o a la formación de los confesores y la producción de tratados teóricos, lo cierto es que en la reflexión que realizan grandes pensadores en las universidades el problema del séptimo mandamiento se relaciona más directamente con los grandes temas de la evolución del Estado y del mercado y, por tanto, es más fácilmente historiable. Los tratados *de iustitia et iure* se desarrollaron en la España del siglo XVI como comentarios a las cuestiones de la *Secunda secundæ* de Tomás de Aquino, pero lo que los convierte en obras completamente originales es su relación con la realidad concreta del Estado y del

---

[1] J. Healy, *The Just Wage 1750-1890. A Study of Moralists from St. Alphonsus to Leo XIII*, La Haya, Martinus Nijhoff, 1966.

mercado de su tiempo. Es fundamental la elección común de tomar su título del primer apartado del capítulo primero del *Digesto* del derecho romano.

Con el desarrollo del Estado en la primera Edad Moderna surge con extrema fuerza el problema de la relación entre el derecho positivo y la conciencia: ¿puede el derecho del Estado obligar al sujeto en conciencia? En un plano más general, he tratado de abordar en otra obra el problema de las leyes «puramente penales», y creo haber vislumbrado en el transcurso del siglo XVI una vía en que la reflexión teológica católica, en particular la española, se decanta decididamente por la solución estatal en acusado contraste con el dualismo sostenido por Gerson un siglo antes y todavía muy presente a principios del siglo XVI: desobedecer las leyes estatales parece considerarse un delito cada vez más grave a medida que pasan las décadas, aunque de gravedad variable en los contextos individuales.[1] Los estudios más recientes que han examinado a fondo esta literatura me eximen de detenerme en tales debates.[2]

Sólo quiero insistir en la importancia del nuevo marco político de reflexión sobre las leyes del mercado. El interlocutor es cada vez más el Estado moderno, y su construcción impone un cambio radical en la relación de poder entre Estado, Iglesia y mercado, no sólo en los territorios que abrazaron la Reforma y en la Inglaterra cismática, sino también en los países católicos, en los que el pensamiento varía considerablemente según la fuerza de los protagonistas (España con Felipe II y Francia con Enrique IV como polos fuertes, Italia como zona gris con soberanía limitada, etcétera).[3]

---

[1] Prodi, *Una storia della giustiza, op. cit.*, pp. 203-211.
[2] Lavenia, *L'infamia e il perdono, op. cit.*
[3] Un ejemplo de esta nueva perspectiva de investigación: B. Pierre, *La bure et le sceptre. La congrégation des Feuillants dans l'affirmation des États*

Sobre esta base, me parece que pueden establecerse tres fases.

La primera comprende la primera mitad del siglo XVI y termina entre los últimos años de Carlos V y el comienzo del reinado de Felipe II o, si queremos tomar un punto de referencia en la historia de la Iglesia, con la conclusión del Concilio de Trento en 1563. En esta fase, siguiendo la estela de Gerson y Gaetano, la concepción contractual consiste tanto en una relación dialéctica pero autónoma entre los dos poderes—la jurisdicción espiritual y la temporal—como en una relación entre Estado y mercado. A esta primera fase pertenecen, a menudo bajo la influencia manifiesta o velada de Erasmo de Róterdam, los primeros pensadores teológicos de la Edad Moderna, como los dominicos Francisco de Vitoria (1483-1546), Domingo de Soto (1494-1560) y Bartolomé de las Casas (1484-1566): una generación que dejó un gran legado pero que estaba destinada a chocar frontalmente con el cambio que se produjo a partir de mediados de siglo en la relación entre política, Iglesia y mercado.

Francisco de Vitoria representa, como es bien sabido, el punto de partida del contractualismo moderno en la bipolaridad entre poder político y orden ético, en buena medida a raíz de la experiencia de las revueltas internas en la España de la década de 1620. El soberano tiene derecho a promulgar leyes que obliguen en conciencia, pero éstas deben ser coherentes con el orden ético y con los principios de justicia enunciados por santo Tomás. Para el objeto de nuestro estudio, lo importante es que el principio de restitución de las ganancias mal habidas también se considera la clave de interpretación de la política fiscal y el mercado. La conocida sentencia de Vitoria en materia de política internacional sobre la necesidad de una causa justa para que la guerra pueda llamar-

---

et des Pouvoirs princiers (vers 1560-vers 1660), París, Publications de la Sorbonne, 2006.

se justa, se aplica en cierta medida también a las relaciones entre el Estado y el mercado. Más adelante examinaremos algunos aspectos concretos del precio justo y la fiscalidad, pero aquí sólo querría apuntar que Francisco de Vitoria intentó (como muchos otros que le siguieron) hacer de la Iglesia, entendida como representante del derecho ético-natural, el árbitro en las tensiones entre la política y el mercado.[1]

El tratamiento más sistemático de esta primera generación parece ser el de Domingo de Soto, quien distingue pecado y delito, y también jurisdicción temporal y espiritual, e inscribe temas como los contratos, la usura y el intercambio en la reflexión en torno al séptimo mandamiento «sobre el hurto»:[2] después de haber tratado en el libro cuarto los problemas generales de la justicia conmutativa, en el libro quinto se ocupa del problema de los delitos contra las personas (homicidio, lesiones, violación, etcétera) y del hurto, la usura y todo tipo de contratos. El hurto es un pecado muy grave porque no sólo atenta contra la caridad, sino también contra la justicia, y así menoscaba la *fides* sin la cual la sociedad humana no puede sobrevivir: no es posible reducir el hurto al estricto espacio de la relación entre individuos, sino que es un delito contra la confianza como fundamento de la paz social.[3] Así pues, junto con las penas previstas por el derecho positi-

---

[1] Véase en particular el comentario a las *quæstiones* 62 (*De restitutione*) y 63 (*De acceptione personarum*) de la *Secunda Secundæ* de santo Tomás, en: Francisco de Vitoria, *Comentarios a la Secunda secundæ de santo Tomás*, t. III, ed. V. Beltrán de Heredia, Salamanca, Biblioteca de Teólogos Españoles, 1934, pp. 61-265.

[2] Domingo de Soto, *De iustitia et iure libri decem*, Madrid, Instituto de Estudios Políticos, 1968, 3 tomos (reproducción facsímil de la edición de 1556 con traducción al español e introducción de V. Diego Carro O. P.).

[3] *Ibid.*, lib. V, q. III, art. 3 (t. III, p. 420): «Nam per furtum cives expelluntur iure suo, atque adeo pax civitatis perturbatur: est ergo contra charitatem». Sólo el robo es un delito más grave que el hurto, porque la violencia es inadmisible en cualquier caso (mientras que el hurto es admisible en casos de extrema necesidad).

vo en función de las posibilidades de acción para reivindicar los propios derechos por parte de cada individuo, existe una esfera de pecado en la que el cristiano está obligado a devolver cualquier ganancia ilícita, aunque no sea juzgada y condenada por los tribunales, en la medida en que perjudica al «progresso» humano y al mercado que, como instrumento de dicho progreso, ha tenido que inventar nuevas «rationes».[1] La doctrina del precio justo se basa en un equilibrio que no depende de la simple naturaleza o rareza de los bienes, sino de su conveniencia y utilidad: teóricamente sería deseable que los precios se establecieran por ley en función del bien común, pero en la práctica es mejor que se produzca competencia entre vendedores y compradores en el mercado.

Ésta es la razón por la que para Soto el fraude y todo lo que restringe la competencia, como los monopolios y la usura, pueden calificarse de «hurto»: «Nam fraudulentia emptionis et usurae genus quoddam furti est» ('Pues la compra fraudulenta y los intereses abusivos son una suerte de hurto'). El comerciante puede vender lícitamente las mercancías a un precio superior a su valor objetivo a condición de no infringir las reglas del mercado. Ésa es la norma fundamental que va más allá del derecho romano (según el cual sólo cuando el precio estipulado era dos veces superior o inferior al valor real de las mercancías había razón para iniciar una acción judicial de invalidación del contrato): el precio sólo es justo en la medida en que se respete el mercado como «ius Poli», la ley de Dios.[2]

---

[1] *Ibid.*, lib. VI, q. II, art. 2 (t. III, p. 543): «Humanum enim genus ab imperfecto ad perfectum progressum est. Et ideo in initio, dum rude erat, incomptumque ac paucioribis necessitatibus implicitum, per rerum cambia sibi suffuciebat: post vero iam cultius politiorem ornatioremque vitam instituens, necesse habuit novas escogitare commerciorum rationes, inter quas consultissima fuit commerciorum usus, licet humana avaritia nihil non depravat».

[2] *Ibid.*, lib. VI, q. III, art. I (t. III, pp. 549-553).

No podemos detenernos a examinar la ingente literatura centrada en la legitimidad de las conquistas coloniales, pero baste mencionar que también en este caso desempeña un papel fundamental la restitución de las ganancias mal habidas por parte de conquistadores, encomenderos y mercaderes. No se trata únicamente del problema de la guerra justa, sobre el que se han vertido ríos de tinta, sino del de la restitución de las riquezas y bienes usurpados. La esperanza de estos teólogos es que, de común acuerdo entre el soberano y la Iglesia, se recupere una justicia que concilie el respeto del séptimo mandamiento en el plano interno de la confesión con el plano externo del establecimiento de un orden justo: una reafirmación del contractualismo como base del orden político, pero también una condena de la usurpación de poder sobre la vida económica que suponen los monopolios y la venta de los cargos públicos. En concreto, Bartolomé de las Casas planteó el proyecto de vincular el perdón de la Iglesia a los usurpadores-conquistadores con la formalización del procedimiento de restitución en el foro civil: esa esperanza estaba destinada a desvanecerse hacia mediados de siglo,[1] pero no sin dejar semillas soterradas que se desarrollarían en los círculos jesuitas a finales de siglo hasta convertirse en verdaderas legitimaciones de las revueltas indias.[2]

La segunda fase puede situarse a partir de 1550, cuando la situación pareció cambiar radicalmente. Con el fracaso de la llamada «reforma de los príncipes» en el tercer período del Concilio de Trento (1563), puede decirse que la primera fase concluyó con la renuncia forzada del papado a imponer una protección de tipo confesional al Estado y con la adhesión clave de muchos teólogos españoles y franceses a la nue-

---

[1] *Cf. Tratados de 1552. Impresos por Las Casas en Sevilla e Doce dudas*, reimpreso en *Obras completas*, Madrid, Alianza, 1992, vols. 10 y 11/1.

[2] G. Piras, *Martín de Funes S. I. e gli inizi delle riduzioni dei Gesuiti nel Paraguay*, Roma, Storia e Letteratura, 1998.

va doctrina de la soberanía: fueron los episcopados español y francés, apoyados por sus teólogos, quienes rechazaron las pretensiones del papado en Trento.[1] En la misma dirección apuntan otros acontecimientos de los mismos años, desde las nuevas leyes fiscales de la corona española, que se encontraba en permanente quiebra, hasta el establecimiento de una reorganización administrativa civil y eclesiástica en los nuevos territorios. Se teorizó la deseable fusión del poder religioso y político dentro de los Estados confesionales y, pese al reconocimiento de la soberanía del Estado, se intentó que éste incorporase los contenidos éticos elaborados por Roma y la nueva teología moral.

En el célebre tratado *Suma de tratos y contratos* de Tomás de Mercado (fallecido en 1575),[2] también dominico y formado en la escuela de Salamanca, el panorama parece completamente distinto al de unos años atrás: se advierte la continua presencia del Estado en la economía y la legitimidad de las intervenciones legislativas del soberano en el mercado, la centralidad del problema colonial y del comercio oceánico. Citando la afirmación del virrey Antonio de Mendoza, según quien nada resulta más útil al gobierno de la república que los buenos confesores, afirma que es imposible gobernar bien un pueblo sin el sacramento de la penitencia, no sólo para inculcar en los súbditos la obediencia a la autoridad constituida: los confesores son, en cierto modo, los intermediarios capaces de explicar y traducir las leyes generales y abstractas a la realidad concreta, cotidiana y cambiante, de la sociedad y del mercado; son ellos quienes deben hacer comprender a sus fieles la relación entre el precio justo y el

---

[1] P. Prodi, «Il concilio di Trento di fronte alla politica e al diritto moderno», en: P. Prodi y W. Reinhard (ed.), *Il concilio di Trento e il moderno*, Bolonia, Il Mulino, 1996, pp. 7-26.

[2] Edición con estudio preliminar de N. Sánchez-Albornoz, Madrid, Instituto de Estudios Fiscales-Ministerio de Hacienda, 1977, 2 vols.

precio legal de las mercancías, los problemas de devaluación, qué contratos son legítimos y cuáles no, etcétera.[1] El tratado de contratos de Tomás de Mercado no es otra cosa que un manual para que los confesores realicen su función de intermediarios entre el Estado y el mercado.

En esta segunda fase, la nueva teología moral mantiene su centro de gravedad en España, pero se extiende a los países católicos convirtiéndose en cierto modo en el pensamiento oficial de la Contrarreforma: el reconocimiento de la soberanía va acompañado de una posición defensiva de la jurisdicción y de las prerrogativas eclesiásticas, que progresivamente se van tiñendo de los colores del privilegio, la alianza entre el trono y el altar. El intento de construir un Estado confesional integrado en que el monopolio se concreta en una única jerarquía clerical-estatal puede verse en la obra del jesuita portugués Juan Bautista Fragoso *Regimen reipublicæ Christianæ*: la primera parte se refiere al Estado y al príncipe, la segunda a la Iglesia, la tercera a la economía. Ésta última, junto con el mercado, parece inscribirse de nuevo en la antigua esfera al margen de los ámbitos de poder, que siguen siendo sólo los del Estado y la Iglesia.[2] A fin de cuen-

---

[1] *Ibid.*, esp. lib. II, cap. VII, pp. 111-118: «Así que un buen confesor es casi tan necesario como la misma ley, pues él es principalmente quien la hace guardar [...] Volviendo a nuestra propuesta, digo que deberían ser los padres confesores muy padres de la república, pues son los principales gobernantes de ella y la guarda principal de todo su bien y el más fuerte amparo contra todo mal verdadero, que es el vicio, en hacer guardar a los penitentes sus leyes y ordenanzas, dado que hay menos obligación en los príncipes y en los que gobiernan de ser rectos, prestos y prudentes en tasar los precios, de modo que gane alguna cosa en su trato quien sirve a la república».

[2] B. Fragoso, *Regimen Reipublicæ Christianæ ex sacra theologia et ex utroque iure ad utrumque forum tam internum quam externum coalescens in tres partes divisum*, Lyon, sumpt. hæred. Gabr. Boissat, & Laurentij Anisson, 1641, 1648 y 1652, 3 vols. en folio. Parte III: *Oeconomiam continet, ac patrum familias in filios, et domesticos, et filiorum et domesticorum in parentes, ac dominos obligationes explicat.*

tas, se trata de que la Iglesia renuncie a todo poder directo sobre lo «público» pero aproveche el poder del Estado para reclamar sus propias inmunidades, privilegios y jurisdicción espiritual sobre la esfera privada.

A este giro en favor del poder absolutista y confesional corresponde el desarrollo de una segunda línea diferente: la elaboración, sobre todo por parte de los jesuitas (cuyo autor más eminente es Roberto Belarmino), de la teoría del poder indirecto y, por tanto, de la aceptación del Estado soberano, pero en el marco de una jurisdicción espiritual diferente y superior al magisterio romano.[1] En un plano más general, esto se traduce en un inmenso esfuerzo por erigir un orden ético calcado del jurídico, paralelo pero independiente del Estado dotado del recurso a la coerción física. El planteamiento tomista tradicional se mantiene, pero en cierto modo todo se invierte, porque con el reconocimiento de la fuerza coercitiva de la nueva ley estatal que no puede ser modificada por la intervención directa del poder eclesiástico, se recurre a la ley natural como alternativa que el cristianismo puede gestionar como tal y, por tanto, también el magisterio de la Iglesia como gestor del fuero interno de la conciencia: es una ley ajena y superior a cualquier ley positiva, porque la razón la inscribe en el corazón del hombre. En el centro del terreno en disputa se encuentra el mercado.

En la tercera fase, a finales del siglo XVI, parecen abrirse dos vías muy diferentes que sería un error considerar—como han hecho muchos autores—un pensamiento unificado y poderoso de la segunda escolástica. Junto con la doctrina teocrático-regalista se abrió una vía de mayor impacto en el desarrollo del espíritu público europeo que consistió en el decidido esfuerzo por fundar un derecho natural-divino como base autónoma de un sistema de normas y derechos que con-

---

[1] F. Motta, *Bellarmino. Una teologia politica della Controriforma*, Brescia, Morcelliana, 2005.

dicionara el derecho positivo estatal; tiene a sus principales exponentes en los moralistas jesuitas, desde Luis de Molina a Francisco Suárez y Juan de Lugo, y se traduce asimismo en una plataforma de la que partirá el pensamiento ciertamente no «laico», pero sin duda no clerical de Hugo Grocio. No se trata sólo, en mi opinión, de buscar en estos teólogos-juristas la primera expresión coherente del pensamiento contractualista moderno, de base tomista, en oposición a un pensamiento absolutista de origen agustiniano, ni de una concepción teórica diferente del poder, como tan bien ha mostrado Quentin Skinner.[1] Desde mi punto de vista, también es el intento del pensamiento teológico-jurídico de encontrar el fundamento de una jurisdicción autónoma y superior a la del Estado, vinculada sin duda al magisterio eclesiástico, pero cuya justificación se halla tanto en la doctrina del derecho natural como en la observación de una sociedad concreta en la que realidades como la Iglesia y el mercado no se identifican con el Estado.

En los grandes tratados de teología moral y casuística de principios del siglo XVII se produce una especie de fusión entre la impronta jurídica de la escolástica española y las solicitaciones pastorales nacidas del Concilio de Trento: el jesuita Paul Laymann (1574-1635), en su *Theologia moralis in quinque libros distributa*,[2] cuyo tercer libro dedica a las leyes divinas y humanas, fue el primero en relacionar la conciencia con la sindéresis, como después harían todos los moralistas.[3] La clave de la conciencia guiada por la recta razón se

---

[1] Q. Skinner, *La libertà prima del liberalismo*, trad. M. Geuna, Turín, Einaudi, 2001. [Existe traducción en español: *La libertad antes del liberalismo*, trad. F. Escalante, Madrid, Taurus, 2004].

[2] Primera edición Múnich, 1625; reimpresiones continuas hasta finales del siglo XVIII (he utilizado la edición veneciana, 1710, en dos volúmenes).

[3] *Cf.* Turrini, *La coscienza e le leggi, op. cit.*, p. 184: «Iudicium rationis practicæ circa particularia, per ratiocinationem deductum ex principiis universalibus contentis in synderesi».

convierte en el instrumento para la construcción de un universo normativo capaz de plantar cara a la legislación positiva emergente. De la dialéctica entre la ley natural-divina y la observación de la realidad nace la casuística como sistema empírico de normas relativas al gobierno de la conciencia en las relaciones sociales, especialmente el matrimonio, la familia y, por tanto, la economía.

En lo que respecta a la esfera económica, la cuestión se vuelve verdaderamente crucial: ¿quién es el juez del séptimo mandamiento?, ¿puede el Estado imponer reglas al mercado cuya inobservancia constituya también una culpa moral? Si las normas no coinciden, ¿a quién le toca castigar la desobediencia?, ¿puede el Estado imponer impuestos, monopolios, normas que restrinjan el comercio, precios fijados desde arriba?, ¿debe considerarse la transgresión de estas normas como un hurto?

Creo que estas distintas cuestiones pueden comprobarse, al menos con algunos ejemplos sobre temas centrales como el del hurto en relación con la propiedad, los contratos, el dinero y el crédito.

Estas preguntas esquemáticas sirven para enmarcar nuestro problema en relación con el séptimo mandamiento y el mercado. Es interesante constatar que en todas partes, en la inmensa literatura que ocupa unos dos siglos (se han identificado más de seiscientos autores, número que habría que multiplicar por el de obras y ediciones individuales), los tratados, las disputas y los casos sobre el séptimo mandamiento ocupan un lugar central, y adquieren paulatinamente la apariencia de tratados sobre el mercado y los contratos: en todos los discursos sobre el hurto la parte central está dedicada al mercado y a los contratos, así como al desarrollo normativo-sistemático que permite por primera vez la aparición de una teoría del mercado y del contrato en sentido moderno. Puede decirse con certeza que la moderna teoría del contrato, más allá de cualquier discusión sobre el nacimiento de la *lex mercatoria*, nació en tales tratados, que luego fueron asimilados al gran fundamento del derecho natural como un derecho cuya violación, antes de constituir delito, es pecado incluso si lo cometen los titulares del poder político y religioso.

El tema que nos ocupa no requiere entrar en las disputas entre laxistas y rigoristas, entre probacionistas y probabilistas, etcétera, de modo que, para limitar el número de citas, que podrían ser miles, tomaré como principales referencias, aunque no exclusivas, las dos obras más sistemáticas e influyentes, de Luis de Molina y Leonardo Lesio, compuestas entre finales del siglo XVI y principios del XVII. El mayor ordenamiento ético y jurídico en materia contractual es, sin duda, *De iustitia et iure* del jesuita Luis de Molina (1535-1600), redactado durante sus muchos años de docencia en la Universidad de Évora a finales del siglo XVI. El segundo de los siete tratados que componen esta obra, «De contractibus», reeditado varias veces en toda Europa en el siglo siguiente como obra autónoma, ocupa nada menos que 324 *disputationes*.[1] Más allá de los análisis técnicos del mercado, de la formación de los precios y de los tipos de cambio, me interesa la afirmación de que en los siglos anteriores la Iglesia había sustituido al Estado ausente al ocuparse de los delitos de usura y similares: ahora son los tribunales estatales los que tienen jurisdicción,[2] el soberano puede intervenir por el bien públi-

---

[1] En la edición que he utilizado (*De iustitia et iure*, t. II: «De contractibus», Maguncia, sumpt. hæred. Joh. Godofredi Schönwetteri, 1659) ocupa más de mil quinientas columnas, desde la *disputatio* n.º 252 hasta la n.º 575. En las últimas décadas, F. Gómez Camacho ha extrapolado y editado colecciones individuales de disputas con extensos ensayos introductorios destinados a demostrar su importancia en la historia del pensamiento económico: Luis de Molina, *La teoría del justo precio*, Madrid, Editora Nacional, 1981; *Tratado sobre los préstamos y la usura*, Madrid, Instituto de Cooperación Iberoamericana, 1989; *Tratado sobre los cambios*, Madrid, Instituto de Estudios Fiscales, 1990.

[2] *Ibid.*, disp. 333, col. 336: «Quin a multis sæculis, in defectum civilium

co para fijar un precio legal de los bienes, para obligar a los súbditos a vender la propiedad por razones de religión o beneficio público, o para vender el trigo a un precio justo prohibiendo el acaparamiento;[1] los monopolios son tan injustos como cualquier limitación de la competencia, pero son lícitos y útiles si los instituye la autoridad en aras del bien común, como hizo Portugal para el comercio con las Indias;[2] el Estado puede fijar un precio distinto del «natural» (el de mercado, siempre variable según la oferta y la demanda),[3] pero debe seguir teniendo en cuenta las leyes que rigen el comercio interestatal en Europa y en el mundo: el confesor cede el control y el castigo del delito al Estado, pero proporciona al empresario las coordenadas que pueden guiar su conciencia en la república internacional del dinero, en el más complejo sistema financiero internacional de intercambio e inversión.[4]

---

legum, atque ad sæcularium principum negligentiam supplendam, consuevit ecclesia cognoscere de hoc crimine, illudque punire».

[1] *Ibid.*, disp. 341, col. 373-374: «In primis eædem potestates taxare possunt pretium iustum exponentibus aliqua ad vendendum, aut locandum, præsertim quando res ad quotidianum usum, vitæque sunt necessariæ. Deinde compellere possunt aliquem vendere domum, aut quodvis aliud suum prædium, iusto pretio, si id postulat bonum publicum, ut si cedat in favorem religionis publicæve utilitatis [...] Item carestiæ ac necessitatis tempore, potest ac debet potestas publica, etiamsi iudex ordinarius sit, compellere subditos, ut vendant frumentum, et alia necessaria, iusto pretio. Eadem etiam ratione prohibere potest, ne quis aliorum plus emat, quam sibi, et suis necessarium, ut annona aliis sufficiat».

[2] *Ibid.*, disp. 345, col. 387: «Si enim Respublica mercibus aliquibus indigeat, nec sit qui illas asportare velit (quia forte cum labore maximo, et periculo amittendi, ea negotiatio fieret) nisi privilegium concederetur, quod nullus alius eas merces asportare, aut vendere posset, sane tunc licitum erit concedere eiusmodi privilegium taxato moderato pretio».

[3] *Ibid.*, disp. 347, col. 393: «Lex quippe humana, pro potestate, quæ in Principe aut Rectore, est, statuendi, quod Reipublicæ expedire iudicaverit, ad idque cogendi cives, determinat certum pretium intra latitudinem iusti naturalis, quod vendentes non excedant, ut ea ratione Reipublicæ bono consulatur, vitenturque alia mala».

[4] W. Weber, *Wirtschaftsethik am Vorabend des Liberalismus. Höhepunkt*

Son sólo indicios, pero bastan para entender que según Molina el mercado y el Estado son dos entes complementarios y corresponde al soberano decidir, en base a los principios de la racionalidad y el bien común, el límite en el que el mercado debe ser libre para fijar el valor de los bienes en competencia y riesgo, sin que ello conlleve problemas de conciencia para los vendedores y compradores de buena fe, también en lo que se refiere a herencias, rentas y cualquier tipo de inversión. A grandes rasgos, Molina funde la moral económica con el papel de la ley estatal: el pecado, el hurto, consiste o bien en los casos tradicionales de vulneración de la buena fe (fraude, engaño, etcétera) o bien en la transgresión de las reglas de la competencia o en la desobediencia de las leyes estatales destinadas a proteger el bien común.

La comparación con el tratado de Leonardo Lesio (1554-1623) publicado poco después (1605) sobre la base de una experiencia completamente diferente en los Países Bajos, como comentario a la *Summa* de santo Tomás, confirma esas líneas esenciales, aunque difiera en los detalles.[1] Una vez abordado el problema de la justicia, los delitos contra las personas y los bienes ajenos, Lesio se ocupa del contrato como eje sobre el que se desarrollan las relaciones entre los hombres y, antes de examinar los casos particulares (desde las simples promesas y donaciones, pasando por la compraventa, hasta los contratos corporativos más concretos), afirma que entiende por contrato todo pacto entre los hombres, todo compromiso incluso gratuito.[2] Cualquier contrato, aunque no sea forma-

---

und Abschluss der scholastischen Wirtschaftsbetrachtung durch Ludwig Molina S. J. (1535-1600), Münster, Aschendorff, 1959.

[1] Véase L. Lesio, «On Buying and Selling (1605)», introd. y trad. W. Decock, *Journal of Markets and Morality*, 10, n.º 2, 2007, pp. 433-516.

[2] L. Lesio, *De iustitia et iure cæterisque virtutibus cardinalibus libri quatuor* (1.ª ed.: Lyon, 1605), Milán, apud Ioannem Baptistam Bidellium, 1618, lib. II, cap. 17, p. 150: «Nos nomine contractus utimur hic ample, ut idem

lizado, obliga en conciencia según el derecho natural, si no se desprende explícitamente del derecho positivo, e incluso aunque no sea posible recurrir al tribunal civil;[1] el error y el dolo son las condiciones que permiten anular o modificar la obligación con el recurso a la justicia civil: sea como sea, las infracciones de contrato con dolo y fraude o *metus* ('amenaza') grave, o la manipulación de las reglas generales del mercado, deben evaluarse con arreglo al séptimo mandamiento en una noción ampliada del hurto, y pueden dar lugar a pecado mortal y a la obligación de restitución para obtener la absolución. A este esquema se ciñen otros grandes tratados posteriores, incluso de pensadores que son acérrimos adversarios de Molina o Lesio en el plano teológico, como los carmelitas descalzos del colegio de San Elías, autores del *Cursus Theologiæ moralis* en la Universidad de Salamanca, una obra que fue creciendo paulatinamente a lo largo del siglo XVII hasta alcanzar innumerables ediciones de seis volúmenes en folio, con compendios y reediciones, hasta el siglo XIX.[2] Esta obra monumental incluye tres tratados dedicados al séptimo mandamiento (que engloba también el décimo): la justicia y el derecho, la propiedad (dominio y otras formas de posesión), el hurto en sentido específico, la restitución, los contratos en general y en particular (compraventa, hipoteca, usura, permuta, etcétera). Se trata de un compendio *ad usum scholarum*, a medio camino entre los tratados universitarios y los manuales para confesores, con una estructura tomista y una

---

sit quod pactum, et comprehendat contractus gratuitos, qui sunt veluti semicontractus».

[1] *Ibid.*, p. 151: «Dico primo omnis contractus etiam nudus, sponte libereque factus, si contrahentes sint habiles, parit obligationem naturalem, seu in foro conscientiæ, ita ut parte invita non possit rescindere: nisi iura positivus sit irritus, vel detur irritandi potestas».

[2] *Collegii Salmanticensis fratrum discalceatorum B. Mariæ de Monte Carmeli primitivæ observantiæ cursus theologiæ moralis*, vol. III, Venecia, apud Nicolaum Pezzana, 1728.

metodología casuística, quizá desdeñable desde el punto de vista de la originalidad de la reflexión, pero sumamente interesante para entender la estructura, articulada en torno a los Diez Mandamientos, y la solidez de un tejido ético-jurídico desarrollado totalmente al margen del derecho canónico, medieval y moderno. Dejando a un lado el discurso general sobre las leyes y la justicia, que he tratado en otra obra, es interesante observar que el discurso tradicional aristotélico-tomista está en parte fragmentado: a la justicia conmutativa («qua redditur unicuique res proprias») y a la justicia distributiva confiada a las autoridades («qua bona communia distribuuntur inter partes communitatis») se añaden la justicia legal debida al príncipe («qua partes communitatis perfectæ ordinantur ad iustum bonum commune») y la justicia «vindicativa», que tiene por objeto el restablecimiento del derecho transgredido. Lo más interesante es que los distintos casos de justicia convergen en torno al eje del *bonum commune*: mientras que los pecados correspondientes a los distintos tipos de justicia son los tradicionales (en el reparto fraudulento de cargos y bienes públicos, el hurto, el asesinato, la lesión de personas y derechos ajenos), se especifica que más allá de las transgresiones individuales el desprecio al *bonum commune* es un pecado.[1] Todo el tratado sobre los contratos se basa en el principio del bien común, bajo el que se inscriben el mercado y el Estado.

En las últimas décadas la producción de los teólogos morales, en particular los de la segunda escolástica española, ha sido objeto de especial atención—tras su redescubrimiento a partir de Joseph Schumpeter y Raymond de Roover—por parte de los historiadores del pensamiento económico—y

[1] *Ibid., tractatus* XII, cap. I, pp. 73-79: «Sic quodlibet peccatum est contra bonum comune, quia est violatio legis, quæ in bonum comune est lata, et sic est contra legalem iustitiam, cui incumbit bonum comune per observantiam legum promovere» (p. 78).

ha dado lugar a numerosas reediciones de textos—, que han
analizado su contribución como «precursores» de la ciencia económica mediante la elaboración de una nueva doctrina sobre la propiedad y el contrato, la teoría del precio,
la moneda, los tipos de cambio, la usura y el interés, etcétera.[1] Para un análisis de los aspectos concretos sólo puedo remitirme a esa literatura especializada en la historia del pensamiento económico: me limitaré a mencionarla para tratar
de entender el pensamiento de la llamada segunda escolástica en relación con las transgresiones de las reglas del mercado, procedentes del mercado y del poder político de un em-
brionario Estado absoluto moderno. De hecho, creo que la
conexión con las cambiantes circunstancias históricas y con
la historia más general de las ideas es necesaria para evaluar
ese pensamiento no como las iluminaciones de unos precursores o las consecuencias de las seculares disputas escolásti-
cas entre realistas y nominalistas, sino como los problemas
que los intelectuales se replantearon una y otra vez para in-
terpretar la cambiante realidad que les rodeaba. La reivindicación de una jurisdicción espiritual sobre el mercado se
convirtió, en la vida económica concreta, en el esfuerzo por
encontrar un equilibrio entre el inmenso desarrollo de la intervención estatal y la reivindicación de un orden de mercado racional y natural reivindicado por la república internacional del dinero.

[1] Ofrecen un panorama general y abundante bibliografía los ensayos
contenidos en F. Gómez Camacho y R. Robledo (ed.), *El pensamiento económico en la escuela de Salamanca. Una visión multidisciplinar*, Salamanca, Ediciones Universidad de Salamanca, 1998 (seminarios celebrados en
la Universidad de Salamanca de 1992 a 1995); F. Gómez Camacho, *Economía y filosofía moral: la formación del pensamiento económico europeo en la
escolástica española*, Madrid, Síntesis, 1998. Entre los numerosos estudios
previos, J. Barrientos García, *Un siglo de moral económica en Salamanca
(1526-1629)*, vol. I: *Francisco de Vitoria y Domingo de Soto*, Salamanca, Ediciones Universidad de Salamanca, 1985.

El punto de partida de todos los tratados y reflexiones que abordan el problema del hurto, sea cual sea su filiación confesional, parece ser un nuevo concepto de propiedad caracterizado por una separación entre la esfera privada y la pública que nunca había existido en los siglos anteriores y que surgió poco a poco a finales de la Edad Media.[1]

Todavía en las lecciones de Francisco de Vitoria entre 1534 y 1535 comentando la *Summa* de Tomás de Aquino, aunque el hurto se considera un pecado grave (en el contexto de la propiedad común primordial de todos los hombres, que sólo con la ley humana-positiva da lugar a su división y a la propiedad privada) es el menor de todos los pecados previstos en los Diez Mandamientos, porque no afecta a Dios ni a la persona del prójimo, sino sólo a los bienes; distinta es, no obstante, la percepción que la sociedad tiene de su gravedad: no es tanto que se considere más grave, pero sí más indigna.[2] Paolo Grossi captó lúcidamente este fenómeno des-

---

[1] Para una visión general de la evolución del concepto de «propiedad», véase P. Garnsey, *Thinking about Property. From Antiquity to the Age of Revolution*, Cambridge, Cambridge University Press, 2007.

[2] F. de Vitoria, *Comentarios a la Secunda secundæ de santo Tomás*, t. III, *op. cit.*, pp. 335-336, en la q. 66 (*De Furto*), art. 6, n. 2: «Respondetur quod inter omnia peccata quæ sunt contra præcepta decalogo, minimum peccatum est furtum. Probatur. Quia peccata contra pracepta decalogi: vel sunt contra Deum; et hæc clarum est quo ex genere suo sunt graviora quam furtum [...] et alia quædam sunt contra bona corporis naturalia. Ut homicidium, percussio etc., vel contra bona animæ, ut detracio et murmuratio etc. Et hæc omnia sunt graviora peccata quam furtum, quia furtum solum est contra bona fortunæ ipsius proximi, in quibus minus læditur proximus quam in aliis. Ergo minimum peccatum est [...] Sed contra, quia contrarium existimant omnes homines, quia vituperabilius reputant furtum quam fornicationem. Sed ad hoc dico non est mirandum, quia ipsi non advertuntur an furtum sit minus vel majus peccatum, sed solum quod est majoris dedecoris. Dico ergo quod homines reputant furtum magis dedecorosum, sed non gravius peccatum».

de el punto de vista jurídico en la escolástica posterior a la segunda mitad del siglo XVI (y en particular en Luis de Molina): por primera vez se separaron conceptualmente el poder privado y el poder público, el *dominium* de la *iurisdictio*, y en el nuevo concepto de propiedad se afirmó una nueva titularidad y disponibilidad total sobre la *res.*[1] Ese discurso que en la Edad Media versaba generalmente sobre la justicia conmutativa se convirtió, precisamente a causa del desarrollo del mercado, en un discurso sobre la propiedad y los contratos, tanto en la obra de los teólogos católicos como en la de los pensadores que se adhirieron a la Reforma. El centro de gravedad pasó a ser la propiedad como extensión de la persona, un instrumento indispensable para la afirmación de los derechos humanos.

A mi juicio, en el pensamiento de inspiración protestante y reformada se siguió en las mismas décadas un itinerario similar sobre el tema de la propiedad, aunque por caminos distintos a los de la tradición tomista de la segunda escolástica: no se trata tanto de señalar el desarrollo paralelo y las eventuales diferencias de pensamiento como de captar las distintas reacciones, espirituales e intelectuales, ante una situación histórica idéntica. En cualquier caso, lo que parece indudable es la nueva centralidad que adquiere el hurto en relación con el desarrollo del concepto de «propiedad», tanto en los países católicos como en los adheridos a la Reforma: el ladrón no es sólo un delincuente, sino también un «infame», alguien excluido del círculo de los hombres-pro-

---

[1] P. Grossi, *Il dominio e le cose. Percezioni medievali e moderne dei diritti reali*, Milán, Giuffrè, 1992. El ensayo «La proprietà nel sistema privatistico della seconda scolastica» se encuentra en las páginas 281-383 y concluye así: «Un capítulo de la historia doctrinal de la propiedad se renueva y se enriquece, poniéndose a disposición para recibir las numerosas aportaciones que vendrán de las nuevas realidades técnicas y de la nueva organización económica». Sólo querría añadir que la segunda escolástica razonó sobre estas nuevas realidades ya existentes.

pietarios, ya que corta el canal de paso establecido, al menos teóricamente, en la sociedad para evitar la extrema pobreza. Apoderarse de la propiedad ajena es siempre un pecado-crimen injustificable, a pesar de la tradicional excepción del estado de necesidad en la tradición cristiana.

No es mi intención abordar el hurto desde el punto de vista penal, pero ciertamente la demonización del hurto y la condena social del ladrón que se desarrolla en la Edad Moderna están relacionados con la transformación y sacralización del concepto de «propiedad» a que nos hemos referido. Por ello, hay que señalar que la discusión entre moralistas y casuistas sobre si la necesidad «extrema» o «grave» justifica moralmente el hurto como excepción al precepto divino no es en absoluto ociosa.

Los patíbulos de toda Europa estaban llenos de ladrones que habían robado por necesidad y deberían ser considerados inocentes («et habentur infames, qui sunt innocentes omnino, possentque et deberent excusari et salvari», 'y se considera infames a quienes son completamente inocentes y podrían y deberían ser eximidos y salvados'): el problema era determinar si bastaba con la necesidad «grave» o sólo el peligro de muerte inminente, la necesidad «extrema», podía justificar el hurto. El casuista Antonino Diana sostiene que basta con el peligro de enfermedad, hambre o desabrigo.[1] Juan Caramuel Lobkowitz argumenta en contra de Diana: es justo que esos motivos se presenten ante los tribunales, pero si una situación de pobreza «grave» bastara para justificar el hurto, toda la sociedad se vería alterada, la enfermedad bastaría para procurar médicos y medicinas, el desabrigo para apoderarse de la ropa de los demás, la pobreza para tomar el dinero de los ricos y saldar las propias deudas, etcétera.[2] Los

---

[1] Sobre la figura y la inmensa producción de este casuista, teólogo palermitano, *cf.* Burgio, *Teologia barocca, op. cit.*

[2] J. Caramuel Lobkowitz, *Cursus moralis philosophicus theologicus sive*

manuales para confesores consignan la discrepancia entre los teólogos que exigen una «extrema necessitas» y los que únicamente exigen una «gravis necessitas». Ante la duda, recomiendan la primera opción, considerada «probabilior», 'más segura': se diría que, sobre todo después de las revueltas populares de mediados de siglo (Nápoles, Palermo), prevalece la opinión más restrictiva y acorde con la sacralidad de los bienes.[1] La condena definitiva adoptada por el Santo Oficio en 1679 de la tesis que sostenía que bastaba la causa «grave» es uno de los signos de la alianza definitiva de la Iglesia con la clase terrateniente.[2] También en este caso la derrota del probabilismo parece coincidir con la preferencia de la Iglesia romana por la conservación del orden social existente.

Naturalmente, los límites del hurto siguen dependiendo de la diferencia entre los bienes de propiedad privada y los bienes comunes de la humanidad que, según la tradición, se sustrajeron—como ya he mencionado—al mercado; pero en la Edad Moderna estos límites cambian en la medida en que se restringen las propiedades de las comunidades rurales y los bienes de uso común: desde el punto de vista ético, la ex-

---

teologia fundamentalis moralis, Fráncfort del Meno, apud Th. Schonweter, 1652, p. 617, *fundamentum* LIV: «De furto, quod inhibet septimum præceptum Decalogi», n. 1255: «Ergo si æger potest subripere a divite quantum sit opus, ut habeat medicos et medicinas; famelicus ut expleat appetitum; nudus ut habeat decentes vestes; poterit debitor ut creditori satisfaciat; miles ut habeat arma; captivus ut litrum; reus ut advocatum etc. et aperietur latissimus campus ut vix manebunt furta in mundo».

[1] Por ejemplo, en Busenbaum, *Medulla teologia moralis, op. cit.*, p. 146. Sin embargo, con el paso de los años, parece que toda la discusión casuística se centra en el problema del valor de la cosa robada, de la repetición, de la relación entre el robado y el ladrón (hijo, criado, etcétera).

[2] Decreto del Santo Oficio del 2 de marzo de 1679, en: H. Denzinger y A. Schönmetzer, *Enchiridion symbolorum definitionum et declarationum de rebus fidei et morum*, Barcelona-Friburgo de Brisgovia, Herder, 1963 (32.ª ed.), n.º 2136, proposición condenada n.º 36: «Permissum est furari non solum in extrema necessitate sed etiam in gravi».

pansión de la propiedad privada se traduce en una ampliación del ámbito del hurto.

7. LA TEORÍA GENERAL DEL CONTRATO

Ya he insistido en que no es mi intención reconstruir el desarrollo de la doctrina del justo precio en la llamada segunda escolástica. Indudablemente, el análisis de los diversos elementos que determinan el precio de un bien se perfecciona desde principios del siglo XVI hasta el siguiente, a fuerza de considerar cuestiones como la escasez o abundancia de las mercancías, la competencia entre compradores y vendedores, o el valor de la moneda (en especial a causa de la devaluación causada por la afluencia de metales preciosos del Nuevo Mundo).[1] Más allá de la responsabilidad personal del vendedor o comprador individual en la corrección o la mala fe y el fraude—responsabilidad que permanece más o menos constante e inalterada en los términos de la tradición medieval—, se plantean vínculos fenomenológicos y estructurales de larga duración que permiten medir la existencia y el funcionamiento del mercado como persona colectiva, y la transgresión de sus reglas como atentado contra el séptimo mandamiento. Tras la Reforma, en algunos aspectos las diferencias emergen de forma macroscópica, como se verá en los párrafos siguientes, pero también se producen algunas unificaciones básicas en la doctrina general de los contratos sobre las que conviene llamar la atención: en primer lugar, el problema de la responsabilidad personal y, por tanto, de la culpa individual que surge de la práctica contractual y se

---

[1] Además de la bibliografía general ya mencionada, véase O. Popescu, «Aspectos analíticos en la doctrina del justo precio de Juan Matienzo (1520-1579)», *Cuadernos de Ciencias Económicas y Empresariales*, 25, 1993, pp. 83-116.

sanciona como norma ética. Los *nova negotia*, que la doctrina civil de la Baja Edad Media se esforzaba por encajar en el esquema del *corpus iuris civilis*, encontraron un terreno fértil para su normalización en el ámbito de la teología moral, donde surgieron las nuevas y ricas tipologías, e incluso las modernas teorías de los contratos.

Incluso al margen del séptimo mandamiento, el principio cardinal de la responsabilidad personal para todos los daños a personas o cosas de terceros sigue siendo el antiquísimo principio de la reparación del daño, la *restitutio* ya fijada en el texto de Agustín, como ya he comentado (en el tercer apartado del quinto capítulo), y retomada cientos de veces a lo largo de la Edad Media: no es posible conceder la absolución si el penitente no devuelve lo mal habido. La novedad en la Edad Moderna es la convicción de que este principio constituye la condición imprescindible para el funcionamiento de la política y la economía occidentales y de que, por tanto, su violación es un ataque a los fundamentos del Estado y del mercado.

Son bien conocidos los planteamientos que hicieron de Francisco de Vitoria uno de los grandes padres del derecho internacional moderno en la primera mitad del siglo XVI: los pueblos paganos poseen un derecho originario de dominio sobre sus territorios y no es legítimo declararles la guerra si no se oponen al comercio internacional y a la predicación del Evangelio. Querría subrayar que la asociación mercado/predicación no parece secundaria, sino que representa el rostro de la nueva Europa: el tema lo retoma precisamente Vitoria en el comentario al texto de Aquino sobre la restitución (*Secunda secundæ*, q. 62).[1] Partiendo de la teoría del contrato (de Gerson a Summenhart), Vitoria afirma que la división del dominio y de la propiedad no es ni ley natural ni ley divina

---

[1] F. de Vitoria, *Comentarios a la Secunda secundæ de santo Tomás*, t. III, *op. cit.* (el comentario a la q. 62 ocupa las pp. 61-221).

positiva, sino sólo humana.[1] El deber de restitución está incluido en los contratos humanos en los que se basa la distribución de los bienes, así como en el mandamiento de no robar (justicia conmutativa), al igual que lo exige, tras la violación de la justicia distributiva, el poder, ya sea secular o espiritual. La distinción entre propiedad privada y dominio político es clara, pero lo interesante es la consideración de casos en los que se trata de bienes comunes privatizados, como los bosques: en tales casos Vitoria aboga por una clara separación entre las esferas pública y privada de la conciencia aconsejando la prudencia en lo público para no fomentar las revueltas, pero asegurando la absolución a los transgresores.[2]

Evidentemente, las observaciones sobre los componentes del coste y, por tanto, del precio, se aplican también a los salarios de los trabajadores y empleados en general: la doctrina de los escolásticos sobre el salario justo es una extensión de la del precio justo.[3] No parece producirse ningún cambio con respecto a la tradición medieval en la concepción del salario justo, que debe situarse entre un máximo y un mínimo

---

[1] *Ibid.*, p. 75 (art. 1, n. 19): «Ex quo sequitur corollarium: quod de iure divino nec naturali nullus in toto orbe est dominus temporalis omnium, id est proprietarius: Patet, quia si aliquando omnia erant communia, ut omnes fatentur, et nullus erat proprietarius, et divisio rerum est facta, et non a Deo: ergo nullus est dominus de jure divino nec naturali».

[2] *Ibid.*, p. 156 (q. 62, art. 3, n. 11): «Verum est quod coram populo non est dicendum quod illis liceat, ne capiant ad hoc libertatem nimiam, immo essent deterrendi ne faciant, quia securius est, et ego in comuni dicerem quod non scindant. Sed tamen servit hoc ad hoc quod confessores non negent illi absolutionem, nec illis imponant obligationem restituendi, dummodo parum nocuerit et dummodo id fecerit necessitate constrictus ad necessarios usus».

[3] *Cf. supra*, p. 94. R. de Roover, *La pensée économique des scolastiques, doctrines et méthodes*, Montréal-Paris, Institut d'études médiévales-J. Vrin, 1971, pp. 72-75. La única monografía específica: M. Rocha, *Travail et salaire à travers la scolastique*, París, Desclée de Brouwer et Cⁱᵉ., 1933. [Existe traducción en español: *Trabajo y salario a través de la escolástica*, Buenos Aires, Librería Santa Catalina-Difusión, 1938].

de acuerdo con la evaluación habitual del mercado: es interesante que lo que acredita su justicia sea el número de personas capaces de desempeñar una determinada labor que se declaran disponibles para desempeñarla. De ahí que, incluso para Lesio, el trabajo intelectual o creativo generalmente esté mejor pagado, sin que resulte escandaloso, que el trabajo manual y repetitivo.[1]

8. MONOPOLIOS, IMPUESTOS Y MONEDA

Como punto de partida para la reflexión ética sobre las nuevas funciones del Estado moderno en el ámbito económico, no debemos partir de Maquiavelo, cuya obra *El príncipe* representa la conclusión de un largo proceso de crisis de la política económica de la ciudad, sino de otra obra casi contemporánea, *Educación del príncipe cristiano* de Erasmo de Róterdam.[2] Al principio del capítulo dedicado a los impuestos, tras recordarnos que históricamente los príncipes han sido más a menudo enemigos que amigos de su pueblo y que muchos regímenes se han visto derrocados por crisis económicas, Erasmo afirma que el control de los gastos no es sólo una cuestión moral, sino también política: los gastos de guerra y los causados por la fastuosidad deben limitarse al mí-

---

[1] Lesio, *De iustitia, op. cit.*, lib. II, cap. 24, p. 249: «Respondeo, illud stipendium censeri iustum, quod passim eo loco huiusmodi operariis, officialibus et famulis, tali ministero occupatis dari solet; ita ut non sit minus infimo, nec maius summo, quod dari consuevit, sicut enim pretium rerum venalium [...] non esse autem infra infimum ex eo constare potest, si multi alii non deerunt, qui libenter tale munus, officium vel obsequium pro tali stipendio sint præstituri; hoc enim manifestum est signum, talem mercedem spectatis omnibus circumstantiis non esse indignam tali functione».

[2] Erasmo de Róterdam, *Opera omnia*, vol. IV/1, Ámsterdam, North-Holland, 1974, pp. 188-194, con amplia bibliografía. [Existe traducción en español: *Educación del príncipe cristiano*, trad. Pedro Jiménez Guijarro y Ana Martín, Madrid, Tecnos, 2007].

nimo, porque la miseria puede abocar al hambre y a la desesperación a los súbditos, por lo que conviene reducir los impuestos tan pronto como dejen de existir las causas que los hicieron necesarios. Estas páginas recogen las intuiciones fundamentales de la nueva era: el soberano debe procurar no cargar al pueblo con impuestos excesivos, evitando el despilfarro de la corte, la burocracia y sobre todo las guerras, preocupándose más de la buena administración interna que de la expansión de sus dominios;[1] pero sobre todo debe utilizar la fiscalidad como instrumento para evitar la concentración de riqueza y favorecer el bienestar general, aliviando los impuestos indirectos sobre los bienes necesarios para la vida cotidiana del pueblo y aumentando en cambio los que se cargan a los bienes superfluos y de lujo, y a las posiciones de privilegio (incluidos los monopolios).[2] Pero Erasmo añade algo mucho más interesante: el príncipe debe procurar que la riqueza no se concentre en manos de unos pocos e intervenir, no con expropiaciones forzosas, sino con medidas adecua-

---

[1] *Ibid.*, p. 189: «Hoc potius studendum et in hoc excogitandæ rationes, ut quam potest minimum exigatur a popolo. Commodissima fuerit augendi vectigalis ratio, si princeps sumptus supervacaneos amputarit, si ministeria ociosa reicerit, si bella et his simillimas peregrinationes vitaverit, si officiorum rapacitatem cohibuerit et si magis studeat recte administrandæ ditioni suæ quam propaganda».

[2] *Ibid.*, pp. 190-192: «Nam divites ad frugalitatem vocare fortassis expedit. At pauperes ad famem et laqueum adigi tum inhumanissimum est, tum parum tutum [...] Curandum interim, ne nimia sit opum inæqualitas, non quod quenquam per vim bonis exui velim, sed quod iis rationibus utendum, ne multitudinis opes ad paucos quondam conferantur [...] Quorum igitur rerum usus infimæ quoque plebi communis est, has quam minimum gravabit bonus princeps veluti frumenti panis ceruisiæ vini pannorum ac cæterorum item rerum, sine quibus humana vita non potest transigi. Atqui hæc nunc potissimum onerantur idque non uno modo: primum gravissimis exationibus, quas redemptores extorquent, vulgus asisias vocat; deinde portoriis, quæ et ipsa suos habent redemptores; postremo monopoliis, ex quibus, ut paululum compendii redeat ad principem, quanto dispendio multantur tenues».

das, para favorecer su redistribución;[1] los impuestos no deben recaer sobre los productos de primera necesidad (como el pan, la cerveza, el vino y otros)—justo lo contrario del sistema impositivo de su época, que terminaba afectando sobre todo al consumo y a los más débiles (impuestos sobre el comercio y los monopolios)—, sino sobre los bienes de lujo y las importaciones exóticas procedentes de países lejanos.[2] Al acuñar la moneda el soberano debe ser fiel a ella como a Dios y a su pueblo, y no imitar, cambiando artificialmente su valor, a los falsificadores, a los que el Señor reserva atroces tormentos. El control de la moneda para garantizar la estabilidad de los mercados es una muestra de la *fides* que el príncipe debe a Dios y al pueblo: la falsificación y la devaluación directa o indirecta de la moneda son sistemas mediante los cuales los soberanos roban a sus súbditos.[3]

Creo que las actuales revisiones del pensamiento econó-

---

[1] *Ibid.*, p. 190: «Curandum interim, ne nimia sit opum inæqualitas, non quod quenquam per vim bonis exui velim, sed quod iis rationibus utendum, ne multitudinis opes ad paucos quondam conferantur. Nam Plato cives suos neque nimium divites esse vult neque rursus admodum pauperes, quod pauper prodesse non possit, dives arte sua prodesse nolit».

[2] *Ibid.*, p. 192: «tamen si vitari non potest quin exigatur aliquid, et ita res popoli flagitat, onerentur barbaræ ac peregrinæ merces, quæ non tam ad vitæ faciunt necessitatem, quam ad luxum ac delicias et ad quarum usus divitum est peculiaris, veluti bysus serica purpura piper aromata unguenta gemmæ et si quid est aliud huius generis».

[3] *Ibid.*, p. 192: «In cudenda moneta bonus princeps præstabit eam fidem, quam et deo debet et populo neque sibi permittet, quod atrocissimis suppliciis punit in aliis. Hac in re quatuor ferme modis expoliari populus solet, id quod nos aliquandiu vidimus a morte Caroli, cum diutina anarchia quavis tirannide perniciosior ditionem tuam affligeret. Primum ubi nomismatis materia mixtura quapiam vitiatur, deinde cum ponderi detrahitur, præterea cum circumcisione minuitur, postremo cum æstimatio nunc intenditur, nunc remittitur, utcumque visum est principis fisco conducere». Aquí Erasmo se refiere concretamente a la experiencia de los Países Bajos tras la muerte de Carlos el Temerario: bastardización de la aleación de metales, reducción del peso, cambio arbitrario del valor legal.

mico de Erasmo como crítica al incipiente capitalismo pueden releerse a la luz de las presentes reflexiones: en mi opinión las recomendaciones de Erasmo implican más una condena de las desviaciones provocadas por las nuevas formas de intervención estatal en el mercado (impuestos, monopolios y maniobras sobre el dinero) que una desconfianza del mercado.[1] El hecho es que las diferencias entre teólogos y juristas surgen en los años de la división religiosa en relación con las diferentes fuerzas que operan en la sociedad durante el inicio de la Modernidad, y no sólo dependen de los supuestos confesionales o las escuelas teológicas, sino esencialmente de las distintas situaciones históricas. Uno de los puntos de discordia es la relación entre el poder político y el mercado cuando el príncipe reclama el derecho a intervenir como autoridad reguladora. El primer fundamento que se viene abajo es el principio del «precio justo» tal como lo habían definido los teóricos, teólogos y juristas medievales desde el siglo XIII.

En la época de Erasmo y la Reforma, de Carlos V, Welser y Fúcar, de la expansión de la primera industria minera y de la primera colonización, el monopolio como concesión estatal ocupaba el centro de la economía. Aunque no hay nada nuevo en la discusión de los «cárteles» entre productores y comerciantes, sobre los que persisten las unánimes condenas formuladas siglos atrás, asistimos a un desarrollo sin precedentes—impulsado por la necesidad política y los grandes potentados económicos—del debate sobre los monopolios como concesiones a los particulares para explotar en exclusiva las actividades financieras, el comercio a larga distancia,

---

[1] A. Renaudet, «Erasme économiste», en: *Humanisme et Renaissance*, Ginebra, Librairie E. Droz, 1951, pp. 194-200; W. Zorn, «Humanismus und Wirtschaftsleben nördlich der Alpen», en: H. Lutz (ed.), *Humanismus und Ökonomie*, Weinheim, Acta humaniora, 1983, pp. 54-56. En la mención a los monopolios y a las mercancías exóticas hay una clara referencia al «capitalismo monárquico» portugués.

las empresas manufactureras y mineras.[1] No puedo adentrarme en los complicados episodios (y sus repercusiones) de una sociedad europea que seguía siendo casi totalmente campesina: monopolio de sal, alumbre, ámbar, metales (oro, plata, cobre, etcétera), tráfico de drogas, divisas y monedas. En cualquier caso, esos monopolios se convirtieron en el principal factor de desarrollo económico y político del siglo XVI y no es casualidad que la Iglesia romana fracasara en su intento de defender las antiguas disposiciones fiscales y la condena de los monopolios frente al emergente Estado moderno. Pío V (1566-1572) lideró las últimas batallas perdidas en ambos frentes: al fin y al cabo, el papa había sido uno de los primeros en explotar el monopolio del alumbre con fines políticos nacionales y extranjeros.[2] En los mismos años, a mediados de siglo, igual que para el problema monetario, se observa un profundo cambio entre el pensamiento de los tratadistas teológicos de la primera generación de la escuela de Salamanca (en particular Vitoria y Soto) y el de los siguientes (Molina, Lesio, Lugo, etcétera): se pasa de la rígida oposición a cualquier tipo de monopolio, conforme al pensamiento escolástico clásico, a la aceptación del nuevo orden, aunque la bula papal sea citada y comentada en innumerables ocasiones.

Los tratados jesuitas de los siglos XVI y XVII intentaron trasladar esos principios a la política y la economía: Pedro de Ribadeneira (1526-1611), Juan de Mariana (1536-1624),

---

[1] No he encontrado ningún estudio específico reciente. La tesis doctoral de J. Höffner, *Wirtschaftsethik und Monopole im fünfzehnten und sechzehnten Jahrhundert*, Jena, Fischer, 1941, sigue siendo fundamental.

[2] *Ibid.*, p. 49. El texto de la bula *In eam pro nostro* del 28 de enero de 1571, en: *Magnum Bullarium Romanum*, t. VI, Turín, Seb. Franco, H. Fory et Henrico Dalmazzo Editoribus, 1862, pp. 884-885: «Eos vero qui conspirationes fecerint, vel congestam undique pecuniam ita se redegerint, ut quasi monopolium pecuniæ facere videantur, poenis quæ a jure contra exercentes monopolia constitutæ sunt teneri sancimus».

Adam Contzen (1571-1635) y Carlos Scribani (1561-1629) pasaron de un enfoque puramente garantista de la intervención del soberano en asuntos económicos y comerciales a un enfoque positivo: los impuestos son el eje de la vida del Estado, pero la fiscalidad debe ir acompañada de intervenciones directas para desarrollar la riqueza pública contra la degeneración de los monopolistas y especuladores privados. Se los considera en cierta medida precursores de los arbitristas españoles, protomercantilistas preocupados por proteger de la decadencia el sistema económico español con medidas proteccionistas y de intervención en el mercado.[1] Los nuevos monopolios estatales—por ejemplo, sobre la sal y los naipes—no difieren sustancialmente de los impuestos, y deben establecerse y regularse con las mismas normas legales y conformidad popular que los impuestos.

Este debate se mantuvo en el plano teológico y ético, y se desarrolló paralelamente en los países protestantes y católicos. No es aún un pensamiento económico nacional en sentido propio, pero sienta las bases del cameralismo y el mercantilismo. Básicamente, se ha producido la aceptación de una distinción en el mercado entre el precio «natural» y el «legal» de los bienes. Los pensadores que reflexionan sobre el mercado van tomando conciencia de que los precios «establecidos», es decir, fijados desde arriba, no son excepciones marginales, sino que están cada vez más extendidos y se defienden con medidas legales para establecer directamente los precios, y también indirectamente mediante prácticas monopolísticas, o la limitación parcial de libertad de comercio, la concesión de permisos o la imposición de prohibiciones y cuotas a la exportación de alimentos y materias primas. Junto con los casos más comunes de infracción de las

[1] R. Bireley, «Les jésuites et la conduite de l'État baroque», en: L. Giard y L. de Vaucelles (ed.), *Les jésuites à l'âge baroque (1540-1640)*, Grenoble, Jérôme Millon, 1996, pp. 229-242.

reglas del mercado, por ejemplo los pactos entre productores o comerciantes para intervenir en el precio o en sus distintos componentes (como el coste de la mano de obra), apareció una nueva categoría de injerencia en la que el Estado no sólo defendía el nivel mínimo vital en casos extremos de hambruna y miseria restringiendo el precio de los cereales y sus derivados o de otros alimentos considerados indispensables para la supervivencia, sino que también solía influir interviniendo en las relaciones entre las distintas clases, la nobleza y los productores.

En la Modernidad, el problema parece plantearse con el discurso de Lutero en 1524, en el que recuerda el ejemplo bíblico de José, quien hace acopio de grano en Egipto para los tiempos de hambruna (Génesis 41, 47-49): no puede hablarse en absoluto de monopolio (que es un horrible fraude) cuando la autoridad interviene en el mercado por el bien público. No se trata tanto de una polémica tradicionalista contra las innovaciones mercantiles, como a menudo se ha dicho, cuanto de la opción positiva de que el príncipe, la autoridad civil, intervenga en la regulación del mercado. A principios del siglo XVII, la doctrina es que cualquier intervención para alterar los precios mediante prácticas monopolísticas u otros instrumentos (acaparamiento de mercancías, conspiraciones de diversa índole entre comerciantes y compradores, etcétera) es un pecado grave, salvo cuando el soberano interviene por el bien común. Como escribe el jesuita Leonardo Lesio, el precio justo sólo puede surgir del libre mercado y de la evaluación común, en función de la abundancia o la rareza de los bienes: la autoridad política sólo puede intervenir en pos del bien común, y puesto que a dicha autoridad le corresponderá asumir la responsabilidad moral de su intervención, deberá existir una razón positiva para justificarla.[1]

---

[1] Lesio, *De iustitia, op. cit.*, lib. II, cap. 21, p. 225: «Si pretium, in quod venditores conspirant sit supra legitimum, vel supra summum volgare, pec-

Obviamente, el instrumento más directo de intervención del Estado en el mercado es la fiscalidad, que no consiste únicamente en los impuestos, sino también, y quizá principalmente, en el establecimiento vertical de precios en el mercado por parte de la autoridad política.[1]

En sus comentarios a la *Summa* de Aquino, Francisco de Vitoria afirma en 1534-1535 que no hay duda de la obligación moral de pagar impuestos y tributos, pero si son injustos no deben pagarse ni en el foro externo ni en el fuero interno de la conciencia. La injusticia puede depender de la falta de legitimidad de la autoridad (sólo pueden imponerla los Estados no soberanos, los príncipes o las ciudades libres): la soberanía es una condición fundamental y constitutiva, cierta para los reyes, los emperadores o para Venecia, «fortasse» para Florencia, mientras que otros casos resultan más inciertos.[2] También puede depender de la inexistencia o el cese de la finalidad para la que fueron establecidos los impuestos o de su mala distribución objetiva: «Ad hoc quod lex obliget, oportet quod sit justa, onesta, tolerabilis, æqua et utilis reipublicæ, quod non gravet unum plus quam alium, ceteris paribus» ('Para que la ley sea vinculante debe ser justa, honesta, tolerable y útil para la república, no gravar más a unos que a otros y ser equitativa en todo').[3]

---

cant contra iustitiam, et tenentur ad restitutionem illius auctarii, quod emptores solvere coacti sunt, atque totius damni inde secuti. Ratio est, quia pretia rerum non pendent ex libidine mercatorum, sed vel ex Superiori taxatione, vel ex comuni æstimatione, bona fide, absque conspiratione, et dolo inita, spectata copia et raritate mercium emptorum, venditorum, et cæteris circumstantiis, qui suo consilio vel consensu causa est, cur aliquis supra illud pretium solvat, est illi causa damni iniusta, ac proinde tenetur ad restitutionem». Sobre el análisis del precio en los teólogos de la segunda escolástica y, en particular, en Lesio, véase B. Gordon, *Economic Analysis before Adam Smith: Hesiod to Lessius*, Londres, Palgrave Macmillan, 1975.

[1] Véanse *supra* pp. 103-105.
[2] F. de Vitoria, *Comentarios*, t. III, *op. cit.*, p. 227 (q. 63, art. I, n. 22).
[3] *Ibíd.*, p. 153 (q. 62, art. 3, n. 7).

A mediados del siglo XVI, se produjo una clara divergencia en el pensamiento de los analistas más agudos. Por un lado, Juan Driedo, formado en Lovaina, con el trasfondo político de los Países Bajos, hizo hincapié en la legitimidad de evitar el pago de impuestos: si los tributos y los impuestos son injustos y no sirven al bien público, o si la circunstancia que los impuso deja de existir, el súbdito no está obligado en conciencia a pagarlos y puede evadirlos legalmente «de forma encubierta».[1] En el lado opuesto, Alfonso de Castro sostiene que la ley humana debe atenerse a la ley divina también en lo que respecta al hurto y que sobre esa base los impuestos legítimamente establecidos deben pagarse en cualquier caso. Aunque son muchos los que en España creen no ser culpables por no pagar los impuestos debidos, ésa es una opinión errónea sobre la que Castro se siente obligado a escribir: además del peligro de incurrir en penas, habrá que asumir la culpa contra la ley divina y la obligación de devolver las sumas robadas.[2] Evidentemente, la pregunta será: ¿quién pue-

---

[1] J. Driedo (Jean Drioens), *De libertate Christiana libri tres*, Lovaina, ex officina Bartholomei Gravis, 1548, lib. II, cap. 5, f. 61r (*cf.* el texto en Prodi, *Una storia della giustizia, op. cit.*, p. 206, n. 108).

[2] A. de Castro, *De potestate legis poenalis libri duo*, Lyon, apud Sebastianum Barptolomæi Honorati, 1556, lib. II, cap. 10, pp. 181-206: «Lex poenalis ex natura sua ad hoc ordinatur, ut homines magis obligatos faciat ad legis moralis observationem, nunquam ergo illa ex se tollet illam obligationem, quæ per priorem legem moralem imposta fuerat [...] Et inde apertissime colligitur illos a tali legis obligatione non liberari per hoc, quo se exponunt periculo poeneæ quæ per legem humanam contra eos qui tributa non reddunt est statuta [...] Alterum quod exigitur ad tributorum iustitia est causa: quæ ex sola popoli necessitate aut utilitate, et non ex principis utilitate sumenda est. Alioqui, si principes propter solum commodum tributa imponant, non iusta sed tyrannica dicentur. Quondam rex propter popoli utilitatem, et non populus propter regis commodum datus est [...] Secundo ex eadem conclusione infero illos, qui iusta tributa principibus debita per fraudem aut simulationem reddere omittunt, non liberari a peccato nec a restitutione, quamvis sic facientes subeant periculum poenæ, quæ est per legem imposta contra eos, qui huiusmodi tributa solvere negligunt».

de juzgar si un tributo es justo o no? Para Castro, el problema parece reducirse a la legitimidad del soberano que, como tal, sólo debe utilizar la exacción derivada de las diversas formas de tributación para la paz y la justicia en su territorio o para la guerra y la defensa.

Desde el punto de vista de la realidad histórica, todo parece jugarse durante el pontificado de Pío V, momento en el que, al tratar de recuperar en vano el terreno perdido por la oposición de los episcopados español y francés en el recién concluido Concilio de Trento, recordó y volvió a publicar la bula *In coena Domini*, que durante siglos había impuesto el control de la Iglesia de Roma sobre la imposición o el aumento de los impuestos amenazando con la excomunión.[1] No rastrearemos paso a paso el fracaso de esa tentativa, ya que lo que nos interesa señalar es que, en la correspondencia entre el nuncio de Venecia (donde la cuestión estalló dramáticamente y fue el preludio de la futura fractura del interdicto) y Roma en 1569, el nuncio arremetió contra los teólogos franceses y españoles que proporcionaban la justificación teórica de la política de la Serenísima destinada a negar la legitimidad del papa en una materia temporal como el derecho fiscal.

Obviamente, no pertenece a nuestro terreno de investigación el examen de la fiscalidad papal en la época postridentina, que ha sido objeto de excelentes estudios que han ahondado en profundidades hasta hace poco ignoradas por una historiografía que sólo había examinado la lucha por las inmunidades eclesiásticas. La colosal y vertiginosa evolución del tráfico financiero entre la Iglesia de Roma y los Estados católicos para financiar las guerras de religión antiprotestantes y la lu-

---

[1] P. Prodi, «Introduzione», en: H. Kellenbenz y P. Prodi (ed.), *Fisco religione Stato nell'età confessionale*, Bolonia, Il Mulino, 1989, pp. 7-20. La excomunión en el texto de Pío V decía lo siguiente: «Item excommunicamus et anathematizamus omnes, qui in terris suis nova pedagia seu gabellas, præterquam in casibus sibi a iure seu ex speciali sedis apostolicæ licentia permissis, imponunt vel augent, seu imponi vel augeri prohibita exigunt».

cha contra el Imperio otomano mediante la concesión de diezmos o tributos especiales sobre el mundo eclesiástico, ya sea
secular o regular, constituye, desde Lepanto hasta la Guerra
de los Treinta Años, uno de los capítulos más fascinantes de
la relación entre la política, la religión y la república internacional del dinero en la historia de la primera Edad Moderna.[1]

El silencio de los teólogos morales sobre este asunto ya es
bastante significativo por sí mismo: el problema queda en
manos de los expertos en derecho canónico como técnicos de
la disciplina interna del cuerpo eclesiástico y como expertos
en las controversias en los tribunales. Sin embargo, en este
período se confirma el progresivo alineamiento de los teólogos con las pretensiones del absolutismo regio: venciendo
las resistencias y objeciones de la tradición imperante, el jesuita Juan Azor—que polemiza explícitamente con los teólogos desde Tomás de Vio hasta Azpilcueta—abre el nuevo
siglo, precisamente en el año 1600, declarando que pagar impuestos es una obligación de conciencia aunque la ley prevea
sanciones puramente penales y corresponda básicamente al
príncipe juzgar su necesidad.[2] Los grandes jesuitas de la Europa del siglo XVII, con Francisco Suárez y muchos otros,
recorrieron esa vía, proclamando la necesidad de la obediencia moral al soberano como representante de Dios en la tierra y calificando la evasión de impuestos de pecado contra el
séptimo mandamiento: la legitimidad de los impuestos acaba coincidiendo con la del soberano.[3]

Como hemos mencionado, a partir del siglo XIII la moneda es el tema más directamente relacionado con la revolu-

[1] M. C. Giannini, *L'oro e la tiara. La costruzione dello spazio fiscale italiano della Santa Sede*, Bolonia, Il Mulino, 2003.

[2] Joannes Azor, *Institutionum moralium in quibus universale quæstiones ad conscientiam recte aut prave factorum pertinentes beviter tractantur*,
Roma, apud Aloysium Zannettum, 1600, lib. V, caps. 18-23 (ed. Brescia, 1612,
t. I, col. 378-398).

[3] *Cf.* Lavenia, *L'infamia e il perdono, op. cit.*, pp. 339-347.

ción científica que afectó tanto a la naturaleza como a la sociedad con el advenimiento de una visión numérica y cuantitativa del tiempo y del espacio.[1] Así, no es extraño que la discusión sobre la moneda alcance su punto álgido entre los siglos XVII y XVIII. No es posible abordar aquí la teoría del dinero y de los tipos de cambio elaborada por los moralistas de la Edad Moderna: los historiadores del pensamiento económico han producido una inmensa bibliografía sobre el tema, tanto de carácter general como sobre los autores más significativos.[2] La atención se centra en los desarrollos técnicos, en los innumerables tipos de contratos cambiarios que surgieron para disfrazar la actividad de préstamo y eludir así la prohibición de la concesión de préstamos con interés: contrato trino (que combina el de sociedad, el seguro y la garantía de ciertos beneficios), contrato «a secas» (sin movimiento real de valores, con derecho de retrocesión, con pagos aplazados o anticipados, etcétera). Lo que nos interesa es que a la tradicional preocupación de que el intercambio entrañe hurto y atente contra el séptimo mandamiento, y a la prohibición de la usura se une una nueva preocupación por la legitimidad de la intervención cada vez más intrusiva del poder político y de la legislación estatal en el mercado monetario y cambiario. Lo que se produce es una intervención cada vez mayor del legislador estatal para controlar el dinero y los

---

[1] Véanse *supra* pp. 108-111.

[2] Una nutrida bibliografía puede verse en la antología de S. J. Grabill, *Sourcebook in Late-scholastic Monetary Theory. The Contributions of Martín de Azpilcueta, Luis de Molina, S. J., and Juan de Mariana, S. J.*, Lanham-Boulder, Lexington Books, 2007. Sigue siendo útil la vieja síntesis de L. Dalle Molle, *Il contratto di cambio nei moralisti dal secolo XIII alla metà del secolo XVII*, Roma, 1954. Para el análisis del entrelazamiento de estas elaboraciones con el nacimiento del sistema bancario moderno, siguen siendo fundamentales los estudios de R. de Roover: véase J. Kirshner (ed.), *Business, Banking and Economic Thought in the Late Medieval and Early Modern Europe. Selected Studies of R. de Roover*, Chicago-Londres, University of Chicago Press, 1974.

tipos de cambio, lo que plantea dos problemas: la legalidad de las intervenciones políticas (quién tiene derecho a controlar los tipos de cambio y cómo) y la división de la conciencia de los cambistas entre las normas establecidas por los moralistas y los principios estrictamente dependientes de las circunstancias financieras de los Estados.

El punto de inflexión a mediados del siglo XVI es particularmente evidente en relación con la crisis financiera que obligó a los Reyes Católicos a intervenir de forma contundente para gobernar artificialmente el valor del dinero y los tipos de cambio.[1] Sin entrar en el estudio técnico de los numerosos tratados que los teólogos moralistas españoles dedicaron a la moneda y los tipos de cambio, temas que han sido objeto de numerosos ensayos por parte de los historiadores del pensamiento económico, la controversia entre los bullionistas, que apoyaban la política de intervención estatal para evitar la fuga de metales preciosos de España, y los defensores de la libertad de los tipos de cambio es uno de los puntos centrales para el desarrollo de la ciencia económica en el siglo siguiente. Baste recordar, a modo de ejemplo, que Diego de Covarrubias dedicó su famoso tratado sobre la moneda a Felipe II en 1556, en plena intervención estatal en la materia:[2] el soberano ya no era sólo el garante y certificador de un valor intrínseco de la moneda, según la doctrina universal de los juristas y teólogos de la Edad Media, sino que ya no podía fijar a su antojo un valor que no se correspondiera con el intrínseco;[3] el mercado de cambios interviene legí-

---

[1] Para ver la situación concreta, véase C. J. de Carlos Morales, «Mercado financiero y crédito del soberano en el tránsito de Carlos V a Felipe II: la intervención en los tipos de cambio mediante las pragmáticas del 1551-1557», *Studia Historica. Historia Moderna*, 25, 2003, pp. 269-309.

[2] En D. de Covarruvias, *Opera omnia*, Lyon, sumptibus Phil. Tinghi Florentini, 1574, t. 1, pp. 639-678: «Veterum collatio numismatum, cum his quæ modo expenduntur, publica et Regia authoritate percusa».

[3] *Ibid.*, p. 672: «Obiter superius diximus, en su Hispaniarum regni nu-

timamente en las monedas restableciendo el equilibrio entre
el valor oficial y el real, entre la «bonitas intrinseca» y el «valor imposititius» en las circunstancias concretas de tiempo y
lugar en que se produce la negociación, aunque no sea lícita
la especulación.[1] Después de cincuenta años, el tratado de
Juan de Mariana, publicado en 1609 y considerado con razón la máxima teorización de la segunda escolástica sobre el
tema, le costó a su autor un juicio en la Inquisición española
y la acusación de lesa majestad por condenar moralmente las
intervenciones de los soberanos y de la legislación estatal en
materia de impuestos y monedas como perjudiciales para el
mercado, y calificarlas de instrumento para apoderarse ilegal
y tiránicamente de la riqueza de los súbditos.[2]

Resulta interesante examinar los casos en los que el contrato de cambio se combinó con la solicitud de préstamos de
los soberanos a las asociaciones de comerciantes. Leonardo
Lesio relata una consulta que le hicieron los comerciantes de
Amberes a finales del siglo XVI: el rey de España pidió a los
comerciantes de Amberes un préstamo de 100 000 ducados
de oro para gastos de guerra, 82 000 en metálico y 18 000 en
paños para uniformes militares con una valoración superior
al precio real (12 000), pagadero en dos meses; la ganancia
de 8000 ducados en ese plazo es legítima según Lesio, con
más razón porque los contratos con los soberanos siempre
están sujetos a un riesgo muy alto, dada su tendencia a disol-
verlos unilateralmente.[3]

---

mismatum pondus et valorem mutatum fuisse regia quidam authoritate
[…] non tantum sequitur ex hoc quod tanti sit numus æstimandus publica
authoritate, quanti æstimatur ipsa materia, ex qua conficitur».

[1] *Ibid.*, p. 674: «Pecunia duplici ratione in pretio habetur, scilicet tanquam res et tanquam signatum numisma».

[2] Juan de Mariana, *De monetæ mutatione* (MDCIX), ed. J. Falzberger,
Heidelberg, Manutius, 1996. [Existe edición en español: *Tratado y discurso sobre la moneda de vellón*, Barcelona, Deusto, 2017].

[3] Lesio, *De iustitia, op. cit.*, lib. II, cap. 23, p. 244. Los riesgos son siem-

La cantidad de controversias que ha suscitado el interés desde su origen ha contribuido a convertirlo en un tema dominante en toda discusión de economía medieval y moderna.[1]

No obstante, considero que la óptica elegida en este estudio puede aportar una nueva perspectiva o, al menos, constituir una invitación a repensar las coordenadas cronológicas del fenómeno. Dada la influencia de la prohibición de los préstamos con interés en las dos direcciones opuestas (en sentido negativo, como obstáculo a la formación de la riqueza mobiliaria o al desarrollo del capitalismo; y en sentido positivo, en cuanto impulso a la invención de nuevas instituciones comerciales y nuevos contratos, desde los de las sociedades y la encomienda hasta las nuevas técnicas de intercambio), no me parece que el principal problema que deba comprenderse, en lo relativo a la usura como violación del séptimo mandamiento, sea el concepto de interés, sino el de la delimitación progresiva del espacio cubierto por el contrato de préstamo. De la interminable discusión medieval sobre la legitimidad de una recompensa, por encima del capital prestado, por el daño emergente o el lucro cesante (*damnum emergens* o *lucrum cessans*), se pasa a una visión en la que el ámbito del contrato de préstamo se va restringiendo hasta quedar reducido a un préstamo sobre prenda o, en todo caso, a un mero préstamo en el que, mientras por un lado se produce la transmisión de la propiedad del dinero, por otro

---

pre muy altos: «Demum contractibus cum Regibus magna esse pericula, solvere enim illos quando volunt, et facile antiquos contractus, si per eos læsi videantur, revocare [...] Quod autem lucrum videatur magnum, id fieri ob crebram eiusdem contractus repetitionem. Verum utrum lucrum sit moderatum, an modum excedens, non est Doctorum determinare, sed proborum virorum in arte illa peritorum. Hoc tantum affirmo, hunc contractum ex forma sua iniquum non esse».

[1] *Cf.* Vismara, *Oltre l'usura, op. cit.*

no se produce la transmisión de la propiedad de un bien. Lo que quiero decir es que poco a poco las citas de Aristóteles sobre la improductividad del dinero y las condenas a la usura tomadas del Antiguo y del Nuevo Testamento se convirtieron, en los textos de los moralistas de la Edad Moderna, en citas eruditas obligatorias, tan reiteradas como marginadas ante una realidad económica que las hizo obsoletas en el mercado: miles de páginas de textos de la escolástica tardía española están dedicadas a los problemas éticos de los contratos de cambio, las ventas con pago anticipado, la compensación de riesgos (que implica las antiguas discusiones sobre el daño emergente y el lucro cesante), la comerciabilidad de las rentas personales o reales o los contratos societarios con aportación de capital.[1]

Desde el desarrollo de la mercantilización de las rentas feudales, pasando por la extensión de la deuda pública, forzada o voluntaria, de los municipios y luego de los modernos Estados territoriales, hasta el nacimiento y desarrollo de los montes de piedad, nunca se puso ningún obstáculo al gran crédito, a los grandes banqueros ni a las grandes empresas financiadas colectivamente, operaciones en las que la Iglesia siempre asumió una posición destacada. Al principio de la Edad Moderna, por tanto, la discusión parece restringirse cada vez más a la figura del pequeño usurero, del crédito de necesidad o de consumo que estrangula a los pobres, del crédito de persona a persona como «préstamo» en el sentido técnico y caso singular del único contrato para el que no se prevé ninguna compensación: la gratuidad del «don» de origen evangélico sigue siendo un precepto sólo para esa franja restringida del préstamo a los pobres, mientras que para el resto se convierte sólo en un ideal evangélico de perfección. Los tratadistas que retoman las tesis tradicionales para con-

---

[1] W. Weber, *Geld und Zins in der Spanischen Spätscholastik*, Münster, Aschendorff, 1962.

denar la usura suelen recordar al mismo tiempo que la práctica de los préstamos con interés está muy extendida en todas partes y es imposible prescindir de ella, e insisten en que incluso en la Biblia el préstamo se contempla de forma positiva.[1] En cualquier caso, el Estado podía tolerar y favorecer la usura, al igual que la prostitución, con vistas al bien de la república.[2] El auténtico problema en los comienzos de la Modernidad es sólo controlar y mantener bajo el tipo de interés. El ejemplo más citado—no sólo en Lesio, profesor de Lovaina—[3] es el funcionamiento de la Bolsa de Amberes, que en la práctica diaria, con la compra y venta de valores corporativos separados de las personas (lo que ahora llamamos acciones) permite las mejores condiciones para el desarrollo del crédito: si bien las condiciones clásicas de lucro cesante, daño emergente y riesgo se invocan siempre como indispensables para la legitimidad del préstamo a interés, encuentran su aplicación práctica en las sociedades de capital

---

[1] Por ejemplo Lesio, *De iustitia, op. cit.*, lib. II, cap. 20, p. 189: «Notandum secundo, hæc nomina non semper accipi in malum; ut Deuteron. 29: *Foenerabis gentibus multis, et a nullo foenus accipies*, id est, mutuabis. Ecclesiastici 29: Foenerare proximo tuo in tempore necessitatis. Similiter apud prophanos scriptores sæpe pro iusto lucro, seu interesse accipiuntur».

[2] *Ibid.*, p. 191: «Respondeo, usuras ob bonum Reipublicæ posse permitti, sicut et postribula [...] Quod ad iurisconsultos attinet, puto eos facile intellexisse usuras formaliter esse illicitas; tamen concessisse quasdam moderatas, tum ob bonum publicum, tum quia sæpe aliqui iusti tituli intercedunt, quamvis in eo sententia illorum non sit admittenda, quod generatim tales usuras tamquam licitas et iustas concedant».

[3] *Ibid.*, lib. II, cap. 20: «Et hic videtur usus Bursæ seu Perystilii Antverpiensis, quo mercatores quotidie conveniunt, et habita ratione copiæ vel inopiæ pecuniæ, multitudinis cambiorum, mercimoniorum, omniumque lucrandi rationum (in quibus opus est pecunia præsenti) statuunt tum per se, tum per suos proxenetas premium carentiæ pecuniæ, quod mercatores mutuantes pro eo quod tanto tempore sua pecunia careant, nec ante terminum constitutum liceat repetere, possintque exigere. Hoc premium interdum est sex pro 100, in annum, aliquando 7. 8. 9. 10. 12. Amplius quam 12 vetantur exigere Constitutiones Caroli V edita Bruxellæ anno 1540».

(basadas en un único contrato o en varios contratos en los que una de las partes asume el riesgo asegurando al prestamista un determinado rendimiento).

La coincidencia de los moralistas en la toma de conciencia de la centralidad del crédito y el interés en la vida económica y el mercado, más allá de las diferentes sensibilidades y énfasis, se hace evidente a mediados del siglo xvii en la polémica que los involucra. Dadas las guerras que se suceden en Europa, escribe Caramuel,[1] ningún préstamo es seguro y hasta en tiempos de paz se carece de toda seguridad debido a las incertidumbres y a las continuas transformaciones que atañen a las estructuras de propiedad: Molina concede demasiado y, al inscribir todo interés en la categoría de daño emergente o pérdida de beneficios, justifica cada operación financiera; Lesio, por el contrario, es demasiado severo, y otros, como el cardenal de Lugo, intentan demostrar de forma sofisticada que los intereses se compensan con la obligación de no pedir la devolución del dinero durante un determinado período, no con el préstamo en sí. Caramuel prosigue señalando que se trata de costumbres y prácticas extendidas por toda Europa, sin las cuales todo el comercio se paralizaría, en las que el dinero es el instrumento del empresario-comerciante, igual que el hierro es el instrumento del herrero y del artesano.[2] El dinero presente en efectivo vale más en toda Europa que el dinero futuro, y si se exigen ciento cinco ducados que se devolverán en efectivo al año siguiente por un préstamo de cien ducados, simplemente se está devolviendo la diferencia de valor real entre el dinero presente y el futuro.[3]

---

[1] Caramuel Lobkowitz, *Cursus moralis philosophicus theologicus, op. cit.*, *fundamentum* LX, nn. 1262 y ss., p. 622: «De invidia, mutuo, usuraque».

[2] *Ibid.*, n. 1272, p. 632: «At mechanicus, qui instrumenta accomodat, concedit usum tantum, et mercator, qui mutuat pecuniam, et usum et dominium simul. Ergo plus poterit mercator, cæteris paribus, pro pecunia mutuata recipere quam Faber pro instrumento locato».

[3] *Ibid.*, n. 1273, p. 633: «Constat ex praxi et moribus totius Europæ se

Que los antiguos pensaran de otra manera no es una objeción válida porque la situación es completamente diferente: «Cum tamen jam hoc die licitum censeatur ab omnibus qui ingeniosi dicuntur. Ergo hodie melius est examinata hæc controversia, quam olim erat» ('Sin embargo, cualquiera que se tenga por inteligente lo considera admisible en nuestros días. Así pues, hoy esa materia se examina mejor que en el pasado'). A mediados del siglo XVII, el progreso de la ciencia y de los hombres «inteligentes» pone definitivamente en entredicho la teoría aristotélica de la infructuosidad del dinero: el préstamo está en el centro del mercado, no en los márgenes.

10. LA MORAL ECONÓMICA REGRESA AL CONFESIONARIO

A finales del siglo XVII y a lo largo del XVIII se produce un fenómeno del que ya hemos hablado en general: la moral, tras el proceso de regulación de las conciencias que había caracterizado a la casuística del siglo anterior (que fracasó en el intento de enfrentarse al derecho positivo estatal pero contribuyó a la refundación del derecho natural), vuelve al cuerpo eclesiástico gracias a la disciplina del confesionario. En lo que respecta al hurto, lo que observamos en la moral religiosa es, no sólo la aceptación del predominio del derecho positivo del Estado, sino también la aceptación de la ideología de la propiedad privada como punto central de la organización social. Tal desarrollo, aún por estudiar, parece que comen-

---

habere pecuniam præsentem ad futuram, numeratam ad numerandam ut 100 ad 105 (vel etiam 106 ad 107) ergo ut servatur æqualitas, qui nunc vis recipere in centum aureis, debes mihi dare jus in centum et quinque anno seguenti numerandos [...] Absolvo eum qui vult indennis reddi: qui sibi vult tantum restitui, quantum mutuat; qui considerat in omnibus dubiis solutionis et damni et lucri, tantam pecuniam præsentem dat, quantam nunc vendi possit illa futura».

zó en Francia: el entorno galo fue especialmente favorable al traspaso de poderes dentro del Estado. Uno de los teóricos más significativos fue Honoré Tournély (1658-1729), profesor de teología moral en la Sorbona de París, quien afirmaba que el tema de los contratos es competencia de los juristas, aunque conviene que los confesores tengan algún conocimiento al respecto para ayudar a las almas a desentrañar esos complejos problemas.[1]

El retroceso que se produce en el transcurso del siglo XVIII en la interpretación del séptimo mandamiento puede considerarse, por tanto, interesante, sobre todo en dos sentidos: el hurto se concibe principalmente como una violación de las relaciones interpersonales, no como una violación de las leyes de un mercado cada vez más fuera del alcance del cristiano ordinario y, sobre todo, del confesor; el tema de la restitución de las ganancias mal habidas queda casi anulado, como si, en cierto modo, la penitencia por la transgresión del séptimo mandamiento se dejase casi por completo en manos del Estado.

Desde este punto de vista, el teólogo moral más significativo parece ser el estricto y riguroso dominico Daniele Con-

---

[1] H. Tournély, *Prælectionum theologicarum sive universæ theologiæ moralis tractatus*, t. I, Venecia, apud Nicolaum Pezzana, 1746, p. 399 (al principio del tratado sobre los contratos): «Si contractuum materia ad jurisperitos seipsa pertineat, eius tamen notitiam theologis omnibus præcipue vero confessariis summoppere necessariam esse, nemo est in animarum regimine tantisper versatus, qui ambigere possit: cum hac nostra ætate, si unquam, fraus, dolus, et avaritia adeo subtiliter se involvant, ut in errorem ii etiam aliquando iudicantur, quibus nec scientia deest, nec ingens veritatis detegendæ cupido». Y, refiriéndose específicamente del séptimo mandamiento (t. III, p. 543), Tournély precisa que no quiere hablar del hurto y de la falta de caridad hacia los pobres, cuando ya hablado de la justicia y de los contratos: «Utraque delicti species, furti scillicet, et durioris erga pauperes animi, præsentis huius capitis materiæ esset, nisi de his alibi dissertum foret: sed, quia de furto et restitutione, de mutuo item gratis dando, amplie diximus in primo operis volumen [...] eo lectorem remittimus».

cina (1687-1756), conocido por su restrictivo comentario a la bula de Benedicto XIV sobre la usura. Aparte del interés que posee su exhaustiva revisión de las proposiciones excesivamente indulgentes del siglo anterior (muy aburrida, pero de gran interés por su información y la casuística) lo que nos interesa aquí es que la *Dissertatio de furto* que introduce en el apartado sobre el séptimo mandamiento se propone recuperar la función de la confesión, del fuero interno,[1] del hurto como pecado y no sólo como ofensa al orden externo de la sociedad.[2] No deja de ser significativo que los hurtos domésticos o los problemas salariales entre amos y siervos, etcétera, pasen a primer plano, mientras que los grandes temas de las reglas del mercado y la relación entre la vida económica y la política desaparezcan.

Como es lógico, continúan las discusiones sobre el tema del interés y la usura, cada vez más agotadas a pesar del revuelo que causó la aceptación por parte del cristianismo ilustrado de la separación definitiva entre el contrato de préstamo usurario y la actividad crediticia: se seguía insistiendo en la avaricia como vicio capital, como codicia inmoderada de riqueza, y en la figura perversa y personal del usurero como esencialmente peligrosa para la estabilidad del orden social.

El punto central de esta deriva fue la discusión en torno a la encíclica *Vix pervenit*, de Benedicto XIV, el primero de noviembre de 1745, sobre la que se han escrito miles de páginas. Por un lado, fue vista como una confirmación reaccionaria de la condena tradicional de la Iglesia a los préstamos con interés en el contrato de préstamo; y, por otro lado, como la admisión y el reconocimiento de un mercado de crédito que

---

[1] D. Concina O. P., *Teologia Christiana dogmatico-moralis contracta in tomos duos*, t. I, Bolonia, Simonis Occhi Veneti bibliopolæ curis, 1760, pp. 227-234.

[2] *Ibid.*, p. 234: «Si reponis forum externum respicere publicam tranquillitatem et bonum comune illæsum a fraudibus et furtis; respondeo ego potiori jure judices fori interioris hæc omnia spectare debere».

sustraía el empleo del dinero a la jurisdicción eclesiástica.[1] Cristianos ilustrados como Scipione Maffei y Ludovico Antonio Muratori la juzgaron como un compromiso a la baja y como un intento de equilibrar la discusión suscitada en el siglo anterior en la teología moral (entre probabilistas y probacionistas, entre laxistas y rigoristas), de mediar en esa discusión con una propuesta que podía parecer débil y ambigua o sensata y prudente. En realidad, Benedicto XIV, como también se desprende de su *De synodo dioecesana* (obra escrita antes de la encíclica, pero reelaborada y publicada posteriormente), polemiza con los partidarios de la legitimidad de la hipoteca con interés, desde Calvino en adelante, reconoce la confusión y las divisiones existentes entre los teólogos sobre el tema de los contratos, y advierte contra una multiplicación de intervenciones que puede confundir a las conciencias temerosas:[2] en muchos casos, sea cual sea la práctica del foro externo, donde sólo es posible juzgar sobre la base de los contratos, la existencia de la usura únicamente puede darse en el foro interno, donde lo único que cabe tener en cuenta es la verdad de la intención.[3] Scipione Maffei resulta especialmente interesante, porque al defender la legitimidad y necesidad del pago de intereses escribe que se trata de cuestiones técnicas sobre las que los religiosos poco pueden saber y, citando a Giovanni Battista de Luca, afirma

[1] *Cf.* Vismara, *Oltre l'usura, op. cit.*, pp. 327-368.

[2] Próspero Lambertini (Benedicto XIV), *De synodo dioecesana libri XIII*, t. II, Ferrara, Impensis Jo. Manfrè, 1758, lib. X, cap. 4, p. 16: «In casibus usurarum, et aliorum vitiorum, quibus timoratæ conscientiæ irretiri possunt, quales sunt quæstiones circa contractus, inter graves theologos controversæ, et nondum ab Ecclesia definitæ: non vero prohibuit, ne usura vere et proprie talis, aut contractus certo foeneratii proscribantur, atque e qualibet dioecesi examinentur».

[3] *Ibid.*, lib. X, cap. 5, p. 27: «Verum quidquid sit de foro interno, in quo fortasse ita res gesta præsumitur sicut in contractus stipulatione describitur, in foro tamen interno, ubi sola spectatur veritas, si pecunia accepto mutuo respondens».

que la tesis aristotélica sobre la infructuosidad del dinero es una «fábula».[1]

En esencia, lo que interesa entender acerca del pensamiento de Benedicto XIV y las discusiones que se suscitaron en torno a su encíclica, dejando de lado cualquier examen en profundidad del tema específico de la usura y de los contratos que incurren en ella y la disfrazan (permuta, ventas a crédito o por adelantado, contratos triples—con pacto de reventa—, contratos societarios, etcétera), es que la Iglesia renuncia de hecho a un pronunciamiento en el plano del derecho positivo, canónico, para retirarse al plano de la conciencia, al tribunal de la confesión. La doctrina elaborada por teólogos y expertos en derecho canónico sirve para enriquecer el pensamiento jurídico señalando la usura como interés exorbitante, condenado por el derecho natural y el derecho positivo, mientras que la Iglesia vuelve a refugiarse en el tribunal de la conciencia, del que había surgido el discurso unos siglos antes, distinguiendo la usura espiritual—como el pecado del parásito que gana dinero explotando el trabajo ajeno—de la usura material, que sólo es delito en la medida en que contraviene las leyes positivas. Es difícil no relacionar esta actitud con la política de concordato entre el Estado y la Iglesia, con la alianza—llena de ambigüedades y tensiones—entre la corona y el altar: se ha señalado con razón el «silencio sepulcral»[2] del magisterio ro-

---

[1] S. Maffei, *Dell'impiego del danaro libri tre*, Roma, Imprenta de Giambattista Bernabò y Giuseppe Lazzarini, 1746 (ed. facs.: Verona, Cassa di Risparmio di Verona, Vicenza, Belluno e Ancona, 1975), p. 177: quien afirma que el pago de intereses es *contra natura* y aduce como prueba que «el dinero no germina, pues es estéril e infructuoso por naturaleza, por lo que quien quiere hacerlo fructificar viene a hacerlo contra natura. *Fabulæ speciem ista consideratio continet*, escribió De Luca (*Theatrum veritatis et iustitiæ*, lib. V, 1, 1, 1)». Volveremos a este pensamiento formulado un siglo antes por Giovanni Battista de Luca en el próximo capítulo.

[2] S. Di Bella, *Chiesa e società civile nel Settecento italiano*, Milán, Giuf-

mano en el siglo xviii sobre las cuestiones económicas, la injusticia social y los privilegios que contaminan el mercado, así como el apoyo abierto al poder político contra cualquier rebelión o agitación que pudiera amenazar la jerarquía social. En efecto, parece que la preocupación dominante en el mundo eclesiástico del siglo xviii es defender los privilegios clericales en el plano de la inmunidad jurisdiccional y fiscal, concediendo como contrapartida al poder político cualquier ayuda para reforzar las intervenciones de «disciplinamiento social», desde la asistencia pública hasta la legislación laboral represiva. Este hecho no sólo afecta a Italia y a los países católicos, sino que parece extenderse a todas las Iglesias estatales, desde la Anglicana hasta las luteranas o calvinistas. En primer plano se destacan las infracciones derivadas de una relación personal (que naturalmente incluyen las que se producen entre vendedor y comprador en el mercado), cuya moralidad sólo se aborda desde el punto de vista individual: muchos contratos pueden ser justos o injustos dependiendo de la buena intención o la mala fe de las partes contratantes. También se cuestiona el problema de la restitución de los bienes mal habidos en el marco del sacramento de la penitencia y el vínculo entre el foro interno y el externo. La práctica de la confesión parece eclipsar poco a poco el gran tema que había dominado la moral cristiana desde Agustín: al restringir el problema del hurto al fuero interno de la conciencia, el confesor se cuida de no imponer una penitencia que no sea simbólica o de algún modo funcional sólo para paliar las consecuencias de una relación social deformada.

Un buen ejemplo de este cambio es la obra de Alfonso María de Ligorio (1696-1787), no sólo por su experiencia como jurista y su posición equidistante frente a las tenden-

---

frè, 1982, pp. 20-22. Para el marco general A. C. Jemolo, *Stato e chiesa negli scrittori politici italiani del '600 e del '700*, ed. F. Margiotta Broglio, Pompeya, Morano, 1972.

cias opuestas de los rigoristas y los laxistas, sino sobre todo porque realmente dio impulso a todos los tratados de moral, incluidos los que tratan sobre el séptimo mandamiento, hasta el siglo XX. Al principio del tratado sobre el hurto Ligorio incluye un verdadero *Tractatus præambolus de iustitia et iure*:[1] todas las elaboraciones anteriores sobre los conceptos de «derecho», «propiedad» y «dominio» se agrupan en el examen del séptimo mandamiento sin ninguna novedad en cuanto a las doctrinas; la novedad consiste precisamente en la inscripción del tema general de la justicia dentro del examen del séptimo mandamiento y, por tanto, dentro del ámbito de la confesión y la conciencia.

En los cuatro capítulos que componen el tratado, Ligorio examina: 1) la definición de hurto; 2) la restitución; 3) los contratos; 4) la tutela y los testamentos. La sustracción oculta de bienes ajenos sin conocimiento del propietario, aunque deba considerarse un delito menor que otros pecados contra el prójimo, es, sin embargo, un pecado mortal «si quantitas sit notabilis» ('si la cantidad es considerable'): las primeras dudas, incluso antes del caso de extrema necesidad, se refieren a la legitimidad del hurto de la esposa que sustrae dinero a su marido para evitar que juegue o se emborrache, etcétera; luego se reconoce la legitimidad de que los criados no remunerados o mal pagados se compensen a sí mismos; des-

---

[1] *Theologia moralis*, t. I, Bassano del Grappa-Venecia, apud Remondini, 1785: *Tractatus cf. De septimo præcepto. Ne furtum facies*, pp. 325-482, n.ᵒˢ 486-961. [Existe edición en español: José Frassinetti (ed.), *Compendio de la teología moral de San Alfonso María de Ligorio*, trad. R. M. García Abad, Madrid, Librería de Miguel Olamendi, 1882]. No me parece que las otras obras de Ligorio más directamente dirigidas a la práctica pastoral incluyan variaciones significativas con respecto a este texto más doctrinario y maduro, aunque obviamente sería interesante un estudio comparativo desde el punto de vista del lenguaje: ciertamente el hurto se inscribe más claramente en la lógica penitencial, como en *Homo Apostolicus instructus in sua vocatione ad audiendas confessiones*, t. I, Bassano del Grappa-Venecia, apud Remondini, 1770.

pués se discute sobre la gravedad objetiva o subjetiva de este pecado según el daño causado, sobre el hurto doméstico realizado por esposas, hijos, amigos, criados, etcétera. Pero, el segundo capítulo dedicado a la restitución es el más importante para nosotros: el principio se confirma como un acto de justicia, pero sólo se refiere a la justicia conmutativa (no a la distributiva, como por ejemplo el daño causado por un nombramiento indigno del soberano o una concesión injusta de la autoridad) y, sobre todo, presupone una falta teológica, de conciencia: en caso de infracción de una norma puramente jurídica no es necesaria ninguna restitución.[1] No puedo detenerme en el examen de los tipos específicos de daño que requieren restitución (el autor incluye muchos tipos que no pertenecen a la categoría de hurto: violación, daños personales y a la reputación, adulterio, etcétera): la obligación de restitución requiere la violación directa del derecho de otro, mediante violencia o fraude.[2]

Del mismo modo, en la doctrina sobre los contratos de la que se ocupa en el capítulo tercero, Ligorio se limita a realizar una ecuánime síntesis de la literatura sobre el dolo y el fraude: repasa la doctrina sobre los contratos singulares, desde el préstamo hasta la compraventa, pasando por

---

[1] *Ibid.*, p. 347, nn. 547-549: «Restitutio igitur est actus iustitiæ, sed addendum est Commutativæ; non enim debetur restitutio ex lesione justitiæ Legalis, quæ respicit jura legum et poenas; neque ex lesione justitiæ Distributivæ, quæ respicit merita personarum [...] tantum igitur ex lesione justitiæ Commutativæ, quæ respicit jus rei, oritur obbligatio restitutionis. Ex lesione autem aliarum virtutum nulla oritur obligatio restituendi [...] Notandum II quod alia est culpa Theologica, quæ respicit conscientiam, et est eadem quam peccatum mortale, aut venial. Alia Juridica, quæ dividitur in latam, scilicet quando omittitur diligentia, quam communiter omnes adhibere solent; levem, si omittitur diligentia, quam omnes diligentes adhibent; et levissimam, si omittitur diligentia quam diligentissimi ponunt».

[2] *Ibid.*, p. 357, n. 582: «Attendendum, an lædatur jus alicujus, quod a natura, lege, vel aliter habeat: et an per vim, fraudem, calumniam, et mendacia quis alium impedierit: num vero aliter».

el contrato de sociedad, la compraventa de fincas, las rentas vitalicias, etcétera, dando cuenta de las diversas respuestas más o menos probables y restrictivas, pero haciendo continua referencia al fuero de la conciencia, separado del derecho positivo por fundarse en los principios del derecho natural. Persiste la condena de la usura, de acuerdo con la tradición y las recientes disposiciones de Benedicto XIV, como «lucrum immediate proveniens ex mutuo» ('el lucro directamente derivado del préstamo').[1] En ese *inmediate* radica de hecho la aceptación de la práctica del crédito en la que se basa la economía de la época: el riesgo, junto con los principios tradicionales del daño emergente y del lucro cesante, justifica un acuerdo adicional al préstamo para cuantificar el riesgo y los términos del daño y del lucro.[2] Sigue insistiéndose en que, incluso en el caso de los contratos de honorarios, societarios o de seguros, la ganancia requiere el conocimiento del sujeto y la presencia de cierto riesgo. En realidad, en todas estas páginas, que tratan también temas como la venta a crédito, el pago anticipado, etcétera, se apela siempre a la legitimidad objetiva frente al «animus usurarius», del que el cristiano debe abominar en su fuero interno, en el foro de la conciencia.[3] Recuperar la complejidad y diversidad de las

[1] *Ibid.*, p. 415, n. 758 en la definición de usura: «Est lucrum immediate proveniens ex mutuo: ita ut mutuans supra sortem, id est, summam capitalem, lucretur aliquid, quod sit pecunia æstimabile, ita ut lucrum tale precise intendatur ratione mutui. Quod plane iniquum est, et grave peccatum contra jus humanum et divinum».

[2] *Ibid.*, p. 419, n. 765: «Nemo dubitat, quin ob damnum emergens possit mutuans aliquid ultra sortem exigere, et tamen, si damnum non est deductum in pactum, nihil potest exigere, quia deest pactum [...] Ergo damnum emergens nec etiam est titulus accipiendi ultra sorte, sed bene est titulus juste deducendi in pactum exationem. Ita a pari, periculum sine pacto non est titulus percipiendi aliquid ultra sortem, sed bene est titulus juste paciscendi, cum mutuans in gratiam alterius in se suscipiat periculi onus, quod per se est pretio æstimabile».

[3] Por ejemplo *ibid.*, p. 435, n.º 813: «Speculative loquendo hoc neque

posturas jurídicas y teológicas tradicionales parece ser un medio para devolver a la conciencia y al tribunal de la confesión cuestiones que ya no podían abordarse en los tribunales civiles ni eclesiásticos.[1]

En mi opinión, el mayor interés del tratamiento que hace Ligorio de los contratos reside en la práctica desaparición de los temas relativos al mercado como tal, por ejemplo el precio justo o legal, la manipulación del dinero o las prácticas monopolísticas. Pese a recordar a los principales autores y las doctrinas del siglo anterior, y la condena, desde san Antonino, de las prácticas monopolísticas que tienden a distorsionar el establecimiento de los precios, la referencia parece más doctrinaria que práctica. Para Ligorio el Estado tiene derecho a fijar los precios y a conceder monopolios por una causa justa; el acaparamiento de mercancías y los acuerdos monopolísticos entre comerciantes son condenados por la ley civil, pero si no superan el precio máximo pecan contra la caridad, no contra la justicia y la ley natural.[2]

Después de Ligorio, el séptimo mandamiento parece referirse únicamente al pecado como responsabilidad de la con-

---

videtur illicitum, sed practice puto difficillime hunc venditorem carere animo usurario».

[1] G. P. Trifone, «Il dilemma delle "usure" in Alfonso de' Liguori», en: P. L. Rovito (ed.), *Il Dottor Causidico. Diritto, politica, fede in Alfonso M. de' Liguori*, Nápoles, Arte Tipografica, 2005, pp. 55-96.

[2] Ligorio, *Theologia Moralis, op. cit.*, p. 436, n. 817: «An mercatores inter se conspirantes, ut merces vendant pretio cariori teneantur ad restitutionem? Certum est teneri, si conveniant vendere pretio ultra supremum; sicut pariter peccant contra justitiam artifices illi, et similes, qui inter se conveniunt de non locando operas suas, nisi pretio summum excedenti [...] Licet igitur talis conventio sit illicita, quia est prohibita jure positivo, non est tamen injuriosa jure naturali. Nec valet dicere, quod ipsa conventio venditorum, cum ipsi mutuo obligentur ad non vendendum nisi pretio summo, cogeret emptores ad sic emendum. Nam respondetur 1. Quod hoc pactum, cum sit sponte initum, non est in illo nec vis nec fraus. Respondetur 2. Quod huiusmodi conventio, cum sit illicita, et contra caritatem, ut infra dicemus, nullam potest inducere obligationem».

ciencia individual frente a la moral elaborada por el magisterio eclesiástico. Los tratados *de iustitia et iure*, nacidos dos siglos antes en el marco de la exposición del precepto «No robarás», parecen llegar en la primera mitad del siglo XVIII a una encrucijada que los lleva a su declive. Por un lado, fecundan la elaboración del derecho mercantil, contribuyendo a la fundamentación ética y a la incorporación del pecado y la culpa en el derecho positivo: se desprenden del séptimo mandamiento y se convierten en verdaderos tratados paralelos y complementarios a los elaborados por los juristas, sobre el tema de los títulos de propiedad, los contratos, las dotes, los testamentos, etcétera, en los que las citas del derecho romano y canónico se combinan con las de las Escrituras, los Padres de la Iglesia y las ordenanzas reales.[1] Por otra parte, los tratados morales parecen replegarse cada vez más en la esfera de la conciencia y la confesión: la condena del hurto como infracción de las reglas del mercado se deja al derecho natural y a las leyes positivas del Estado, y el tribunal de la penitencia sólo retiene el pecado como *animus*, como culpa teológica, dentro de las normas eclesiásticas. El pensamiento innovador que surgió en el mundo católico sobre la relación entre la esfera de la conciencia y la sociedad, la política

---

[1] Entre los tratados examinados, me pareció especialmente significativa la difundida *Résolutions de cas de conscience sur la vertu de justice et d'équité*, aparecido en París de forma anónima (pero del que es autor el padre Gaspard Juénin) en 3 volúmenes en 1741 y reimpresa en cuatro volúmenes en 1761, y más tarde en traducciones latinas: comienza con la teoría del derecho de propiedad, de la prescripción, y pasa a examinar los contratos, las donaciones, las promesas, las dotes, los testamentos, etcétera. Como se indica en el prólogo del vol. 1 de la segunda edición: «Enfin cet ouvrage embrasse tous les états: les Princes, y ont des régles de conduite pour gouverner leurs Royaumes; les confesseurs, pour diriger leurs Pénitents; les Magistrats ce qu'ils doivent faire et éviter dans l'administration de la Justice; les Avocats, les Notaires, les Procureurs, Greffiers, Huissiers, les Marchands, jusqu'aux Artisans même, tous y ont leurs obligations détaillées avec une clarté et une précision peu communes».

y el derecho, pasó del género de los tratados morales al de la reflexión histórico-filosófica, como ilustra la obra de Ludovico Antonio Muratori.[1]

A juzgar por lo que he podido comprobar en mi investigación, las decenas de manuales de teología moral, adoptados en la enseñanza de los seminarios hasta mediados del siglo anterior, y las numerosas colecciones de casos de conciencia para uso de los confesores que estuvieron vigentes hasta el Concilio Vaticano II (luego es bastante difícil determinar caminos precisos) siguieron en su mayoría las huellas de Ligorio (incluso con la referencia explícita «ad mentem S. Alphonsi Mariæ de Ligorio»). Da la sensación de que los autores se centran fundamentalmente en proteger la esfera privada y de la familia, enfatizando el peso del sexto mandamiento, de los preceptos relativos al matrimonio y a la vida sexual, frente al séptimo, que se limita a la pura esfera de las relaciones interpersonales. Persisten la estructura de los tratados *de iustitia et iure* y las ideas sobre los contratos y la restitución, pero de forma totalmente repetitiva, y la única novedad parece ser la referencia, junto al derecho romano, a las nuevas leyes nacionales: la preocupación constante es adaptar la casuística a las leyes y concordatos nacionales particulares.[2] Pese a que las leyes civiles sean necesarias y justas

[1] C. Continisio, *Il governo delle passioni. Prudenza, giustizia e carità nel pensiero politico di L. A. Muratori*, Florencia, Olschki, 1999.

[2] Como puro ejemplo entre muchos, *cf.* para el siglo xix: *Compendium Theologiæ Moralis ex genuina doctrina S. Alphonsi Mariæ De-Ligorio* de J. P. Gury (entre las innumerables ediciones he utilizado la de Milán, 1857, que incorpora el concordato austríaco de 1855, pero que se reimprimió en innumerables adaptaciones en varios países de Europa hasta las primeras décadas del siglo xx). En el tratamiento específico del hurto (pp. 207-211), sólo interesa el problema de la gravedad o no del asunto, las intenciones y las circunstancias agravantes, etcétera. P. Scavini, *Theologia Moralis Universa ad mentem S. Alphonsi Ma. De Ligorio*, Milán, apud Ernestum Oliva edit.-Bibliop., 1860, 3 vols., siguiendo el mismo esquema aprueba por ejemplo el monopolio público «cum id sit a legitima auctoritate ad com-

para el desarrollo de la producción, se cuestiona si lo son en el foro de la conciencia.[1]

Por debajo de los conflictos entre la Iglesia y el Estado que caracterizaron la unificación de Italia y el período posterior, se vislumbra una nueva alianza basada en la sacralización de la propiedad privada fundada en las Escrituras y defendida por los códigos y la delegación de todos los poderes jurisdiccionales a las autoridades civiles.[2] La reflexión sobre el mercado y la relación entre economía y política no se retomará hasta finales del siglo XIX, con la *Rerum novarum* de León XIII, dentro de una interpretación global de las relaciones sociales, pero desvinculada de las normas de los siglos anteriores relativas a los contratos y a la restitución: el derecho a la satisfacción de las necesidades fundamentales de todo ser humano y a un salario justo.[3]

En la exposición sobre el séptimo mandamiento del *Catechismus Ecclesiæ Catholicæ* (artículos 2401-2463), los preceptos confesionales tradicionales se basan en la doctrina social cristiana: el destino universal de los bienes presupone la propiedad privada, pero también el bien común y la solidaridad natural entre los hombres. La prohibición del hurto concierne tanto a la justicia—la obligación de respetar los bienes ajenos y las reglas del mercado—como a la beneficencia—el uso de los bienes en función de la solidaridad y el bien común—, incluso cuando el derecho civil autoriza la actividad realizada: cualquier daño causado a la propiedad

---

mercii prosperitatem, e industriæ incrementum atque in laboris premium constitutum» y condena los monopolios privados concluyendo con la cita del art. 389 del código penal italiano (II, pp. 308-309).

[1] Gury, *Compendium Theologiæ Moralis, op. cit.*, pp. 293-294.

[2] Scavini, *Theologia Moralis Universa, op. cit.*, III, p. 185: «In hoc a Comunismo differt Radicalismus, quod primus proclamat æqualitatem civium omnium in bonis; alter æqualitatem omnium civium in auctoritate et jurisdictione: ille inficiatur jus proprietatis, iste jus imperii».

[3] Healy, *The Just Wage, op. cit.*

privada o pública parece seguir exigiendo reparación.¹ Hasta qué punto eso se cumplió en la práctica del confesionario hay que dejarlo a las investigaciones sociológicas.

---

¹ *Catechismus Ecclesiæ Catholicæ*, art. 2409: «Omnis modus iniuste sumendi vel retinendi bonum alienum, licet legis civilis non contradicat dispositionibus, septimo præcepto est contrarius. Sic bona commodata deliberate retinere vel res amissas; in commercio fraudare; iniusta solvere salaria; pretia augere ex ignorantia vel indigentia alienis lucra facendo [...] Moraliter illicita sunt etiam: lucrosa negotiatio qua quis agit ad æstimationem bonorum modo artificiali mutandam, ut commodum obtineat in alius detrimentum; corruptio qua iudicium amovetur eorum qui iuxta ius decisiones sumere debent; appropriatio et usus bonorum socialium cuiusdam negotii; opera male peracta, fiscalis fraus, mandatorum nummariorum et rationum mercium adulteratio, immodica dispendia, nimius sumptus. Proprietatibus privatis vel publicis voluntarie damnum infligere est legi morali contrarium et reparationem exigit».

9

EL HURTO COMO FALTA:
DE LAS NORMAS ÉTICAS A LAS
LEYES DE MERCADO

I. LA INCORPORACIÓN DE LA ÉTICA
EN LA SOCIEDAD CONTRACTUAL

Después de haber esbozado en el capítulo 7 los perfiles de los protagonistas, de las fuerzas enfrentadas, en el capítulo 8 he tratado de comprender la persistencia del concepto de «hurto» como pecado en la Edad Moderna. Lo que más me interesa, como ya he dicho, es la ósmosis entre el nivel ético-religioso, el nivel jurídico y el nivel político que se produce bajo el proceso de secularización. Así pues, en este capítulo intentaré tratar algunos aspectos de la transformación del pecado en falta como responsabilidad frente a las normas, consuetudinarias o universales, que rigen el mercado con independencia de las filiaciones políticas, hasta el desarrollo de la legislación estatal que tiende a transformar la falta en delito, evolución de la que me ocuparé en el siguiente capítulo.

La tesis que propongo ahora para el debate es que, tras la fractura religiosa, la Europa de los mercaderes y los banqueros se esfuerza por mantener y desarrollar, más allá de las barreras confesionales, la vida de la república internacional del dinero dotándola de su propio aliento, su ideología y estructura normativa, su derecho y su ética de valor universal. Es el intento más soberbio de la Europa de la primera globalización, de la «*respublica* europea» que encontró en Voltaire a su mayor rapsoda.

Como escribió el filósofo francés hacia 1740 en *Remarques sur l'histoire*, «un nuevo sistema político» se había afirmado en los siglos de la Edad Moderna, con la conquista otomana de Constantinopla, el descubrimiento de América y la primera globalización:

La Europa cristiana se convirtió en una suerte de república inmensa donde el equilibrio de poderes se estableció mejor que en la Antigua Grecia. Una perpetua correspondencia unía todas sus partes, pese a las guerras que la ambición de los reyes suscitó e incluso pese a las guerras de religión, más destructivas aún. Las artes, que son la gloria de los Estados, han alcanzado cotas que Grecia y Roma jamás conocieron [...] Todo nos concierne, todo nos está destinado. El dinero gracias al cual comemos, nuestros muebles, nuestras necesidades, nuestros nuevos placeres, todo nos recuerda a diario que América y las Indias orientales, y en consecuencia cualquier rincón del mundo entero, están unidas desde hace unos dos siglos y medio gracias a nuestros industriosos padres. No podemos dar un solo paso sin advertir el cambio que desde entonces se ha producido en el mundo.[1]

Estoy convencido de que, precisamente a mediados del siglo XVIII, la propuesta de soberanía de la república internacional del dinero, del mercado, encuentra su apogeo intelectual en la propuesta política de Montesquieu y, al mismo tiempo, ve en el horizonte los signos claros e irreversibles de su fracaso en el avance del poder estatal sobre el mercado, en el

---

[1] Voltaire, *Œuvres historiques*, París, Gallimard, 1962, p. 44 : «L'Europe chrétienne devient une espèce de république immense, où la balance du pouvoir est établie mieux qu'elle ne le fut en Grèce. Une correspondance perpétuelle en lie toutes les parties, malgré les guerres, que l'ambition des rois suscite, et même malgré les guerres de religion, encore plus destructives. Les arts, qui font la gloire des États, sont portés à un point que la Grèce et Rome ne connurent jamais [...] Tout nous regarde, tout est fait pour nous. L'argent sur lequel nous prenons nos repas, nos meubles, nos besoins, nos plaisirs nouveaux, tout nous fait souvenir chaque jour que l'Amérique et les Grandes Indes, et par conséquent toutes les parties du monde entier, sont réunies depuis environ deux siècles et demi par l'industrie de nos pères. Nous ne pouvons faire un pas qui ne nous avertisse du changement qui s'est opéré depuis dans le monde».

control de la economía doméstica y en la formación de imperios. En esencia, el nacimiento y la difusión universal del concepto de «economía pública» en la segunda mitad del siglo XVIII representa el reconocimiento de ese fracaso de la economía de mercado autogestionada: el protagonista será cada vez más el Estado. La grandiosa obra de Adam Smith, sumamente importante para el desarrollo de la economía moderna según la opinión unánime de historiadores y economistas, tiene un enorme éxito porque ofrece a la república internacional del dinero una síntesis, una fundamentación ideológica para enfrentarse al intrusismo de la política estatal en el mercado: la nueva ciencia económica suplanta a la ética como ideología universalista, si bien se revela igual de impotente en la nueva situación dominada por los Estados nacionales y los imperios.

2. DEL «IUS MERCATORUM» AL DERECHO MERCANTIL

Conviene empezar mencionando el debate—actualmente muy vivo entre los historiadores del derecho—sobre lo que debe considerarse derecho operante en el mercado durante estos siglos. El tema ha sido objeto de innumerables investigaciones y también de manuales ya clásicos a cargo de historiadores del derecho, pero tan especializados que quizá no han permitido que historiadores generales y de la economía pudieran sacarles provecho.[1] Sólo recientemente se han roto los muros estancos para intentar investigar las interconexiones, por eso el título de este apartado está inspirado en

---

[1] La referencia es, por supuesto, H. Coing (ed.), *Handbuch der Quellen und Literatur der neueren europäischen Privatrechtsgeschichte*, Múnich, C. H. Beck, 1973 y ss., y en particular el vol. I (H. Pohlmann, *Die Quellen des Handelsrechts*, pp. 801-883) y el vol. II/I (K. O. Scherner, *Die Wissenschaft des Handelsrechts*, pp. 797-998); véase también K. O. Scherner, *Handel, Wirtschaft und Recht in Europa*, Goldbach, Keip, 1999.

el de una colección de escritos a la que debemos remitirnos para cualquier estudio posterior.[1] Ciertamente, la crisis y las incertidumbres del derecho mercantil en la era de la globalización han impulsado en las últimas décadas una investigación profunda sobre las normas consuetudinarias y mercantiles en la época anterior a las codificaciones modernas.[2]

Al margen de lo que se piense sobre la existencia de una *lex mercatoria* en la Edad Media, parece que el término *lex* tiene un significado totalmente diferente cuando Gerard de Malynes lo reinventa a principios del siglo XVII (*consuetudo o ius mercatorum: lex mercatoria*, se la llamó apologéticamente para reivindicar su originalidad y organicidad frente a las intrusiones del Estado)[3] y cuando Johann Marquard (1610-1668) lo formaliza como *ius mercatorum*,[4] precisamente para hacer frente al ataque de la legislación positiva del Estado tras el nacimiento del nuevo derecho mercantil.[5] Evidentemente, nadie puede inventar una *lex* en sentido positivo para la Edad Media: ésta surgiría sólo poco a poco en los siglos de la Modernidad y concluiría con los códigos nacionales y los tratados interestatales.[6] No obstante, tampoco es posible ne-

---

[1] C. Petit (ed.), *Del «ius mercatorum» al derecho mercantil*, Madrid, Marcial Pons, 1997. Véase también V. Piergiovanni (ed.), *From Lex mercatoria to Commercial Law*, Berlín, Duncker & Humblot, 2005.

[2] *Cf. supra*, capítulo 3, apartado 6. Para una reflexión más general sigue siendo fundamental J. Hilaire, *Introduction historique au droit commercial*, París, PUF, 1986.

[3] G. de Malynes, *Consuetudo, vel, Lex mercatoria*, Londres, 1622 (reimp.: Goldbach, Keip, 1997). Para el análisis de este punto, véase M. Fortunati, «La lex mercatoria nella tradizione e nella recente ricostruzione storico-giuridica», *Sociologia del diritto*, 2/3, 2005, pp. 29-41.

[4] J. Marquard, *Tractatus politico-iuridicus de iure mercatorum et commerciorum singulari*, Fráncfort del Meno, ex officina Thomæ Matthiæ Götzii, 1662.

[5] Véase A. Cordes, «À la recherche d'une "Lex mercatoria" au moyen âge», en: P. Monnet y O. G. Oexle (ed.), *Stadt und Recht im Mittelalter. La ville et le droit au moyen âge*, Gotinga, Vandenhoeck & Ruprecht, 2003.

[6] F. Galgano, *Lex mercatoria. Storia del diritto commerciale*, Bolonia, Il

gar que en la Baja Edad Media y en la primera Edad Moderna existía un complejo universo normativo dotado de autonomía y fisonomía propias en la medida en que no se identificaba con ninguno de los tres protagonistas esbozados en el capítulo anterior, sino que derivaba precisamente de su imbricación, hasta que uno de los tres, el Estado, se impuso de forma decisiva, estableciendo la supremacía del derecho positivo.

No se trata sólo de un doble plano entre las normas del derecho civil culto y las consuetudinarias del mercado, conforme al famoso dicho de Baldo degli Ubaldi («inter mercatores non convenit de iuris apicibus disputare, sed de mera veritate et consuetudine mercatorum», 'entre mercaderes no convienen las disputas legales, sino la verdad y las costumbres'), sino de un universo normativo ético en el que el derecho formal y las costumbres se inscriben en un marco unitario reconocido. Es un fenómeno complejo, a caballo entre el orden, la ley y la disciplina, que provoca el paso de la sociedad estamental al modelo constitucional liberal.[1] La dialéctica entre el derecho y la ética es fundamental para la aparición del derecho mercantil moderno, y en esa dinámica nos detendremos, partiendo de la base de que la presencia del doble plano de las normas no sólo se da a nivel legislativo, sino que incluye:

- la doctrina, el predominio de consideraciones mixtas, teológico-morales, filosóficas y jurídicas, que sólo entró en crisis en el transcurso del siglo XVIII;

Mulino, 2000. [Existe traducción en español: *Historia del Derecho mercantil*, trad. J. Bisbal, Olejnik, Santiago de Chile, 2023].

[1] P. Schiera, «Melancolía y derecho. La confrontación entre individuo y disciplina a favor del ordenamiento», en: C. Petit (ed.), *Pasiones del jurista. Amor, memoria, melancolía, imaginación*, Madrid, Centro de Estudios Políticos y Constitucionales, 1997, pp. 115-145. Véanse también los ensayos en P. Prodi (ed.), *Disciplina dell'anima, disciplina del corpo e disciplina della società tra medioevo ed età moderna*, Bolonia, Il Mulino, 1994; y en P. Prodi y W. Reinhard (ed.), *Identità collettive tra medioevo ed età moderna*, Bolonia, CLUEB, 2002.

- la práctica de los tribunales, una competencia de foros que no se limita a la rivalidad entre el derecho canónico y un derecho civil que pierde cada vez más importancia, sino que se extiende desde los tribunales supremos hasta el foro interno de la conciencia (en sus diversas formas, desde la confesión católica hasta la disciplina reformada);

- el ámbito procesal, el paso de una práctica contractual basada principalmente en la palabra y los gestos (especialmente el juramento) a una práctica basada en la cultura escrita moderna, en el documento (con todo lo que ello conlleva en relación con el desarrollo de la ciencia).

Por último, hay que subrayar que en la cultura jurídica de la Edad Moderna no existía aún, al menos hasta la segunda mitad del siglo XVII, una distinción clara (a pesar de las apelaciones al derecho romano de los juristas eruditos) entre el derecho público y el derecho privado, en una sociedad aún poblada por órganos intermedios cuya soberanía aún estaba fragmentada;[1] en la cultura jurídica mercantil, en particular, no existía aún una separación clara entre el derecho penal y el derecho civil con respecto al mercado: el hurto como infracción de las reglas del mercado seguía constituyendo una zona intermedia.

Del mismo modo que, en la transición a la Edad Moderna, el pluralismo de los ordenamientos jurídicos medievales se transforma en un dualismo entre la esfera de la conciencia y la de la legislación positiva, en lo que respecta al mercado en particular, a la legitimidad o ilegitimidad de la adquisición de riqueza a través de la producción y el comercio, el pluralismo basado en el derecho civil, en el pensamiento de teólogos y

[1] Me parece que sigue siendo útil el ensayo de G. Chevrier, «Remarques sur l'introduction et les vicissitudes de la distinction du "jus privatum" et du "jus publicum" dans les œuvres des anciens juristes français», en: *La distinction du droit privé et du droit public et l'entreprise publique*, París, Librairie du Recueil Sirey, 1952.

expertos en derecho canónico y en la tradición mercantil se mide, choca y topa con el poder y la nueva legislación positiva que se desarrolla a partir de los nuevos Estados modernos dentro del nuevo sistema. Primero en los Estados regionales de Italia en el siglo XV, y luego, desde principios del siglo XVI, en las nuevas monarquías, el Estado se esforzó por intervenir en la vida económica y en el mercado, al comienzo de forma episódica y luego, gradualmente, de forma cada vez más sistemática en el curso de los dos siglos siguientes, tanto definiendo las reglas como lo legítimo y lo ilegítimo.

En la Europa de la Edad Moderna surgió una bifurcación—un dualismo hasta entonces desconocido dentro del derecho privado—entre el derecho privado-civil (dirigido a los ciudadanos-súbditos e integrado en el ordenamiento jurídico estatal) y el derecho mercantil (relativo a las naciones y los pueblos en su conjunto). Ese dualismo adopta formas diferentes en el continente y en el área anglosajona, pero seguirá siendo fundamental entre el *Code civil* de 1804 y el *Code de commerce* de 1807.[1] Lo que me interesa señalar es que en la conciencia de los contemporáneos el derecho civil se refiere a los bienes, y especialmente a los bienes inmuebles dentro del territorio, mientras que el mercantil abarca las personas y las grandes fortunas «qui sont souvent invisibles» ('que a menudo son invisibles').[2]

Pero, volviendo a nuestro asunto y para resumir, podemos señalar un doble movimiento. Por una parte, se tien-

---

[1] A. Padoa-Schioppa, «Napoleone e il *Code de commerce*», en: *Diritto e potere nella storia europea. Atti in honore di B. Paradisi*, vol. II, Florencia, Olschki, 1982, pp. 1041-1069.

[2] Del discurso preliminar sobre el proyecto en la Comisión al Cuerpo Legislativo de J.-E.-M. Portalis (24 Thermidor del año VIII), en: P. A. Fenet (ed.), *Recueil complet des travaux préparatoires du Code Civil*, t. I, París, au dépôt, rue Saint-André des Arcs, 1827 (reimp.: Osnabrück, Otto Zeller, 1968), p. 515. Parece ser una referencia explícita a la definición de Montesquieu.

de a transformar, incluso bajo las antiguas fórmulas del *ius gentium*, la práctica del comercio internacional y de las relaciones interestatales en un derecho común y participativo, y por otra, a trasladar los principios de ese derecho universal a la *respublica* europea que a mediados del siglo siguiente le parecería a Voltaire la mayor creación de la Modernidad.

Ciertamente, el contrato moderno presupone el desarrollo de un proceso en el que los protagonistas ya no son los «organismos» de la sociedad, sino el individuo, por un lado, y el Estado, por otro.[1] Este camino lleva a la formación de un derecho estatal positivo sobre el contrato y sobre el mercado que suplanta en la primera Edad Moderna tanto el planteamiento ético como emanación de normas eclesiásticas como las costumbres en las que se basaba la república internacional del dinero en los siglos anteriores. A lo largo de la Edad Moderna el Estado incorpora lentamente a su sistema legislativo y judicial las pautas que provienen del derecho culto de origen romano, de la nueva concepción de la política, de las normas éticas elaboradas por las Iglesias y de las costumbres del mercado. Es una vía en la que el colbertismo es sólo una etapa que adquiere un valor simbólico en la historiografía, pero que debe inscribirse en un largo proceso de incorporación de nuevas funciones del Estado.

La justicia del príncipe siempre reclamó el castigo de los grandes delitos y de los hurtos tradicionales, pero el mercado fue siempre la sede privilegiada de lo que la historiografía ha llamado en las últimas décadas el sector de lo «infrajudicial» (aunque la expresión no sea del todo adecuada, porque sería más exacto hablar de justicia «paralela»), es decir,

---

[1] H. Decugis, *Les étapes du droit des origines à nos jours*, t. I, París, Librairie du Recueil Sirey, 1946, pp. 179-196; A. Black, «The Juristic Origins of Social Contract Theory», *History of Political Thought*, 14, n.º 1, 1993, pp. 57-76.

un conjunto de verdaderos tribunales mercantiles, tribunales de arbitraje vinculados a las grandes ferias y a los pequeños mercados, a los gremios de artes y oficios, foros en los que, al margen de los tribunales ordinarios, se definen situaciones concretas y se comprueba si se ha producido o no un perjuicio y cómo debe procederse con vistas a su reparación. El proceso de despojar de poder a esos autoproclamados sistemas judiciales se prolongará todavía algunos siglos, pero ya es visible—naturalmente las cronologías y geografías divergen en función del peso real del poder político—al comienzo de la Edad Moderna. No sólo se multiplican las leyes, las ordenanzas y las *Polizeiordnungen* que regulan los mercados y los intercambios de forma cada vez más detallada, sino que también nacen los grandes tribunales de justicia, los tribunales supremos de los Estados, en cuya esfera convergen progresivamente todos los procedimientos de cierta importancia económica y mercantil.[1]

En el siguiente capítulo retomaré este debate—que ahora me propongo abordar desde la perspectiva de la república internacional del dinero—desde la perspectiva del Estado, pero no querría dejar de insistir en que la cuestión de quién es el juez del mercado implica la reflexión teológica y jurídica de la época, tanto en el ámbito católico como en el reformado, y refleja las relaciones de fuerza entre Iglesias, república internacional del dinero y Estados.

---

[1] Véase el fundamental ensayo de G. Gorla, del que han surgido innumerables estudios en las últimas décadas: «I tribunali supremi degli Stati italiani, fra i secoli XVI e XIX, quali fattori della unificazione del diritto nello Stato e della sua uniformazione fra Stati (Disegno storico-comparativo)», en: *La formazione storica del diritto moderno in Europa. Atti del III congresso internazionale della Società italiana di storia del diritto*, vol. I, Florencia, Olschki, 1977, pp. 447-532.

3. LA DOCTRINA JURÍDICA

No me propongo examinar el derecho común como sistema doctrinal ni los grandes tribunales judiciales nacidos del derecho romano como *ratio scripta* que, en dialéctica con los derechos locales, dieron a la legislación europea su característica y específica homogeneidad intelectual, la cual condujo, por una parte, a los tratados *de iustitia et iure* y la elaboración del derecho natural y, por otra, al nacimiento de la codificación.[1] La historiografía ya ha insistido suficientemente en la preeminencia de la práctica mercantil, de las costumbres, respecto al derecho tal y como se entiende en la vida concreta de los mercados y las ferias. En lo que respecta a la doctrina del contrato sólo me interesa señalar que es muy interesante la ósmosis que se produce entre los tratados de teología moral (de la que me he ocupado en el capítulo anterior) y la doctrina jurídica: diría que la mediación entre la doctrina jurídica y la vida concreta del mercado son precisamente los tratados de ética y los casos de conciencia. La *ratio peccati* encuentra aplicación, muy a menudo con el apoyo del juramento, cada vez que una de las partes no cumple su compromiso, incluso en ausencia de una tipología específica prevista por el derecho romano (*ex nudo pacto actio non oritur*), favoreciendo así el puro acuerdo de voluntades en contra de la regla tradicional: la máxima tradicional del derecho canónico de que los pactos deben ser respetados en cualquier caso (*pacta sunt servanda*) se convierte en la Edad

---

[1] La síntesis más actualizada del problema en P. Costa, «Images of Laws in Europe. In Search of Shared Traditions», en: A. Molho, D. Ramada Curto y N. Koniordos (ed.), *Finding Europe: Discourses on Margins, Communities, Images ca. 13th-18th Centuries*, Nueva York-Oxford, Bergahn Books, 2007, pp. 133-157. El marco historiográfico y bibliográfico de referencia en Scherner, *Die Wissenschaft des Handelsrechts, op. cit.*, pp. 797-997; H. Coing, *Europäisches Privatrecht*, vol. I: *Älteres gemeines Recht (1500 bis 1800)*, Múnich, C. H. Beck, 1985, pp. 519-559.

Moderna en patrimonio común de todos los juristas naturales como base de lo privado y de toda relación en la república internacional del dinero.[1]

Un punto de partida para comprender este fenómeno puede ser hojear los dieciocho volúmenes *in folio* (veinticinco volúmenes en total) del *Tractatus universi iuris* publicado en Venecia en 1584, una monumental compilación del derecho erudito de la Edad Media y de la primera Edad Moderna después de los clásicos del derecho canónico y civil de la Antigüedad. Aparte de los problemas teóricos de la relación entre los ordenamientos jurídicos, así como entre éstos y las normas éticas (de los que me he ocupado en mi libro a propósito de la relación entre el delito y el pecado), sólo se registran pequeñas intervenciones relativas al comercio y a la vida económica, aunque ciertamente con reflexiones especialmente importantes para determinar la relación entre el derecho y la conciencia, que luego se expondrán de forma sistemática en los tratados *de iustitia et iure*. De los tratados que componen este compendio dedicado a la vida económica el más orgánico es el que compuso Juan de Capistrano en 1441 a petición de los «ducales» de Génova (no por casualidad), en el cual, tras la disquisición sobre la sindéresis, aborda la cuestión de la restitución de los daños, un problema en el que las preocupaciones del fuero interno de la conciencia se extienden necesariamente al foro externo. En el tratado de Capistrano hay una frase que querría utilizar para iniciar mi argumentación: «De poco sirve la ley en una ciudad si no hay quien la haga respetar».[2] Los diversos tratados *De contractibus licitis*

[1] Hilaire, *Introduction historique au droit commercial*, op. cit., p. 52; P. Landau, «Pacta sunt servanda. Zu den kanonistischen Grundlagen der Privatautonomie», en: M. Ascheri *et al.* (ed.), *Ins Wasser geworfen und Ozeane durchquert. Festschrift für K. W. Nörr*, Colonia-Weimar-Viena, Böhlau, 2003, pp. 457-474.
[2] *Tractatus Universi Juris duce et auspice Gregory XIII pont. Max. in unum congesti*, Venecia, 1584, t. I, f. 341v, n. 4: «Parum est enim ius in ci-

que ocupan los tomos VI y VII—de Antonino de Florencia, Tomás de Vio o el propio Juan de Capistrano—dedicados al intercambio y los montes de piedad, la usura, etcétera, no parecen diferir de los tratados sobre contratos elaborados en las obras de teología moral o de pastoral a las que nos hemos referido en el capítulo anterior. Por supuesto, el principio central sigue siendo inamovible: las leyes civiles que van en contra de la ley divina no son válidas y no deben tolerarse. Pero en tratados más generales y posteriores, como el de Arnaldo Albertí, inquisidor de Valencia y Sicilia, escrito ciertamente después de 1530 (el autor murió en 1548), la tendencia parece haber variado: la Iglesia no puede ser gobernada sólo mediante la teología, se necesitan cada vez más juristas y expertos en derecho para gobernar el mundo.[1]

Las nuevas tendencias parecen surgir de la reflexión profesional de los juristas eruditos y madurar en el pensamiento político y en la práctica legislativa y judicial de los Estados, en los grandes tribunales profesionales que sustituyeron a los antiguos tribunales de arbitraje mercantil y, finalmente, en el siglo XVIII, en la fundación de la economía política. Aunque se trata de tendencias que la historiografía especializada ha examinado aisladamente, a continuación trataré de mostrar su interconexión.

Evidentemente, no pretendo negar el camino que tomó la cultura jurídica que estudia la economía y la cultura mercantil en los primeros siglos de la Edad Moderna: la influencia de la reflexión ligada a la Reforma es fundamental—basta

---

vitate esse nisi sint, qui iura regere possint» (el tratado de Juan de Capistrano, *Speculum conscientiæ*, incluye los ff. 323v-371r del t. I).

[1] *Tractatus, op. cit.*, t. XI, pars II, f. 60v (q. X, nn. 21-22): «Theologia sola non potest regi ecclesia […] in casibus conscientiæ occurrentibus recurrendum est ad iurisperitos […] Unde dicebat frater Alvarus Pelagius in lib. *De planctu ecclesiæ*, lib. 2 art. 30 […] quod præsuntuosum est asserire, quod absque canonibus sacris per solam Bibliam, vel Theologiam theoricam, regi possit ecclesia sancta Dei».

pensar en la mencionada obra de Charles du Moulin—, tanto como el lento camino hacia la secularización.[1] Simplemente quiero subrayar que tales caminos están muy entrelazados en Europa, incluso más allá de las oposiciones e instrumentalizaciones confesionales, y que en el ámbito de las «normas» se produce una ósmosis continua de la ética al derecho positivo, tanto hacia el derecho canónico como hacia el derecho civil. Creo que, si bien se ha estudiado la contribución de los Diez Mandamientos y del derecho romano (frente a la distinción original entre ética y derecho en Calvino) en la elaboración del nuevo derecho positivo del Estado,[2] sobre todo en las primeras generaciones calvinistas, aún no se han explorado las implicaciones específicas en el mercado. Sin entrar en los grandes problemas relativos a la impronta romanista del derecho civil moderno, tan sólo querría subrayar dos aspectos:

(a) que en el derecho mercantil (con independencia de que se incluya o no en los códigos de derecho civil) encontramos la confluencia de muchas prácticas y doctrinas procedentes del mundo mercantil y, por tanto, ya no es un derecho de *cives* opuesto al de los comerciantes como no ciudadanos;[3]

---

[1] Véase el amplio perfil esbozado por R. Savelli, «In tema di storia della cultura giuridica moderna: "strade maestri" e "sentieri dimenticati"», en: L. Garofalo (ed.), *Scopi e metodi della storia del diritto e formazione del giurista europeo*, Nápoles, Jovene, 2007, pp. 95-160.

[2] P. Prodi, *Una storia della giustizia. Dal pluralismo dei fori al moderno dualismo tra coscienza e diritto*, Bolonia, Il Mulino, 2000, pp. 350-355. [Existe traducción en español: *Una historia de la justicia. De la pluralidad de fueros al dualismo moderno entre conciencia y derecho*, trad. L. Padilla López, Madrid, Katz, 1992].

[3] E. Bucher, «Der Gegensatz von Zivilrecht und Handelsrecht: Bemerkungen zur Geschichte und heutigen dogmatischen Bedeutung der Unterscheidung», en: *Aspekte der Rechtsentwicklung. Festschrift A. Meier-Hayoz*, Zúrich, Schulthess Polygraphischer Verlag, 1972, pp. 1-14. Aquí se destaca la influencia del *Tractatus de mercatura seu de mercatore* (Venecia, 1553) de Benvenuto Stracca, del *Tractatus de commerciis et cambio* (Roma, 1618) de Sigismondo Scaccia y, sobre todo, de *Le parfait négociant* de Jacques Savary, que dio su nombre popular a las ordenanzas francesas de 1673

b) el derecho mercantil mantiene un estrecho vínculo con el derecho público en el desarrollo del derecho penal: en lo que respecta al mercado, las normas que lo regulan no pueden separarse de las que persiguen a quien lo viola.

En lo que respecta a nuestro problema en particular—el nuevo concepto y la práctica del hurto—, resulta especialmente interesante observar que el hurto como violación de las reglas del mercado adquiere la apariencia de un *tertium genus* situado entre el derecho civil y el nuevo derecho penal, formando así la columna vertebral del nuevo derecho mercantil.

Lo primero que hay que tener en cuenta es que, como ya hemos visto a propósito del pacto político y de la historia de la justicia en general, no debemos imaginar un simple avance del Estado en terrenos que antes pertenecían a la Iglesia o al mercado, como una ocupación en la que el vencedor impuso sus reglas y su *pax*. En realidad, el proceso es mucho más complejo y se trata de una ósmosis en la que el Estado no sólo asume las tareas que antes correspondían a la Iglesia o al mercado, sino que también recibe la impronta de una y otro. Las Iglesias y el mercado necesitan cada vez más al Estado, exigen su presencia en la nueva sociedad cambiante y, asimismo, proponen los nuevos contenidos de la política.

En el capítulo anterior hemos intentado rastrear este proceso examinando la formación de las leyes de la conciencia: ahora trataremos de rastrear el proceso que llevó a los juristas y políticos a prestar atención al plano de la conciencia. Tal vez el punto álgido de este proceso intelectual en el ámbito católico (si bien en los países reformados se produce un proceso paralelo) sea la obra del cardenal Giovanni Battista de Luca que, como abogado y juez del tribunal apostólico de la Rota Romana (que se ocupaba de los casos relacionados con problemas financieros y préstamos con interés), argumenta

---

(*Code Savary*) para subrayar el origen desde el mundo concreto del comercio (no desde el derecho culto) de la primera legislación.

la necesidad de distinguir las discusiones teóricas de los moralistas, que viven fuera del mundo, de la práctica jurídica y financiera: en los tratados de los filósofos y moralistas «theoretice generales idealiter et in abstracto sunt veræ» ('teóricamente los ideales generales son verdaderos en abstracto'), pero no tienen en cuenta la realidad.[1] Es en el mundo económico donde el «conflictus legis et rationis» ('el conflicto entre la ley y la razón') pone en evidencia las limitaciones de las racionalizaciones elaboradas por los grandes tratadistas *de iustitia et iure*: el derecho natural-divino debe concernir al fuero interno de la conciencia, pero el foro externo debe juzgar sólo sobre la base de las leyes escritas y de los testimonios, sin inmiscuirse en los problemas de conciencia; éstos deben dejarse a los moralistas y confesores, que tratan de apoderarse de la realidad que se les escapa.[2]

Sobre esta base, De Luca comienza a desmontar las «fábulas» de una humanidad primitiva en la que el dominio/propiedad era compartido: en realidad, basta la observación cotidiana de la naturaleza para comprobar que incluso los niños, desde la más tierna infancia, se pelean por «lo tuyo» y «lo mío»,[3] y que la historia de la humanidad se funda en estos conflictos, que sólo pueden gestionarse mediante el derecho «móvil», el derecho civil propio de cada pueblo, y no mediante un derecho imaginario e inmóvil, un derecho natural fabricado no sólo por los moralistas, sino también por los

---

[1] G. B. De Luca, *Theatrum veritatis et iustitiæ*, Roma, typis Hæredum Corbelletti, 1669-1673, lib. V (*De usuris*), disc. I. El tema se retoma en el disc. VI sobre el derecho de los judíos de Roma a mantener casas de empeño públicas a pesar de la presencia del Monte de Piedad, ya un coloso financiero en aquella época.

[2] Ya lo he comentado en Prodi, *Una storia della giustizia, op. cit.*, pp. 377-380.

[3] De Luca, *Theatrum veritatis et iustitiæ, op. cit.*, t. XVI (*Conflictus legis et rationis*), p. 9, *observatio* 16: «Ipsa namque natura ex quotidiano experimento docet, quod etiam infantes meum et tuum distinguant, atque frequentur de hoc certent».

romanistas modernos que reinventaron un derecho romano que en realidad nunca existió en la Antigüedad, un período en que se desconocían por completo las formas contractuales desarrolladas en la Edad Moderna.[1] Así, el nuevo contrato «trino» (o triple), cuyo pacto de retrocesión de la venta (y las cláusulas de empresa y de seguro anexas) representa un contrato realmente usurario, ya que puede proporcionar un interés incluso superior al treinta por ciento, queda legalizado en la práctica mercantil por los tribunales.[2] De Luca sigue señalando que, en materia de préstamos y cambios, existe una enorme variedad de opiniones y sentencias que contradicen los principios del derecho natural y divino:[3] también

[1] *Ibid.*, p. 9, *obs.* 17: «Non mirum itaque si ejusdem Romanorumjuris recentiores interpretes, qui post ejus diuturnam circiter sæculorum sepulturam scripserunt, nimiumque in obscuro pro illorum tempore con- ditione ambularunt, in tot inciderint simplicitates, et æquivoca […] ut juris naturæ ista esse dixerint, ideoque per jus positivum tolli non posse, cum plerisque similibus simplicitatibus, dum ita disgnoscitur, quod etiam in adeo potenti antiquo Romano Imperio, quando litteraria Republica longe magis florebat, quam de eo tempore, in quo primi Juristæ eadem litteraria Respublica pene mortua, scripserunt, atque in ipsorumm et antiquorum Jurisconsultorum, quorum responsa pro legibus attendimus, et tanquam oracula veneramur, connaturale pabulum erant huiusmodi simplicitates, et æquivoca».

[2] *Ibid.*, pp. 73-74, *obs.* 161: «In scholis, et circulis, vel academiis idealiter hanc discurrendo theoricam, illa vera quidam, ac fondata dicenda venit, cum omnes isti contractus de eorum natura lici censendi veniant. In foro autem iudiciali pratico, in quo de externis, atque de actis, et probatis, non autem de internis efformatur iudicium, ideam, et chimeram id potius redolet, ad praxim non deducibilem, quondam ut utriusque assecurationis sortis, et lucri congrua socio operario merx præstetur […] Ideoque manifestam id redolet improbabilem superstitionem ac subtilitatem, per quam illud quod re vera in partium intentione usurarium mutuum est, licitum redditur, imponendo legem potius verbis, quam rebus, atque iudicando in littera, non autem in spiritu et ratione».

[3] *Ibid.*, p. 75, *obs.* 168: «Apud omnes etenim eiusdem catholicæ fidei professores, uniformis est religio, atque uniformis, ac individuus animæ vel conscientiæ forus, atque ubi usura, utpote iure divino damnata, intrinseco mala, et illicita reputatur, et nulla scripta, vel non scripta humana lex eam licitam reddere valeat. Et tamen apud utriusque fori professores tanta

se equivocan algunos juristas, como Sigismondo Scaccia, que intentan trasladar al plano forense los principios enunciados por los moralistas, como si fuera posible juzgar sobre la base del *animus* del contratante, algo extraordinariamente difícil incluso en el confesionario, ya que también el usurero puede tener nobles motivos.[1] En otro tratado, en el que De Luca se refiere a su impugnada defensa, como abogado, de la *Universitas hæbreorum* contra el Monte de Piedad de Roma (que se había convertido en un coloso financiero), sostiene que el papa, como príncipe, puede tolerar acciones condenadas por la moral cristiana cuando existen razones de utilidad pública: todo soberano tiene el derecho-deber de tomar medidas por el bien de su Estado y tolerar incluso cosas condenadas por la ley moral para evitar males mayores, de ahí, por ejemplo, que se controlen los tipos de interés y el acceso del pueblo llano al pequeño crédito.[2]

No es el objeto de estos apuntes examinar la usura, ni ocuparme de la obra de Sigismondo Scaccia (cuyo *Tractatus de commerciis et cambio* se publicó por primera vez en 1619 y se reeditó varias veces a lo largo del siglo) en el contexto de la

---

dignoscitur varietas, imo contrarietas opinionum, et sententiarum, ut unus idemque contractus inter easdem personas pro loci, vel foro varietate, in uno loco, vel foro sæculari sit licitus, recteque creditor petat, vel exactas retineat accessiones: in altero autem loco, vel foro ecclesiastico sit illicitus».

[1] *Ibid.*, t. v (*De usuris et interesse*), disc. I: «Opinio autem prædicta Moralium, cum quibus non bene pertransit aliquis forensis, ut est præsertim Scacia, qui late eam substinere studet, practicabilis est (licet adhuc satis raro et difficile) in foro interno, in quo animus et propositum omnia distinguunt, solaque intentio spectatur, unde dari potest sincera intentio aliena ab animo depravato foenerandi, ac palliandi mutuum sub huiusmodi contractibus, cum quo sinceræ intentionis presupposito procedunt omnes dictam opinionem sequentes. Verum id impraticabile est in foro esterno, in quo non iudicatur de internis, quæ soli Deo patent, sed proceditur cum actis et probatis».

[2] *Ibid.*, p. 20, disc. vi: «Ex motivo utilitatis Reipublicæ [...] sed solum agitur in terminis humanæ prudentiæ pro meliori Reipublicæ regimine».

cultura jurídica entre los siglos XVI y XVII: me limito a remitir a los numerosos estudios de Rodolfo Savelli sobre el mundo de los juristas que permanecieron dentro de la Iglesia romana y el de los juristas reformados.[1] Sólo quiero señalar la polémica de Giovanni Battista de Luca contra Scaccia porque evidencia el salto que también se produjo en el ámbito católico a mediados del siglo XVII. Para Scaccia, el problema de la relación entre la esfera del pecado (*ius poli*) y la esfera del derecho positivo humano, canónico y civil (*ius fori*) sigue siendo central en toda su obra, incluso pese a reconocer plenamente la legitimidad de la actividad mercantil y del beneficio como motor indispensable para el desarrollo de la sociedad: el problema del desdoblamiento de la conciencia en los contratos se plantea en los mismos términos en que lo había planteado dramáticamente Jean Gerson dos siglos antes; y por tanto el tema del *animus* de las partes contratantes sigue siendo central.[2] Para De Luca, en cambio, en el mercado sólo es posible hablar de falta como transgresión de las reglas del mercado y del contrato: cualquier discusión sobre el pecado es engañosa.

La conciliación entre ambas posturas se produce empíricamente en los manuales mercantiles que se multiplican a lo largo del siglo XVII. Especialmente significativo es el tratado

---

[1] Me limitaré a referirme al último ensayo: Savelli, «In tema di storia della cultura giuridica moderna», *op. cit.*, pp. 95-160.

[2] Es significativo, en mi opinión, el paralelismo entre el engaño (*deceptio*) en el precio y la prostitución permitida por ley incluso en la Roma de los papas para evitar males mayores: S. Scaccia, *Tractatus de commerciis et cambio*, Venecia, sumptibus Bertanorum, 1650, p. 235: «Et tamen fornicatio est peccatum mortale»; con la desconcertante conclusión de que, sin embargo, quienes alquilan casas a prostitutas donde la prostitución está permitida no pecan: «Infero ex hac tolerantia, quod locans domum meretrici non peccat, si eam locat in civitate et loco in quo meretrices tolerantur [...] et moveor hac ratione, quia alias sequeretur, quo etiam Papa, et Respublicæ qui meretrices tolerant et a civitate non expellunt, sed imo illis civitatem locare videntur, peccarent».

del genovés Giovanni Domenico Peri (1590-1666), *Il negotiante*, en buena medida por su difusión gracias a numerosas ediciones:[1] por un lado atestigua la mayor devoción y obediencia a las directrices de la autoridad eclesiástica, mientras que por otro ofrece justificación para cualquier forma «de sacar provecho del dinero» y cualquier ganancia financiera (intercambios, compra y venta de rentas, asientos españoles, compañías de comercio marítimo, etcétera) en una economía como la de Génova, que había pasado por completo de la producción y el comercio a la especulación financiera. En *Il negotiante* la única usura que se condena es la del usurero que oprime a los pobres, de modo que se asimila a la condena del hurto.[2] La forma del contrato coincide con su fondo.

Me limitaré a plantear la siguiente cuestión: en un desarrollo europeo global, a pesar de las controversias y censuras religiosas, en el transcurso del siglo XVII se abrieron dos caminos en la cultura política, jurídica y económica. Por un lado, el camino que lleva a justificar una intervención cada vez más decisiva del poder político y de las magistraturas dependientes de éste en la determinación de las reglas del mercado, en el paso del hurto como pecado al hurto como delito, como infracción de la legislación positiva del Estado; por otro lado, el camino que lleva a proporcionar una base únicamente racional a un derecho universal de los contratos que se hace necesario por el desarrollo de la república internacional del dinero más allá y por encima de los entes políticos

---

[1] Génova, Imprenta de Pier Giovanni Calenzano, 1638.

[2] *Ibid.*, p. 175, cap. XX (*Del cambio ilícito*): «Debe observarse la forma ordenada, sin la cual no es intercambio, sino usura, o hurto; después de lo cual no sé distinguir la usura del hurto, y como dicen san Ambrosio y san Agustín, es lo mismo que los pobres roben lo que no es suyo mediante el hurto que el que los ricos hagan lo mismo mediante la usura». Para una visión general, véase G. Felloni y L. Piccinno, «La cultura economica», en: D. Puncuh (ed.), *Storia della cultura ligure*, vol. I, Génova, Società Ligure di Storia Patria, 2004, pp. 279-280.

individuales, el camino de los derechos subjetivos cuya infracción constituye siempre una falta aunque no sea un delito en el sentido específico.

En el próximo capítulo exploraremos el primer camino, el del soberano que toma la apariencia del Leviatán e instrumentaliza inevitablemente el mercado según sus necesidades relacionadas con el poder, la guerra u otras emergencias, que tienden a convertirse en continuas y cotidianas según una *potestas absoluta* que se autojustifica primero en el monarca y luego en la religión de la patria. En este capítulo nos detendremos en la segunda de las dos direcciones, la de la *potestas ordinata* como supremacía de las leyes del mercado a las que todos deben someterse, independientemente de sus filiaciones individuales. Por esta vía, el concepto de «falta» parece mucho más amplio que el de «pecado» o «delito», ya que implica también la responsabilidad objetiva de los sujetos colectivos, ya sean entidades políticas como los Estados o empresas mercantiles y financieras.

4. LEYES DEL MERCADO, LEYES DE LA NATURALEZA

Sobre la base del pensamiento de la segunda escolástica, el desarrollo del pensamiento del derecho natural a principios del siglo XVII sigue el camino de la identificación de la ley divina con la ley de la naturaleza y trata de fundar la ley del mercado como una ley de la naturaleza: así como en el pensamiento político se desarrolla la doctrina de la *potestas ordinata* divina, del Dios relojero que de alguna manera se ve obligado a respetar las leyes que él mismo ha dado al universo, también en lo que respecta a la reflexión sobre la economía las leyes del mercado se conciben progresivamente como leyes que regulan la sociedad de una manera autónoma con respecto a la gestión del poder.

En ese contexto, considero especialmente significativa la evolución de la producción del jesuita siciliano Tommaso Tamburini (1591-1675), del que hemos hablado en el capítulo anterior, cuya trayectoria personal resume la trayectoria mucho más amplia de la cultura jurídica europea: pasa de los primeros tratados basados en los Diez Mandamientos[1] a la posterior síntesis de la teología moral dividida en tres partes, en la primera de las cuales habla de la ley divina (con el tratado sobre los sacramentos); en la segunda, de la ley natural que regula los contratos; y en la tercera, de la ley eclesiástica: tres ámbitos distintos en los que la competencia sobre el mercado se atribuye a la ley natural.[2] Se percibe, como ya he mencionado, el fin del grandioso intento de construir un sistema único de ética y derecho que se había iniciado con los tratados *de iustitia et iure* en función de la construcción de un sistema autónomo para la esfera contractual.

No puedo volver sobre el problema de la superación de la antigua clasificación entre leyes, heredada y reforzada en la Edad Media (derecho natural-divino, derecho de gentes, derecho positivo canónico-civil), pero sí es necesario señalar que, a partir de las elaboraciones teóricas de la llamada segunda escolástica en el curso del siglo XVII, esa jerarquía de normas dio paso a una nueva dialéctica entre las normas que regulan los contratos de los hombres, por encima de los contextos políticos en los que se encuentran inscritos, y las normas positivas estatales. Naturalmente la vieja terminología sigue sobreviviendo durante mucho tiempo, con una confusión de categorías bastante compleja, hasta la conclu-

---

[1] T. Tamburini, *Expeditæ Decalogi explicationes decem digestæ libris* (1654), Venecia, 1687. Sobre la figura de Tamburini véase S. Burgio, *Teologia barocca. Il probabilismo in Sicilia nell'epoca di Filippo IV*, Catania, Società di Storia Patria per la Sicilia Orientale, 1998; *Id., Appartenenza e negozio. La crisi della teologia barocca*, Soveria Mannelli, Rubbettino, 2004.

[2] T. Tamburini, *Juris Divini, Naturalis et Ecclesiastici expedita explicatio in tres divisa partes*, Milán, typis Ludovici Montiæ, 1662.

sión del proceso de constitucionalización—es decir, la inscripción de los principios de los derechos universales en el derecho positivo—, pero lo importante es que el mecanismo de definición de las normas, y por tanto de su infracción, se inserta progresivamente dentro de una *respublica* europea que suele coincidir con la república internacional del dinero: las leyes de la naturaleza tienden a coincidir con las leyes del mercado, y su infracción se convierte no en la violación de un derecho natural abstracto, sino de normas de comportamiento consideradas esenciales para pertenecer al mundo que se está construyendo.

El problema del precio justo y de la competencia, central en el pensamiento medieval, cambia un poco de signo, pero sigue siendo central en la segunda escolástica en relación con el desarrollo del Estado. Como se ha visto, el debate sobre los monopolios llegó a ser muy problemático entre los moralistas y juristas de la primera Edad Moderna: por un lado condenaban los pactos considerados peligrosos para limitar la competencia por parte de los particulares, las corporaciones o las asociaciones de comerciantes, mientras que por otro lado tendían a justificar la intervención del Estado no sólo en el control de los precios, sino también en la concesión de privilegios monopolísticos. Ya en el siglo XVI, el jurista Tiberio Deciani, siguiendo la tradición medieval, reclamaba una legislación antimonopolio aduciendo que éstos van en contra de la razón natural («Sunt enim monopolia contra rationem naturalem»).[1]

Así, se produjo una fractura, tanto en los debates como en la legislación, sobre todo en Inglaterra, debido a la presencia de las poderosas compañías navieras y al sistema de concesiones monopolísticas que se estableció durante el siglo XVII:

---

[1] Véase M. Prospero, «Teologia, consumo, diritto», *Rivista della scuola superiore dell'economia e delle finanze*, III, n.º 2, 2006, pp. 198-253 (la cita de Deciani está en la p. 246).

se defendió la libertad de comercio y la competencia, pero como parte de la defensa de unos intereses geopolíticos cada vez más fuertes.[1] En el país en el que más se había desarrollado la sociedad de crédito en el siglo XVI, según el título de la obra fundamental de Muldrew ya mencionada, *The Economy of Obligation*, las condiciones para el pago de los intereses las definió la legislación estatal, con la ley de 1571, posteriormente ampliada en 1624. El debate sobre la usura, que se mantuvo encendido hasta finales del siglo XVI, pasó de la figura clásica del usurero a la del especulador financiero que trafica con concesiones y deuda pública, lo cual tuvo consecuencias en el plano más amplio de las relaciones entre la religión y la política: surgió un nuevo modelo de ladrón. Ésta es una pista muy importante para entender el paso del concepto de «pecado» al concepto de «falta» como corrupción del mercado por parte del poder político: un vasto territorio entre la política y el mercado en el que no se aplica el concepto tradicional de «pecado», ni existe el delito como desobediencia a la ley civil, pero en el que se extiende un fuerte sentimiento de culpabilidad social en la opinión pública.[2]

En cuanto al problema específico del hurto como falta en cuanto violación de las leyes del mercado, habría que releer la literatura del derecho natural del siglo XVII, desde Hugo Grocio (1583-1645) y Juan Altusio (1557-1638) hasta Samuel Pufendorf (1632-1694), teniendo en cuenta la referencia al contrato y al mercado. Diría que, en la miríada de congresos y estudios sobre el derecho natural que se han producido en

---

[1] R. de Roover, «Monopoly Theory Prior to Adam Smith. A Revision», *The Quarterly Journal of Economics*, 65, n.º 4, 1951, pp. 492-524. En p. 512, De Roover también recuerda el dicho que Colbert solía repetir a sus superintendentes: «La liberté est l'âme du commerce».

[2] M. L. Pesante, «L'usura degli inglesi: lessico del peccato e lessico della corruzione politica alla fine del Seicento», en: G. Boschiero y B. Molina (ed.), *Politiche del credito. Investimento, consumo, solidarietà*, Asti, Centro Studi sui Lombardi e sul credito nel Medioevo, 2004, pp. 113-138.

las últimas décadas, estos textos se siguen leyendo desde la perspectiva de la teoría del derecho y de la política, descuidando el mercado, pero como no puedo suplir en este estudio tal carencia me limitaré a señalar algunas pistas meramente ilustrativas. Personalmente, en el capítulo dedicado al contrato de la famosa obra *De iure belli ac pacis* de Grocio, el gran padre del pensamiento del derecho natural, no he encontrado elementos de gran novedad con respecto al pensamiento escolástico,[1] salvo la reafirmación de la centralidad unificadora del pacto y del consentimiento más allá de las distinciones y tipologías previstas por el derecho romano; nada nuevo tampoco en materia de monopolio («Non omnia cum iure naturæ pugnant», 'No todas las cosas entran en conflicto con la ley de la naturaleza'), de precio justo, de dinero, de préstamo ni de usura. Más interesante desde el punto de vista del hurto es el capítulo sobre el castigo, en el que, tras insistir en la necesaria proporción entre la falta y el castigo, Grocio se opone a la ley del talión y defiende la moderación cristiana, la necesidad de adaptar los castigos a las circunstancias históricas y sociales: los judíos castigaban más el hurto de ganado que el hurto en el hogar porque el ganado era la base de la economía del pueblo judío. Las leyes no pueden ignorar los problemas generales, mientras que en el caso de la culpabilidad individual pueden encontrarse agravantes o atenuantes.[2] De ahí, de la historización de la pena, procede la distinción entre la falta como pecado y la falta como delito: la ley de la naturaleza es eterna y se identifica con los Diez Mandamientos y con el juicio de Dios, mientras que el delito como infracción de las leyes positivas varía en las distin-

---

[1] H. Grotius, *De iure belli ac pacis libri tres*, Lyon, 1639 (reimp.: Aalen, Scientia, 1993), lib. II, cap. 12, pp. 340-358.

[2] *Ibid.*, lib. II, cap. 20, pp. 504-505: «Sed in iudiciis magis illud, in legibus hoc sequendum est, ratione abita temporis quo leges aut iudicia feruntur: quia poenæ utilitas magis in universalitate spectatur circa quam sunt leges: culpa autem maior aut minor est in singulis».

tas circunstancias históricas.[1] Esta distinción y esta dialéctica entre pecado y delito es también fundamental para el desarrollo de la distinción entre las leyes naturales del mercado y las leyes positivas del Estado a lo largo del pensamiento del siglo XVII. Encontramos conceptos bastante parecidos en Juan Altusio, que defiende más explícitamente en su *Politica methodice digesta* la libertad de comercio y su autonomía del poder político, si bien declara que el Estado puede imponer el monopolio en caso de emergencia.[2]

Samuel Pufendorf, en el quinto libro de su *De iure naturæ et gentium*,[3] dedica trece capítulos al mercado y a los contratos, pero no aporta nada nuevo con respecto a los tratados de los autores de la segunda escolástica, cuyas teorías simplemente traslada del plano teológico al del derecho natural. La teoría del monopolio es sólo un apéndice de la teoría del precio justo: los monopolios son inevitables para los intercambios que requieren inversiones arriesgadas y a largo plazo, pero siempre requieren una concesión de la autoridad política sin la cual son «espurios», perjudiciales e ilícitos, tanto

---

[1] Tal vez sea oportuno señalar (dada la discusión sobre la famosa proposición contenida en los prolegómenos de la obra de Grocio sobre razonar como si Dios no existiera o, incluso si existiera, como si no se preocupara por los asuntos humanos) que se defiende en términos contundentes la importancia de la religión en la vida civil y la centralidad del juicio divino: «Ut rem totam penitus introspiciamus, notandum est religionem veram quæ omnium ætatum communis est quatuor præcipue pronuntiatis niti, quorum primum est Deum esse et esse unum. Secundum Deum nihil esse eorum quæ videntur, sed his aliquid sublimius: tertium a Deo curari res humanas, et æquissimis arbitriis diiudicari: quartum unum Deum opificem esse rerum omnium extra se [...] Tertio præcepto intelligitur cognitio et cura rerum humanarum, etiam cogitationum: nam ad iurisiurandi fundamentum est. Deus enim testis etiam cordis, et si quis fallat vindex invocatur, quo ipso simul et iustitia Dei significatur et potentia» (*ibid.*, pp. 516-517).

[2] Herborn, 1614 (reimp.: Aalen, Scientia, 1961), cap. 32, §§ 20-25.

[3] He utilizado la edición póstuma de Fráncfort del Meno, ex officina Knochiana, 1759, en 3 tomos.

en el ámbito del comercio como de la producción;[1] el castigo
se deja a la autoridad civil y Pufendorf jamás habla de pecado ni del séptimo mandamiento con respecto al hurto, pese
a que el marco general de su obra es la condena del ateísmo:
la ofensa es contra el principio de «sociabilidad» que Dios
ha puesto en el corazón del hombre.

Sin entrar en las amplias panorámicas sobre las que se han
escrito miles de páginas, tan sólo querría señalar la centralidad del binomio propiedad-hurto, un tema a menudo mar-
ginado. De la especulación desarrollada en el pensamiento
escolástico sobre la propiedad como algo «común», que per-
tenecía a todos los hombres en el estado de naturaleza previo
al pecado original, se llega finalmente a la definición secularizada de la propiedad como emanación de la persona, del sujeto jurídico: sólo en la medida en que es propietario de bienes el individuo se convierte en ciudadano activo de pleno
derecho. Ya he mencionado la importancia del nuevo concepto de «propiedad» en el desarrollo del proceso moderno
de constitucionalismo centrado en los derechos humanos:
tal vez convendría estudiar más detenidamente la oposición
a este proceso por parte de los pensadores «heréticos» de la
Ilustración que niegan la teoría de la propiedad como derecho innato y que incluso en vísperas de la Revolución francesa denuncian su impostura, contra los «economistas», como
una «parte oscura» del derecho natural.[2]

[1] *Ibid.*, cap. 5, t. II, p. 260: «Quam nequitiam operarii et opifices interdum imitantur».

[2] J. P. Brissot de Warville, *Recherches philosophiques sur le droit de propriété considéré dans la nature*, París, 1780 (reimp.: Milán, 1966). Para Brissot el derecho a la propiedad no tiene nada que ver con el derecho natural
y no es más que «une usurpation sociale»; los ricos son los únicos verdaderos ladrones y el robo dejaría de existir si se hiciera desaparecer la men-
dicidad: «Faites disparoître la triste mendicité, et il ni aura plus de vol»
(p. III); la acusación que se le puede hacer es «d'avoir porté le flambeau
de la raison dans cette partie du droit naturel […] dans un temps où le res-
pect pour les propriétés est regardé par les économistes comme le fonda-

5. EL NACIMIENTO DEL CABALLERO

Es mucho lo que se sabe sobre el punto de inflexión de la cultura y la conciencia pública europeas entre finales del siglo XVII y las primeras décadas del XVIII, a partir de las reconstrucciones clásicas de Bernhard Groethuysen, Paul Hazard y Reinhart Koselleck.[1] No pasa un año sin que aparezcan nuevos libros y ensayos sobre el nacimiento de las virtudes burguesas. En ese giro fundamental, no sólo se produce un proceso de secularización, sino, como ocurre a otro nivel en el ámbito político, una ósmosis de los conceptos anteriormente desarrollados por la teología moral dentro del mundo de la producción y del mercado: la probidad, el ahorro personal y la ascesis, la convicción de que los actos individuales son un instrumento para el bien común y la abundancia general, la universalidad y la honestidad. Desde nuestra perspectiva del hurto y la violación de las leyes del mercado, podemos decir que se pasa de un precepto negativo—basado en el séptimo mandamiento, en la amenaza de la conde-

---

ment de tout état» (p. 115). Brissot (1758-1793) fue guillotinado como girondino durante el período del Terror: ha sido estudiado como precursor de las teorías elaboradas posteriormente por Filippo Buonarroti y los comunistas del siglo XIX, pero su pensamiento debe inscribirse en el debate de los siglos XVII y XVIII sobre la naturalidad o historicidad del derecho natural a la propiedad y la legitimidad del hurto en caso de necesidad.

[1] B. Groethuysen, *Origini dello spirito borghese in Francia. La chiesa e la borghesia* (1927), traducido en parte al italiano (A. Forti), Turín, Einaudi, 1949 [Existe traducción en español: *La formación de la conciencia burguesa en Francia durante el siglo XVIII*, trad. José Gaos, México D.F., FCE, 1981]; P. Hazard, *La crisi della coscienza europea* (1.ª ed.: Paris, Boivin & Cie, 1935), trad. P. Serini, Turín, UTET, 2008 [Existe traducción en español: *La crisis de la conciencia europea*, trad. Julián Marías, Madrid, Alianza, 1988]; y R. Koselleck, *Critica illuministica e crisi della società borghese*, ed. P. Schiera, trad. G. Panzieri, Bolonia, Il Mulino, 1975. [Existe traducción en español: *Crítica y crisis. Un estudio sobre la patogénesis del mundo burgués*, Madrid, trad. Jorge Pérez y Rafael de la Vega, Trotta-UAM, 2007].

na eterna combinada con las penas previstas por las leyes—
a un precepto positivo sancionado por el mercado: ser un
caballero, un *honnêt homme*, es la condición necesaria para
vivir en el mercado. No es que el tema de la honestidad no
estuviera presente en los siglos anteriores, como hemos visto, pero ahora se despoja de otras filiaciones y se convierte
en dominante: en cierto modo, se retroalimenta como reconocimiento de pertenencia al mundo del comercio y los negocios. La honestidad y el carácter fiable quedan estrechamente ligados a la propiedad: el caballero es el único sujeto
capaz de derechos universales en la medida en que es el propietario que responde de sus actos con sus bienes, y el hurto, por tanto, se convierte también en una lesión contra la
persona, aproximando el séptimo mandamiento al quinto,
«No matarás».

Del mismo modo que, con Samuel Pufendorf, John Locke
y Christian Thomasius, los principios del derecho natural se
desvincularon de la ley divina y, en consecuencia, de toda la
elaboración anterior—desde la escolástica hasta Hugo Grocio—, así Pierre Bayle y muchos otros introdujeron la moral
en las leyes del mercado apelando estrictamente a la razón.
El robo, como simple hurto pero sobre todo como infracción
de las leyes del mercado, se convirtió entonces en una falta
aún más grave que la infracción del séptimo mandamiento:
se convirtió en un atentado contra la sociedad.

Es posible que la interpretación histórica del mercado que
propuso Giambattista Vico constituya una síntesis del camino recorrido y una apertura a lo nuevo. En el mundo antiguo la demarcación entre Estado y sociedad no podía existir, dada la ausencia del individuo y la soberanía fragmentada y difusa, mientras que la libertad de la Edad Moderna,
basada en la relación de intercambio, exige igualdad jurídica para todos los sujetos y una clara distinción entre las esferas privada y pública: en el nuevo marco de la Modernidad el fundamento de la política ya no es la teología, sino la

ideología del bienestar.[1] Pero lo que, en mi opinión, no consigue Vico en su polémica con Hobbes y Spinoza es entender lo que subyace al pensamiento de los teóricos del derecho natural y del contractualismo; es sobre todo Spinoza quien «habla de la república como de una sociedad formada por comerciantes»:[2] la intuición es formidable y merecería la pena dedicarle un estudio, aún por realizar, para profundizar en la relación entre el contractualismo económico y la génesis del constitucionalismo. Vico no parece captar plenamente las diferentes soluciones para tratar de superar la tensión entre la república internacional del dinero y el Estado moderno que veía avecinarse.

Lo sabemos todo sobre el desarrollo de las primeras teorías económicas del período comprendido entre los siglos XVII y XVIII, sobre el mercantilismo y la fisiocracia, pero falta establecer la relación entre las doctrinas y la evolución constitucional que se produce con el desarrollo de los gobiernos parlamentarios para entender los conflictos entre los terratenientes y los titulares de la deuda pública. La evolución de la conciencia pública inglesa debe relacionarse con la experiencia republicana florentina de dos siglos antes, no sólo en términos de doctrinas políticas (sobre las que se ha escrito mucho),[3] sino también en términos del renovado vínculo entre los intereses privados y un bien común que encontró su punto de referencia en la mancomunidad.

La fábula de las abejas de Bernard Mandeville representa

---

[1] M. Prospero, «Vico, defensor Ecclesiæ?», *Rivista della scuola superiore dell'economia e delle finanze*, II, n.ᵒˢ 6-7, 2005, pp. 275-317.

[2] A. Montano, *Vico e le repubbliche dei «mercadanti»: istanze utilitaristiche e tensioni metafisico-etiche nella genesi dello Stato in età moderna* (conferencia pronunciada el 7 de diciembre de 2005 en el Istituto italiano per gli studi filosofici, www.iisf.it/montano.htm).

[3] J. G. A. Pocock, *Il momento machiavelliano. Il pensiero politico fiorentino e la tradizione repubblicana anglosassone*, trad. A. Prandi, Bolonia, Il Mulino, 1980, 2 vols.

realmente un punto de inflexión, pues se trata de una parábola que ilustra cómo se ha emancipado la conducta económica del dogma religioso: no es extraño que sacudiera a la opinión pública durante las primeras décadas del siglo XVIII a ambos lados del Canal. Pero no se trata, como se ha repetido erróneamente, del paso de un orden ético colectivo a la exaltación del puro interés individual sin reglas, sino de la definición de un nuevo sistema de responsabilidad y culpabilidad. La antigua colmena en la que «cada parte estaba llena de vicios, | pero todo el conjunto era un paraíso» y en la que «aun el peor de la multitud | algo hacía por el bien común» es exactamente la representación del turbulento desarrollo de la sociedad inglesa en la tensión entre la mancomunidad y los agentes económicos que operaban sobre la base del interés privado:[1] la sátira no sólo parece una crítica del disciplinamiento promovido por las Iglesias tradicionales, sino también de la aspiración o la utopía de un retorno al hombre virtuoso por naturaleza, un sueño que se abre paso a través del racionalismo en la embrionaria Ilustración y que encontrará finalmente a su máximo exponente en Rousseau. La teoría de que la búsqueda del bien común también puede lograrse inconscientemente a través de la búsqueda del interés propio ya la había desarrollado Francisco de Vitoria en el siglo XVI y estaba en el centro de los tratados morales escolásticos que hemos comentado.[2]

Una vez más, no se trata de rastrear los precursores. No creo

---

[1] B. Mandeville, *La fábula de las abejas o los vicios privados hacen la prosperidad pública*, trad. J. Ferrater Mora, Madrid, FCE, 1997, p. 14-15: «Así era el arte del Estado, que mantenía | el todo, del que cada parte se quejaba; | esto, como en música la armonía, | en general hacía concordar las disonancias; | partes directamente opuestas | se ayudaban, como si fuera por despecho, | y la templanza y la sobriedad | servían a la beodez y la gula».

[2] F. Gómez Camacho, «El pensamiento económico de la escolástica española a la ilustración escocesa», en: F. Gómez Camacho y R. Robledo (ed.), *El pensamiento económico en la escuela de Salamanca. Una visión multidisciplinar*, Salamanca, Ediciones Universidad de Salamanca, 1998, p. 207.

que Mandeville y sus contemporáneos derrotaran la «economía moral», sino que en cierto modo la incorporaron a una nueva ética acorde con la famosa definición de Roger Coke en sus discursos de la década de 1770: «Nunca me convencerán de que ningún hombre o nación pueda proponerse alcanzar sus fines atentando contra la Naturaleza y el Orden».[1] En realidad, se trata de la ideología de la república internacional del dinero, que choca con la ideología de un Estado-nación que emerge como potencial sujeto excluyente, no sólo en el campo del poder político, sino también en el del poder económico: aunque los intereses que deben conciliarse en cada país representen enormes obstáculos (desde la propiedad de la tierra hasta las nuevas manufacturas, pasando por los monopolios comerciales), la tendencia imperante es la de hacer confluir, a menudo mediante la guerra, la economía en el Estado con la expansión de la deuda pública y el control del dinero.

Lo que empieza a explorarse en esos años, por ejemplo, es la interconexión entre el esfuerzo bélico de Inglaterra contra Luis XIV, la explosión de la economía financiera con el paso del crédito a la fundación del Banco de Inglaterra (1694) y la difusión de la circulación del papel moneda junto con la tradicional moneda en metálico. Ese salto de la circulación fiduciaria de letras de cambio y similares al papel moneda, entre los siglos XVII y XVIII, representa realmente un salto epocal no sólo en la afirmación del crédito en unos términos nunca antes conocidos, sino también en la relación entre el poder económico y el político. Precisamente por implicar no sólo a la economía francesa, sino a todo el mundo financiero europeo, el caso del banquero escocés John Law se convierte en la primera prueba de lo que caracterizará al sistema económico occidental en los siglos siguientes hasta nuestros días: la fundación y la enorme expansión de la Banque Gé-

---

[1] J. O. Appleby, *Pensiero economico e ideologia nell'Inghilterra del secolo* XVII, trad. A. Sanfelice, Bolonia, Il Mulino, 1983, p. 261.

nérale Royale de Francia, cuyos títulos de crédito estaban ligados a la fortuna del gran comercio marítimo, la sobrevaloración de los títulos con una presión especulativa que llevó a la multiplicación de su valor y, a continuación, el colapso de una inmensa burbuja especulativa que desequilibró todas las finanzas europeas (1720).[1] Paralelamente a las teorías de Montesquieu en el plano de la política y la legislación, hay que elegir entre la vía de la confianza en el sistema económico (combinada con el desarrollo del conocimiento matemático de las leyes del mercado) y el despotismo oriental que funde el poder económico y el político.[2] La multiplicación del dinero fiduciario a través de la novedad absoluta del papel moneda, seguida del *crack*, apunta a una economía en la que la mera pérdida de confianza en un banco periférico provoca el colapso de todo el castillo crediticio en el que la confianza constituye la esencia misma del mercado. El crédito se convierte en la bisagra entre el mercado y la política, el instrumento preciso para aplicar el principio teórico utilitario de la mayor felicidad para el mayor número de personas.

6. EL DULCE COMERCIO

El mayor teórico de la ética de la república internacional del dinero como causa y característica específica de la suprema-

---

[1] Ph. T. Hoffman, G. Postel-Vinay y J.-L. Rosenthal, *Priceless Markets. The Political Economy of Credit in Paris, 1660-1870*, Chicago-Londres, University of Chicago Press, 2000.

[2] Parece muy interesante la figura de Jean-François Melon, autor del conocido *Essai politique sur le commerce* (1734), pero también de relatos ambientados en un imaginario imperio oriental en los que se proyecta el tema de la confianza en las «maravillas» de las finanzas, sobre todo hoy en día: *cf.* Citton, «Les comptes merveilleux de la finance. Confiance et fiction chez Jean-François Melon», en *Féeries*, 2, 2005, pp. 125-160 (http://feeries.revues.org/documenti09.html).

cía europea es Montesquieu. Las investigaciones más recientes lo consideran el fundador de la economía política como ciencia.[1] Pero conviene subrayar que su aportación no sólo fue teórica: su figura se sitúa en la encrucijada entre la visión estatista de las normas y la voluntad de trazar un nuevo camino ni utópico ni abstracto, sino vinculado a la república internacional del dinero. Sin necesidad de detenernos en la célebre expresión del comienzo del libro XX de *El espíritu de las leyes* («dondequiera que hay costumbres moderadas hay comercio y dondequiera que hay comercio hay costumbres moderadas») ni en sus reflexiones históricas sobre la relación entre la constitución de cada país y el comercio, cabe destacar su afirmación de la superioridad inglesa sobre el antiguo imperio romano gracias al mayor peso de la economía sobre la política: «Las demás naciones supeditan los intereses comerciales a los políticos; Inglaterra hace que sus intereses políticos se supediten a los comerciales. Éste es el pueblo que mejor ha sabido aprovechar tres cosas: la religión, el comercio y la libertad».[2]

Pero es precisamente este principio el que ve amenazado en la Inglaterra de su época. En el esquema popularizado de la teoría de la división de poderes de Montesquieu, no suele mencionarse que afirma la necesidad de autonomía del poder económico con respecto al político, quizá porque contiene una crítica, no sólo implícita, a la monarquía inglesa (tra-

[1] C. Spector, *Montesquieu et l'émergence de l'économie politique*, París, Honoré Champion, 2006, p. 18: «Comme science autonome à l'égard du système des normes (morales, politiques, juridiques ou religieuses) qui gouvernent les hommes».

[2] Charles Louis de Secondat Barón de Montesquieu, *Lo spirito delle leggi* (1748), Turín, 1989, vol. I, lib. XX, cap. 7, p. 535. [Existe traducción en español: *El espíritu de las leyes*, introd. Enrique Tierno Galván, trad. Mercedes Blázquez y Pedro de Vega, Madrid, Tecnos, 2007]. Véase U. Roberto, «"Del commercio dei Romani": politica e storia antica nelle riflessioni del Settecento», en: C. Zaccagnini (ed.), *Mercanti e politica nel mondo antico*, Roma, «L'Erma» di Bretschneider, 2003, pp. 327-361.

dicionalmente considerada por la historiografía de las doctrinas políticas como su modelo), en cuya actuación ve el riesgo de que la economía quede completamente supeditada a la política mediante el uso sin escrúpulos de la banca pública y las concesiones monopolísticas. No es bueno que el poder político y el económico pertenezcan a una sola persona, el monarca, porque la tendencia fatal es unir los dos poderes:

Abrir bancos en los países gobernados por una sola persona es suponer en una parte el dinero y en otra el poder; es decir, en una parte la facultad de tenerlo todo sin poder y en otra, el poder sin la facultad de tenerlo todo. En un gobierno de esta clase no ha habido jamás otra persona que haya tenido o podido tener un tesoro más que el príncipe; porque si lo ha tenido otra cualquiera, en el momento en que se ha hecho excesivo ha pasado a ser repentinamente el tesoro del príncipe.

Y por la misma razón han convenido muy pocas veces al gobierno de uno solo las grandes compañías de mercaderes que se asocian para un determinado comercio, porque la naturaleza de esas compañías da a las riquezas particulares la fuerza de las públicas, que en tales Estados no debe hallarse en otras manos que en las del príncipe.[1]

Las verdaderas leyes del progreso son las leyes internacionales de la economía y el mayor error lo cometen los soberanos cuando convierten las disposiciones policiales, necesarias para el orden interno de los mercados, en delitos, en crímenes de lesa majestad. La virtud caballeresca (entendida como heroísmo y, por tanto, siguiendo el ejemplo de la antigua Roma, consagrada a la guerra), la razón de Estado y, por tanto, también el mercantilismo deben dar paso a una ética comercial, no tanto por cuestiones teóricas como porque las nuevas riquezas móviles, que por su naturaleza pueden traspasar todas las fronteras, son las únicas que asimismo pueden hacer fracasar la práctica de la tiranía: los grandes

[1] Montesquieu, *Lo spirito delle leggi, op. cit.*, vol. I, lib. XX, cap. 10, p. 537.

financieros, en virtud de la independencia de sus circuitos internacionales, pueden apoyar la libertad política y limitar el poder;[1] la propiedad de la tierra favorece la servidumbre mientras que los bienes muebles, que pertenecen a todos, favorecen la libertad y el derecho.[2]

La universalidad del cristianismo, sin desaparecer, da paso a la república internacional de los mercados. Del pecado a la falta, de la fe a la confianza: entre el fuero interno de la conciencia y el tribunal político, empieza a madurar en Europa el foro del mercado, que premia y castiga los méritos y las faltas de los individuos o de los colectivos que compiten en él. Ciertamente, no es éste el lugar para repasar los pormenores del debate sobre el mercado-república-virtud que recorrió Europa y encontró finalmente su mayor desarrollo en la Ilustración escocesa y en la naciente república de Estados Unidos, desde John Locke y David Hume a Francis Hutcheson y James Steuart.[3] Me limitaré a mencionar únicamente el tratado *Della moneta* (1751) del abad Ferdinando Galiani, porque realmente representa la base común de las distintas vías que luego se bifurcan. El trasfondo es la identi-

---

[1] Spector, *Montesquieu et l'émergence de l'économie politique*, *op. cit.*, pp. 174 y 295: «L'invention d'un bien mobilier capable d'échapper aux frontières territoriales de la souveraineté permet de faire échouer certaines pratiques tyranniques»; «Les gens de finances, en vertu de leurs circuits internationaux, contribuent à la limitation du pouvoir».

[2] *Ibid.*, p. 460: «Si les terres appartiennent à chaque état en particulier, qui peut en regler la disposition par des lois conformément aux prérogatives de sa souveraineté, il n'en va de même des effets mobiliers qui apppartiennent au monde entier». No puedo evitar encontrar fascinante la consideración final del autor (p. 462): «Montesquieu place le phénomène de la territorialisation des richesses au cœur de sa réflexion sur la modernité commerçante, c'est en cela, pour sa lucidité et pour ses illusions mêmes qu'il nous interesse aujourd'hui».

[3] R. Ottow, *Markt – Republik – Tugend. Probleme gesellschaftlicher Modernisierung in britischen politiken Denken 1670-1790*, Berlín, Akademie, 1996 (con una amplia bibliografía).

ficación absoluta de las leyes económicas con las físicas («las leyes del comercio se corresponden con las de la gravedad de los fluidos con una exactitud sin par»);[1] y la moneda en metálico, que no precisa el «consentimiento de las naciones»,[2] se considera el motor del progreso y el punto de equilibrio entre la república internacional del dinero y los Estados. Galiani admira las colonias inglesas de Norteamérica, donde la circulación en metálico se sustituye casi por completo por la circulación en papel, pero considera que tal situación excepcional sólo es posible gracias a la estricta moral de los cuáqueros y a su aislamiento. La noción de los Países Bajos como un «mercado» desterritorializado, más que como república, la debe Galiani a la influencia de la cultura napolitana y la presión de los problemas del reino.[3]

Para nuestro propósito, remitiéndonos a las grandes síntesis del pensamiento político para una visión de conjunto, basta con señalar que el nuevo interés en torno al hurto, en comparación con las generaciones anteriores, radica precisamente en la culpabilidad de quebrantar las leyes naturales

---

[1] Edición de F. Nicolini (con añadidos a la edición posterior de 1780), Bari, Laterza, 1915, lib. I, cap. 2, p. 45.

[2] *Ibid.*, lib. I, cap. 3, p. 54: «Mientras tanto mis lectores podrán ver que he demostrado que el oro y la plata tienen un verdadero valor intrínseco, que no deriva ni de su uso como moneda, ni de nuestro capricho, ni del consentimiento de las naciones».

[3] *Ibid.*, lib. IV, cap. 4: «De modo que los Países Bajos no son la república, sino su mercado. La república está dispersa por todo el universo, y una gran parte de ella vive perpetuamente en el mismo mar». Véase K. Stapelbroek, «Galiani's Concept of Commerce in *On Money* and the Eighteenth-Century Neapolitan Languages of Commerce and Liberty», en: R. Faucci y N. Giocali (ed.), *Della moneta de Ferdinando Galiani: Quarter Millenium Assessment*, Pisa-Roma, Istituti Editoriali e Poligrafici Internazionali, 2002, pp. 137-169. Sobre el debate que se produjo en Italia a mediados de siglo sobre las monedas, véase F. Venturi, *Settecento riformatore. Da Muratori a Beccaria*, Turín, Einaudi, 1969, pp. 443-522. [Existe traducción en español: *Ilustración y reformas en el siglo XVIII. De Muratori a Beccaria*, vol. I, trad. S. Mastrangelo, México D. F., Instituto Mora, 2007].

y científicas del mercado. Esa falta constituye una «corrupción» porque invade el campo entre los dos poderes y se convierte en un elemento continuo de perturbación entre la sociedad comercial-crediticia y la política: el enorme aumento de la deuda pública en todos los Estados, pero especialmente en Inglaterra a finales del siglo XVII, el establecimiento del papel moneda con la fundación del Banco de Inglaterra, para el cual el Estado se convierte en garante directo del valor del papel, hacen que la frontera entre la política y el mercado sea cada vez más difusa. En ninguna parte se encuentra la teorización de un mercado radicalmente liberal, guiado por el *laissez faire*, sino una confrontación continua en el límite entre los dos poderes que debe traducirse en las instituciones de las democracias nacientes y en el desdoblamiento del burgués y del ciudadano: no se trata de un conflicto entre una moral burguesa-estatal y los intereses privados individuales, ni tampoco de una simple separación de derecho y moral, sino de la aparición, a partir de las raíces comunes del derecho natural, de diferentes sistemas de moral-derecho (creo que también podríamos hablar de constituciones en su fase fundacional) según prevalezca uno u otro poder, la sociedad mercantil o el Estado. Creo que es posible anticipar legítimamente desde Montesquieu, a partir de mediados del siglo XVIII, la disyuntiva no resuelta que conducirá, por una parte, a la utopía de la paz comercial y, por otra, a una economía nacional basada en el ejército y la guerra.[1]

---

[1] R. Gherardi, *Il futuro, la pace, la guerra. Problemi della politica moderna*, Roma, Carocci, 2007: aquí (p. 29) se recuerda la contundente expresión de Alexis de Tocqueville: «Si bien los pueblos democráticos son conducidos de forma natural a la paz por sus intereses y su temperamento, son sin embargo continuamente atraídos hacia la guerra y hacia las revoluciones por sus ejércitos».

7. DE LA ÉTICA A LA ECONOMÍA POLÍTICA

La dicotomía entre las teorías mercantilistas y el *laissez faire* no es suficiente para comprender el nacimiento de la nueva ciencia económica: es necesario considerar la nueva relación institucional del mercado con el Estado como un sistema macroeconómico que, en cualquier caso, tiende a englobar el mercado.[1] Sin duda, no es posible ignorar que el tema del hurto como infracción de las reglas del mercado se sitúa en un nuevo marco cultural que conduce, tanto en el plano del derecho como en el del nacimiento de la ciencia económica, a la nueva concepción del mercado como un «orden natural», paralelo al que investigan las ciencias físicas: las leyes que lo gobiernan tienden a coincidir con las reglas de comportamiento en una visión racional del universo. Sólo quiero subrayar que este nuevo marco cultural dialoga con la afirmación del Estado como poder y el desarrollo de la legislación estatal sobre el mercado, a la que dedicaré el próximo capítulo. También debo admitir los límites de mi planteamiento al tratar de captar el influjo de los principios universalistas de la ética en la ciencia económica.

No entra en absoluto dentro de mis competencias ni de este proyecto exponer de nuevo la génesis de la revolución de Smith en el pensamiento económico ni emitir un nuevo juicio sobre cuán decisiva fue la publicación, en 1776, de su *Investigación sobre la naturaleza y causas de la riqueza de las naciones*. Lo único que apuntaré es que en las últimas décadas ha aumentado la investigación acerca de los innumerables autores europeos que escribieron sobre economía entre los siglos XVII y XVIII, y se ha señalado, entre otras cosas, la influencia de autores como Locke, Boisguilbert, Can-

---

[1] Appleby, *Economic Thought and Ideology in Seventeenth-Century England*, *op. cit.* y especialmente T. Hutchison, *Before Adam Smith. The Emergence of Political Economy, 1662-1776*, Oxford, Basil Blackwell, 1988.

tillon y Quesnay en el pensamiento de Smith. Así pues, cada vez parece más clara la continuidad de la reflexión sobre los hechos económicos, que fue aumentando exponencialmente de año en año en toda Europa y dio lugar al nacimiento de la economía política. El concepto genérico de «mercantilismo» dio lugar a las variantes nacionales del colbertismo francés, el cameralismo alemán y, sobre todo, al pensamiento de los autores ingleses del siglo XVII.[1] Las reflexiones realizadas en los últimos tiempos sobre la importancia de la obra de Smith nos llevan a considerarla no sólo una recapitulación de toda la tradición anterior, sino también una proyección revolucionaria sobre la capacidad del mercado para regular y reproducirse más allá del esquema simplista del *laissez faire*.[2] Smith supera el mercantilismo y la fisiocracia como sistemas preocupados sólo por la distribución de la riqueza, no por su aumento global: dominando las pasiones, incluyendo la ética como base del mercado y protegiéndolo de las injerencias políticas, es posible construir una «sociedad decente» que equilibre el vínculo entre el Estado y el mercado; no sólo se reivindica el *honnêt homme*, sino también la *honnête société*.[3] En consonancia con David Hume y la Ilustración escocesa, Smith pretende diseñar una nueva sociedad humana, fundada en la interdependencia de las necesidades de los individuos, una comunidad moral.[4] En este contexto, quiero subrayar que no se trata sólo del nacimiento de la economía política como nueva ciencia que extrae de la observación de los hechos económicos la convicción de su po-

[1] E. Klein, *Die englischen Wirtschaftstheoretiker des 17. Jahrhunderts*, Darmstadt, Wissenschaftliche Buchgesellschaft, 1973.

[2] Th. Wilson y A. S. Skinner (ed.), *The Market and the State. Essays in Honour of Adam Smith*, Oxford, Clarendon Press, 1976.

[3] J. Z. Muller, *Adam Smith in His Time and Ours. Designing the Decent Society*, Princeton, Princeton University Press, 1995.

[4] S. Sebastiani, *I limiti del progresso. Razza e genere nell'illuminismo scozzese*, Bolonia, Il Mulino, 2008, p. 136.

sible gobernabilidad. Smith logra una síntesis, tanto teórica como práctica, del problema de la relación entre la política nacional y la república internacional del dinero, entre la ley del Estado y la ética del mercado: la ideología dominante de la riqueza de la nación como fundamento de la acción económica debe contrarrestarla de alguna manera la dialéctica con un mercado que no puede estar condicionado por la política. Su teoría sobre la división internacional del trabajo, sobre la vocación productiva de cada país en el marco de una visión supranacional del mercado, constituye la clave interpretativa fundamental que le permite elaborar una síntesis científica de la ética y las leyes económicas. En suma, creo que podría decirse que Adam Smith realiza una operación paralela a la que Montesquieu había llevado a cabo unas décadas antes en relación con la división de poderes: basándose en la división del trabajo y en la autonomía del mercado, pero sobre todo en la distinción entre lo público y lo privado, Smith trata de injertar o trasplantar un nuevo dualismo entre el poder económico y el poder político dentro de la nación.

La biografía intelectual de Adam Smith, desde *La teoría de los sentimientos morales* hasta *La riqueza de las naciones*, parece sintetizar esta gran tradición de pensamiento. A través de la filosofía moral escocesa, heredó la tradición de la casuística del siglo XVII (que criticó duramente por su instrumentalización al servicio de la Iglesia y por su pretensión de ofrecer una solución para cada caso concreto, pero que apreciaba por su enfoque empírico experimental), y propuso, como se ha dicho, una jurisprudencia económica paralela y opuesta a la filosofía política de Hobbes. Su pensamiento económico es todo lo contrario del liberalismo del *laissez faire* que adoptaron y desvirtuaron en el siglo XIX los economistas neoclásicos, y que los neoliberales de hoy en día siguen utilizando para hacer de Adam Smith su progenitor. El de Smith es un enfoque que aborda la tensión entre el cosmopolitismo de los mercados y de los Estados transformándola en una competencia entre sistemas económicos nacionales con una dialéctica paralela a la que existe entre los derechos positivos del Estado y el nuevo derecho común plasmado en los procesos constitucionales; la división del trabajo no consiste en la competencia de individuos abandonados a su suerte, sino en la competencia de mercados-naciones regidos por la ética. En esencia, es precisamente la referencia al interés individual, a su valor positivo como motor del bien común, lo que permite definir para siempre la violación de las reglas del mercado como un pecado y un delito al mismo tiempo. Afortunadamente, en las últimas décadas la personalidad de Adam Smith ha sido objeto de profundos estudios que han puesto fin a las viejas simplificaciones unidimensionales, devolviéndonos a un personaje muy complejo, atento a la historia, hijo de una Ilustración que, lejos de formar un bloque, se compuso de diferentes corrientes y movimientos muy vivos y tumultuosos.[1]

En realidad, Adam Smith no sólo abrió un nuevo ciclo, sino que concluyó el camino precedente, no sólo el de la Ilustración, al proponer una ética de mercado que responsabiliza a todos los sujetos económicos y tiene su principio autónomo: la jurisprudencia económica de Smith es en cierto modo hija de la casuística, a la que sustituye (al repudiar) apoderándose de los «sentimientos morales» y al mismo tiempo excluyendo a las Iglesias de su gestión, que se deja únicamente en manos del mercado. El Estado y la política de Hobbes siguen siendo los interlocutores y árbitros de la se-

---

[1] E. Rothschild, *Sentimenti economici. Adam Smith, Condorcet e l'illuminismo*, trad. G. Grussu, Bolonia, Il Mulino, 2003. Para Italia: S. Cremaschi, *Il sistema della ricchezza. Economia e problema del metodo in A. Smith*, Milán, Franco Angeli, 1984; E. Pesciarelli, *La jurisprudence economica di Adam Smith: studi intorno al pensiero di Adam Smith prima della pubblicazione della Ricchezza delle Nazioni*, Turín, Giappichelli, 1988; P. Sylos Labini, «Adam Smith. L'economia e le altre scienze sociali», en: P. Ciocca (ed.), *Le vie della storia nell'economia*, Bolonia, Il Mulino, 2002, pp. 62-75.

guridad y la competencia del mercado, pero le son ajenos no tanto porque Smith defienda un liberalismo abstracto, sino porque el propio mercado asume la ética en su interior. Por eso, se ha observado con acierto que Smith considera indispensable la presencia de la religión—purgada de las perversiones del poder medieval—en el mercado como elemento fundacional de las motivaciones éticas, que disuaden de los comportamientos ilícitos procedentes incluso del poder político: a propósito de *La riqueza de las naciones* se ha hablado de una «economía de la predicación».[1] La crítica de Smith a Hobbes debe inscribirse en el marco del dualismo entre lo ético y lo político, y contemplarse en esta triangulación más amplia.[2] La presencia de una religión no dependiente del poder político constituye para Smith, de acuerdo con el pensamiento de David Hume, un incentivo fundamental para gobernar las pasiones, para que el mercado se autoregule y pueda defenderse contra los ataques externos del poder político: un elemento indispensable para la «constitución moral» de la economía de mercado. El Estado sólo debe defender, con normas y represión, la propiedad y el mercado de los ataques externos: internamente, debe regularse mediante una ética compartida en la que el «bien público» se traduce literalmente en una mancomunidad que no coincide con el poder político del Estado.[3]

En el plano estrictamente económico, un hilo conductor

[1] G. M. Anderson, «Mr. Smith and the Preachers. The Economics of Religion in The Wealth of Nations», *The Journal of Political Economy*, 96, n.º 5, 1988, pp. 1066-1088.

[2] Véase la importante introducción de A. Zanini a la traducción al italiano de *Teoria dei sentimenti morali*, trad. C. Cozzo, Roma, Istituto della Enciclopedia Italiana, 1991, pp. LXIV-LVI. [Existe traducción en español: *La teoría de los sentimientos morales*, trad. C. Rodríguez Braun, Madrid, Alianza, 2013].

[3] Rothschild, *Sentimenti economici, op. cit.*; M. Salvati, «*Property and Propriety*. In margine ad alcuni contributi di critica letteraria al volume "Proprietarie"», *Parole chiave*, 30, *Proprietà*, 2003, pp. 207-247.

entre Smith y la reflexión prolongada durante siglos de los moralistas y juristas escolásticos que le precedieron es sin duda el tema de los monopolios, según la gran intuición de Raymond de Roover, tan olvidada en la actualidad.[1] Se parte de la clásica distinción de Tomás de Aquino entre justicia distributiva, propia del sistema político, y justicia conmutativa, propia del mercado, que permaneció vigente en todo el pensamiento escolástico posterior. Tal distinción estaba en la base de la condena de los monopolios y de la usura, como ya se ha comentado: las ganancias monopólicas siempre se consideraron sujetas a la condición de restitución como *turpe lucrum*, violación del séptimo mandamiento, bajo pena de condena al castigo eterno. Smith asume la tesis—común a los moralistas y teóricos del derecho natural de los dos siglos anteriores—de que el monopolio, especialmente en sus desarrollos estatistas en la Europa moderna (la conjugación del poder político y económico), representa la mayor violación de las reglas del mercado y constituye una falta fundamental, un pecado mortal secularizado del capitalismo moderno. No en vano, el problema de Smith reaparecerá a finales del siglo xix en el debate sobre la *Nationalökonomie*, cuando se lo considera el último exponente del individualismo fisiocrático o el precursor de la centralidad del trabajo.[2]

Eso explica la presencia permanente de Smith en el debate actual sobre los problemas de la globalización económica.

---

[1] De Roover, *Monopoly Theory Prior to Adam Smith*, *op. cit.*, pp. 492-524.

[2] S. Feilbogen, *Smith und Turgot. Ein Beitrag zur Geschichte und Theorie der Nationalökonomie*, Viena, Alfred Hölder k. u. k. Hof- und Universitäts-Buchhändler, 1892, p. 167: «Die Arbeit ist aber nicht bloss ein specifisch wirthschaftliches und innerhalb der Volkswirtschaft ein universelles Princip, sie ist auch ein ethisches Princip. Die deutsche Wissenschaft sucht seit einem Meschenalter mit Lanternen nach einer ethischen Nationalökonomie. Allein sie vergisst, dass die Ethik selbs noch heute auf der Suche nach einem modernen Princip ist».

Por un lado, hay una tendencia a considerarlo, en la estela de Joseph Alois Schumpeter, más como el último de los moralistas que como el fundador del liberalismo de un mercado no regulado, el partidario de un sistema de contrapesos entre la política y los intereses del capital que puede inspirar a las nuevas potencias económicas emergentes. Interesante y provocativa es la reciente referencia al interés de Smith por China como mercado no vinculado a una política de poder militar, sino regulado por la política.[1] Otros, por el contrario, hablan de Smith como un nuevo Adán que señaló la separación entre la esfera económica y la social-política como un nuevo pecado original en la economía.[2] En cualquier caso, todos están de acuerdo en las raíces teológicas de su pensamiento. Su grandeza reside en haber transformado las leyes éticas en leyes científicas y concebido el mercado como una realidad orgánica y racional: la «mano invisible» no es un poder esquivo e indefinible, sino una *potestas ordinata* muy similar a la relación de Dios con las leyes de la naturaleza, tal como la definieron los filósofos del siglo anterior, y opuesta a la *potestas absoluta* del Estado.

8. CATECISMOS ECONÓMICOS

Es aquí donde nuestro viaje se detiene, cuando el capitalismo se desprende de la vía parasitaria que lo había hecho crecer a expensas de la religión cristiana para convertirse en una religión sin culto, en un proceso de ósmosis que concierne no sólo al calvinismo, sino al cristianismo en su conjunto, como

---

[1] *Cf.* G. Arrighi, *Adam Smith a Pechino. Genealogie del ventunesimo secolo*, Milán, Feltrinelli, 2008. [Existe traducción en español: *Adam Smith en Pekín. Orígenes y fundamentos del siglo XXI*, trad. J. Madariaga, Madrid, Akal, 2007].

[2] D. K. Foley, *Il peccato di Adam. Una guida alla teologia economica*, Milán, Libri Scheiwiller, 2008.

escribió en 1921 Walter Benjamin en su famoso ensayo *El capitalismo como religión*:

El capitalismo es una religión hecha de mero culto, sin dogma. El capitalismo—como se evidenciará no sólo en el calvinismo, sino también en las restantes corrientes de la ortodoxia cristiana—se ha desarrollado en Occidente como parásito del cristianismo, de tal forma que al fin y al cabo su historia es en lo esencial la historia de su parásito, el capitalismo.[1]

Más allá de cualquier estudio en profundidad desde el punto de vista teórico, la continuidad consiste en la herencia de la tradición universalista y en la concepción de una historia de la humanidad en que la culpa sigue siendo central—en línea con la concepción agustiniana del pecado original—y tiende a identificarse con la «deuda» en el sentido de *Schuld*. Los años de Smith fueron también los del nacimiento de la nueva moneda del dólar, que todavía llevaba la inscripción absolutamente puritana *In God We Trust*. Tras la afirmación del capitalismo como religión, se abre todo un camino, con diferentes derivas teóricas y prácticas desde Marx y Nietzsche hasta nuestros días. Pero lo que me interesa señalar es que en las últimas décadas del siglo XVIII el hurto, en la medida en que atenta contra la competencia, se identifica con la falta ética y debe encontrar su expiación en el mercado.

---

[1] «Kapitalismus ist eine Religion aus blossem Kult, ohne Dogma. Der Kapitalismus hat sich - wie nicht allein am Calvinismus, sondern auch an den übrigen orthodoxen christlichen Richtungen zu erweisen sein muss - auf dem Christentum parasitär im Abendland entwickelt, dergestalt, dass zuletz im wesentlichen seine Geschichte die seines Parasiten, des Kapitalismus ist». El fragmento completo se publicó por última vez en D. Baecker (ed.), *Kapitalismus als Religion*, Berlín, Kadmos, 2003, pp. 15-18, seguido de una serie de importantes ensayos-comentarios. [«Capitalismo como religión», en: *Tesis sobre el concepto de historia y otros ensayos sobre historia y política*, ed. y trad. J. Maiso Blanco y J. A. Zamora, Madrid, Alianza, 2021, edición digital].

Ciertamente, no tengo los conocimientos necesarios para ahondar en el gran laboratorio que, tras la muerte de Adam Smith, condujo a la construcción de las grandes leyes del mercado (James Mill, Thomas Malthus, David Ricardo, etcétera), ni puedo hablar del desarrollo del utilitarismo como justificación plenamente laica del comportamiento económico. De modo que me limitaré a señalar, con una sola referencia, los «catecismos económicos» que marcan el momento de transición—casi diría de transubstanciación—de la ética religiosa a la ética del mercado. Me refiero en concreto al *Cathéchisme d'économie politique* de Jean Baptiste Say, gran amigo de Ricardo, publicado en 1817 y traducido inmediatamente a todas las lenguas europeas, que representa, a mi juicio, algo más que la conclusión simbólica de un camino que tiende a elaborar la economía política como ciencia moral y de mercado.[1] Tal vez el título (que los economistas han pasado por alto al considerar sólo la acepción del término *catecismo* como 'resumen y difusión', ignorando el valor semántico más profundo del término) sea lo más elocuente. En realidad, los últimos años del siglo XVIII y los primeros del XIX fueron también la edad de oro de los catecismos políticos y científicos que tendieron a trasladar a las nuevas realidades no sólo el método catequético en cuanto pedagogía, sino también su contenido teológico.[2] La economía, con una versión secularizada de un discurso laico, convierte en virtud, entre la avaricia y la prodigalidad, el preferir un bien-consumo futuro como la inversión a un consumo pre-

---

[1] J. B. Say, *Cathéchisme d'économie politique*, París, Marne, 1972 (con una excelente introducción de A. Wolfelspenger). [Existe traducción en español: *Catecismo de economía política*, trad. J. de Soto y Barona, Zaragoza, Imprenta de Polo y Monge, 1833].

[2] Véase P. Prodi, «Sul concetto di secolarizzazione», en: C. Donati y H. Flachenecker (ed.), *Le secolarizzazioni nel Sacro Romano Impero e negli antichi Stati italiani*, Bolonia-Berlín, Il Mulino-Duncker & Humblot, 2005, pp. 321-337.

sente improductivo.[1] Más importante que una sola tesis, que ciertamente no puedo exponer en esta obra (de hecho, Say no fue precisamente un servil traductor de Smith ni un paladín del nuevo liberalismo: tenía una concepción muy amplia de la función del Estado en la determinación del marco social del desarrollo, fue el primero en proponer un impuesto progresivo sobre la renta, etcétera), es la profunda convicción de que el mercado tiene su propia lógica interna, sus propias leyes, su propia moral cosmopolita, que ponen en peligro las intervenciones de una política basada en la guerra y sometida a las presiones de los grandes potentados monopolistas.[2]

Si es cierto que en la Edad Moderna la economía como disciplina se va convirtiendo en una ciencia autorreferen-

---

[1] Say, *Catéchisme d'économie politique, op. cit.*, cap. 26, p. 144: «Pourquoi a-t-on fait de l'économie une vertu? Parce qu'il faut avoir un certain empire sur le soi-même pour résister à l'attrait d'une consommation présente, en faveur d'une consommation future dont les avantages, quoique plus grands en réalité, sont éloignés, sont vagues, et ne frappent pas les sens. Quelle est la qualité morale qui se manifeste le plus dans l'économie? C'est le jugement. Il est indispensable pour apprécier l'importance des diverses consommations, et surtout de celles que pourront réclamer des besoins futurs toujours plus ou moins incertains».

[2] Say cita los *Principes de politique* de Benjamin Constant, incluido en *Œuvres complètes*, Tubinga, Niemeyer, 2001, t. IX/2, cap. XV («De l'inviolabilité des propriétés»), pp. 799-813. [Existe traducción en español: *Principios de política aplicables a todos los gobiernos*, trad. V. Goldstein, Madrid, Katz, 2010]. El razonamiento de Constant se basa en la experiencia del enorme aumento de la deuda pública y de los impuestos en Francia e Inglaterra debido a las guerras napoleónicas: el Estado se ve inevitablemente abocado a utilizar la riqueza que extrae del pueblo no para invertir en seguridad y bienestar, sino para aplicar una política de poder y de guerra: «Ses sacrifices tournent contre lui. Il ne paye plus des impôts pour avoir la paix assurée par un bon système de défense. Il en paye pour avoir la guerre, parce que l'autorité fière de ses trésors, veut les dépenser glorieusement [...] De la sorte, une nation achète par ses privations, les malheurs et les dangers; et dans cet état de choses, le gouvernement se corrompt par sa richesse, et le peuple par sa pauvreté».

cial, emancipándose de la teología y la ética, también lo es que está cada vez más condicionada por el concepto y la realidad del Estado-nación.

Ya es hora de abandonar los catecismos económicos por los catecismos políticos.

10

EL HURTO COMO DELITO:
LA LEY DEL ESTADO

I. EL PECADO, LA FALTA, EL CRIMEN

Dejando al margen las teorizaciones más generales sobre el Estado soberano, que se afirma en los siglos de la Edad Moderna como único sujeto jurídico sobre la faz de la tierra capaz de emitir leyes, dueño de la paz y la guerra, como lo eran los individuos en el estado de naturaleza,[1] lo que nos interesa recordar aquí es la identidad entre el pecado y el delito teorizada por Thomas Hobbes: el Estado es el único juez de la conducta del hombre, protagonista cada vez más engorroso del mercado en tanto que árbitro supremo de las normas y sus infracciones. Por utilizar la expresión más completa de Emer de Vattel (1714-1767), la nación encarnada en el cuerpo de un Estado soberano tiene su propia «conciencia», a la que corresponde establecer lo que está bien y lo que está mal, una conciencia que tiende a sustituir a la conciencia individual.[2] De alguna manera, se pasa de la ruptura del dualismo

---

[1] La referencia es, por supuesto, a C. Schmitt, *Il nomos della terra nel diritto international dello «Jus publicum europæum»*, trad. E. Castrucci, Milán, Adelphi, 1991. [Existe traducción en español: *El «nomos» de la tierra en el Derecho de Gentes del «Ius publicum europæum»*, trad. D. Schilling Thou, Granada, Comares, 2003].

[2] E. de Vattel, *Le droit des gens ou principes de la loi naturelle*, Londres [Neuchâtel], 1758, t. I, p. 9 (Préliminaires, par. 16): «De cette liberté et indépendance, il suit que c'est à chaque nation de juger de ce que sa conscience exige d'elle, ce qu'elle peut ou ne peut pas, de ce qu'il lui convient ou ne lui convient pas de faire». [Existe traducción en español: *El derecho de gentes o principios de la ley natural, aplicados a la conducta, y a los negocios de las naciones y de los soberanos*, 4 t., trad. M. Pascual Hernández, Madrid, Imprenta de I. Sancha, 1820].

aristotélico entre justicia distributiva y conmutativa, que había impregnado la ideología del absolutismo en su desarrollo, a una nueva síntesis dialéctica en la que las acciones del individuo en el mercado se justifican y subliman en el concepto de la finalidad del Estado como guardián y garante de la «felicidad pública». Los delitos contra el mercado adquieren así una consistencia análoga a la del antiguo crimen *læsæ maiestatis* y se transforman en un nuevo tipo de pecado que implica no sólo la condena judicial, sino también la moral.

El Estado que consideramos aquí es el *Steuerstaat*, el Estado de los impuestos, una expresión que por otra parte suena en italiano muy reduccionista en comparación con la concepción de un Estado que tiende a identificarse con el poder económico y a convertirse en mercado. Para que se me entienda empezaré por el final, es decir, por un estudio poco conocido pero decisivo de Joseph Alois Schumpeter, escrito unas décadas antes que sus obras más conocidas, inmediatamente después de la Primera Guerra Mundial, en 1918.[1] Según Schumpeter, la Gran Guerra puso fin al ciclo de vida de un siglo del Estado moderno, que había llevado, bajo el impulso de su peso financiero, a una transformación no sólo económica, sino también cultural y espiritual de Europa desde principios del siglo XVI: ese siglo marca según Schumpeter el comienzo de una fractura entre la esfera pública y la privada, debido a la política de la fastuosidad y, sobre todo, a la guerra. El Estado se convirtió en el centro de toda la vida social, la «idea y la máquina». El nuevo sistema tributario no sólo constituyó

[1] J. A. Schumpeter, *Die Krise des Steuerstaats*, Graz-Leipzig, Leuschner & Lubensky, 1918, posteriormente reimpreso en la colección de ensayos *Aufsätze zur Soziologie*, Tubinga, Mohr Siebeck, 1953, pp. 1-71, y luego en R. Goldscheid y J. A. Schumpeter, *Die Finanzkrise des Steuerstaats. Beiträge zur politischen Ökonomie*, Fráncfort del Meno, Suhrkamp, 1976, pp. 329-378 (de esta edición tomo las citas). [Existe traducción en español: «La crisis del Estado fiscal», *Hacienda Pública Española / Review of Public Economics*, 2, 1970, pp. 145-169].

la estructura del Estado, sino que lo «conformó».[1] El eje de tal transformación se halla en la vida económica que encuentra en el Estado un punto de referencia colectivo y superior: ése es el modelo de Estado que se desmoronó con la Primera Guerra Mundial, que no sólo supuso una quiebra económica, sino también política y cultural, tanto en su configuración capitalista como socialista. La conclusión de Schumpeter es que se hace necesaria una nueva relación entre las esferas pública y privada de la economía, un cambio en el modelo político y cultural del Estado junto con la psicología de los individuos: es necesario abandonar el modelo de Estado moderno.[2] Que el cambio se produjera en una dirección ciertamente no deseada ni prevista por Schumpeter, con el advenimiento del totalitarismo—la plena fusión del poder político y el económico—lo tendré en cuenta en las reflexiones finales; aquí simplemente debo señalar que Schumpeter anticipó, con razón, la desaparición al cabo de los siglos de un modelo de relación entre el Estado y el mercado en el que este último seguía conservando una identidad propia, pero estaba cada vez más subordinado y controlado por el primero.

Lo cierto es que el camino desde el nacimiento del Estado moderno hasta la *Nationalökonomie* ya lo había enunciado a mediados del siglo XIX Lorenz von Stein (1815-1890) como el gran logro de la economía y la cultura europeas, y de la alema-

---

[1] Goldscheid y Schumpeter, *Die Finanzkrise des Steuerstaats, op. cit.*, p. 341: «Die Steuer hat den Staat nicht nur mitgeschaffen. Sie hat ihn auch mitgeformt. Das Steuerwesen war das Organ, dessen Entwicklung die der andern Organe mitzog».

[2] *Ibid.*, p. 330: «Versagen des Steuerstaats und Uebergang zu einer andern Form der Bedarfsdeckung der Gesamtheit würden nach der einen Seite nicht bloss bedeuten, dass ein anderes Fynanzsystem an die Stelle des Finanzsystems vor dem Kriege tritt. Vielmehr würde auch das, was wir den modernen Staat nennen, sein Wesen ändern; die Wirtschaft müsste von neuen Motoren in neuen Bahnen getrieben werden; die soziale Struktur könnte nicht bleiben, was sie ist; die Lebensgefühle und Kulturinhalte, der psychische Habitus der Individuen – alles das müsste wechseln».

na en particular, en tres etapas: la primera desde mediados
del siglo XVI (Juan Bodino) hasta mediados del siglo XVIII;
la segunda desde la segunda mitad del siglo XVIII, y la tercera en el siglo XIX, con la incorporación definitiva de las
finanzas a la ciencia del Estado concebido como titular del
poder absoluto sobre la vida económica, «la forma más elevada de la vida personal y por tanto condición absoluta de la
vida del individuo y de las relaciones entre los individuos sin
espacio intermedio». Von Stein recupera, al rechazar el monismo hegeliano, el dualismo que caracterizó el surgimiento de la economía pública, pero la nueva dialéctica entre el
mundo económico y el Estado en la sociedad burguesa liberal sólo tiene lugar en el marco de la división de poderes prevista por el orden constitucional.[1]

Volvamos, pues, al siglo XVI para identificar algunas pistas que nos permitan esbozar el contexto en el que se pasa
de la concepción de la infracción de las leyes del mercado
como un pecado o una falta con respecto al «bien común» a
su condena como delito, como desobediencia al derecho positivo, es decir, al Estado.

2. EL PENSAMIENTO POLÍTICO: DE LA RAZÓN DE ESTADO AL ESTADO DE LA RAZÓN

El título de este apartado se inspira en las tesis de Michel
Foucault sobre la «gobernabilidad» como característica del
siglo XVIII: el paso de la razón de Estado a la ciencia del Es-

---

[1] L. von Stein, *Lehrbuch der Finanzwissenschaft*, Leipzig, 1860, p. 16.
Cf. M. E. Kamp, *Die Theorie der Epochen der Öffentlichen Wirtschaft bei
Lorenz von Stein*, Bonn, Ludwig Röhrscheid, 1950. Sobre la primera fase un
estudio ejemplar en el marco general de la teoría de las finanzas: K. Krue-
ger, *Finanzstaat Hessen 1500-1567. Staatsbildung im Übergang vom Domä-
nenstaat zum Steuerstaat*, Marburg, N. G. Elwert, 1980.

tado.[1] Pero mientras que Foucault ve en la «pastoralidad», es decir, en la conjunción entre la visión cristiana de la *cura animarum* y la teoría bodiniana de la soberanía, la raíz de la ciencia del Estado y considera el nacimiento de la economía política como expresión del mercantilismo y la fisiocracia, yo creo que los planteamientos son más complejos, teniendo en cuenta las realidades estructurales que ha revelado la historiografía sobre el Estado moderno. Un planteamiento es el de los historiadores del pensamiento económico, que tienden a ver la evolución de la Edad Moderna en términos de mercantilismo y fisiocracia como si todo dependiera de escritores y esquemas conceptuales, cuando lo cierto es que si examinamos cuidadosamente las instituciones y las estructuras, el mercantilismo y la fisiocracia aparecen como teorizaciones—nunca en estado puro, sino siempre entremezcladas—en la formación del Estado como máquina financiera (o *Steuerstaat*) capaz de cumplir sus nuevas tareas. Se pasa de la enunciación humanista-clásica de la razón de Estado y de la centralidad del dinero para la conservación del poder, para la guerra y el mantenimiento de la seguridad interior, al cameralismo como ciencia de las finanzas vinculada a la riqueza de la nación y a la construcción de un sistema basado en dos pilares: el incremento de la riqueza pública y la construcción de un aparato fiscal que permita el drenaje del dinero sin secar la fuente de riqueza, pero que interviene para defenderla e incrementarla.[2]

Sin duda, en la primera Edad Moderna no existe todavía

---

[1] M. Foucault, *Sécurité, territoire, population. Cours au Collège de France 1977-1978*, París, EHESS-Gallimard-Seuil, 2004. [Existe traducción en español: *Seguridad, territorio, población*, trad. H. Pons, Madrid, Akal, 2008].

[2] El pionero y principal promotor de estos estudios en Italia es P. Schiera, desde su *Dall'arte di governo alle scienze dello Stato. Il Cameralismo e l'Assolutismo tedesco* (1968) hasta *Specchi della politica. Disciplina, melancolia, socialità nell'Occidente moderno* (1999). Véase también el volumen colectivo que dirigió: *Ragion di stato e ragioni dello stato* (1996).

una ciencia económica autónoma: el discurso sobre la *pólis* y el *oikos* siguen siendo indistintos, sólo muy lentamente se pasa de la visión medieval a una segunda fase en la que, a través del cameralismo y el mercantilismo, se construye la política económica hasta llegar a la fusión de la nueva ciencia económica y la política (economía política o economía pública) en el Estado-nación.[1] Si se quiere emplear aquí el término *mercantilismo*, no debe hacerse en el sentido estricto de proteccionismo o colbertismo, sino en un sentido mucho más amplio para indicar la tendencia al desarrollo de la presencia del Estado desde el siglo XVI hasta el XVII en y sobre el mercado, en la práctica y en la teoría (en paralelo al desarrollo de la ciencia moderna).[2] Para resumir, entre la primera mitad del siglo XVII y la primera del XVIII se pasa del lema «pauvre roi, pauvre royaume» al lema inverso «pauvre royaume, pauvre roi»: si el reino es pobre el Estado es débil. Pueden coexistir diferentes teorías sobre los fundamentos de la riqueza del Estado (de hecho se acentúa la división entre las teorías colbertistas y fisiocráticas), pero el crecimiento de la riqueza colectiva se convierte en el centro de la política y de la ciencia de las finanzas.[3]

Obviamente, me limito a indicar los tipos de sectores de intervención estatal que se desarrollan en la Edad Moderna y que no pueden incluirse en las definiciones de proteccionismo o de mercantilismo-colbertismo como se hace co-

---

[1] J. Burkhardt, «Das Verhältniss von Ökonomie und Politik in der neuzeitlichen Institutionengeschichte», en: G. Gohler *et al.* (ed.), *Die Rationalität politischer Institutionen. Interdisziplinäre Perspektiven*, Baden-Baden, Nomos, 1990, pp. 169-187.

[2] F. Ritzmann, *Wirtschaftswissenschaft als Hobby und Beruf*, Coira-Zúrich, Rüegger, 1999, pp. 255-263.

[3] K. Häuser, «Abriss der geschichtlichen Entwicklung der öffentlichen Finanzwirtschaft», en: N. Andel y H. Haller (ed.), *Handbuch der Finanzwissenschaft*, vol. 1, Tubinga, Mohr Siebeck, 1977, pp. 3-52 (la cita se encuentra en la p. 41).

múnmente. Tal vez sea mejor y más comprensible la antigua categoría propuesta por Amintore Fanfani, *voluntarismo*,[1] si bien matizando dos condiciones que no dejaremos de repetir: la primera es que se trata de una evolución histórica que ha afectado, aunque de diverso modo, a todos los países de Europa desde el siglo XVI y que se traduce en una competencia entre sistemas económicos y no sólo entre entidades estatales; la segunda es que no puede interpretarse como una oposición ideal al «naturalismo» emergente en la ciencia económica moderna, sino que es el resultado de las tensiones entre los intereses político-estatales y la república internacional del dinero. Para que se me entienda de forma sucinta, creo que la conclusión de esta evolución, a mediados del siglo XVIII, puede representarla bien una frase del célebre *Tableau économique* de François Quesnay (1694-1774): el único recurso del Estado es la prosperidad nacional, no el recurso al crédito internacional, a las riquezas financieras «que no conocen ni rey ni patria».[2]

Insisto una vez más en que cito estas referencias sólo para indicar los ámbitos en los que la infracción de las reglas del mercado pasa de la esfera del pecado como violación de una norma moral a la esfera del delito como violación de una norma positiva. En esencia, la norma estatal tiende a adquirir fuertes connotaciones éticas y a autojustificar sus intervenciones en el mercado. Como se ha resumido de forma elocuente, el modelo de la ciudad mercantil de la Edad Media «se ve corrompido por el Estado moderno, que, al someter la economía a la política, obliga al capital a seguir los cami-

---

[1] A. Fanfani, *Storia delle dottrine economiche. Il volontarismo*, vol. I, Milán-Mesina, Giuseppe Principato, 1942.

[2] F. Quesnay, *Tableau économique*, Londres, Macmillan, 1972 (reproducción facsímil de la edición de 1758), p. 13, n. 18: «Q'on n'éspère de ressources pour les besoins extraordinaires de l'État, que de la prosperité de la Nation et non du crédit des Financiers: car les fortunes pécuniaires sont des richesses clandestines qui ne connaissent ni Roi ni patrie».

nos impuestos por el poder soberano para obtener el máximo rendimiento de su poder».[1]

Como ya hemos visto (en el capítulo 8), emergió—tanto en el pensamiento reformado como en el católico, especialmente con Erasmo de Róterdam—una nueva sensibilidad hacia la responsabilidad del Estado moderno frente al mercado. En la segunda mitad del siglo XVI esa conciencia se teorizó dentro de la nueva concepción de la soberanía y la razón de Estado. En el capítulo que dedicó Juan Bodino a las finanzas del Estado en su *De republica* (1576) su visión de los posibles ingresos sigue siendo muy tradicional:[2] patrimonio, conquistas, donaciones, contribuciones de los aliados, comercio propio, derechos de importación y exportación (tratando de favorecer la importación de materias primas y la exportación de productos manufacturados) e impuestos (que deben utilizarse con precaución y posiblemente cargarse sólo a los bienes de lujo, según las indicaciones ya dadas por Erasmo). Como no me es posible detenerme en el debatido problema del concepto de fiscalidad de Bodino, me limitaré a recordar que, en cualquier caso, surgieron dos nuevos problemas importantes: el control del crédito para las enormes deudas que pusieron a los soberanos a merced de las grandes finanzas internacionales; la necesidad de invertir parte de los ingresos en subsidios para luchar contra el empobrecimiento y hacer frente a las crisis recurrentes que causaban miseria y hambruna.

---

[1] A. Grohmann, «Lo spazio economico della città europea», en: V. Conti (ed.), *Le ideologie politiche della città europea dall'umanesimo al romanticismo*, Florencia, Olschki, 1993, pp. 27-45 (la cita se encuentra en la p. 44).

[2] J. Bodino, *I sei libri dello stato*, Turín, UTET, 1997, lib. VI, cap. 2, pp. 331-412. [Existe traducción en español: *Los seis libros de la república*, ed. y trad. P. Bravo Gala, Madrid, Tecnos, 2006]. Para la inscripción del pensamiento de Bodino en el cameralismo y la historia del pensamiento nacional-económico alemán, véase M. E. Kamp, *Die Staatswirtschaftslehre Jean Bodins*, Bonn, Ludwig Röhrscheid, 1949.

Hacia el final del siglo, con las obras de Giovanni Botero (1544-1617; desde *Della ragion di Stato* hasta *Delle cause della grandezza delle città*, pasando por *Le relazioni universali*, títulos que evidencian una maduración única y coherente) se concluye intelectualmente el camino: la fuerza de los soberanos reside en la riqueza de los pueblos, en el desarrollo de la producción y del comercio, y en el riesgo del empresario; la tarea del Estado es ocuparse del aumento de la riqueza de los individuos de la que depende su poder. El soberano, escribe Botero, debe velar por el cumplimiento de las reglas del mercado, porque el fraude en el comercio no es menos dañino para la sociedad que la violencia,[1] pero no debe limitarse al tradicional control del comportamiento de los actores individuales sino que debe intervenir de forma positiva para oponerse a la especulación financiera y a las rentas parasitarias que destruyen la economía real, la producción y el comercio, y favorecer las iniciativas económicas de sus súbditos:

Y por tanto, porque todos gustan de la ganancia sin trabajo, es necesario que queden solas las plazas, se desamparen las artes y oficios, y se pierdan las mercancías, porque el oficial deja la tienda, el labrador, el arado, el noble vende su heredad y la hace dinero, el mercader, cuyo oficio es ir de una ciudad a otra, se hace casero, y con esto las ciudades pierden el bien que tienen, las rentas reales disminuyen, y los pueblos reducidos a extrema miseria y desesperación, desean mudanza de Estado [...] La riqueza del Rey depende de la hacienda de particulares: y la hacienda, de la mercancía real,

---

[1] G. Botero, *Della ragion di Stato*, Turín, UTET, 1948, lib. I, cap. 15 («Della giustizia tra suddito e suddito»), p. 77 [*Diez libros de la razón de Estado*, trad. A. de Herrera, Barcelona, Imprenta de Jayme Cendrad, 1599, pp. 15-16]: «El engaño, aunque no hace tanto estruendo, no es de menor daño, porque desconcierta las medidas, muda los pesos, falsifica los testamentos, los contratos, las monedas; reduce el comercio a monopolios, suprime los mantenimientos, y causa otros inconvenientes que a manera de mina destruyen la concordia y la paz».

de los frutos de la tierra y la industria y entradas y salidas de un reino a otro o por el mismo reino. Pero el logrero no hace nada de esto, sino que chupando engañosamente el dinero, priva a los otros de poder tener comercio. Dos repúblicas muy floridas tenemos en Italia, Venecia y Génova, y Venecia excede en grandeza a Génova, y en Estado: y si queremos saber la causa, hallaremos que es porque los venecianos, ocupándose en la mercancía real, se han enriquecido medianamente en particular, pero en común, infinitamente. Y por el contrario los genoveses, empleándose del todo en cambios, han enriquecido demasiado la hacienda particular y empobrecido extremadamente las rentas públicas.[1]

He citado por extenso este texto porque resulta fundamental y nos ahorra muchos fastidiosos rodeos. Botero, al igual que otros autores posteriores, sitúa en el centro de su reflexión no sólo la conocida relación entre religión y política,[2] sino también la relación entre el mercado y el poder político en términos totalmente innovadores. El soberano puede recurrir a los impuestos (sobre los bienes, no sobre las personas) para mantener el Estado,[3] pero siempre teniendo en cuenta que la verdadera riqueza de un país consiste en el bienestar del pueblo y que la acción del soberano debe dirigirse principalmente a desarrollar la agricultura y la industria, a atraer a los mejores artesanos y a fomentar la expansión demográfica y el comercio.[4] El Estado también puede convertirse en empresario en casos puntuales y limitados, y asimismo actuar como monopolista: por ejemplo,

---

[1] *Ibid.*, pp. 78-79 [*Ibid.*, pp. 16-17].

[2] *Cf.* la frase universalmente citada, *ibid.*, lib. II, cap. 16, p. 137 [p. 48]: «Entre todas las leyes no hay ninguna más a favor de los príncipes que la cristiana, porque ésta no solamente somete los cuerpos y haciendas de los vasallos, para lo que conviene, pero también los ánimos y las conciencias, y liga las manos, los afectos y pensamientos de ellos».

[3] *Ibid.*, lib. VII, cap. 4 («Delle entrate»), pp. 226 y ss.

[4] *Ibid.*, lib. VIII, pp. 243 y ss.: todo el libro está dedicado a las formas de aumentar las personas y las fuerzas.

cuando los particulares están en dificultades y no tienen suficiente fuerza económica para grandes empresas (como las empresas coloniales de Portugal) o cuando un solo particular se enriquecería demasiado.[1]

Desde un punto de vista teórico, desaparece así la visión estática, de origen aristotélico-escolástico, de la división entre una justicia distributiva (que debía referirse verticalmente a la relación entre el poder político y el individuo) y una justicia conmutativa (que debía referirse horizontalmente a la relación entre los individuos); y también desaparece la teoría de la clara separación entre política y mercado en una concepción dinámica en la que la fuerza del mercado depende del Estado y viceversa.

Sin querer abordar la cuestión general de la soberanía, basta señalar que, a principios del siglo XVII, tal concepción del vínculo entre la política y el mercado era universalmente extendida y compartida. Si tomamos la célebre obra de Juan Altusio (1557-1638), que es una referencia común de innumerables tratados, surgen una serie de principios fundamentales de la nueva doctrina de los derechos soberanos:

1. Una de las tareas fundamentales del príncipe es aumentar la riqueza de los ciudadanos, de la que depende la fuerza del Estado: por tanto, debe respetar la esfera autónoma del individuo, pero tiene derecho a intervenir en el valor de las monedas y los precios, e incluso imponiendo monopolios cuando lo requiera la utilidad pública.

2. El príncipe sólo puede tomar de sus súbditos, con impuestos ordinarios y extraordinarios, los medios financieros necesarios para el mantenimiento de la máquina estatal y para lo que hoy llamaríamos infraestructuras (carreteras, puentes, fortificaciones, etcétera).

---

[1] *Ibid.*, lib. VIII, cap. 14 («Della mercatanzia, e se convenga al re l'esercitarla»), pp. 265 y ss.

3. El mercado interior y exterior debe ser libre, pero sólo en la medida en que no sea perjudicial para el bien material y espiritual del pueblo y, en todo caso, debe estar regulado por las leyes del magistrado político, que debe tomar todas las medidas adecuadas para fomentar la producción, la industria, las artes y todo lo que pueda producir riqueza.[1]

La «felicidad pública» como ideología tal vez sea una invención del siglo XVIII, pero el *quid* de la cuestión está claramente planteado al principio de la discusión de Altusio: junto al ejercicio de la soberanía en sentido estricto, la administración del Estado tiene la tarea específica de proteger y promover las *commoditates* de la vida social.[2]

3. LA INTERVENCIÓN DEL ESTADO EN LA ECONOMÍA

Estos principios encontraron un tratamiento orgánico desde el comienzo del siglo XVII, pero habían ido madurando en la práctica de los siglos anteriores. De modo que me parece útil dar un paso atrás y citar una «advertencia» de Francesco Guicciardini (1483-1540) hace casi quinientos años:

---

[1] J. Althusius, *Politica methodice digesta* (Herborn, 1614), Aalen, Scientia, 1961, cap. XXXII («De administratione civili mediorum ad vitæ socialis commoditates necessariorum»), pp. 663-701. [Existe traducción en español: *La política. Metódicamente concebida e ilustrada con ejemplos sagrados y profanos*, ed. y trad. P. Mariño, Madrid, Centro de Estudios Políticos y Constitucionales, 1990].

[2] *Ibid.*, p. 665: «Atque hæc sunt de civili administratione juris generalis, nimirum de officio magistratus in administrandis mediis, servientibus ad iustitiam, pacem, concordiam et disciplinam inter subditos et regnicolas conservandam. Sequitur de iuris specialis administratione civili, nimirum de administratione mediorum, quæ pertinent ad commoditates vitæ socialis procurandas, vel incommoditates illius avertendas et declinandas».

Digo que el duque de Ferrara, que hace *mercatantia* ['comercio'], no sólo hace una cosa vergonzosa, sino que es un tirano al hacer lo que es asunto de los particulares y no suyo: y peca tanto con el pueblo como el pueblo peca con él al entrometerse en lo que es asunto exclusivo del príncipe.[1]

Considero de gran interés las célebres palabras del florentino para toda la historia europea, y sus repercusiones se dejan sentir también en el terreno de la política actual. En

---

[1] F. Guicciardini, *Ricordi. Con il saggio «L'uomo del Guicciardini» di Francesco De Sanctis*, ed. S. Marconi, Milán, Feltrinelli, 1983, p. 133 [Existe traducción en español: *Recuerdos. Precedido del estudio de F. De Sanctis «El hombre de Guicciardini»*, trad. A. Hermosa Andújar, Madrid, Centro de Estudios Políticos y Constitucionales, 1988]: se trata del «ricordo» n.º 94, de la edición «B» (1528). Al hablar del «duque de Ferrara», Guicciardini se refiere a Borso d'Este (1413-1471). El «ricordo» n.º 93 de la redacción «C» (1530), en cambio, dice así: «Cuando un particular se equivoca con el príncipe y comete crimen *lesi maiestatis* queriendo hacer lo que pertenece al príncipe, así se equivoca un príncipe y comete crimen *lesi populi*, haciendo lo que pertenece al pueblo y a los particulares: sin embargo, el duque de Ferrara merece un gran reproche por hacer *mercatantia, monopoli* ['comercio privado'] y otras cosas mecánicas ['actividades comunes'] que esperan ser hechas por los particulares» (*ibid.*, p. 75; nótese que, en este volumen, la versión «B» se encuentra después de la «C»). Nicolás Maquiavelo, en 1513, había expresado una posición similar: «Un príncipe [...] además, debe procurar a sus ciudadanos la posibilidad de ejercer tranquilamente sus profesiones, ya sea el comercio, la agricultura o cualquier otra actividad, sin que nadie tema incrementar sus posesiones por miedo a que le sean arrebatadas o abrir un negocio por miedo a los impuestos. Antes bien, debe incluso tener dispuestas recompensas para el que quiera hacer estas cosas» (*cf.* Maquiavelo, *El príncipe*, pról., trad. y notas Miguel Ángel Granada, Madrid, Alianza, 2000, p. 127). Para algunas consideraciones interesantes sobre el príncipe «absoluto» *de facto*, que se inmiscuye en los asuntos de los particulares, no distinguiendo el Estado de la sociedad civil y revelando así tentaciones tiránicas, véase F. Prieto, *Manual de historia de las teorías políticas*, Madrid, Unión, 1996, p. 253; A. Hermosa Andújar, «*El Príncipe* y las leyes de la política», en: N. Maquiavelo, *El príncipe*, traducción y estudios preliminares de A. Hermosa Andújar, Buenos Aires, Prometeo, 2006, pp. 13-43, esp. 19-21. Le agradezco esta indicación a Piero Venturelli.

mi opinión, de hecho, esta reflexión de Guicciardini constituye una de las primeras definiciones de la clara distinción entre lo público y lo privado, entre la esfera política y la del mercado, que encaminó a Occidente hacia la Modernidad, las libertades y los derechos humanos.

No es que en la Edad Media—como ya he mencionado— no hubiera manifestaciones claras que definían el *bonum commune* ('bien común') como lo «propio» de la política frente a los intereses particulares de los individuos, pero en cierto modo se trataba de llamamientos éticos heredados de la tradición clásica y cristiana, y destinados a combatir, en las comunidades italianas, la continua degeneración de las luchas políticas, la incesante guerra de todos contra todos, de facciones y «partidos». Lejos de existir una clara distinción entre lo privado y lo público, todavía estaba bien asentada una visión de la política como conjugación de los intereses particulares de los ciudadanos en el marco de una identidad compartida superior, la de la *respublica christiana*. En el pensamiento de Guicciardini, por el contrario, hay una clara conciencia de que el príncipe moderno (ya sea un soberano en el sentido monárquico o una república), si entra en el mercado, no sólo peca, sino que se convierte en *tiranno*, al igual que el pueblo de los productores y comerciantes pecaría si se inmiscuyera directamente en la gestión del poder político.

La nueva soberanía, el Estado moderno, renuncia en los últimos siglos de la Edad Moderna a entrar en la esfera de la vida económica, pero se reserva la posibilidad de intervenir en pos del bienestar público. Esta intervención sólo puede venir de fuera y se expresa esencialmente de dos maneras: dictando las reglas a las que deben atenerse todos los agentes del mercado y cobrando una parte de la riqueza producida mediante impuestos, a fin de poder sufragar los gastos generales necesarios para el organismo político. Por su parte, el poder económico renuncia a entrar directamente en la gestión del Estado; lo hace, en cambio, a través de formas mediadas, es decir, a través de la representación, estrechamente ligada a la fiscalidad y al control del presupuesto público, desde las primeras instituciones parlamentarias hasta la invención del sistema electoral y de los partidos en la Inglaterra del siglo XVIII. De este modo, la democracia y el mercado quedan inseparablemente unidos.

Es esta nueva perspectiva de las funciones del Estado en relación con la sociedad la que permite que la infracción de las reglas del mercado pase de la esfera del pecado a la del delito. Existe una tensión continua entre la tendencia de una república internacional del dinero a denunciar las faltas de un poder político que suele sobrepasar sus límites—como se ha visto en el capítulo anterior—y la fuerza de un Estado que afirma la necesidad de intervenir en el mercado en función del nuevo concepto de desarrollo del bienestar y que pretende ser el único juez de las transgresiones.

No sólo se afirma la legitimidad y la autonomía de los impuestos, sino que el pago de tributos de cualquier tipo se convierte en un deber y la evasión de este deber implica un delito. Se trata de una dinámica que conduce inevitablemente al desarrollo tanto de las motivaciones ideológicas (de la soberanía monárquica al republicanismo como identidad colectiva), como de las justificaciones políticas (la guerra, la seguridad interior) y, por supuesto, de las técnicas de valoración de bienes y personas, y de las de recaudación (fue preciso un largo recorrido desde los primeros escrutinios de las ciudades italianas hasta los catastros del siglo XVIII). Todos estos son asuntos sobre los que ya se ha investigado y no pasan por alto los historiadores. Lo que me interesa destacar aquí es que no se trata simplemente de tecnicismos, sino de un cambio radical que tiene repercusiones tanto para las Iglesias como para la república internacional del dinero. En cuanto a la relación Estado-Iglesia, la cuestión que más han debatido los historiadores es si ganaron más los Estados cismáticos que se acogieron a la Reforma (como Inglaterra, etcétera), los cuales confiscaron y revendieron en gran medida los bienes eclesiásticos, o los países que permanecieron en la órbita de la Iglesia romana, en los que tales bienes permanecieron en las iglesias, si bien fueron esquilmados de forma continuada, lo cual rindió—incluso con concesiones que la Santa Sede consiguió arrancar a las monarquías—enormes cantidades de dinero.[1]

Tal vez, por el contrario, la partida decisiva se jugó ya en la década de 1670, inmediatamente después de que el Concilio de Trento llegara a una conclusión sobre el problema de la fiscalidad y estableciera la renuncia forzada de la Iglesia romana a toda intervención sobre la legitimidad o no de los impuestos y la amenaza de excomunión para los príncipes morosos, según la tradición medieval de la bula *In coena Domini*.[2] Ya he analizado en otra obra el peso que los concordatos (*historia dolorum*, en los términos de los historiadores eclesiásticos) entre el Estado y la Iglesia durante la Edad Moderna tuvieron en la historia de la Iglesia romana con la degradación de las posiciones eclesiásticas en defensa de los privilegios, las inmunidades reales (fiscales) y personales (judiciales) del clero en relación con la uniformidad modernizadora del Estado moderno.[3] Lo que querría añadir es que la obligación de pagar impuestos pasa ciertamente de la esfera de los deberes morales a la de los delitos: de ahí el esfuerzo del Estado por dotar ese delito de carga ideológica. Así, la guerra y la seguridad interior pasan a ser temas centrales, y

[1] Entre las últimas investigaciones, véase M. C. Giannini, *L'oro e la tiara. La costruzione dello spazio fiscale italiano della Santa Sede 1560-1620*, Bolonia, Il Mulino, 2003; R. Di Pietra y F. Landi (ed.), *Clero, economia e contabilità in Europa*, Roma, Carocci, 2007.

[2] H. Kellenbenz y P. Prodi (ed.), *Fisco religione Stato nell'età confessionale*, Bolonia, Il Mulino, 1989.

[3] P. Prodi, «Il concilio di Trento di fronte alla politica e al diritto moderno. Introduzione», en: P. Prodi y W. Reinhard (ed.), *Il concilio di Trento e il moderno*, Bolonia, Il Mulino, 1996, pp. 7-26.

poco a poco también la «felicidad pública». En el fondo, no obstante, podemos decir que la importantísima novedad de las infracciones «puramente penales» que hemos mencionado—las infracciones de normas que tan sólo implican culpabilidad moral como pura consecuencia de la violación de una ley del Estado—se abre con respecto a la fiscalidad: ésta, sin embargo, se va cargando de un valor ético público hacia la patria y a la nación.

Desde finales del siglo XV se pasó de intervenciones esporádicas sobre la moneda—destinadas a controlar la acuñación, combatir la falsificación y tomar medidas para el ejercicio del crédito—a un sistema de intervención cada vez más orgánico. La moneda deja de ser la medida fijada por el valor del metal, cuyo dominio como sistema unitario requiere el tecnicismo cada vez mayor de los expertos, dadas las diferencias existentes en las diversas regiones europeas, mediante las grandes ferias en un sistema espacio-temporal que permite a los cambiadores establecer en los intercambios un sistema de circulación de papel moneda, de crédito, paralelo al del dinero real. La cuestión pasa entonces a ser esencialmente un problema de «mutación» continua del valor del dinero, que no sólo plantea cuestiones ético-políticas—como se ha visto en el capítulo anterior, sobre todo en Juan de Mariana—, sino que también lleva a la construcción de un aparato estatal destinado a controlar dichas mutaciones a favor del príncipe y de las repúblicas en función de las necesidades financieras del Estado, que siempre está al límite. Se trata de una larga historia (cuyos protagonistas fueron España en el siglo XVI, Francia en el XVII e Inglaterra en el XVIII) que demuestra las características de un desarrollo coherente en el que la inflación debida a la afluencia de metales preciosos del Nuevo Mundo parece ser sólo un episodio (a pesar de sobrevalorarse en todos los manuales de historia). Hay miles de intervenciones que tienen su común denominador en una continua tensión entre una república internacional del

dinero debilitada en comparación con unos aparatos estatales cada vez más reforzados, pero más fuerte en relación con
la formación de las grandes corporaciones, capaces de condicionar la política en mayor medida que los grandes banqueros de la Baja Edad Media. La fundación del Banco de Inglaterra en 1694, con todos sus intentos fallidos anteriores y
también posteriores en los países del continente, representa la nueva síntesis con la que el Estado se convierte en árbitro del sistema monetario y crediticio. El Estado, al involucrar a la burguesía financiera en su participación parlamentaria e incorporar la república internacional del dinero en la
división de poderes que se desarrolla en su seno, consigue
transformar el consorcio de acreedores en un nuevo sistema
de financiación de la deuda pública que pone a disposición
del Estado inmensos recursos financieros a unos tipos de interés más bajos que nunca.[1] La disputa entre el Estado y el
mercado entre 1716 y 1720 la ha descrito de forma fascinante
el economista e historiador Franz Ritzmann como un drama
barroco en tres actos, cuyos protagonistas son el mercado y
el Estado, John Law y Richard Cantillon, y cuyos escenarios
son las ciudades y las bolsas de París, Londres y Ámsterdam.
El drama concluye con el fracaso del modelo francés y la victoria del inglés, y es posible considerarlo—más que muchas
doctrinas—como el momento generador de un nuevo compromiso, del que nació la sociedad burguesa y la economía
de las sociedades anónimas, que sólo en la actualidad ha entrado en crisis con la globalización.[2]

---

[1] R. Tilly, *Geld und Kredit in der Wirtschaftsgeschichte*, Stuttgart,
Franz Steiner, 2003, p. 46 (en Inglaterra, la deuda pública se multiplicó
por diez en medio siglo); G. B. Pittaluga, «Gestione del debito pubblico
e costituzione delle banche centrali», en: G. Felloni (ed.), *La casa di San
Giorgio: il potere del credito (Atti del convegno, Genova, 11-12 novembre
2004)*, Atti della Società Ligure di Storia Patria, XLVI, n.º 2, n. s., 2006,
pp. 221-233.

[2] F. Ritzmann, «Mik-Mak oder das abenteuerliche Spiel Markt

En la doctrina medieval no existe la distinción entre precio natural y precio artificial: como hemos visto, sólo existe el precio de mercado y cualquier intento de modificarlo se considera patológico y es condenado al unísono por moralistas, juristas y autoridades municipales. Pero entre la Baja Edad Media y la Edad Moderna el problema se hace cada vez más complejo y tiende a desaparecer la visión en principio clara del precio como algo ligado a un tiempo y lugar concretos, a un mercado específico. La desaparición de la división entre la función crediticia y la función mercantil condujo al desarrollo de los contratos de futuros: compras anticipadas de mercancías futuras (como las cosechas de cereales aún en el campo o la lana, la carne, etcétera) con el desarrollo de una clase de comerciantes-financieros mayoristas, intermediarios entre el mundo de la producción y el mercado, e incluso entre mercados. Se ha escrito mucho sobre el tema y, desde luego, no me es posible ahondar en este océano, pero cabe señalar que un fenómeno aún casi ignorado es el límite entre lo legítimo y lo ilegítimo en las transacciones que se producen en la transición entre la teoría medieval del pecado en los tratados «de contractibus»—de los que ya he hablado—y las normas penales previstas en las legislaciones de las ciudades y, en general, en las *Polizeiordnungen* de la primera Edad Moderna. Acaparamiento de bienes, tendencias monopolísticas, infracción de las normas de la competencia y del mercado mediante técnicas o acuerdos de acaparamiento, recurso a la usura y a las estimaciones sobre el futuro, manipulación, comunicaciones e informaciones falsas sobre la escasez y la abundancia de productos: todas estas prácticas perfilan líneas divisorias cada vez más complejas entre lo legítimo y lo ilegítimo que, al mismo tiempo que estimulan la agudeza de los moralistas, empujan inevitable-

(MIKro) gegen Staat (MAKro) ausgetragen annis Domini 1716 bis 1720», en: *Id.*, *Wirtschaftswissenschaft als Hobby und Beruf*, *op. cit.*, pp. 265-280.

mente a los poderes políticos—los nuevos príncipes—a establecer reglas que amplíen el concepto de «hurto» más allá de las normas tradicionales sobre el fraude mercantil basadas en el peso, la medida, etcétera.

Ésas son las motivaciones más importantes que conducen, también desde un punto de vista técnico, a la ampliación de las normas positivas que cubren los nuevos casos contractuales: en la definición del hurto se produce, pues, un desplazamiento inevitable del pecado y la intención al delito.[1]

También se introduce otra novedad importante entre la Edad Media y la Edad Moderna: el príncipe (o la república) puede imponer un precio «tasado» en determinadas circunstancias y para ciertos productos, es decir, un precio establecido desde arriba que no se identifica con el precio de mercado. Por supuesto, hay situaciones mixtas en las que los derechos o impuestos se imponen parcialmente para proteger una determinada producción o dificultar la exportación de ciertos productos que escasean. Esta tendencia a fijar los precios desde arriba aumenta en proporción al aumento del poder del Estado, por un lado, y al desarrollo del pauperismo moderno, por otro: la anona se convierte en uno de los ámbitos fundamentales de la política moderna para la consolidación del poder estatal. Las hambrunas y los disturbios son las causas más evidentes que llevan del control de los especuladores a la promulgación de los controles para los productos de primera necesidad, pero esto es sólo el aspecto más conspicuo de un fenómeno que acaba minando el mecanismo del mercado con una fibrilación continua entre los dos precios, el real y el legal.[2] Hay dos vías de actuación: fi-

[1] El único estudio sistemático que conozco en este sentido es, para la zona alemana, H. Crebert, *Künstliche Preissteigerung durch Für- und Aufkauf*, Heidelberg, Carl Winters Universitätsbuchhandlung, 1916.

[2] Una investigación ejemplar, con amplia bibliografía, es la de A. Guenzi, «La tutela del consumatore nell'antico regime. I "vittuali di prima necessità" a Bologna», en: P. Prodi (ed.), *Disciplina dell'anima, disciplina del*

jar los precios desde arriba o intervenir con ayuda pública distribuyendo alimentos y limosnas a los más pobres. Surgen así los conflictos del Estado con el mercado, tanto con los productores nacionales (sobre todo para los productos agrícolas básicos) como con los grandes comerciantes internacionales.

Dentro del marco general del «precio» también se encuentra el problema de los salarios como precio del trabajo. Una reciente y aguda investigación sobre los trabajadores del vidrio de Murano ha permitido vislumbrar, en el marco del tratado específico surgido en el siglo XVII, que las categorías tradicionales, objetiva y subjetiva, de la *æstimatio communis* que permitían definir el precio del trabajo (dentro de la relación entre la justicia retributiva y la justicia conmutativa) en los gremios medievales dio paso a una creciente intervención de las autoridades estatales (en el caso de Venecia hasta el Consejo de los Diez), que intervinieron directa e indirectamente regulando la vida interna de los gremios para garantizar los intereses y el equilibrio general del Estado.[1] El problema es que todas las infracciones de esas normas difícilmente se consideraban pecados en la conciencia pública, evidentemente se entendían sólo como delitos. Para que se considerasen faltas fue necesario que estuvieran ideologizadas: lealtad a la patria en peligro durante una guerra; peligro de subversiones internas, etcétera.

El concepto y la práctica del monopolio como intervención para cambiar el precio del mercado controlando (en solitario o de acuerdo con otros actores) el intercambio de un

---

corpo e disciplina della società tra medioevo ed età moderna, Bolonia, Il Mulino, 1994, pp. 733-756.

[1] F. Trivellato, «Salaires et justice dans les corporations vénitiennes au XVIIe siècle, le cas des manifactures de verre», *Annales, Histoire, Sciences sociales*, 54, n.° 1, 1999, pp. 245-273. El tratado de referencia es Lanfranco Zacchia, *De salario seu Operariorum mercede*, Roma, Nicolai Tinassi, 1658.

determinado tipo de bienes era de sobra conocido desde la Antigüedad, siempre condenado por la ley moral y las leyes positivas, como ya he mencionado. Lo que cambia entre la Edad Media y la Edad Moderna es que el poder político se convierte en el principal protagonista de esas prácticas, bien reservándose directamente la explotación de las ventajas del monopolio, bien otorgando concesiones, contratos, licencias o privilegios diversos a los particulares.

Es sabido que esta evolución tiene dos orígenes: por un lado, las nuevas necesidades del Estado antes mencionadas, y por otro, el desarrollo tecnológico provocado por la necesidad de asegurar las inversiones. Por un lado, podemos referirnos a los más antiguos de estos fenómenos, como el monopolio de la sal o de otros productos de primera necesidad fácilmente controlables (no en vano estos monopolios han llegado hasta nuestros días); por otro lado, es muy significativo que el primer sector en moverse fuese la minería para la extracción de metales con concesiones que representaban las primeras grandes transacciones, los primeros grandes compromisos entre los Estados territoriales y la república internacional del dinero.

El hecho es que mientras la condena de las prácticas monopolísticas de los comerciantes seguía siendo firme entre los predicadores católicos y reformados, los grandes pensadores de la escolástica tardía y de la Reforma justificaron cada vez más la imposición de los monopolios por parte del poder político en los siglos XVI y XVII.

El problema ya se había convertido en el centro de la construcción del Estado moderno en la transición entre los siglos XV y XVI: tanto los príncipes alemanes como otros soberanos europeos justificaban la concesión de monopolios como una función del «bien común».[1] Incluso el Estado Pontificio

[1] J. Höffner, *Wirtschaftsethik und Monopole im fünfzehnten und sechzenthen Jahrhundert*, Jena, Gustav Fischer, 1941.

del Renacimiento fue decisivamente precursor en la elaboración de la ideología del monopolio del alumbre para obstaculizar el poder otomano,[1] pero lo interesante es que, mientras los tratados de la escolástica tardía seguían defendiendo, en medio de las incertidumbres de un lenguaje cada vez más técnico y complejo, la teoría del precio como fruto de la negociación del libre mercado, en lo que se refiere al comercio internacional se afirmó una legislación específica que era el resultado de un compromiso continuado entre las grandes firmas internacionales de los Fúcar, Welser, etcétera y los príncipes territoriales. Eso transformó por completo las reglas del mercado y el concepto mismo de «hurto». En un primer momento se observa una reacción antimonopolista en las primeras décadas del siglo XVI, que alcanza su punto álgido en la década de 1520-1530 y cuyo centro parece hallarse en el emperador del Sacro Imperio y la Dieta de Worms, con todas las contradicciones conocidas entre el recurso de Carlos V a los Fúcar para su «campaña electoral» en 1519 y sus compromisos con las ciudades y los gremios contra los grandes monopolios y el avasallamiento de las grandes firmas bancarias y comerciales internacionales con sucursales en toda Europa.[2] Sin pretender entrar en la compleja problemática que vinculó en esas décadas el debate sobre los monopolios con la Reforma y las revueltas campesinas de 1525 (basta pensar en Conrad Peutinger y sus memorias en defensa de los banqueros de Augsburgo), para nuestro propósito es suficiente deducir dos reflexiones de estos apuntes. La primera es que asistimos a la formación de un complejo sistema de ordenanzas e intervenciones políticas que no se limitan al control de los mercados, sino que determinan sus reglas internas. La segunda es que la prevalencia de los estatutos de

[1] *Ibid.*, p. 63.
[2] F. Blaich, *Die Reichsmonopolgesetzgebung im Zeitalter Karls V*, Stuttgart, Gustav Fischer, 1967.

los gremios empieza a reemplazarse—aunque su existencia se prolongará durante siglos—por una regulación basada en el conflicto y el entendimiento entre la república internacional del dinero y la autoridad política. La consecuencia, en lo que nos atañe, es que las normas de comportamiento ya no se inscriben en el terreno de la moral, sino que son cada vez más independientes de ella, relacionándose sólo con la esfera de las violaciones de un mandato político éticamente indiferente. Ciertamente, en la segunda mitad del siglo XVI, en la transición de Carlos V a Felipe II, con la extensión de los monopolios por concesión a través del asiento y la intervención del Estado en el cambio y la moneda, todo el sistema anterior se desestabiliza.[1]

A menudo en los manuales de Historia de Occidente se olvida que la lucha política se juega más en esta frontera de la relación entre política y economía, que en la lucha interna de ideas y facciones o partidos: un estudio a mi juicio injustamente olvidado examinó el peso de los monopolios, del ataque al sistema de concesiones y contratos de la corona, como uno de los componentes de la revolución puritana en Inglaterra.[2] Pero fue sobre todo la primera expansión colonial europea la que desempeñó un papel destacado en este sentido.

---

[1] C. J. De Carlos Morales, «Carlos V en la encrucijada financiera: las relaciones entre mercaderes-banqueros alemanes, genoveses y españoles en los asientos de 1529-1533», en: *Carlos V y la quiebra del humanismo político en Europa (1530-1558), Actas del congreso*, vol. IV, Madrid, Sociedad Estatal para la Conmemoración de los Centenarios de Felipe II y Carlos V, 2001, pp. 405-429; *Id.*, «Mercado financiero y crédito del soberano en el tránsito de Carlos V a Felipe II: la intervención en los tipos de cambio mediante las pragmáticas del 1551- 1557», *Studia Historica. Historia moderna*, 25, 2003, pp. 269-309.

[2] M. James, *Social Problems and Policy during the Puritan Revolution 1640-1660*, Londres, George Routledge & Sons, 1930.

4. EL CONTROL DEL MERCADO: LEGISLACIÓN Y JUSTICIA

Hasta ahora hemos hablado en términos generales de la nueva invasión del Estado en la economía, y ahora tenemos que mencionar que tal invasión se implementó con intervenciones a nivel legislativo-normativo y a nivel del ejercicio de la justicia, las dos grandes estructuras que el Estado desarrolló a principios de la Edad Moderna. La historia es, obviamente, larga, porque hay que partir de los «reformagioni» de los estatutos municipales de los ayuntamientos italianos, que incluyen por primera vez el elemento dinámico en las normas destinadas a controlar una vida social convulsa: normas que mantienen su referencia de principio al derecho heredado, pero que de hecho reflejan respuestas a problemas concretos emergentes y tienden a romper la jerarquía de las fuentes tradicionales y el pluralismo de los sistemas medievales.

Sintetizando, puede advertirse a simple vista en toda Europa, primero en los señoríos italianos del siglo XV, y luego en las nuevas monarquías y en las ciudades y principados bajo el Sacro Imperio Romano Germánico, el desarrollo de una legislación cada vez más específica que regula la vida de los ciudadanos de forma progresivamente homogénea: se trata de decretos que engloban las normas anteriores surgidas de la costumbre, de los estatutos de los gremios y de otros cuerpos sociales intermedios en textos emitidos por la autoridad política, que gozaba de la prerrogativa de soberanía; una producción vertical de normas, como se ha dicho, que se superponía a la producción horizontal anterior de corte romano-canónica, estatutaria y consuetudinaria. Las denominaciones son de lo más diverso en cada país, pero terminan asumiendo universalmente los nombres de *Polizeiordnungen*, *ordonnances de police* o similares (en el caso de Italia, todo el mundo recuerda en versión trágico-satírica los *grida* ['edictos'] gracias a la novela de Manzoni).[1] Evidentemente, no nos interesa hablar de ese fenómeno sobre el que existe una enorme literatura,[2] sino entender—teniendo en cuenta el marco de los intereses que surgen entre el poder político y el poder económico, particularmente en la deuda pública, la venta de cargos y, más generalmente, la corrupción—la expansión de esta legislación en el mercado, un fenómeno sobre el que todavía se sabe muy poco.

Hay dos aspectos importantes sobre los que querría llamar la atención. En primer lugar, el nuevo derecho público sobre cuestiones de mercado se construye principalmente con la inserción de normas penales relativas al hurto tradicional, entendido como sustracción de bienes ajenos, pero también al hurto como violación de las normas del mercado, desde el fraude hasta la desobediencia de las normas dictadas por las autoridades en materia de precios, tipos de cambio, présta-

---

[1] «El 23 de noviembre salió un edicto para que quedase a disposición del director de provisiones y de los doce comisionados la mitad del arroz sin limpiar que cada uno tuviese en su casa, bajo la pena, contra cualquiera que dispusiese de él sin licencia de dichos señores, de la pérdida del género y de una multa de tres escudos por fanega», Alessandro Manzoni, *Los novios. Historia milanesa del siglo XVI*, trad. Juan Nicasio Gallego, Barcelona, A. Bergnes, 1837. (*N. del T.*).

[2] K. Härter, «Social Discipline and Police Ordinances in the Early Modern Age», en: *Discipline the Soul, op. cit.*, pp. 635-658. Especialmente importante es el complejo trabajo de exploración y catalogación promovido por el Max Planck Institut für Rechtsgeschichte de Fráncfort del Meno, dirigido por Michael Stolleis: *cf.* M. Stolleis (ed.), *Policey im Europa der frühen Neuzeit*, Fráncfort del Meno, Vittorio Klostermann, 1996; K. Härter (ed.), *Policey und frühneuzeitliche Gesellschaft*, Fráncfort del Meno, Vittorio Klostermann, 2000. Desde el punto de vista de la historia de la legislación siguen siendo fundamentales los numerosos estudios de W. Brauneder, recogidos ahora en *Studien*, I y III (*Entwicklung des Oeffentlichen Rechts I und II*), Fráncfort del Meno-Berlín, Peter Lang, 1994 y 2002. En un nivel más general, B. Dölemeyer y D. Klippel (ed.), *Gesetz und Gesetzgebung im Europa der Frühen Neuzeit*, Berlín, Duncker & Humblot, 1998.

mos, monopolios, aduanas, etcétera. Por poner un solo ejemplo, basta citar la famosa *Lex Carolina* promulgada por Carlos V en 1532, que constituye la base del derecho penal moderno: después de establecer y clasificar los diferentes casos de hurto (art. 159 y ss.) asignándoles agravantes y atenuantes según el valor de los bienes robados, la edad del ladrón, la reincidencia, el estado de necesidad, el artículo 170 equipara la malversación de origen contractual con el hurto, lo cual tendrá innumerables consecuencias en los siguientes siglos y dará lugar a complejas interpretaciones.[1]

El segundo aspecto destacable es que la expansión de las competencias estatales sobre la economía se desarrolló lentamente y al principio de forma fragmentaria, si bien cada vez más orgánica: sobre los precios, la agricultura y el comercio de alimentos, las aduanas y los impuestos, las corporaciones y las relaciones laborales, las industrias y las minas, los cambios de divisas, la organización del crédito, etcétera. En nombre del nuevo poder y de la nueva administración, la tradicional distinción entre derecho privado y público heredada del derecho romano y canónico medieval queda anulada con vistas a controlar y promover la vida económica.[2] Naturalmente, fue un proceso lento en el que, hasta el final, normas corporativas y consuetudinarias de la más variada índole se mantuvieron al margen o fueron absorbidas por la legislación estatal: sólo la publicación orgánica de las normas que confluyeron en las francesas *Ordonnances du commerce* de 1673 nos proporciona una primera ordenación orgánica de estas intervenciones, el primer intento de fijar el derecho del comercio mediante una codificación en el marco

---

[1] Fr. Ch. Schroeder (ed.), *Die Peinliche Gerichtsordnung Kaiser Karls V. und des Heiligen Römischen Reichs von 1532 (Carolina)*, Stuttgart, Reclam, 2000, p. 104.

[2] G. K. Schmelzeisen, *Polizeiordnungen und Privatrecht*, Münster-Colonia, Böhlau, 1955.

de la legislación estatal.[1] El dominio de la jurisdicción de los grandes tribunales estatales en esta materia es la expresión de una nueva relación de poder entre la república internacional del dinero y el poder político. El Estado moderno necesita el mercado, al igual que el mercado necesita el Estado, para funcionar. En este sentido, creo que aún queda mucho por hacer para superar las barreras disciplinares que separan la Historia del Derecho de la Historia de la Economía y la Historia de las Instituciones o del Pensamiento, y han impedido comprender el fenómeno en toda su complejidad.

Tampoco en lo que respecta a la jurisdicción del mercado pretendo abordar en esta obra el problema general de la administración de justicia (la construcción del sistema de diversos grados de jurisdicción estatal, desde las soluciones intrajudiciales de los litigios, pasando por los tribunales de apelación, hasta los tribunales supremos directamente vinculados al poder soberano).[2] Lo que me interesa señalar es que cuando los comerciantes consideran que se han violado los procedimientos contractuales y las reglas del mercado ya no intentan resolver sus conflictos según los estatutos de los gremios, en el arbitraje tradicional y sobre la base de la consuetudinaria *lex mercatoria*, sino que paulatinamente recurren a los tribunales ordinarios del Estado, abandonando «la antigua sencillez», según la expresión del tratado de Ansaldo Ansaldi (1689).[3] El problema es que los tribunales esta-

---

[1] J. Hilaire, *Introduction historique au droit commercial*, París, PUF, 1986, pp. 64-69.

[2] D. Quaglioni, *La giustizia nel medioevo e nella prima età moderna*, Bolonia, Il Mulino, 2004; A. Padoa-Schioppa, *Storia del diritto in Europa. Dal medioevo all'età contemporanea*, Bolonia, Il Mulino, 2008. Para el marco italiano: M. Bellabarba, *La giustizia nell'Italia moderna*, Roma-Bari, Laterza, 2008.

[3] Citado en F. Trivellato, «A Republic of Merchants?», en: A. Molho, D. Ramada Curto y N. Koniordos (ed.), *Finding Europe: Discourses on Margins, Communities, Images ca. 13th-18th Centuries*, Nueva York-Oxford, Bergahn Books, 2007, p. 143: «Mercatores male agunt qui relicta veteri

tales, con sus diversos grados de juicio y su aparato judicial, son ahora los únicos que pueden garantizar que se restaure el orden violado. Una historia que en gran parte aún está por escribir es la de los tribunales que surgieron en el mundo medieval de los gremios, cuyo mayor ejemplo es el Tribunal de la Mercancía en Florencia, y los tribunales consulares durante los siglos de la Edad Moderna, que siguieron siendo largo tiempo lugares de mediación entre una sociedad mercantil y una autoridad del Estado que progresivamente se fueron solapando. También a nivel internacional, la crisis de las grandes ferias estuvo vinculada a la supresión progresiva de las magistraturas especiales que se crearon en su día para garantizar su carácter autónomo como «espacios jurídicos privilegiados» frente al país anfitrión.[1]

En cuanto a la posición del comerciante empresario acusado de infringir las leyes del mercado, me parece que es posible señalar dos variaciones básicas. En primer lugar, la progresiva personalización de la responsabilidad: en el paso de la Edad Media a la Modernidad, la responsabilidad seguía siendo en gran medida colectiva e implicaba la participación de los compatriotas en las acciones de indemnización, es decir, la presencia de una justicia paralela, sobre todo en las grandes ferias internacionales, de garantías y privilegios respecto a la justicia ordinaria destinada a los delitos cometidos en un territorio determinado. En cambio, en plena Edad Moderna se desarrolla el principio de la responsabilidad exclusivamente personal-patrimonial.

---

simplicitate subtilizant in Foro», frase en que la nostalgia por el mundo perdido impide a Ansaldi captar la transformación que se está produciendo.

[1] M. Fortunati, «Note sul diritto di fiera nelle fonti giuridiche di età moderna», en: S. Cavaciocchi (ed.), *Fiere e mercati nella integrazione delle economie europee, secc. XIII-XVIII*, Florencia, Le Monnier, 2001, pp. 953-966; *Id.*, «The Fairs between lex mercatoria and ius mercatorum», en: V. Piergiovanni (ed.), *From Lex mercatoria to Commercial Law*, Berlín, Duncker & Humblot, 2005, pp. 143-164.

En segundo lugar, el ámbito de la responsabilidad penal se amplía y no sólo incluye el delito de estafa, sino también el incumplimiento involuntario de las obligaciones contractuales por insolvencia. En la Edad Media existía una amplia zona gris: la plena participación en la vida social estaba sujeta a diversos tipos de limitaciones a pesar de pertenecer a una misma *fides*, desde el *potens* hasta el *pauper*. Infames eran aquellos que, por muchas razones y de diferentes maneras, se sustraían a la *fides* de la sociedad en la que vivían: por razones religiosas (judíos, herejes, etcétera), por el ejercicio de una profesión deshonrosa (verdugos, prostitutas, usureros, etcétera), por ser desposeídos y vagabundos. Un incumplimiento puntual de las normas legales o de las responsabilidades contractuales llevaba a la expulsión del mercado y al abandono de los insolventes a la marginalidad.[1] En la Edad Moderna, en esta zona gris del Medioevo parece irse definiendo progresivamente la frontera entre propietarios y no propietarios: el titular de la sociabilidad—no sólo de los derechos políticos—de pleno derecho es sólo el propietario que puede responder de ella con sus bienes, y se convierte en el único y verdadero protagonista del mercado. La legislación penal mercantil sobre los delitos contra la propiedad y la mala praxis comercial parece aumentar en intensidad y gravedad a medida que se amplia la centralidad del derecho a la propiedad privada, al menos en algunas regiones de Europa.[2] En este contexto, entre la Edad Media y la Modernidad existe en la doctrina jurídica una continuidad en la condena de los comportamientos ilícitos, en particular con respecto al fraude concursal y la quiebra, pero en la Edad Moderna se acentúan las prescripciones legislativas preventivas

---

[1] G. Todeschini, *Visibilmente crudeli. Mal viventi, persone sospette e gente qualunque dal medioevo all'età moderna*, Bolonia, Il Mulino, 2007.

[2] R. Heydenreuter, *Kriminalgeschichte Bayerns von den Anfangen bis ins 20. Jahrhundert*, Regensburg, Friedrich Pustet, 2003.

y las penas relativas previstas para la infracción de los procedimientos concursales.[1]

Me parece que debe señalarse un fenómeno que se ha descuidado hasta la fecha: la introducción de la pena de prisión para los deudores insolventes. Esta sanción se impone no sólo a quienes quebrantan voluntariamente las leyes
del mercado con la quiebra culpable o la quiebra total, sino
también a quienes incumplen involuntariamente, por mala
suerte o incapacidad, sus contratos. El hecho es que, si bien
hoy sabemos bastante sobre los delitos y las penas—desde
la pena capital hasta las penas infamantes—, y se ha descrito con gran detalle la explosión de crueldad que caracterizó esta época,[2] en particular con respecto a los delitos relativos a la propiedad,[3] se sabe muy poco sobre las penas impuestas a los delitos relativos al mercado. Sin duda, los juicios y condenas relacionados con la desobediencia a las *Polizeiordnungen* se multiplican y desaparece cualquier límite
entre la justicia penal propiamente dicha y la persecución de
tales delitos.[4] Ciertamente, cabe pensar que el sistema car-
celario y de trabajos forzados que se desarrolló desde finales del siglo XVI en toda Europa (particularmente en Ingla-

---

[1] F. Migliorino, *Mysteria concursus. Itinerari premoderni del diritto commerciale*, Milán, Giuffrè, 1999.

[2] De la obra pionera de R. van Dülmen, *Theater des Schreckens: Ge-
richtspraxis und Straftrituale in der frühen Neuzeit*, Múnich, C. H. Beck,
1985. Una última indicación bibliográfica interdisciplinar en S. Kesper-
Biermann y D. Klippel (ed.), *Kriminalität in Mittelalter und früher Neuzeit. Soziale, rechtliche, philosophische und literarische Aspekte*, Wiesbaden, Harrassowitz, 2007.

[3] H. Rudolph y H. Schnabel-Schüle (ed.), *Justiz = Justice = Justicia?
Rahmenbedingungen von Strafjustiz im frühneuzeitlichen Europa*, Tréveris, Kliomedia, 2003.

[4] K. Härter, «Policeygesetzgebung und Strafrecht: Criminalpoliceyli-
che Ordnungsdiskurse und Strafjustiz im frühneuzeitlichen Alten Reich»,
en: *Kriminalität im Mittelalter und früher Neuzeit. Soziale, rechtliche, philosophische und literarische Aspekte, op. cit.*, pp. 189-210.

terra a través del sistema de *workhouses* y la organización de parroquias vinculadas a la Iglesia del Estado) fue un instrumento no sólo para la represión de la vagancia y el disciplinamiento general de la población, sino también para la protección del mercado. De hecho, la novedad de estos siglos es el anormal incremento de la pena de muerte o de largas condenas de prisión por delitos contra la propiedad, incluso por pequeños hurtos, y la introducción de la prisión por deudas, dirigida no ya contra la apropiación de la propiedad ajena—el tradicional hurto—, sino contra los que no consiguen mantenerse a flote en la nueva sociedad del comercio y el crédito. Tal realidad parece cuestionar los famosos axiomas de Michel Foucault sobre los orígenes de la prisión, pero ese debate nos llevaría demasiado lejos.

Lo cierto es que hacia finales del siglo XVIII una de las grandes batallas de algunos reformistas ilustrados—junto con la de Cesare Beccaria—fue contra la feroz persecución del hurto como delito máximo. El jurista Alberto de Simoni (1740-1822), natural de Valtellina, sostenía en su obra *Del furto e sua pena* (Lugano, 1776), donde polemizaba con Beccaria, que el simple hurto no puede equipararse a un delito como el asesinato porque es «la apropiación por parte de un individuo de un bien por naturaleza común a todos los individuos» y porque el «terrible» derecho de propiedad es sólo un fruto de la civilización.[1] En contra de Beccaria, De Simoni sostiene que en tales casos la pena de muerte es una guerra de la nación contra los ciudadanos más miserables y desafortunados.[2]

---

[1] Milán, Borroni e Scotti, 1854, pp. 101-105. De Simoni fue posteriormente consejero y magistrado de Napoleón en el Reino de Italia.

[2] *Ibid.*, p. 144: «De acuerdo con esta lógica, el pobre desgraciado que, más a menudo por necesidad que por otra cosa, toma de la avaricia de los ricos una pequeña fracción de sus sobras—mientras los propios ricos se embriagan con la sangre de los miserables despojándolos impunemente de su propia subsistencia—, será tan importante para la nación que és-

Una batalla perdida de inmediato, a juzgar por el desarrollo del derecho penal en Europa en la Revolución y la Restauración francesas, cuando la defensa del derecho de propiedad se impuso a las demás preocupaciones.[1] Más exitosa fue la lucha por la abolición del encarcelamiento por deudas, considerado una pena no sólo cruel, sino contraproducente para el desarrollo económico: uno de los problemas más delicados fue distinguir entre el deudor insolvente o el que había quebrado y el fraudulento.[2] El esfuerzo por disociar el derecho penal del mercantil fue, de hecho, uno de los puntos centrales de la reforma leopoldina en Toscana, destinada a influir en la política legislativa de toda Europa en las décadas siguientes.[3] Por un lado, se apelaba a la «buena fe»—al retorno a la centralidad de una «confianza» secularizada—como frontera entre el derecho penal y el derecho mercantil; por otro lado, se intentaba distinguir claramente, en la previsión de las penas, los grandes delitos como el fraude, la falsificación y la quiebra, de las infracciones menores de los reglamentos policiales: la quiebra y la falsificación se equipararon a los hurtos especificados como delitos autónomos, mientras que se suprimió la pena de prisión por deudas, si bien tal pena proyectó una larga sombra en la vida civil hasta hace apenas unas pocas generaciones.

---

ta deberá llamar a las armas y hacer sonar las campanas para destruirlo».

[1] A. Morellet, *«Traité de la propriété» e il carteggio con [Jeremy] Bentham e [Louis-Etienne] Dumont. Testi inediti*, ed. E. Di Rienzo y L. Campos Boralevi, Florencia, Centro Editoriale Toscano, 1990, en particular el ensayo introductorio de Di Rienzo (pp. VII-LXII) «Morellet e la categoria della proprietà privata in Francia dall'Antico Regime alla Restaurazione».

[2] Cosimo Amidei, *Discorso filosofico-politico sopra la carcere de' debitori*, Módena, 1770.

[3] A. Sciumè, «Gli illeciti commerciali nella Nuova legislazione criminale del 10 novembre 1786. Prime note», en: L. Berlinguer (ed.), *La Leopoldina. Criminalità e giustizia criminale nelle riforme del Settecento europeo*, vol. 1, Siena, Università degli Studi di Siena, 1986, pp. 312-358.

Incluso desde el punto de vista de la definición ideológica del hurto como gran delito, las últimas décadas del siglo XVII y las primeras del XVIII constituyen el punto de inflexión definitivo—como indica el título ya clásico de la obra de Paul Hazard, *La crisis de la conciencia europea*, citado en el capítulo anterior—, un punto de inflexión que por primera vez no implicó sólo a las altas esferas del poder y a pequeños grupos de intelectuales, sino también a la nueva opinión pública. Se trata de la época que abarca, de acuerdo con la cronología de los manuales, desde el final de la Guerra de los Treinta Años y la Paz de Westfalia hasta el estallido de la Guerra de los Siete Años—la verdadera Primera Guerra Mundial, que aceleró la crisis del sistema de primera colonización y favoreció el afianzamiento de los grandes imperios—. Si Hugo Grocio seguía atrapado entre la afirmación de los nuevos derechos universales y las presiones de las grandes potencias de su tiempo, los comentaristas y seguidores de la segunda mitad del siglo, desde Jean Barbeyrac a Emer de Vattel o el alemán Christian Thomasius, pusieron en primer plano la relación entre los derechos universales que habían regido en la primera globalización y los derechos estatales emergentes.

Jean Domat (1625-1696), en la dedicatoria a Luis XIV de su tratado *Les loix civiles dans leur ordre naturel*, reconoce la ingente obra de legalización positiva de la vida pública en Francia que había llevado a cabo el soberano:

Su Majestad ha hecho mediante sus ordenanzas una política universal que se extiende a todo y lo regula todo. La paz ha sido el resultado de tal reino de la justicia; y la tranquilidad pública ha hecho florecer en Francia las ciencias, las artes, el comercio y todo lo que constituye la gloria del Estado y del Príncipe.[1]

---

[1] J. Domat, *Les loix civiles dans leur ordre naturel; le droit public, et le-*

Aparte de la grandilocuencia de este tratado, tan conocido y estudiado, también se ha criticado, con razón, la vulgata que tiende a ver en Domat al precursor del Código Napoleónico y de la positivización del derecho moderno,[1] pero no es menos cierto que, muy coherentemente con su espíritu jansenista, fue quien más contribuyó a que la tradición ética y el derecho natural se convirtieran en el alma y la filosofía del derecho positivo. Lo que me interesa señalar es que en su tratado el desarrollo económico se convierte en el centro de gravedad del derecho público junto al resto de las funciones tradicionales, como la administración, el ejército, la justicia y las relaciones con la Iglesia. El cuidado de la riqueza pública se considera una de las características esenciales de la soberanía, y los mercados y ferias no pueden establecerse en ninguna ciudad o lugar sin la licencia y el control real;[2] los comerciantes-productores se incluyen (después del clero, la administración, el ejército, la magistratura, las profesiones liberales y los científicos) entre las estructuras u órdenes del Estado, están sometidos a las magistraturas correspondientes y son responsables de la abundancia o escasez de los recursos del país tanto a nivel interno como en el intercambio

---

gum delectus, París, impreso por Jean Baptiste Coignard, 1689: «Votre Majesté a fait par toutes ses Ordonnances une police universelle qui s'étend à tout et qui régle tout. La paix a suivi ce règne de la justice; et la tranquillité publique a fait fleurir dans la France les sciences, les arts, le commerce et tout ce qui fait la gloire de l'Etat et celle du Prince». He utilizado la edición póstuma (París, Imprenta de Nyon aîné, 1777), en dos volúmenes (el primero dedicado a los principios del derecho y la legislación civil, y el segundo al derecho público).

[1] C. Sarzotti, *Jean Domat. Fondamento e metodo della scienza giuridica*, Turín, G. Giappichelli, 1995.

[2] Domat, *Les loix civiles dans leur ordre naturel*, *op. cit.*, t. II, lib. I, tit. II, sec. II, cap. 16, p. 12: «Comme les Villes et autres lieux ne peuvent former d'assemblées sous prétexte de leurs affaires, sans en avoir eu le droit du Souverain, on ne peut non plus y tenir de foires et de marchés, sans en avoir eu la concession».

con el extranjero.[1] Lo interesante es que las infracciones mercantiles individuales (fraudes, monopolios y acuerdos para alterar los precios, etcétera) se definen como violaciones de «deberes» y se remiten al deber general de *fidélité*, absorbiendo así, además de las normas tradicionales del antiguo derecho romano, la ética mercantil elaborada por los moralistas en los siglos anteriores: la conversión del pecado en delito se afirma explícita y contundentemente.[2]

Se trata de un viento que sopla en toda Europa y que también afecta al pensamiento italiano. En la obra de Giovanni Vincenzo Gravina (1664-1718), los orígenes del derecho civil moderno consisten precisamente en la fusión, antaño disputada por los juristas, del antiguo derecho romano y los Diez Mandamientos, y tal fusión goza de consenso universal, en realidad parece una *conspiratio* que involucra a toda Europa: sólo en el derecho civil pueden fundirse los elementos que antes se distinguían.[3] El epicentro de esta *conspiratio* se encuentra en la nueva Prusia de las últimas décadas del siglo XVII, donde la tensión que genera la construcción de estructuras estatales es más acusada. El esfuerzo decisivo, al que contribuyó especialmente la Universidad de Halle fundada como centro intelectual de la nueva monarquía, consiste precisamente en diseñar la confluencia de los prin-

---

[1] *Ibid.*, t. II, lib. I, tit. IX, sec. III, art. 8, p. 75: «Suivant ce même ordre de besoins de la société, la profession du commerce fait un sixieme ordre des personnes qui exercent les divers commerces nécessaires dans un Etat; soit que ces commerces s'exercent seulement entre sujets d'un même Prince, et de choses qui naissent et se fabriquent dans l'étendue de sa domination; ou qu'ils se traitent avec des étrangers, pour les choses qui manquent ou n'abondent pas assez dans cette étendue». Siguen las categorías de artesanos y agricultores.

[2] *Ibid.*, t. II, lib. I, tit. XII («Du commerce»), pp. 95-99.

[3] G. V. Gravina, *Originum iuris civilis libri tres*, vol. II, Venecia, apud Franciscum Piteri, 1739, p. 587: «Hinc mirabilis illa Romanorum legum cum Mosaicis convenientia veteri iuriconsulto animadversa: hinc liberam etiam gentium in eas conspiratio, atque consensus […] hinc ius civile».

cipios universales, éticos y del derecho natural, con el nuevo derecho estatal. En primer lugar se encuentra, naturalmente, Christian Thomasius (1655-1728): se ha señalado con agudeza que al elaborar la doctrina del precio justo contradice su propia doctrina del derecho natural, porque reconoce la necesidad del poder estatal absoluto para controlar la moral de sus súbditos.[1] Sin entrar en su pensamiento protoilustrado, fundador del derecho natural alemán en la estela de Samuel Pufendorf y consecuente defensor de la separación entre los ámbitos de la ética y del derecho, desde nuestro punto de vista es más importante que contribuyera a la introducción de la ciencia económica en las universidades prusianas como filosofía práctica al servicio del Estado.[2] Esta labor allanó el camino para el desarrollo alemán de la *Nationalökonomik* como alianza entre el soberano y la ciencia,[3] y por tanto también hizo posible que, en contra del derecho natural, el concepto de falta se ampliara al de delito contra el Estado en el caso de los sujetos que no participaban en el esfuerzo productivo y la felicidad pública. También resultó innovador el

[1] K. Luig, «Der gerechte Preis in der Rechtstheorie und Rechtspraxis von Christian Thomasius (1655-1728)», en: *Diritto e potere nella storia europea. Atti in onore di B. Paradisi*, vol. II, Florencia, Olschki, 1982, pp. 775-803.

[2] G. Hartung, «Die Sorge um eine "handgreifflichere Politic". Thomasius' Interesse an der Ökonomie als Fachdisziplin an preussischen Universitäten», en: F. Vollhardt (ed.), *Christian Thomasius (1655-1728). Neue Forschungen im Kontext der Frühaufklärung*, Tubinga, Max Niemeyer, 1997, pp. 91-117.

[3] La principal referencia es, por supuesto, la *Fundamenta iuris naturæ et gentium* de 1705. En la cuarta edición (Halle-Leipzig, Christophori Salfeldii, 1718; reimp.: Aalen, Scientia, 1963), lib. I, cap. IV, nn. 79-80, p. 139: «Ergo doctoris et principis personæ non facile cadunt in unam personam. Doctoris enim character est dare consilium, principis, imperare - Ex quo etiam sequitur, quod doctor debeat esse sub imperio principis; princeps vero debet adhibere doctores sapientiæ in consilium». [Existe traducción en español: *Fundamentos de derecho natural y de gentes*, trad. S. Rus Rufino y M. A. Sánchez Manzano, Madrid, Tecnos, 1994].

pensamiento de su colega de Halle Johann Franz Buddeus, quien, al escribir sobre las relaciones entre los hombres y las leyes positivas, las definía como «hypoteticæ» en relación con los absolutos de las leyes naturales-divinas.[1] Lo que nos interesa a efectos de nuestra discusión es que para Buddeus los tres principios universales son «sermo, dominium et pretium rerum» y que esos principios se hacen exigibles y vinculantes a través de las leyes positivas: la palabra crea el derecho entre los hombres y encuentra su culminación en el compromiso jurado; la división de los dominios y de la propiedad es fundamental para el desarrollo de la civilización; de estos dos pilares se deriva el principio del precio de las cosas como fundamento de los contratos;[2] el hurto representa la violación del principio de la propiedad o del principio del precio justo en los contratos. No me parece que haya nada nuevo respecto a los anteriores tratados de derecho natural, salvo que los Diez Mandamientos y la ética no representan un principio externo, sino la aquiescencia divina con el sistema social construido por los hombres.

Lo que resulta más interesante para nuestra investigación es que, a través de la transformación de la ética en filosofía del derecho y en reflexión sobre los derechos humanos, la moral termine incorporándose a la justicia positiva, desde los grandes planteamientos hasta los intentos de fundir e in-

---

[1] J. F. Buddeus, *Institutiones theologiæ moralis*, Leipzig, apud hæredes Thomæ Fritsch, 1727 (reed. en *Gesammelte Schriften*, vol. VI, Hildesheim, Olms-Weidmann, 2007), cap. III, sec. 5, p. 520: «De officiis hominum erga alios hypoteticis»: «In officiis hominum erga alios, tria instituta universalia, ab hominibus quidam ad generis umani felicitatem et commodum introduca, sed a Deo adprobata, commemorari solent: sermo, dominium et pretium rerum. Cumque iure divino, ad officia ex hisce institutis fluentia, obligati simus, leges inde oriuntur hypotheticæ, severa quidam ex universali iuris principio fluentes, sed vim suam obligandi, positits hisce institutis, exercentes».

[2] *Ibid.*, p. 537: «Posita autem dominorum distincione, necessario quoque admittendum est rerum pretium».

corporar las ideas orgánicas en los códigos. Sin querer entrar en la gran cuestión del papel que desempeña el derecho natural en el desarrollo del pensamiento jurídico, querría señalar que mi planteamiento parte de la convicción básica de que este pensamiento da lugar a dos vías, no sólo a una. Por un lado, la fundamentación de los derechos humanos universales, que mencionamos en el capítulo anterior, y por otro la conversión de los principios jurídicos universales en el alma y la filosofía del derecho positivo estatal. Una historia meramente interna del pensamiento jurídico que no tenga en cuenta la ósmosis entre la reflexión ética y la jurídica, y la dialéctica entre los intereses de la república internacional del dinero y la afirmación de los Estados-nación, apenas consigue captar la complejidad de la realidad. Ciertamente existe una línea que llega hasta la escuela del historicismo alemán del siglo xix, que, fundiendo el redescubrimiento del derecho romano con el idealismo alemán, construirá los cimientos de la teoría del derecho como producto del *Volksgeist* y, por tanto, del Estado como única fuerza creadora del derecho: el individuo se incorpora al Estado no sólo como sujeto jurídico, sino además como agente económico.[1] Pero también existen otras líneas que, partiendo de la misma base del derecho natural y avanzando en la misma dirección de la positivización y codificación de las normas, siguen otros caminos, sin una inversión tan total del universalismo, fundiéndose con la proclamación de los derechos humanos: libertad, igualdad, fraternidad.

Nuestro viaje se detiene en este punto, pero es necesario mencionar el resultado final de este proceso: el código fran-

---

[1] A. Donati, *Giusnaturalismo e diritto europeo. Human rights e Grundrechte*, Milán, Giuffrè, 2002; una obra en la que se destaca especialmente la importancia del pandectista Georg Friedrich Puchta (1798-1846). Son interesantes las repercusiones (pp. 292 y ss.) en el código civil italiano de la época fascista: en el informe del ministro Guardasigilli de 1943 no sólo se habla «del pueblo italiano», sino «de nuestra raza».

cés de 1804. Se ha escrito mucho sobre el Código Napoleónico—que Bonaparte consideraba su verdadera gloria por
encima de las victorias bélicas—y de todo ello me llamó la
atención el artículo de Shael Herman por el título, que parece revelar una investigación sobre el hurto parecida a la mía:
«From Philosophers to Legislators, and Legislators to Gods:
The French Civil Code as Secular Scripture».[1] Herman señala, pues, que el Código Civil napoleónico es una Biblia secular. Aunque las apreciaciones sobre este proceso pueden diferir mucho en cuanto al papel que desempeñan la teología y la Iglesia (desde la resistencia en defensa del privilegio
hasta la participación en la fundamentación de los principios centrales de la propiedad privada y el contrato) la conclusión es que el Código Civil aparece como una Nueva Ley
que desciende de los cielos de la razón a través del Legislador como un nuevo Moisés. Lo que falta en este cuadro no
es sólo, como señaló Habermas, que ese arreglo condujo a la
exclusión de los pobres, de los no propietarios en esa sociedad de intercambio, provocando así la explosión de la cuestión social en los siglos siguientes. En la codificación napoleónica, siguiendo la estela de Rousseau, se propone la deifi-
cación del legislador con la inversión de la tradicional visión
jerárquica de las fuentes del derecho y la incorporación del
derecho mercantil al derecho privado estatal.[2] Tal inversión
tiene como consecuencia el traspaso de la defensa del nuevo
orden al derecho penal: el hurto, en la visión del derecho penal, pasa a convertirse en un ataque al individuo-propietario
sin mediación alguna. El nuevo código representa la culminación de la tendencia a la hegemonía de la protección de
los valores patrimoniales: la propiedad privada se transforma en «patrimonio» y representa, junto con la vida, el valor
supremo que proteger. El hurto ya no se considera simple-

[1] S. Herman, *Illinois Law Review*, 1984, n.° 3, pp. 597-620.
[2] Hilaire, *Introduction historique au droit commercial, op. cit.*, pp. 85-94.

mente como la sustracción de la propiedad privada de otro, sino como un delito de lesa majestad contra ese valor supremo, dejando de lado la complejidad de las consideraciones desarrolladas en siglos anteriores sobre las personas como tales y el principio del bien común.[1]

6. VOLUNTAD GENERAL Y ECONOMÍA PÚBLICA

En noviembre de 1755, Jean-Jacques Rousseau publicó la entrada «Économie» en la *Encyclopédie* de Diderot y D'Alembert, un texto que más tarde se convertiría en el *Discurso sobre la economía pública*, elaborado mucho antes que el más famoso *El contrato social* y casi contemporáneo al *Discurso sobre el origen y los fundamentos de la desigualdad entre los hombres*.[2] Mucho menos conocida y estudiada que otros textos de Rousseau, la entrada de la *Encyclopédie* es también,[3] en mi opinión, una pieza fundamental para entender la propuesta política del pensador francés, porque prefigura la inclusión del mercado en la voluntad general. En su discurso sobre la desigualdad denunció (de acuerdo con la idea recurrente de la teología y la defensa del derecho natural) que la propiedad privada no existía en el estado de naturaleza, sino que es el resultado de la corrupción histórica de la civilización. Pero en su entrada en la *Encyclopédie* había ido más

[1] A. M. Hespanha, *La gracia del derecho. Economía de la cultura en la Edad Moderna*, trad. A. Canellas Haurie, Madrid, Centro de Estudios Políticos y Constitucionales, 1993, pp. 269-273.

[2] J.-J. Rousseau, *Discorso sull'origine e i fondamenti dell'ineguaglianza tra gli uomini*, ed., introd. y trad. V. Gerratana, Roma, Editori Riuniti, 2006. [Existe traducción en español: *Discurso sobre el origen y los fundamentos de la desigualdad entre los hombres y otros escritos*, ed. y trad. A. Pintor Ramos, Madrid, Tecnos, 2005].

[3] *Œuvres complètes*, t. II: *Œuvres philosophiques et politiques*, París, Seuil, 1971, pp. 276-293.

allá al proponer que sea el Estado el instrumento para volver al estado de naturaleza: contra esta propuesta de hegemonía de lo político sobre lo económico arremeterá Smith en 1776 al defender el cosmopolitismo y el individuo.

Así pues, Rousseau esbozó de forma incisiva y doctrinaria una alternativa, la estatalista. Desde el comienzo de su artículo declara que no pretende ocuparse de la economía «particular» en el sentido aristotélico, sino sólo de «la economía pública a la que llamo *gobierno*, de la autoridad suprema a la que llamo *soberanía*». Entre ambas economías Rousseau parece no ver ninguna brecha. El primer principio fundamental de la economía pública es, pues, la voluntad general: ya no es necesario plantear el problema de la relación entre los intereses comunes y los de quienes ejercen el mando;[1] Rousseau sólo contempla la división entre una economía pública popular o tiránica, la primera de las cuales observa la voluntad general en todo, mientras que la segunda no: «El bien del pueblo consiste pues, como ya he dicho, en atenerse siempre a la voluntad general». Según el filósofo, aunque los gobernantes modernos creen que lo han hecho todo cuando terminan de recaudar el dinero, eso es completamente falso.

El segundo principio fundamental de la economía pública es, por tanto, que las voluntades particulares están enteramente sometidas a la voluntad general, lo cual sólo puede lograrse mediante la virtud.[2] El amor a la patria inculcado

---

[1] «En établissant la volonté générale pour premier principe de l'économie publique, et règle fondamentale du gouvernement, je n'ai pas cru nécessaire d'examiner sérieusement si les magistrats appartiennent au peuple ou le peuple aux magistrats, et si dans les affaires publiques on doit consulter le bien de l'état ou celui des chefs. Depuis long-temps cette question a été décidée d'une manière par la pratique, et d'une autre par la raison; et en général ce seroit une grande folie d'espérer que ceux qui dans le fait sont les maîtres, préféreront un autre interêt au leur: Il seroit donc à propos de diviser ancore l'économie publique en populaire et tyrannique».

[2] «Seconde regle essentielle de l'économie publique, non moins importante que la première. Voulez-vous que la volonté générale soit accomplie?

mediante la educación es el principal instrumento para hacer virtuoso al pueblo, porque la virtud consiste en conformar las voluntades particulares a la voluntad general.[1] Por tanto, para que la patria sea concebida como la madre de todos, los gobernantes deben intervenir positivamente en la vida económica para disminuir las desigualdades y proporcionar no sólo seguridad, sino también sustento. Lo cual lleva al tercer principio de la economía pública: sobre la base del derecho de propiedad—que es fundamental para el contrato social, pero debe durar sólo la vida del súbdito-ciudadano-propietario—los gobernantes deben intervenir para aumentar la riqueza, proveer la distribución de bienes y dinero en los tiempos y lugares adecuados, e intervenir con impuestos proporcionales a la renta.[2] En suma, evitar los gastos innecesarios y la conquista militar, y no defender a los ricos contra los pobres.

Antes de escribir *El contrato social*, para Rousseau, en la economía pública, el pacto social se establece entre ricos y pobres: «Resumamos en cuatro palabras el pacto social de los dos estados: "Me necesita usted, pues yo soy rico y usted, pobre; hagamos pues un acuerdo: le concederé el ho-

---

Faites que toutes le volontés particulieres s'y rapportent, et comme la vertu n'est que cette conformité de volonté particulière à la générale, pour dire le même en un mot, faites regner la vertu».

[1] «Ce n'est pas assez de dire aux citoyens, soyez bons; il faut leur apprendre à l'être; et l'exemple même, qui est à cet égard la première leçon, n'est pas le seul moyen qu'il faille employer: l'amour de la patrie est le plus efficace; car comme je l'ai déjà dit, tout homme est vertueux quand sa volonté particulière est conforme en tout à la volonté générale, et nous voulons volontiers ce que veulent les gens que nous aimons».

[2] «Ce n'est pas assez d'avoir des citoyens et de les protéger, il faut encore songer à leur subsistance; et pourvoir aux besoins publics est une suite évidente de la volonté générale, et le troisième devoir essentiel du gouvernement [...] La distribution des denrées, de l'argent et des marchandises par des justes proportions, selon les temps et les lieux, est le vrai secret des finances, et la source de leurs richesses».

nor de servirme con la condición de que usted me entregue lo poco que le queda por las molestias que me tomo en darle órdenes"».[1] Me parece oportuno ofrecer un resumen de este texto de Rousseau sin muchos comentarios (aunque sería conveniente un estudio más extenso) porque creo que, descuidado tal vez por vergüenza de la reflexión marxista en la época de las controversias ideológicas, ilustra claramente la encrucijada que la tensión entre la ética del mercado y la ética de la política introduce en la cultura europea a mediados del siglo XVIII. La fase de fibrilación entre el pecado en sentido religioso y la legislación positiva parece haber terminado. Por un lado, como se ha visto en el capítulo anterior, la ley se inscribe en el derecho natural y el mercado, y por otro lado, por una vía que con Rousseau desemboca en la revolución, queda asimilada a la religión de la patria como virtud. Dos soluciones esencialmente holísticas (la virtud del empresario y la virtud del ciudadano) que competirán por la hegemonía en los siglos siguientes rompiendo el dualismo tradicional en el que se basaba el concepto de «hurto» como transgresión de la relación entre el mercado y el bien común.

No me resulta posible examinar la evolución de las ideas sobre la relación entre el Estado y el mercado en los economistas italianos de la segunda mitad del siglo XVIII, especialmente en la zona de Lombardía. Sólo me tomaré la libertad de afirmar, aunque no pueda desarrollarlo, que la «economía pública» de Cesare Beccaria trasplanta a Italia las ideas centrales del cameralismo alemán: los proyectos de liberalización, de abolición de los obstáculos a la competencia de los privilegios y monopolios son en pos del bien público, interno a la colectividad política. El soberano es el único que

---

[1] La entrada de Rousseau concluye así: «Si dans chaque nation ceux à qui le souverain commet le gouvernement des peuples, en étoient les ennemis par état, ce ne seroit pas la peine de rechercher ce qu'ils doivent faire, pour les rendre heureux».

puede «distribuir la felicidad pública»;[1] la culpabilidad-criminalidad es todo lo que va en contra del desarrollo económico del país en su conjunto. Ciertamente, el marco en el que debe operar la nueva «economía pública» sigue siendo dualista. La república internacional del dinero se sigue viendo como un organismo extraño con el que debe lidiar el Estado burocrático reformado: si el soberano consultara con los banqueros y los comerciantes las decisiones que tomar en el ámbito monetario «sería lo mismo que si un general consultara con el enemigo el plan de operaciones que llevar a cabo». Un aspecto interesante es el hecho de que en el pensamiento de uno de los más famosos pensadores de la Ilustración italiana, Giovanni Maria Ortes (1713-1790), es precisamente la reflexión sobre la economía pública la que lleva a la superposición e identificación definitiva de la nación y la patria con el Estado y el gobierno.[2]

7. EL «ESTADO COMERCIAL CERRADO»

En los primeros años del siglo xix, con la aventura napoleónica, el aumento astronómico de los gastos militares de todos los Estados y la extensión directa de la guerra al mundo económico con el bloqueo continental, se produce una ace-

---

[1] C. Beccaria, *Elementi di economia pubblica*, Milán, 1852, cap. iv, par. 22, p. 226. [Existe traducción en español: *Principios de economía pública y otros ensayos*, trad. A. Supelano, Bogotá, Universidad Externado de Colombia, 2003].

[2] Giovanni Maria Ortes, *Della economia nazionale*, ed. O. Nuccio, Milán, Marzorati, 1970, cap. i, p. 56: «Cuando hablo de las naciones, las considero como si su división dependiera de la de los gobiernos, y considero a cada Estado particular como una nación, cuya economía examino siempre sobre el fundamento principal antes mencionado: que la dependencia de sí mismo y la independencia de los demás para proveerse y asegurar su subsistencia es la característica más significativa que distingue a una nación y la separa de las demás».

leración de todos los fenómenos que conforman el contexto de actuación en el mercado, y también la reflexión da un salto adelante tras la absorción en todas las culturas—incluso en las que más habían combatido a Francia y su revolución—del ideal francés de nación y su identificación con el Estado. Ya no puede establecerse distinción entre el mercado y la política.

Aunque no me resulta posible detenerme en este complejo escenario, tampoco puedo dejarlo al margen al tratar de entender las motivaciones de la actividad económica. En cuanto a los problemas más generales del Estado y la justicia, el análisis se bifurcó entre Kant y Hegel: el primero defendía la autonomía de una ética universal y el segundo representó la conclusión monista, con la construcción del Estado ético. Desde la particular perspectiva con la que trato de observar la transición entre la economía, la ética y el derecho, puede decirse que, mientras que Smith representó el llamamiento definitivo a un mercado universal autorregulado en un contexto ético, el pensamiento de Fichte representa, en mi opinión, el esfuerzo más orgánico por asimilar la vida económica dentro del Estado, la economía dentro de la política.

Creo que el título de la obra que Johann Gottlieb Fichte publicó en 1800, *El Estado comercial cerrado*,[1] atestigua el fin y el comienzo de una época. Los historiadores de las ideas no han prestado demasiada atención a esta obra, sino que prefieren ocuparse de grandes temas generales, como la relación entre la ética y el derecho;[2] y la atención de los historiadores

---

[1] J. G. Fichte, *Der geschlossene Handelstaat. Ein philosophischer Entwurf als Anhang zur Rechtslehre und Probe einer künftig zu liefern Politik*, Tubinga, J. G. Cotta'sche Buchhandlung, 1800. [Existe traducción en español: *El estado comercial cerrado*, trad. J. Franco Barrio, Madrid, Tecnos, 1991]. Mis citas están tomadas del texto de la colección *Ausgewählte politische Schriften*, que incluye interesantes textos explicativos de Z. Batscha y R. Saage, Stuttgart, Suhrkamp, 1977, pp. 59-168.
[2] C. De Pascale, *Etica e diritto. La filosofia pratica di Fichte e le sue as-*

del pensamiento económico se ha centrado más en las obras clásicas de otros autores de la misma época, más orientadas a explorar la existencia de las leyes «naturales» que rigen la vida y el desarrollo económicos; pero al querer acercarse al tema de las reglas de la acción económica, pocas obras resultan tan orgánicas y significativas como la de Fichte, precisamente por su «ingenuidad» filosófica.

De hecho, según el filósofo alemán, el único operador real del mercado es el Estado. Una vez hubo, en la Europa cristiana del Antiguo Régimen, un mercado libre, pero al fracasar la unidad cristiana de Europa, los Estados nacionales crecieron y se establecieron fronteras, de modo que desapareció el antiguo sistema de libre comercio como esfera autónoma (lo que he llamado «la república internacional del dinero»).[1] El comercio internacional es evidentemente útil porque los países no son capaces de producir todos los bienes que necesitan, pero son los Estados los que lo controlan y deciden la circulación del dinero a través de la balanza comercial y el sistema de impuestos internos. La economía y el comercio no pueden dejar de coincidir con el Estado-nación, con sus instituciones, sus costumbres, su *Polizei*.[2] Incluso en sus obras

---

cendenze kantiane, Bolonia, Il Mulino, 1995 (con una amplia bibliografía de la literatura anterior).

[1] Fichte, *Der geschlossene Handelstaat*, *op. cit.*, pp. 116-117: «Während jener Einheit des christlichen Europa hat unterm sich auch das Handelssystem gebildet, das wenigstens nach seinen Grundzügen bis auf die gegenwärtige Zeit fordauert [...] Der Handel war in diesem Zustande durchaus frei, ohne Berechnung, sowie ohne Beschränkung [...] War das christliche Europa ein Ganzes, so musste der Handel der Europäer untereinander frei sein [...] Ist es im Gegenteil in mehrere, unter verschiedenen Regierungen stehende Staatsganze getrennt, so muss ebenso in mehrere durchaus geschlossene Handelstaaten getrennt warden».

[2] *Ibid.*, p. 164: «Es ist klar, dass unter einer so geschlossenen Nation, deren Mitglieder nur untereinander selbst, und äusserst wenig mit Fremden leben, die ihre besondere Lebensart, Einrichtungen und Sitten durch jene Massregeln erhält, die ihr Vaterland und alles Vaterländische mit An-

posteriores y más famosas, como la *Doctrina de la ciencia*, Fichte radicalizó esta tesis: consideraba a los comerciantes como funcionarios del Estado y atribuía a éste no sólo la tarea de defender la economía nacional por medio de las aduanas, sino también el poder de fijar el precio de las mercancías, lo cual suponía la anulación de la autonomía del mercado.[1]

No se trata, por tanto, de una teoría mercantilista del Antiguo Régimen, aunque herede muchas de sus restricciones e incluso planteamientos precapitalistas, sino de la propuesta de un Estado «total». Tal vez el término no suene bien en una historiografía acostumbrada a la simplista contraposición entre Estados democráticos y totalitarios, pero en la historiografía alemana se utiliza tradicionalmente:[2] en realidad el Estado total puede abarcar la democracia y el mercado, la guerra y el bienestar. Ciertamente, el modelo de Estado-nación cerrado de Fichte no llegó a imponerse, pero puede decirse que proyectó su alargada sombra sobre la historia de Alemania y de toda Europa en los dos siglos siguientes. En la *Nationalökonomie* no sólo desaparecieron los cuerpos sociales intermedios, sino también el *oikos*, la antigua ética basada en la autonomía de la economía que había caracterizado las épocas anteriores como elemento constitucional.[3]

Se ha escrito que la ideología alemana, desarrollada especialmente entre 1770-1830 sobre las cenizas de Goethe y Kant, traspasa las fronteras de Alemania y se convierte en una

---

hänglichkeit liebt, sehr balde ein hoher Grad der Nationalehre, und ein scharf bestimmter Nationalcharakter entstehen werde. Sie wird eine andere, durchaus neue Nation. Jene Einführung des Landesgeldes ist ihre wahre Schöpfung».

[1] De Pascale, *La filosofia pratica di Fichte*, op. cit., p. 323.

[2] V. W. Reinhard, *Geschichte des modernen Staates*, Múnich, C. H. Beck, 2007, cap. 11/4 («Vom Machtstaat zum Totalen Staat»).

[3] O. Brunner, *Neue Wege der Verfassungs- und Sozialgeschichte*, Gotinga, Vandenhoeck & Ruprecht, 1980, cap. 6, pp. 103-127. [Existe traducción en español: *Nuevos caminos de la historia social y constitucional*, trad. A. F. de Rodríguez, Buenos Aires, Alfa, 1976].

enfermedad del mundo moderno al repudiar no sólo el pasado de la Ilustración, sino también el individualismo, que había sido la base de la Modernidad.[1] Ciertamente, no estoy en condiciones de entrar en estos inmensos problemas ni de adherirme a la idea de una continuidad entre la ideología alemana y las degeneraciones del nacionalsocialismo, pero sí quiero subrayar que, en el retorno a una concepción absoluta del mundo, la propuesta del «Estado cerrado» desempeñó el papel de una patología en todo el mundo occidental.

[1] L. Dumont, *Homo æqualis*, vol. II: *L'idéologie allemande. France-Allemagne et retour*, París, Gallimard, 1991. Véase también F. Stern, *The Politics of Cultural Despair. A Study in the Rise of Germanic Ideology*, Nueva York, Doubleday & Company, 1965.

II

REFLEXIONES ACTUALES

I. UN RESUMEN DEL CAMINO RECORRIDO

Retirado el andamiaje de la obra histórica para poner en claro—a pesar de todas las lagunas y contradicciones—lo que ha surgido en esta investigación, me gustaría plantear las tesis resultantes del modo más sencillo posible, no tanto a modo de conclusiones, sino más bien para cuestionarlas.

El proceso de separación entre el poder religioso y el político que caracterizó la civilización europea tras el fin del primer milenio y le dio su carácter revolucionario, permitió también la aparición de un poder económico distinto del político en la medida en que estaba vinculado a un capital móvil que no coincidía con el dominio o control de la tierra, los asentamientos, los campos cultivados, las montañas ni los ríos. La formación de un poder económico distinto del poder político, del dominio, fue un punto de partida esencial para la fundación del sistema democrático y liberal: el capital desvinculado de la tierra fue lo que permitió no sólo el nacimiento de la civilización industrial, sino también el nacimiento de nuestras libertades y derechos constitucionales.

En ese proceso, el hurto adquirió protagonismo, porque se pasó de la concepción todavía aristotélica o veterotestamentaria, según la cual consistía en la apropiación injusta de la propiedad ajena, a una concepción en la que se definía como violación de un contrato, de un pacto entre hombres establecido en situación de igualdad, en la determinación del valor de las mercancías a través del mercado como *forum*: el hurto adquirió así un nuevo valor, el de la violación de las reglas del mercado como sujeto colectivo.

La coexistencia entre el poder político y el poder económico tiene en la sociedad contractual su línea de encuentro y confrontación ya no en la antigua ordenación de la justicia retributiva (en sentido vertical, de arriba abajo y viceversa) y la justicia conmutativa (entre los miembros de la sociedad en sentido igualitario): lo central pasa a ser el problema del «bien común», la dialéctica entre el interés de los individuos y el bien de la comunidad, la política. El hurto se convierte así, entre la Edad Media y la Edad Moderna, no sólo en la apropiación de bienes ajenos o la violación de un contrato, sino también en un atentado contra el bien común representado por la *respublica*. En la historia de Occidente, el juicio sobre el hurto como acto moral y jurídicamente ilegítimo, se produce, pues, no tanto en un plano único de evaluación, sino en la interacción entre las diferentes fuerzas en juego: las Iglesias como guardianas de los preceptos divino-naturales, la república internacional del dinero y los nuevos Estados.

Surgen pues diversas respuestas:

a) La pretensión de mantener la jurisdicción sobre el hurto como pecado, distinta de la justicia del Estado moderno.

b) La tendencia a construir una nueva ética basada en la dialéctica entre las fuerzas en juego ampliando el concepto de «autorregulación» del mercado como sujeto autónomo en diálogo con el mundo político.

c) La identificación completa del mercado con el Estado y, por lo tanto, el sometimiento a la jurisdicción estatal no sólo de las formas clásicas de hurto, sino también de las reglas del mercado y su transgresión.

El lector habrá visto en la conclusión de los capítulos anteriores los entrecruzamientos de esas respuestas, por un lado en la construcción de los nuevos derechos humanos (la protección del individuo y la cuestión de la felicidad) y en la proclamación del derecho a la propiedad como principio unificador fundamental de estos derechos; y, por otro, en la concesión al nuevo Estado-nación del poder supremo sobre

el mercado. El último Weber afirmaba que el capitalismo
había podido desarrollarse en Occidente gracias al conflicto
competitivo de los Estados modernos, que tuvieron que recurrir al capital internacional para su política de poder: «Es,
pues, el Estado-nación cerrado el que procura al capitalismo las posibilidades de subsistencia; mientras no ceda su
puesto al imperio mundial, podrá perdurar el capitalismo».[1]
Éste es precisamente el punto al que se llega un siglo más tarde: el mercado occidental consigue desarrollarse porque la
competitividad entre los Estados y la «república internacional del dinero» mantienen abiertas dos opciones durante el
tiempo suficiente, evitando decantarse por una completa autonomía de lo económico, pero también por el «Estado cerrado» previsto por Fichte.

Ciertamente, en los siglos de la Edad Moderna no falta-
ron intentos de reconstruir el monopolio del poder antes de
la aparición del mercado occidental: los Estados teocráti-
cos de la época confesional, el Estado empresarial del siglo
XVIII, el Estado-nación imperial del siglo XIX y, por último,
las religiones secularizadas y político-imperiales del comunismo, el fascismo y el nazismo. Pero en general, puede decirse que el mercado occidental—o si queremos utilizar una
expresión un tanto anticuada, el capitalismo—se ha caracterizado desde su origen por la coexistencia y la tensión entre
distintos órdenes de normas, entre la norma moral y la norma
positiva, entre la norma interior y la norma política. Desde el
punto de vista de la política puede decirse que el desarrollo
secular de las estructuras constitucionales y el reconocimiento de los derechos humanos en Occidente resulta absolutamente incomprensible si no se tiene en cuenta el desarrollo

---

[1] M. Weber, *Storia economica. Linee di una storia economica dell'economia e della società*, trad. S. Barbera, Roma, Donzelli, 1993, p. 236. [*Historia económica general*, trad. M. Sánchez Sarto, México D. F., FCE, 2012,
edición digital].

del mercado, desde los debates medievales sobre el *bonum commune* hasta las reflexiones del siglo XVII sobre el derecho natural y las proclamaciones del siglo XVIII acerca de la libertad, las virtudes y el derecho a la felicidad.[1]

Mi investigación no pretendía establecer la «genealogía teológica de la economía moderna», en paralelo a la teología política de Carl Schmitt y otros tantos estudiosos—una perspectiva muy interesante para liberarse de viejos esquemas—,[2] ni definir patrones de comportamiento de la acción económica en la sociedad contemporánea.[3] Mi único propósito ha sido reunir factores históricos que con demasiada frecuencia se consideran por separado. El problema es ver cómo el principio de equidad (o *fairness*, como decimos hoy) se concretó en la Edad Moderna con prácticas de reequilibrio y redistribución no sólo en una neutra relación de intercambio, sino en la tensión constante entre el mercado y el bien común representado por la ética y la política.[4]

La definición que dieron del mercado los economistas neoclásicos, a la Milton Friedman, como entidad autónoma representa una realidad que nunca ha existido y es un mero producto de la imaginación o una herramienta ideológica que se hace eco de las antiguas tesis italianas sobre la oposi-

[1] En este sentido, las intervenciones más innovadoras me parecen los ensayos contenidos en los cuatro volúmenes de la colección *Gemeinwohl und Gemeinsinn*, Berlín, Akademie, 2001-2002, editados por H. Münkler, H. Bluhm y otros (resultado de un grupo de trabajo creado en la Berlin-Brandenburgische Akademie der Wissenschaften).

[2] G. Agamben, «Dalla teologia politica alla teologia economica», entrevista editada por G. Sacco, *Rivista della scuola superiore dell'economia e delle finanze*, I, n.° 4, 2004, pp. 10-17.

[3] H. Joas, *Die Kreativität des Handelns*, Fráncfort del Meno, Suhrkamp, 1992, en particular las páginas 56-69. [Existe traducción en español: *La creatividad de la acción*, trad. I. Sánchez de la Yncera, Madrid, CIS, 2013].

[4] G. Levi, «"Æquitas" vs. "equidade". Reciprocità ed equità fra età moderna ed età contemporanea», *Rivista di storia economica*, 19, n.° 2, n. s., 2003, pp. 195-204.

ción entre una economía natural y ahistórica, caracterizada por leyes eternas, y una economía artificial-histórica regulada por el Estado.[1] Por otra parte, muchos teóricos políticos también tienden a concebir el vínculo entre el mercado y el Estado como una relación rígida esquematizada en la oposición entre dos realidades ajenas, entre un mercado entendido como «mecanismo impersonal» y la planificación colectivista.[2] Muchos teóricos de la economía tienden a ver la realidad desde una perspectiva a corto plazo, que nunca va más allá del siglo XX, condenando con razón el estatalismo, el Estado empresarial o planificador, y afirmando que el Estado debe limitarse a dar «reglas» al mercado, como si pudieran existir reglas neutrales. Pero desde un perspectiva más amplia como la de nuestra historia occidental, no implica ser estatalista decir que la *respublica* debe establecer los objetivos (en pos del bien común) con los que el mercado debe medirse en su autonomía: dos poderes ni unidos ni separados, sino en constante tensión entre sí. A mi juicio, la miopía no sólo impide comprender los fenómenos económicos, sino también los mecanismos más profundos del poder: la historia, por el contrario, demuestra que existe una dialéctica continua entre el poder político y el poder económico, y que en Occidente esa relación nunca ha existido como «alteridad» ni se ha traducido en separación sin grandes tragedias. No es posible reducir la relación entre el poder político y el poder económico, entre el Estado y el mercado, a la antítesis entre el liberalismo y el intervencionismo como parecen concebir muchos economistas que ignoran la historia o que utilizan ese esquema para la propaganda política.

---

[1] C. Bresciani Turroni, *Liberalismo e politica economica*, Bolonia, Il Mulino, 2007 (colección de escritos de 1941-1942 y 1945).

[2] Por ejemplo, G. Sartori, *Elementi di teoria politica*, Bolonia, Il Mulino, 1995, pp. 153-176. [Existe traducción en español: *Elementos de teoría política*, trad. M. L. Morán Calvo-Sotelo, Madrid, Alianza, 2005].

La relación es mucho más compleja y para entenderla hay que remontarse muchos siglos atrás. El dualismo, como no coincidencia entre el poder político y el poder económico, y como coexistencia y competencia de normas éticas y normas de derecho positivo dentro del mercado, se ha mantenido hasta ahora, al menos en parte, incluso dentro de la sociedad secularizada, y ha permitido el desarrollo de nuestras libertades y del Estado del bienestar: sólo las religiones políticas que restablecen el antiguo monismo han producido las aberraciones del último siglo.

2. REFLEXIONES GENERALES SOBRE LOS SIGLOS XIX Y XX

Mi camino se detiene a principios del siglo XIX: se pierde entre las brumas y explosiones del período revolucionario-napoleónico porque, como historiador de la Edad Moderna, ahí terminan mis escasos conocimientos. Pese a ello, tengo la firme convicción de que, en relación con mi tema de estudio, en esos años ya se han puesto los cimientos de la sociedad de los dos siglos posteriores y sólo ahora, en nuestra época, empiezan a resquebrajarse con la crisis de las Iglesias y del Estado moderno.

No cabe duda de que en los dos últimos siglos el mercado ha experimentado un desarrollo explosivo, debido en buena medida al gran desarrollo científico y tecnológico alcanzado con la revolución de la producción, los transportes y las comunicaciones, todo lo cual ha llevado al dominio occidental del mundo entero y a la transformación material del planeta. Paradójicamente, sin embargo, puede decirse que se ha mantenido un firme binomio: el largo y complejo período histórico que he investigado (la Baja Edad Media y la primera Modernidad) terminó con la promulgación a principios del siglo XIX del Código Napoleónico, cuando la relación entre la identidad civil y la económica se definió dentro del Estado-nación en términos globales, con la fusión de la ley y la moral en el derecho positivo.

En los dos últimos siglos hemos vivido en una sociedad que negaba los conflictos de identidad relegándolos, bien como desviaciones ajenas o bien como situación «excepcional» en la guerra, que enfrenta a las únicas realidades identitarias existentes: los Estados-nación. Hemos vivido un gran florecimiento del liberalismo en el comercio internacional, pero también un desarrollo, inédito en los siglos anteriores, de las políticas proteccionistas: dos caminos que se sucedieron, chocaron y se superpusieron alternativamente a lo largo del siglo XIX. Mientras la expansión imperialista permitió a las naciones europeas crear grandes redes protegidas en constante expansión y ampliar el mercado, todo fue bien y la práctica liberal se impuso, hasta que terminó estallando la Primera Guerra Mundial. Es decir, en la historia de la relación entre la república internacional del dinero y el nuevo Estado-nación que madura con la revolución francesa, se abre un abismo explosivo que lleva a la estrecha conexión entre el Estado de derecho y el Estado burgués como participación de las capas sociales hasta entonces excluidas en los «beneficios» de la política,[1] pero también a un aumento de la centralidad del Estado en el sistema económico global.

Ciertamente, la lucha entre los dos polos adquirió aspectos destructivos. El Estado tendió a adquirir progresivamente dimensiones imperiales: la conquista de todo el planeta que quedaba sin colonizar fue el desarrollo más importante de la segunda mitad del siglo XIX, con la ayuda de los nue-

---

[1] M. E. Kamp, *Die Theorie der Epochen der öffentlichen Wirtschaft bei Lorenz von Stein*, Bonn, Ludwig Röhrscheid, 1950; P. Schiera, *Il laboratorio borghese. Scienza e politica nella Germania dell'Ottocento*, Bolonia, Il Mulino, 1987; P. Schiera y F. Tenbruck (ed.), *Gustav Schmoller e il suo tempo: la nascita delle scienze sociali in Germania e in Italia*, Bolonia-Berlín, Il Mulino-Duncker & Humblot, 1989.

vos Estados-nación que en la época aparecieron en la escena internacional, como Alemania e Italia. La historia del colonialismo es, en efecto, propia del mundo occidental y, por lo tanto, indudablemente eurocéntrica, pero debe verse también desde la perspectiva de la división entre una república del dinero que sucumbe y la afirmación de la estatalidad imperial. En ese sentido, Lenin y la revolución rusa representan históricamente la derrota definitiva de la internacional del dinero: ciertamente, no asistimos a una victoria del internacionalismo proletario sobre el internacionalismo capitalista, sino a la asimilación del primero dentro de un estatalismo que encontrará su forma definitiva con Stalin. Las líneas de fractura parecen bastante diferentes a la simplista lucha de clases y la revolución proletaria.

Coincidiendo con la revolución rusa, la Primera Guerra Mundial representa el otro aspecto de la gran crisis: se llama «guerra civil europea», pero en realidad es el fin de la ilusión de poder mantener el equilibrio entre los Estados y la república internacional del dinero. La Gran Guerra representa la conclusión lógica de la evolución del Estado comercial cerrado al imperialismo, y estalla cuando Occidente, entendido como Europa y Estados Unidos, domina ya más del noventa por ciento de la masa terrestre. Se ha dicho que el gran perdedor del siglo XIX fue el universalismo ilustrado, pero también puede decirse que lo fue cualquier planteamiento universalista residual, incluido el Magisterio de la Iglesia católica, que revela toda su impotencia en la conocida condena de la guerra de Benedicto XV: un intento extremo de defender una visión supranacional que, sin embargo, tiene que ajustarse a la nacionalización de las Iglesias y los episcopados que bendicen a los ejércitos en la batalla.[1]

Entre finales del siglo XIX y las primeras décadas del si-

---

[1] D. Menozzi, *Chiesa, pace e guerra nel Novecento. Verso una delegittimazione religiosa dei conflitti,* Bolonia, Il Mulino, 2008, pp. 15-46.

glo XX, la primera globalización del mundo llegó realmente a su fin con el reparto del globo entre las nuevas y viejas potencias occidentales. Lo cierto es que al mismo tiempo, con la crisis del patrón oro y la Primera Guerra Mundial, la libertad de comercio y la propia república internacional del dinero llegaron a su fin: el mercado como fuerza superestatal que se había desarrollado en los siglos anteriores. Estas grandes panorámicas son de interés para nuestro debate sobre el hurto en la medida en que, como ha señalado agudamente Reinhart Koselleck, llegamos entonces (con luchas de pueblos mucho más sangrientas que las antiguas guerras por intereses religiosos o dinásticos) a la transición definitiva del «cuius regio eius religio» ['a tal rey, tal religión'] de Westfalia al nuevo «cuius regio eius oeconomica» ['a tal rey, tal economía'] que se ha mantenido hasta nuestros días.[1]

Obviamente no es mi intención examinar las inflexiones de esas contradicciones en el período de entreguerras, a partir de la crisis del universalismo católico (con la política de concordato del papado con respecto a Italia y Alemania), ni tampoco detenerme en las primeras tentativas de crear un nuevo universalismo, con la fundación de la Sociedad de Naciones y los demás organismos financieros internacionales. Los Acuerdos de Bretton Woods en 1944 y la creación del Fondo Monetario Internacional nacieron en la tormenta de la Segunda Guerra Mundial y mantuvieron su función durante décadas a lo largo de la Guerra Fría en un mundo dividido en dos superpotencias: su recreación cotidiana en nuestros días exige una recomposición del sistema de poder mundial si no se considera como una expresión puramente retórica. Menciono estos escasos indicios tan sólo para apoyar la afirmación de que con la Primera Guerra Mundial se

---

[1] K. Hildebrand, «Globalisierung 1900. Alte Staatenwelt und neue Weltpolitik an der Wende vom 19. zum 20. Jahrhundert», en: *Jahrbuch des Historischen Kollegs 2006*, Múnich, Oldenbourg, 2007, pp. 3-31.

cerró definitivamente una historia mucho más larga de lo que se cree, no sólo en el plano político, sino también en el cultural y antropológico. La «ideología de 1914», la cultura de la guerra como tribunal de la historia, no es un hecho temporal, sino el crisol ardiente en el que los principios seculares de la *Nationalökonomie* y el Estado hegeliano se funden en una mezcla explosiva.[1] Se abrió el camino al totalitarismo, al comunismo de Estado y al nazismo como una nueva unificación del poder, sagrado, político-territorial y económico. Quienes entonces proclamaron el ocaso de Occidente tenían razón, aunque en la historia los amaneceres y los atardeceres sean siempre distintos de lo que los intelectuales se imaginan.

En el plano teórico, las grandes reflexiones filosóficas del siglo XIX sobre la relación entre el internacionalismo del capital y el proletariado, por un lado, y el desarrollo del nacionalismo, por otro, pueden considerarse ideologías que tratan de proporcionar las bases intelectuales para construir una nueva articulación del poder económico y el político tras la secularización y la crisis revolucionaria. Quizá podría hablarse de una vía que intenta retomar los grandes temas del universalismo en diferentes direcciones, desde el liberalismo de los clásicos como Stuart Mill (que no en vano es quien dirige la última y fallida campaña en 1858 contra la estatalidad definitiva de la Compañía de las Indias Orientales) hasta el *Manifiesto comunista* y las diversas «internacionales», y otra vía que se desarrolla en sentido contrario propugnando la nueva alianza de la clase y la cultura burguesas con el mito del poder estatal. En este contexto debo insistir en la necesidad de una relectura, tras el fin del marxismo, de la obra del joven Marx, y en particular de los escritos de 1842 en el *Rhei-*

---

[1] Véase la introducción de C. Tommasi a J. Plenge, *1789 y 1914. Gli anni simbolici nella storia dello spirito politico*, trad. C. Tommasi, Bolonia, Il Mulino, 2008.

nische Zeitung y la reseña de 1843 titulada «Sobre la cuestión judía» donde polemizaba con dos obras de Bruno Bauer:[1] la emancipación de los judíos no era para Marx una afirmación de los derechos de libertad dentro del Estado, sino un conflicto entre la república internacional del dinero («nacionalidad quimérica», pero extremadamente concreta como capitalismo o monoteísmo del dinero, que se solapa en gran medida con la nacionalidad judía) y la nueva iglesia estatal que incorpora en su seno la religión cristiana secularizada. Marx apreciaba al papado como defensor de un universalismo cristiano, aunque lo consideraba caduco: sólo un nuevo universalismo basado en la clase obrera podía impedir el avance del poder estatal, y ese nuevo universalismo intentaba construir una ética inmanente que pudiera sustituir a la vieja ética del mercado incapaz de contrarrestar el nuevo monopolio del poder encarnado en el Estado.[2]

Por ello, creo que una grieta especialmente significativa para descubrir la profundidad de un discurso destinado a quedarse en la superficie es la que abre el problema del an-

---

[1] En L. Parinetto y L. Sichirollo (ed.), *Marx e Shylock. Kant, Hegel, Marx e il mondo ebraico*, Milán, Unicopli, 1982, p. 129: en el Estado «el hombre, miembro imaginario de la cacareada soberanía, es despojado de su vida individual efectiva y rellenado de una universalidad inefectiva».

[2] *Cf.* la polémica del propio Marx con Proudhon visto como un seguidor, superviviente en el tiempo, de Adam Smith y de la vieja ética contractual (*cf.* W. O. Reichert, «Natural Right in the Political Philosophy of Pierre-Joseph Proudhon», *The Journal of Libertarian Studies*, IV, n.º 1, 1980, pp. 77-91). En realidad, tanto el primer Proudhon, que considera la propiedad una forma de hurto, como el segundo, que ve la propiedad como baluarte de la defensa del individuo contra la invasión del Estado, parecen reflejar una concepción arcaico-anárquica en la que la clase terrateniente se opone tanto a las innovaciones del universalismo smithiano o marxista como al estatalismo: «El derecho absoluto del Estado está en conflicto con el derecho absoluto del propietario» (P.-J. Proudhon, *Teoria della proprietà*, trad. Nico Berti, Roma, Seam, 1998, p. 82. [Existe traducción en español: *Teoría de la propiedad*, Madrid, La Malatesta, 2018]).

tisemitismo: en este sentido, el caso Dreyfus y la explosión antijudía en Francia y Alemania en las últimas décadas del siglo XIX es un fenómeno especialmente significativo. En los últimos tiempos se ha discutido mucho sobre el origen del moderno antisemitismo y su continuidad o discontinuidad con el antisemitismo de las Iglesias cristianas en siglos anteriores. Que esto se haya aprovechado como raíz histórica o que las Iglesias no hayan reaccionado con la determinación que requería la tragedia no implica una continuidad, pero lo que se vislumbra en las profundidades abisales de la Shoah es que, en realidad, el pueblo judío de la diáspora podía sobrevivir en Occidente mientras siguiera existiendo un atisbo de multipartidismo entre el Estado, el mercado y las iglesias; podían ser excluidos de ciertas funciones, de la plena ciudadanía, segregados en guetos, pero mantener su propia identidad colectiva local e internacional. No obstante, a partir de mediados del siglo XIX, en el «Estado de mercado cerrado», empiezan a desaparecer todos los espacios, todos los intersticios, y la única posibilidad que se contempla es la asimilación. La república internacional del dinero comienza a vivirse en la conciencia de la nación, en la alta cultura y en la opinión pública como una plutarquía: se ve a los judíos cada vez más como partidarios de las ideas capitalistas y revolucionarias internacionalistas, y por tanto, en cualquier caso, como los enemigos fundamentales de la solución estatal imperialista que implica una identidad única de formas de convivencia.[1]

Para comprender la tragedia central del último siglo, excluyendo las interpretaciones simplistas de la perversión demoníaca de los dirigentes y el brutal consentimiento de las masas, creo que no podemos ignorar la consideración de la crisis de la república internacional del dinero. En este sen-

---

[1] *Cf.* M. Ferrari Zumbini, *Le radici del male. L'antisemitismo in Germania da Bismarck a Hitler*, Bolonia, Il Mulino, 2001.

tido, me parece interesante recordar el diagnóstico de Émile Durkheim a principios de siglo:[1] más allá de las creencias y culturas específicas, descubrió y definió la correlación entre el suicidio y la crisis de pertenencia, entre la voluntad de supervivencia y la cohesión de los grupos minoritarios (ya fuesen religiosos o culturales); cuanto más definido y cohesionado está el grupo, más fuerte es la identidad colectiva (incluso bajo la presión de acontecimientos extraordinarios como catástrofes y guerras) y más positiva es la visión de la vida del individuo; el progreso de la ciencia y el proceso general de la Modernidad han socavado la cohesión propia de las sociedades antiguas. Es interesante observar que en el análisis de Durkheim el judío parecía tener una ventaja en este proceso, ya que combinaba la disciplina, característica de los antiguos grupos pequeños, con los beneficios de una sólida cultura, privilegio de las modernas sociedades grandes, y poseía la inteligencia de los modernos sin compartir su desesperanza.[2]

Todos sabemos cómo le fue al pueblo judío unas décadas más tarde. Las tragedias del siglo pasado han demostrado el fracaso de las predicciones de Durkheim: el alma colectiva no se buscó en la recuperación de una sociedad corporativizada, sino en el totalitarismo, las guerras y los exterminios; esta observación no puede ignorarse al valorar el holocausto como respuesta de los regímenes totalitarios ante el peligro de la resistencia a la homologación identitaria exigida por el Estado-nación. El empeño fascista y nazi consistió en resolver la crisis estableciendo un nuevo monismo en el que todo

---

[1] *Cf.* P. Prodi, «Evoluzione e metamorfosi delle identità collettive tra medioevo ed età moderna», en: P. Prodi y W. Reinhard (ed.), *Identità collettive tra Medioevo ed età moderna*, Bolonia, CLUEB, 2002, pp. 9-27.

[2] É. Durkheim, *Il suicidio. L'educazione morale*, trad. M.-J. Cambieri Tosi, Turín, UTET, 1969, p. 211. [Existe traducción en español: *El suicidio*, trad. Lorenzo Díaz, Madrid, Akal, 1989].

fuese absorbido por el Estado: el poder religioso, el poder político y el poder económico.

Hasta en las democracias occidentales de la primera mitad del siglo XX se afirmó el capitalismo como máquina militar-industrial, un capitalismo militarizado, como se ha escrito, no restringido al ámbito sectorial de la producción de armas, sino extendido a todo el sistema económico.[1] Aún así, nunca se llega a identificar completamente con una economía estatal burocrática, lo que permite no sólo la supervivencia de la dialéctica constitucional interna entre el poder económico y el poder político—el alma de la libertad occidental—, sino también la supervivencia de la competencia entre los mercados internos y supraestatales. En Estados Unidos, la democracia política se combina con el mercado, con la democracia de los consumidores, e inventa, con la legislación antimonopolio y luego con el *New Deal* el último gran pacto entre la república internacional del dinero y un Estado moderno aún «abierto». Los Estados totalitarios son derrotados no tanto por los aliados democráticos como por el mercado, la cultura y la historia de un pluralismo de poder que fue el alma de Occidente. Hasta la propia definición de «plutocracia» en el corazón de la propaganda comunista, fascista y nazi constituye una prueba de la guerra ideológica subyacente a la guerra caliente: es una caricatura ideológica de esa «república internacional del dinero» de la que nos hemos ocupado.

Lo que es posible añadir acerca de nuestra situación actual es que el suicidio ya no se observa como un fenómeno individual, como un porcentaje marginal de individuos que han perdido la relación entre la identidad-del-yo y la identi-

---

[1] R. Sennett, *La cultura del nuovo capitalismo*, trad. C. Sandrelli, Bolonia, Il Mulino, 2006, pp. 133-134. [Existe traducción en español: *La cultura del nuevo capitalismo*, trad. M. A. Galmarini Rodríguez, Barcelona, Anagrama, 2006].

dad-del-nosotros dentro de sociedades bien definidas, sino que se manifiesta en la disminución de la voluntad de supervivencia de grupos humanos enteros. Las reflexiones de Durkheim partieron de la constatación de que los suicidios se habían quintuplicado en toda Europa en la segunda mitad del siglo xix, al resquebrajarse las antiguas identidades colectivas, convirtiéndose en una verdadera patología social. Proponía reconstituir, buscando en la época preestatal los gérmenes de una nueva vida, grupos de pertenencia basados en la división del trabajo en una sociedad corporativa, anterior y exterior al Estado: la única manera de remediar el mal era devolver a los grupos sociales la consistencia suficiente para que contuvieran al individuo con más fuerza de modo que éste pudiera ocuparse de los demás, ya que debía sentirse más solidario con el ser colectivo que le había precedido en el tiempo, que le sobreviviría y que le superaba por todos lados.[1] Hoy, en la era de la globalización, los individuos nos encontramos aún más desnudos ante este problema.

3. LA CRISIS DE LA POLÍTICA

Así pues, la lectura histórica que los economistas parecen haber empezado a hacer sobre las relaciones de Occidente con los países emergentes resulta especialmente interesante: la visión innovadora, que ha surgido recientemente, de un Occidente que alcanza sus niveles de civilización sobre la base de un estricto proteccionismo y que ahora pretende repeler a los rezagados que intentan un ascenso similar a la prosperidad es interesante y persuasiva en lo esencial.[2] En algunos

[1] *Ibid.*, p. 441.
[2] Ha-Joon Chang, *Kicking Away the Ladder. Development Strategy in Historical Perspective*, Londres, Anthem Press, 2002. [Existe traducción

aspectos, la rivalidad entre los países más avanzados y los menos desarrollados que había caracterizado internamente a Europa en la primera mitad del siglo XIX y que justificó el desarrollo de barreras aduaneras de defensa parece repetirse a nivel planetario.[1] Creo que es absolutamente necesario cuestionar muchos de los patrones históricos que se han mantenido como dogmas intocables hasta hoy: no es cierto que el éxito de Inglaterra frente a potencias continentales como Francia estuviera ligado a una política de *laissez faire*, liberalista y no proteccionista; pero sí es cierto que en la Guerra de Secesión de Estados Unidos (la mayor guerra del siglo XIX, que tuvo lugar cuando los Estados europeos continentales estaban todavía enredados en sus unificaciones nacionales) los problemas de defensa aduanera fueron muy graves, que en la depresión entre las dos guerras los problemas proteccionistas resultaron claves y fomentaron la posterior explosión bélica, etcétera. Sin embargo, es posible que una visión tan parcial, limitada al proteccionismo, resultara de mayor utilidad si se enmarcara en un panorama político y cultural más amplio. Para evitar malentendidos, conviene aclarar que los problemas actuales de la globalización no permiten utilizar la historia del proteccionismo occidental como clave para resolver los conflictos de mercado que actualmente implican a grandes macrozonas como Estados Unidos, Asia y Europa.

A modo de conclusión, cabe recordar la imagen del famoso fresco pintado por Ambrogio Lorenzetti en el palacio público de Siena, en 1338-1339, la *Alegoría del buen y el mal gobierno*, que Bernardino de Siena interpreta como síntesis

---

en español: *Retirar la escalera*, trad. M. Salomón, Madrid, Catarata, 2004].

[1] La referencia es la reactualización de la tesis clásica de Friedrich List, *Das nationale System der politischen Oekonomie*, Stuttgart-Tubinga, J. G. Cotta, 1841. [Existe traducción en español: *Sistema nacional de economía política*, México D. F., FCE, 1997].

de la relación entre la vida económica y la política en uno de sus sermones de 1425:

Al contemplar la paz, veo las mercancías que circulan, los bailes, las casas que se levantan, los viñedos y las tierras que se cultivan, las siembras, los baños, las cabalgatas, las doncellas que celebran sus nupcias, los rebaños de ovejas... Y veo a hombres ahorcados para mantener la santa justicia. Gracias a estas cosas todos están en santa paz y concordia. Por el contrario, volviéndome hacia el otro lado, no veo mercancías ni bailes, veo sólo una matanza: no se decoran las casas, tan sólo se saquean y se queman; no se trabaja la tierra, se cortan las viñas; no se siembra, no se celebran banquetes ni se hacen otras cosas agradables. Tan sólo veo a la justicia abatida en el suelo, con la balanza rota, atada de pies y manos.[1]

Como bien sabemos, también ésta es una imagen mítica: las «libertades» de la ciudad, en las que se basaba la relación armoniosa entre la vida económica y política, entraron en crisis precisamente en esa época, pero de alguna manera se fundó entonces una relación entre la república internacional del dinero, las mercancías que iban y venían en los mercados, y las nuevas estructuras políticas: una relación de equilibrio y tensión continua entre la *fides* de la ciudad y la *fides* del mercado basada en la ideología compartida del *bonum commune*.[2] No en vano, el mito de las repúblicas urbanas italianas se recuerda siempre en momentos de crisis entre política y economía, como hizo por ejemplo en las pri-

---

[1] En C. Delcorno, «La città nella predicazione francescana del Quattrocento», en: M. Chessa y M. Poli (ed.), *La presenza francescana tra Medioevo e Modernità*, Florencia, Vallecchi, 1996, pp. 53-70 (la cita se encuentra en la p. 56). Sobre la estrecha relación entre el mercado y el bien común en el fresco de Lorenzetti, véase Q. Skinner, *Virtù rinascimentali*, trad. C. Sandrelli, Bolonia, Il Mulino, 2002, pp. 123-153.

[2] W. Schulze, *Vom Gemeinnutz zum Eigennutz. Über den Normenwandel in der ständischen Gesellschaft der Frühne Neuzeit*, Múnich, Stiftung Historisches Kolleg, 1987.

meras décadas del siglo XIX Simonde de Sismondi, apasionado seguidor de Smith.[1] Como cualquier investigación histórica, nuestro trabajo no sirve para predecir el futuro, sino para comprender el presente, ayudándonos a evitar errores de interpretación que puedan tener consecuencias trágicas. Sólo quiero señalar algunos ejemplos que demuestran la utilidad actual de una investigación como la presente, sin pretender dar fórmulas de conducta.

La primera lección es sin duda que, por trivial que parezca, conviene insistir en que no existen identidades políticas y económicas separadas, sino dos polos de poder dentro de la misma sociedad: históricamente su relación ha sido siempre tensa y oscilado entre dialéctica y simbiosis, pero no pueden vivir la una sin la otra. Por lo tanto, estoy de acuerdo con la tesis de que la crisis actual proviene precisamente de la impotencia de la política frente al mercado.[2] Que haya habido un período en la historia en que el poder político sólo haya dado «reglas» al mercado sin una estrecha simbiosis es una pura ficción (o *fiction*): jamás ha existido un mercado «puro» o «natural». Cuando se define como tal, significa que ha englobado a la política: en nuestra historia occidental, nunca ha existido el mercado sin una relación dialéctica con el poder político, y no sólo por cuestiones de redistribución o bienestar, sino por la propia definición de las normas y el derecho.

---

[1] Jean-Charles-Léonard Simonde de Sismondi, *Storia delle repubbliche italiane*, trad. A. Salsano, Turín, Bollati Boringhieri, 1996. [Existe traducción en español: *Historia de las repúblicas de Italia, o del origen, progresos y ruina de la libertad italiana*, trad. F. Facio, 2 t., París, Librería de Rosa, 1837]. De la introducción de P. Schiera, p. XCII: «En resumen, nos encontramos, en la Florencia de finales del siglo XIV, aunque a escala reducida, con la misma crisis que se apoderó de Inglaterra y de Europa a finales del siglo XVIII y que representa el destino de las sociedades modernas cuando se da rienda suelta a las fuerzas del mercado sin ninguna intervención del derecho y de la ley».

[2] D. Marquand, *Decline of the Public. The Hollowing-out of the Citizenship*, Cambridge, Polity, 2004.

Por eso también soy escéptico ante todas las propuestas de una nueva «economía civil» utópica basada en el trabajo voluntario no estructurado como posible tercer modelo alternativo al mercado y al Estado. Partiendo del paradigma clásico de la economía del don mencionado al comienzo de este libro, se propone construir un mercado separado o tercer sector «no lucrativo» o ético (de crédito) como un recinto autónomo alejado del mercado y de sus estrictas reglas. Incluso la escuela de Marcel Mauss ha retomado el «don», el libre intercambio, como una posible alternativa para desafiar la economía de mercado y los problemas de la globalización.[1] La realidad histórica de la lucha por el poder es mucho más compleja y requiere investigar la relación concreta entre las diferentes identidades de los actores del cuerpo social y la política en el marco general del poder. Me parece que incluso las investigaciones que algunos amigos han realizado y publicado sobre las finanzas públicas/privadas de las instituciones hospitalarias y asistenciales en la Edad Moderna han demostrado ya la existencia de complejas identidades político-económicas que parecen ignorarse en la actualidad. Por lo tanto, no creo en la formación paralela al mercado de recintos separados en los que sea posible establecer intercambios que permitan volver al principio del «don» que regía en la Antigüedad, ni mucho menos en la posibilidad de construir una

---

[1] M. Hénaff, *Le prix de la vérité. Le don, l'argent, la philosophie*, París, Seuil, 2002. [Existe traducción en español: *El precio de la verdad. Don, dinero, filosofía*, trad. I. Cadenas Cañón, Lom, Santiago de Chile, 2017]. Un caso interesante para nosotros es el volumen de Luigino Bruni y Stefano Zamagni, *Economia civile: Efficienza, equità, felicità pubblica*, Bolonia, Il Mulino, 2004 [existe traducción en español: *Economía civil. Eficiencia, equidad, felicidad pública*, trad. C. Catroppi, Buenos Aires, Prometeo, 2007], en el que Zamagni parte de la investigación de Todeschini sobre la economía franciscana para criticar el enfoque de la economía clásica: para revalorizar el sector no lucrativo, sin embargo, establece artificialmente un contraste a lo largo de los siglos entre la economía civil y el mercado sin tener en cuenta la identidad política.

«economía civil» que pueda prescindir de la relación de poder entre política y mercado. Por deseables que parezcan tales propuestas como modelos abstractos, resultan contradictorias por su propia naturaleza: si prosperan, tienden a adoptar las características del mercado y, además, a camuflarse en una nueva y perversa unión entre política y economía.

Así pues, al reflexionar sobre los problemas actuales, debemos retomar la cuestión de la fiscalidad, sobre cuya base ha crecido la institución de la representación parlamentaria, punto central de unión entre la identidad política y la económica en los últimos siglos y fundamento de la democracia liberal. Ha desaparecido la progresividad de los impuestos, que era el elemento de equilibrio entre poderes que garantizaba el desarrollo de la democracia. No tiene mucho sentido denunciar la evasión fiscal cuando el capital campa a sus anchas por el mundo ni despotricar contra el poder abrumador de las multinacionales; se trata de comprender el ciclo histórico que está llegando a su fin: ciertamente, eso no nos proporciona soluciones, pero quizá pueda evitar que incurramos en callejones sin salida. Desde el punto de vista político, por ejemplo, extender el derecho de voto, como se ha hecho estúpidamente en Italia, a todos los «italianos del mundo» que no pagan impuestos en Italia significa cortar las raíces de nuestra democracia, no hacerlas más profundas.

Una última lección puede incidir más en la ciencia económica. Salvo notables excepciones como Piero Sraffa o Paolo Sylos Labini, hace pocos años que los economistas se han dado cuenta de que el paradigma de una ciencia económica inmutable, construido desde Adam Smith, con variantes clásicas o neoclásicas, ya no se sostiene: la explicación de los fenómenos económicos requiere una comprensión más profunda de los fenómenos antropológicos, culturales e institucionales, sin los cuales no es posible entender nada, ni siquiera las fluctuaciones de Wall Street, y mucho menos las crisis mundiales. Sin embargo, esta conciencia ha surgido mientras en las facultades de economía no sólo se margina y expulsa las enseñanza histórica, sino que la enseñanza corporativa o de microanálisis prevalece cada vez más sobre las visiones macroeconómicas globales.

Desde mi punto de vista, es interesante que en las últimas décadas haya empezado a pensarse y hablarse no sólo de «capital de mercado», sino de «capital social» para medir el bienestar de una sociedad: en este sentido, las investigaciones de Robert Putnam me parecen especialmente sugerentes.[1] Pero es necesario trasladar estas reflexiones al discurso sobre las instituciones y el derecho.

4. LA CRISIS DEL DERECHO

En ese sentido, el debate de las últimas décadas está bien representado por *Teoría de la justicia*, de John Rawls, quien se centró en la justicia como «equidad», con todas las reelaboraciones del autor y sus discípulos.[2] La polémica en torno

---

[1] *La tradizione civica delle regioni italiane*, trad. N. Messora, Milán, Mondadori, 1993 [Existe traducción en español: *Para que la democracia funcione. Las tradiciones cívicas en la Italia moderna*, trad. V. Gordo, Madrid, CIS, 2011]; *Capitale sociale e individualismo. Crisi e rinascita della cultura civica in America*, trad. R. Carocci, Bolonia, Il Mulino, 2004. [Existe traducción en español: *Solo en la bolera. Colapso y resurgimiento de la comunidad norteamericana*, trad. J. L. Gil Aristu, Barcelona, Galaxia Gutenberg, 2002].

[2] En la polémica con L. A. Hart, Rawls defiende la prioridad del principio de equidad sobre el principio de libertad de la siguiente manera: «El fundamento de la cohesión social ya no es la concepción del bien que proporciona un credo religioso o una doctrina filosófica común, sino una concepción de la justicia públicamente compartida y adecuada a la concepción de los ciudadanos como personas libres e iguales en un Estado democrático [...] Lo decisivo es que la concepción de los ciudadanos como personas libres e iguales no es un ideal personal ni asociativo ni moral necesario en una sociedad bien ordenada. Constituye más bien una concepción política que se afirma para establecer una concepción pública efectiva de

a esta obra parece haber reavivado la vieja controversia entre el realismo metafísico y el subjetivismo moderno, con las teorías de Jürgen Habermas inspiradas en el republicanismo kantiano.[1] Sin embargo, mientras se discutía sobre esta concepción de la justicia, el marco histórico del último medio siglo ha cambiado completamente, empezando por el Estadonación a cuyo modelo se refería Rawls. Actualmente, el problema es si, en la crisis del Estado, es posible disponer de un derecho mundial, una *global law*, sin un poder político capaz de controlar las grandes decisiones que se toman en foros totalmente irresponsables políticamente.[2]

En cualquier caso, el interés de mi investigación es sobre todo considerar las consecuencias de tales fenómenos en los terrenos político y jurídico: el nacimiento de la «norma unidimensional».[3] Dado que el mercado es una estructu-

---

la justicia» (L. A. Hart y J. Rawls, *Le libertà fondamentali*, ed. P. Marrone, trad. R. Gefter Wondrich, Turín, La Rosa Editrice, 1994, pp. 47 y 108).

[1] J. Habermas, *Teoria della morale*, trad. E. Tota, Roma-Bari, Laterza, 1994; *Fatti e norme. Contributi a una teoria discorsiva del diritto e della democrazia*, trad. L. Ceppa, Milán, Guerini e Associati, 1996 [Existe traducción en español: *Facticidad y validez. Sobre el derecho y el Estado democrático de derecho en términos de teoría del discurso*, trad. M. Jiménez Redondo, Madrid, Trotta, 2010]; *Teoria dell'agire comunicativo*, vol. I: *Razionalità nell'azione e razionalizzazione sociale*, trad. P. Rinaudo, Bolonia, Il Mulino, 1997, 2 vols. [Existe traducción en español: *Teoría de la acción comunicativa*, trad. M. Jiménez Redondo, Madrid, Trotta, 2018]. No me parece que la distinción de Habermas entre normas (válidas para todos) y valores (válidos para el sujeto) aporte nada a la vieja discusión entre derecho y moral.

[2] G. Teubner (ed.), *Global Law without a State*, Brookfield (Vermont), Dartmouth Publishing, 1997.

[3] Me remito al último capítulo de P. Prodi, *Una storia della giustizia. Dal pluralismo dei fori al moderno dualismo tra coscienza e diritto*, Bolonia, Il Mulino, 2000, pp. 350-355. [Existe traducción en español: *Una historia de la justicia. De la pluralidad de fueros al dualismo moderno entre conciencia y derecho*, trad. L. Padilla López, Madrid, Katz, 1992]. Para la crisis del derecho positivo son fundamentales las contribuciones de P. Grossi, especialmente *Mitologie giuridiche della modernità*, Milán, Giuffrè, 2001. [Existe

ra histórico-jurídica, no natural, y que el liberalismo como ideología con la que parecen coincidir la izquierda y la derecha oculta «la naturaleza política intrínseca de todo orden económico»,[1] no creo que sea necesario subrayar que nuestra perspectiva se refiere a la vida de los Estados normales de derecho, del mundo de las democracias liberales: no porque creamos que los totalitarismos representan un pasado desaparecido, sino, por el contrario, porque son patologías presentes en nuestro cuerpo político, aunque aún no se manifiesten de forma aguda y visible como crisis de las estructuras constitucionales y legales. Tanto si la norma positiva se sacraliza como si se seculariza por completo, el resultado es la pérdida de ese pluralismo de planos normativos y de foros de juicio, que constituyen, como he tratado de mostrar, nuestro código genético de ciudadanos occidentales.

En el ámbito del derecho, con respecto a la crisis de la relación entre política y economía, parece de gran importancia la pérdida de la centralidad de la propiedad privada como fundamento de los derechos subjetivos del individuo. Hace ya más de cincuenta años, Jacques Ellul escribió: «Es un hecho que actualmente la propiedad ha perdido el significado y el contenido que tenía en el siglo XIX».[2] En las últimas décadas, esa afirmación se ha hecho realidad más allá de todo pronóstico en la prevalencia de la gestión sobre la propiedad empresarial, sobre los accionistas—como se verá más adelante—, pero aún no se han verificado las consecuencias que eso ha tenido en cuanto a las estructuras que sustentaban el mercado en la Edad Moderna, a partir de la propia distinción entre la esfera del derecho público y la del derecho pri-

---

traducción en español: *Mitología jurídica de la modernidad*, trad. M. Martínez Neira, Madrid, Trotta, 2003].

[1] N. Irti, *L'ordine giuridico del mercato*, Roma-Bari, Laterza, 2003, p. XIII; *Id.*, *Nichilismo giuridico*, Roma-Bari, Laterza, 2005.

[2] J. Ellul, *Metamorfosi del borghese*, trad. E. Ripepe, Milán, Giuffrè, 1972, p. 146.

vado, distinción sobre la que se fundaron nuestras instituciones modernas. Sobre la base de una falsa concepción del reformismo, en los últimos años se ha producido una privatización del derecho público y una transformación pública del derecho privado que han permitido que la extensión del hurto como infracción de las reglas del mercado alcanzara dimensiones nunca conocidas en la historia de Occidente.

En la primera dirección—la privatización de lo público—se desmanteló la burocracia sometiéndola a la clase política y quitándole su función fundamental de árbitro entre el poder político, el poder económico y los ciudadanos, creando *authorities* dotadas de una falsa autonomía que no rinden cuentas más que al poder gobernante. El poder judicial se ha visto así aislado en su función de la interpretación y aplicación de la ley, y a menudo obligado a ejercer un poder político indirecto e impropio. El recurso al arbitraje internacional ha sustraído al poder judicial los casos de los que depende realmente la vida económica y deja a los tribunales territoriales sólo los casos de importancia secundaria en lo relativo a la violación de las reglas del mercado. Incluso los tribunales constitucionales son cada vez más impotentes en la aplicación concreta de los derechos humanos constitucionalmente establecidos frente a los grandes fenómenos de migración masiva.

En la segunda dirección—la transformación pública del sector privado—se ha desarrollado una enorme red de contaminaciones, monopolios ocultos o manifiestos, subvenciones y presencias políticas o sindicales que ahogan cualquier competencia real. La conclusión es la formación en el mercado de un entramado de entidades y empresas de naturaleza ambigua: empresas privadas con mayoría pública, empresas privadas concesionarias que operan con tarifas públicas, empresas municipalizadas, el uso perverso de la institución jurídica de las fundaciones, etcétera: los mecanismos de competencia y la responsabilidad de los particulares están bloqueados por intereses políticos (los nombramientos están condicionados y condicionan los resultados electorales, etcétera), lo cual imposibilita la aplicación de las normas del código civil o alimenta los acuerdos de accionistas que pervierten el mercado y la vida de las empresas.[1]

Sin duda, Italia, debido a la debilidad de sus estructuras estatales y a sus propias patologías, como la presencia de la Mafia y la Camorra, se ve especialmente afectada por esta crisis del derecho. Pero paradójicamente también podría pensarse que, precisamente a causa de la debilidad del Estado y de esas patologías, Italia no representa una forma de derecho atrasada sino que, al contrario, es un lugar de experimentación de un mercado sin reglas que tiende a extenderse por todo el planeta. En ese sentido, el caso italiano parece ser un privilegiado espacio para la observación de los fenómenos relacionados con el proceso de globalización: la debilidad del Estado y, por tanto, del monopolio estatal del derecho positivo vuelve a presentar con mayor fuerza la necesidad de encontrar un nuevo dualismo en el que la debilidad de la legislación se sustituya por nuevas formas de derecho contractual con una red de difusión nacida del mercado, un ordenamiento abierto que podría tener su fascinante ancestro en la *lex mercatoria* medieval.[2] Es cierto, sin embargo, que se está lejos de identificar una nueva relación entre política, economía y derecho, entre lo global y lo local, y observamos la sucesión de fracasos de cualquier intento de reconstruir un orden pluralista en el que los poderes políticos y económicos puedan enfrentarse en sus respectivas autonomías; más bien

---

[1] U. Mattei, E. Reviglio y S. Rodotà (ed.), *Invertire la rotta. Idee per una riforma della proprietà pubblica*, Bolonia, Il Mulino, 2007.

[2] M. R. Ferrarese, *Le istituzioni della globalizzazione. Diritto e diritti nella società transnazionale*, Bolonia, Il Mulino, 2000; *Id., Il diritto al presente. Globalizzazione e tempo delle istituzioni*, Bolonia, Il Mulino, 2002; *Id., Diritto sconfinato. Inventiva giuridica e spazi nel mondo globale*, Roma-Bari, Laterza, 2006.

al contrario, parecen vislumbrarse las ominosas sombras de un nuevo monismo en el que lo sagrado, lo político y lo económico tienden a fundirse.

5. LOS NUEVOS PAISAJES DE LA GLOBALIZACIÓN

La formación de un poder económico distinto del poder político, del dominio, es una condición esencial para la fundación del sistema democrático y liberal: fue el capital desvinculado de la tierra lo que permitió no sólo el nacimiento de la civilización industrial, sino también el nacimiento de nuestras libertades y derechos constitucionales. De ese modo, las identidades política y económica han construido, para bien o para mal, su relación dialéctica de tal modo que en Occidente la democracia no pueda existir sin el mercado, ni el mercado, tal como lo conocemos, sin la democracia.

Pero éste es un mundo que tal vez estemos abandonando. Incluso las discusiones de hace unos años sobre los modelos de capitalismo anglosajón, renano o japonés parecen pertenecer a otra época.[1] En el contexto de la globalización, está surgiendo un nuevo tipo de hegemonía. Como escribe Jeremy Rifkin:

En nuestro tiempo se están empezando a desintegrar los fundamentos de la vida moderna. Las instituciones que en cierto momento estimularon a los hombres a entrar en conflictos ideológicos, revoluciones y guerras se ven lentamente enterradas por el despertar de una nueva constelación de realidades económicas que están contribuyendo a que la sociedad reconsidere los tipos de vínculos y fronteras que definirán las relaciones humanas en el siglo venidero.

En esta nueva era, los mercados van dejando sitio a las redes y el acceso sustituye cada vez más a la propiedad. Las empresas y los

---

[1] R. Dore, *Capitalismo di borsa o capitalismo di welfare*, trad. M. Devoto, Bolonia, Il Mulino, 2001.

consumidores comienzan a abandonar la realidad básica de la vida económica moderna: el intercambio mercantil de la propiedad entre compradores y vendedores.[1]

En realidad, no es posible abordar los problemas de la globalización sin resolver los problemas políticos derivados de la crisis del Estado moderno. Parafraseando la fórmula de Sabino Cassese, podría decirse: «La economía está globalizada, el Estado no».[2] Así, al abordar las actuales transformaciones que se producen únicamente en el plano del mercado, estamos de nuevo frente a una fusión del poder político y económico, una fusión prácticamente inversa a la de las sociedades premodernas, porque anula el peso del territorio (llamamos a este fenómeno *globalización* o *deslocalización*) afirmando la prevalencia de lo económico sobre lo político y conduciendo a un nuevo tipo de hegemonía:[3] el mundo de las finanzas toma el relevo o se identifica con el mundo político reconstruyendo un monopolio de poder que elude las leyes de la democracia liberal en la que aún creemos vivir.

Como ya he comentado, el recurso al modelo «imperial» no nos parece nada adecuado ni como aspiración ni como modelo histórico, para plantear nuestro futuro: en nuestro planeta ya no quedan espacios vacíos ni de baja presión política, condición que ha sido históricamente necesaria para la expansión imperial. El problema es que ya no hay lugar

---

[1] *L'era dell'accesso. La rivoluzione della new economy*, trad. P. Canton, Milán, Mondadori, 2000, p. 6. [*La era del acceso. La revolución de la nueva economía*, trad. J. F. Álvarez Álvarez y D. Teira Serrano, Paidós, Barcelona, 2013, edición digital].

[2] S. Cassese, *Oltre lo Stato*, Roma-Bari, Laterza, 2006.

[3] Un resumen, en el contexto de una inmensa bibliografía, puede encontrarse en S. Sassen, *Territory-Authority-Rights. From Medieval to Global Assemblages*, Princeton-Oxford, Princeton University Press, 2006. [Existe traducción en español: *Territorio, autoridad y derechos. De los ensamblajes medievales a los ensamblajes grupales*, trad. M. V. Rodil, Buenos Aires-Madrid, Katz, 2010].

para la construcción de nuevos imperios, digan lo que digan los inventores de historias. Sí lo hay, desgraciadamente, para el choque de civilizaciones y de zonas económicas, pero ésa es otra historia. Me refiero a las confusas discusiones sobre los nuevos «imperios» y las nuevas guerras: la *lex mercatoria* se habría hecho añicos con el ataque a las Torres Gemelas el 11 de septiembre de 2001 y estaríamos en una situación similar a la de la Guerra de los Treinta Años, cuando el conflicto entre católicos y protestantes favoreció la construcción del Estado absoluto, una descripción en la que la guerra y el mercado son la misma cosa.[1] Se trata de una verdadera falta de conocimiento histórico a largo plazo, pero frente a tales visiones apocalípticas sólo tenemos las propuestas bienintencionadas de los filósofos políticos o del derecho que vuelven a proponer en abstracto doctrinas tomadas de los esquemas del derecho natural neokantiano o del contractualismo o se oponen a las teorías comunitaristas y liberal-estatistas (de Rawls a Habermas). En esta situación es ciertamente útil examinar cómo entró en crisis el mundo moderno (y creo que ésa es la tarea de los pensadores contemporáneos), pero también examinar cómo nació este mundo, y creo que ésa es la tarea de los historiadores. Mi curiosidad, no como historiador, sino como hombre preocupado por el futuro, es analizar si los ámbitos de la política y el mercado serán capaces de dotarse de las estructuras políticas adecuadas para soportar la dialéctica con el nuevo poder económico, y si eso permitirá la supervivencia o la aparición de nuevas formas de Estado legal y de democracia que no coincidan con las nacionales supervivientes.

El debate sobre la globalización, tal y como se establece en la actualidad, entre temores y esperanzas, entre intentos

[1] M. Hardt y A. Negri, *Impero: il nuovo ordine della globalizzazione*, trad. A. Pandolfi y D. Didero, Milán, Rizzoli, 2002. [Existe traducción en español: *Imperio*, trad. A. Bixio, Barcelona-Buenos Aires, Paidós, 2005].

de dominar las economías de los países emergentes y reacciones proteccionistas, puede ser una gran coartada. En realidad, la hegemonía del poder económico planetario sobre un poder político en crisis (incapaz de superar la forma del Estado moderno) y sobre las normas éticas amenaza directamente la propia supervivencia del mercado tal como lo hemos conocido en su dialéctica secular. Los Acuerdos de Bretton Woods, como ya he dicho, establecidos en 1944 en plena Segunda Guerra Mundial, condicionaron la vida en las décadas siguientes de la Guerra Fría: las grandes potencias políticas pudieron, al menos hasta 1989, crear un mercado universal teóricamente libre pero esencialmente controlado por ellas. No obstante, después de 1989 y del acuerdo de la Organización Mundial del Comercio en 1994 sobre el libre comercio mundial, quedan los restos de un gobierno de la economía (G8 y similares) totalmente impotente, tanto en términos de política y representación de intereses como en términos de ideales o valores, para hacer frente a las tormentas que trastornan los mercados.[1] Por otra parte, la muy realista perspectiva de la constitución de grandes macroáreas económico-políticas (América, China, India, Europa, etcétera) resulta más temible que esperanzadora: la historia nos enseña que la construcción de «fortalezas» siempre ha provocado grandes tragedias. Los problemas de escasez de recursos energéticos y materias primas, la contaminación, etcétera, pueden constituir motivos de conflictos frente a los que las razones por las que se declararon guerras en el pasado parecen triviales. En nuestro futuro, es posible que ni siquiera se construyan fortalezas, dada la velocidad a la que circulan las ideas, las personas y los bienes en el planeta. Pero, sobre todo, temo la nueva identificación del poder económico con el poder político (y militar), que sería el resultado inevitable

[1] G. Tremonti, *La paura e la speranza. Europa: la crisi globale che si avvicina e la via per superarla*, Milán, Mondadori, 2008.

de esta construcción y supondría precisamente la pérdida del valor más profundo de nuestra civilización europea (cuyas «raíces» querrían reinventar), a saber, el fértil dualismo que ha caracterizado su identidad como revolución permanente.[1]

6. LA INSOPORTABLE LEVEDAD DEL HURTO

El estudio del hurto nos ayuda, en mi opinión, a comprender que también en lo que se refiere al mercado estamos asistiendo al final de una época: el dualismo en el que se ha desarrollado el mercado occidental en los últimos siglos en la dialéctica entre los dos planos de las normas, el positivo y el moral, entre el poder político y el poder económico, entre el hurto como pecado, el hurto como falta y el hurto como delito, está llegando a su fin. Ese pluralismo está siendo socavado (como la propia democracia) por la tendencia de lo económico a englobar toda la vida humana en un nuevo monopolio de poder. Es el concepto mismo de «hurto» el que está cambiando radicalmente: mientras que en la Edad Moderna era principalmente una violación de las reglas del mercado, y en los dos últimos siglos de la era industrial era principalmente la explotación del trabajo asalariado, ahora tiene que ajustarse a realidades totalmente nuevas. Estamos entrando en una época en la que no parece tan fácil calificar de hurto la propiedad, como hizo en su día Proudhon: se diría que ha pasado toda una época histórica aunque no han pasado ni doscientos años.

A cualquier observador de la realidad económica actual le resulta evidente que la frontera entre robar y no robar, entre robar y el comportamiento «honesto», es cada día más difusa, al igual que la frontera entre la propiedad privada y el bien

---

[1] P. Prodi, «La storia d'Europa come rivoluzione permanente», *Il Mulino*, 431, 2007, pp. 495-503.

común. Los mayores escándalos, los grandes fraudes financieros (Enron, Parmalat, los bonos argentinos, etcétera) son bien conocidos por todos, pero debemos ser conscientes de que se trata sólo de las cimas más altas de un sistema montañoso que consiste en una enorme cadena de hurtos impunes o casi legalizados, sin la red de seguridad que proporciona la ética compartida.

Más allá de los escándalos y casos de corrupción en los que se centra la atención pública, estamos en presencia de patologías y transformaciones mucho más profundas e invasivas. John Kenneth Galbraith ha definido estos fenómenos como «economía del fraude»:[1] el problema es que la frontera entre el hurto y el comportamiento honesto, entre lo legítimo y lo ilegítimo, ha desaparecido realmente. En mi opinión, hay tres problemas fundamentales: la aparición de un capitalismo financiero totalmente nuevo, deslocalizado, invisible e irresponsable; la limitación de los recursos del planeta, en particular los energéticos y las materias primas; y las amenazas que se ciernen sobre la naturaleza, no sólo en términos de crisis ambiental, sino también de genética y de control de nuestra vida cotidiana por parte de las grandes empresas.

7. EL NUEVO CAPITALISMO FINANCIERO

Estoy profundamente convencido de que la crisis a la que nos enfrentamos no es comparable a las crisis del siglo pasado que han analizado los economistas. No es posible hacer un paralelismo ni siquiera con la crisis de 1929. La comprensión de la última crisis no puede partir de los parámetros tradicionales porque ha implicado, como dijo Guido Rossi, un cambio en «la estructura misma del capitalismo tal

---

[1] *La economía del fraude inocente. La verdad de nuestro tiempo*, trad. J. Pascual y L. Noriega, Barcelona, Crítica, 2004.

como lo conocemos desde hace quinientos años, es decir, la sociedad anónima».[1] Lo que ha entrado en crisis no es sólo la relación del mercado con la política, de la empresa con el contexto social en el que opera, sino también la relación interna entre los propietarios del capital y la dirección que ha caracterizado, con las sociedades anónimas, el mercado hasta nuestros días.

Cuando inicié este libro pensaba en los capitales «sin domicilio fijo» que vuelan de un centro financiero a otro del planeta a la velocidad de la luz, en los llamados productos «derivados» que cortocircuitaron cualquier relación de responsabilidad entre el mercado financiero y la política que había caracterizado la vida de las bolsas en los últimos siglos. Parece que las cosas siguen cambiando y que con el desarrollo de los fondos de inversión soberanos el capital se está construyendo nuevos hogares económico-políticos. Sin esperar a un futuro próximo, sabemos que las decisiones políticas, incluso de grandes potencias como Estados Unidos, ya están condicionadas porque la deuda pública y la riqueza interna están en manos de grandes inversores extranjeros, ya sean chinos o saudíes, rusos o coreanos: la crisis actual está promoviendo, en cualquier caso, una increíble aceleración en esta dirección. La separación de economía y política abre así horizontes totalmente nuevos: no sólo la impotencia de la política frente a un poder multinacional irresponsable, sino también una nueva fusión entre el poder económico y el poder político que nos haría retroceder milenios.

El predominio de la economía financiera sobre la economía real, las falsas privatizaciones en las que la propiedad se convierte en privada pero de hecho sigue siendo un monopolio o cuasi monopolio, el increíble aumento de la brecha entre ricos y pobres e incluso la desigualdad salarial (que ha aniquilado el concepto fundamental de «salario justo»), to-

[1] En *Il Sole-24 Ore*, 20 de julio de 2008, p. 9.

dos estos fenómenos han socavado objetivamente el orden y los valores tradicionales de la propiedad, de lo «mío» y lo «tuyo».

¿Vamos hacia el redescubrimiento, también con la ayuda de las nuevas tecnologías de la información, de una *contractual society* sin precedentes o estamos cayendo en manos de las grandes corporaciones y de los propietarios de las redes de comunicación? No lo sabemos, pero precisamente por eso conviene tratar de pensar a fondo, no sólo superficialmente, fenómenos como la geopolítica, la estructura interna de los mercados y los análisis del comportamiento político social. Estoy firmemente convencido de que nos hallamos en un punto de inflexión antropológico en el que confluyen coordenadas milenarias de nuestra estructura cultural: el legado de las religiones de la salvación personal, las religiones de la *Erlösung*, como decía Max Weber, el proceso europeo de modernización y la génesis del orden constitucional moderno de Occidente.

Las identidades económicas también formaban parte de ese proceso, sea cual sea la interpretación que se les dé, liberal o marxista, incluso en la perspectiva de un mundo de capital y trabajo integrado en un único proceso de desarrollo a nivel mundial. Por eso creo que no puede hablarse de *globalización*, pese a la existencia de mercados globales, durante los dos últimos siglos: las identidades y el poder permanecían entrelazados con el Estado y el territorio.

Hace tiempo se hablaba de la tarjeta de crédito como el verdadero documento de identidad del hombre globalizado, mientras que el antiguo carnet de identidad seguía representando un patético mundo político-territorial en vías de extinción. La metáfora es ciertamente fascinante, pero los últimos acontecimientos han demostrado que esta nueva identidad no es una solución, ya que puede desvanecerse a la primera crisis financiera y, sobre todo, nos ha revelado una fractura entre la identidad política y la identidad económica.

En realidad, la globalización, como fenómeno complejo que no se limita a una mayor dimensión de los mercados, ha puesto en crisis todo el orden dialéctico y el equilibrio tradicional entre los poderes (el sagrado, el político, el económico) como consecuencia de la supremacía absoluta del poder económico que determina un monopolio totalmente nuevo. Estamos ante una mutación antropológica de la sociedad y de su relación con las mercancías: se habla de *economismo* o *mercantilismo* para subrayar la omnipotencia del mercado sin reglas, en cuyo centro ya no está la compraventa de cosas y, por tanto, la propiedad, sino la información, los servicios, la salud y la belleza, la vida y la muerte.[1]

El problema es que, como se ha dicho a menudo, muchas cosas se sustrajeron al mercado occidental porque estaban sujetas a la ley de la escasez: el agua, la luz, el aire, la madera, etcétera. Luego, poco a poco, a lo largo de los últimos siglos, este inmenso territorio se fue reduciendo cada vez más. Ahora el problema se concentra en las fuentes de energía, pero ya se vislumbran las grandes disputas del futuro próximo por el agua, el aire y las materias primas esenciales. De ahí la enorme ampliación de la esfera del hurto hasta afectar a la esfera humana más íntima: en esencia se han fundido perversamente el quinto mandamiento («No matarás») y el séptimo («No robarás»).

No es mi intención tratar específicamente la realidad italiana, pero ciertamente el caso de Italia me parece muy interesante para entender hacia dónde vamos en Occidente. De hecho, en contra de la creencia popular, creo que Italia, en razón de la debilidad de sus estructuras políticas y administrativas, puede ser más susceptible a los vientos de nuevas tormentas que otros países más sólidos. La expresión «con-

---

[1] G. Kirchgässner, «Das Gespenst des Ökonomismus», en: W. Reinhard y J. Stagl (ed.), *Menschen und Märkte. Studien zur historischen Wirtschaftsanthropologie*, Viena-Colonia-Weimar, Böhlau, 2007.

flicto de intereses» que hace unos años se hallaba en el centro del debate y ahora ha quedado bastante marginada, parece casi patética por su evocación de situaciones excepcionales en las relaciones entre el poder político y el económico. Obviamente, en la actualidad la connivencia de política y economía es la norma, y las crisis no hacen más que agravarla, no sólo por la multiplicación de políticos emprendedores o de empresarios políticos, sino también por la ampliación de una zona gris entre el sector público y el privado (desde las falsas privatizaciones hasta los nuevos monopolios, pasando por las empresas con capital total o parcialmente público, etcétera) que agravia diariamente al mercado con un sistema legalizado de hurto. Dejando a un lado las consecuencias de estos desmanes en la vida política, en la que se ha generalizado el regateo de votos, me parece que las consecuencias en el mercado son las de una violación sistemática de las reglas que hacen posible su existencia. En esta situación, las diatribas entre estatistas y neoliberales corren el riesgo de alimentar cada vez más los malentendidos: en realidad, en Italia tenemos demasiado poco Estado para mantener las reglas del bien común y demasiado poco mercado para tener una verdadera competencia. Pero lo que ocurre a pequeña escala en Italia puede darnos una mejor comprensión de lo que puede ocurrir en el mundo en general: incluso el papel de Italia en la última crisis financiera mundial demuestra que nuestra tendencia no es simplemente la vuelta al pasado de una sociedad que se ha quedado atrás y es incapaz de modernizarse. Más bien se trata de una nueva forma de lucha por el poder en la que, sobre la base de las nuevas tecnologías de la información, el político es elegido para representar directa (si él mismo es un empresario) o indirectamente unos intereses particulares siempre ajenos a la «ciudad».

No querría elaborar un sesudo discurso teórico-filosófico, pero me llamó la atención un artículo de Emanuele Severino (en el *Corriere della Sera* del 30 de septiembre de 2007) en el que comentaba una frase de Benedicto XVI: «El beneficio es, sin duda, legítimo en su justa medida, es necesario para el desarrollo económico; pero el capitalismo no debe considerarse como el único modelo válido de organización económica». Severino, remontándose a (o quedándose en) Aristóteles, explicaba al papa que tanto el capitalismo como la democracia son modelos que obedecen a su propia lógica interna y, por tanto, el primero no puede tener como objetivo el bien común, sino sólo la consecución del beneficio; mientras que la democracia no puede tener como objetivo la verdad, sino la libertad al margen de la *verdad*. No puede, por lo tanto, existir una economía cristiana y lo único seguro actualmente es el dominio de la tecnología. Todo lo cual es muy cierto, pero el problema es que en estos discursos—tanto en el de Benedicto XVI como en el de Severino—falta la historia. Me gustaría insistir en que el capitalismo, o en cualquier caso nuestro sistema, no nació separado de la política, sino en dialéctica con la política, y que sin ella, es decir—al menos para nosotros—, sin la protección del bien común, no pueden sobrevivir ni los derechos humanos ni la democracia. De hecho, el capitalismo y la democracia nacieron de esa dialéctica, de la tensión entre la búsqueda del bien común y la búsqueda del beneficio: no pueden existir ni fundidos ni separados el uno del otro.

Si esto es cierto, creo que es necesario que el pensamiento religioso revise la «doctrina social cristiana» tal como se ha desarrollado desde el siglo XIX hasta hoy, como propuesta sobre lo político y lo económico conjuntamente, y como alternativa a las ideologías dominantes del liberalismo y el marxismo. Creo que debería desarrollarse una reflexión diferente en la que se recuperase la distinción entre justicia y caridad como esferas autónomas en los nuevos paisajes de la globalización: la esfera de la justicia y la esfera del don, ahora fundidas y mezcladas entre sí, deben reencontrar su camino en la distinción de planos para redescubrir el sentido de una secularidad perdida y al mismo tiempo un terreno reservado a la gracia.[1]

Otro tema de reflexión ineludible para las confesiones cristianas y la supervivencia de su función de anunciar la salvación de la humanidad, es el restablecimiento del hurto como pecado. «Robar» en el mercado occidental, en nuestra tradición y en nuestra cultura económica, siempre ha sido una forma de atentar contra el bien común. Desde hace varios siglos robar ya no es sólo «apropiarse de lo ajeno», sino atentar contra las reglas del mercado y el bien común. De hecho, el caso del hurto clásico está desapareciendo en nuestra época de globalización: pensemos en los problemas de la propiedad intelectual, el mundo de las imágenes y la propiedad invisible. Pero precisamente la situación actual de la globalización, la crisis de la política y del derecho, ponen de relieve como nunca antes la importancia que tiene para la supervivencia de nuestra civilización señalar el hurto contra el mercado y el bien común. No sólo somos culpables los occidentales: en el ranking de culpabilidad empiezan a sustituirnos otros países que poseen las fuentes de energía. En el futuro serán los que tengan el control del agua o del aire.

Entre los principales juristas una reflexión recurrente es que mientras la economía se ha globalizado, el derecho ha seguido anclado a las antiguas estructuras estatales: se ha recreado así una especie de anarquía que recuerda a la Edad Media en Italia, con superposición de órganos, normas y tri-

---

[1] Últimas reflexiones interesantes en la colección de ensayos *Gott, Geld und Gabe. Zur Geldförmigkeit des Denkens in Religion und Gesellschaft*, ed. Ch. Gestrich, Berlín, Wichern, 2004.

bunales diferentes sin un anclaje en principios y reglas comunes, en una constitución global.[1] No obstante, si el orden occidental se ha desarrollado en el dualismo entre Estado y mercado, en la dialéctica entre la ética, el poder político y el poder económico, la construcción de una estructura política global sin duda puede resolver el problema de la anarquía actual, pero tal vez en una dirección que nos aleje de nuestra tradición y nos oriente a una nueva economía *palaciega*, por indicar con este término la antigua unificación y resacralización del poder político-económico en las megalópolis del nuevo milenio.

La alternativa no es, como se ha dicho con razón, entre un mercado occidental que sólo persigue el objetivo egoísta de la contabilidad de pérdidas-ganancias y un mercado asiático-oriental fundado y patrocinado por el Estado.[2] La cuestión es si Occidente podrá preservar la democracia y, con ella, la separación entre el poder religioso, el poder político y el poder económico gracias a la dialéctica entre el interés privado y el bien público; si el mandamiento «No robarás» seguirá siendo al mismo tiempo una condición para la salvación del individuo y del mercado.

[1] S. Cassese, *Lo spazio giuridico globale*, Roma-Bari, Laterza, 2003. [Existe traducción en español: *La globalización jurídica*, trad. L. Ortega, I. Martín Delgado e I. Gallego Córcoles, Madrid y Barcelona, Instituto Nacional de Administración Pública y Marcial Pons, 2006].

[2] D. S. Landes, *La ricchezza e la povertà delle nazioni. Perché alcune sono così ricche e altre così povere*, Milán, Garzanti, 2000, pp. 560-561. [Existe traducción en español: *La riqueza y la pobreza de las naciones. Por qué algunas son tan ricas y otras tan pobres*, trad. S. Jordán Sempere, Barcelona, Crítica, 2018].

AGRADECIMIENTOS

En el año 2000, junto con Giacomo Todeschini, creamos un grupo de investigación sobre «Razón y ética en el pensamiento y las instituciones entre la Edad Media y la Edad Moderna: política, economía y derecho» (con la participación de las universidades de Bolonia, Macerata, Milán, Trieste y Udine). Reunimos a investigadores que llevaban muchos años trabajando en distintos campos (historiadores, historiadores de la economía y del pensamiento económico, historiadores de la filosofía, del pensamiento político y del derecho) y decidieron unificar sus trabajos en un mismo grupo con la convicción de que la superación de las jaulas disciplinares es indispensable para lograr resultados verdaderamente novedosos. Así pues, no se trataba simplemente de un experimento interdisciplinar, sino de la integración de las distintas especialidades con el fin de lograr un resultado imposible de obtener desde una perspectiva disciplinar. El punto de partida fueron dos congresos organizados por el Centro Studi sui Lombardi e sul credito nel Medioevo de Asti en junio de 2000 y marzo de 2003: *Ideologia del credito fra Tre e Quattrocento* (las actas las editaron B. Molina y G. Scarcia, Asti, 2001) y *Politiche del credito. Investimento, consumo, solidarietà* (editado por G. Boschiero y B. Molina, Asti, 2004); el trabajo conjunto se desarrolló más tarde, en septiembre de 2001, en Trento con el congreso cuyas actas se publicaron bajo el título *Credito e usura fra teologia, diritto e amministrazione. Linguaggi a confronto (sec. XII-XVI)* (editado por D. Quaglioni, G. Todeschini y G. M. Varanini, Roma, 2005). En Bolonia se celebraron otros numerosos encuentros y seminarios, por ejemplo en mayo y septiembre de 2002 (*Appartenere alla città: onore e infamia tra medioevo ed età moderna* y *Disciplinare il lusso. La legislazione suntuaria in Italia e in Europa tra medioevo ed età moderna*, editado por P. Prodi y M. G. Muzzarelli, Bolonia, 2007) y, más tarde, en marzo de 2007, *La fiducia secondo i linguaggi del potere. Contratto, credito e politica dalla tarda antichità al mondo moderno* (editado por P. Prodi, Bolonia, 2008). No puedo mencionar de forma individual las deudas que he contraído con los participantes en los grupos de trabajo, pero puedo afirmar que todo lo que sé sobre estos temas completamente nuevos para mí es el resultado de esos encuentros.

Sin embargo, el origen de este libro se remonta un poco más atrás. Ya en 1982 y 1984 organicé con Pierangelo Schiera dos jornadas de estudio en el Istituto storico italo-germanico de Trento, tituladas *Finanze e ragion di Stato in Italia e in Germania nella prima età moderna* y *La repubblica internazionale del denaro* (Bolonia, 1984 y 1986), coordinadas por dos grandes historiadores a los que quiero recordar aquí porque fueron los responsables de mis primeras reflexiones sobre estos temas: Aldo De Maddalena y Hermann Kellenbenz. Lo que nos fascinaba era que para entender el proceso que condujo a Europa a la Modernidad no sólo había que estudiar los instrumentos del crédito público o la intervención de las finanzas en la política, sino los dos pilares sobre los que se había fundado: la razón de Estado territorial y la república internacional del dinero. El debate prosiguió más adelante, cuando nos adentramos en el terreno eclesiástico y sociopolítico con la semana de estudio celebrada en 1987 en Trento y titulada *Fisco religione Stato nell'età confessionale* (editado por H. Kellenbenz y P. Prodi) y, en la década de 1990, con las conferencias en Bolonia sobre disciplinamiento social e identidades colectivas (*Disciplina dell'anima, disciplina del corpo e disciplina della società fra Medioevo ed Età moderna*, editado por P. Prodi, Bolonia, 1994; *Identità collettive tra Medioevo ed Età moderna*, editado por P. Prodi y W. Reinhard, Bolonia, 2002; en pp. 9-27 se encuentra mi ensayo «Evoluzione e metamorfosi delle identità collettive»).

Esa etapa de mi viaje personal concluyó en el período que pasé en 2007-2008 como Preis-Träger de la Fundación Alexander von Humboldt en el Max Weber Kolleg de la Universidad de Erfurt, dirigido por Hans Joas: no podía haber un lugar más idóneo donde unir—en nombre de la persona a la que aún debemos esencialmente la apertura de estos horizontes—la solitaria concentración y la animada discusión con colegas y expertos en distintas disciplinas a los que tuve ocasión de conocer, en particular Wolfgang Reinhard.

AGRADECIMIENTOS

Rememoro estas experiencias no para involucrar en mi temeraria aventura a mis amigos de toda la vida—a cuyas contribuciones individuales específicas me he referido en las referencias bibliográficas—, sino para mostrar, al menos en parte, mi deuda de conocimiento y gratitud con todos ellos.

SUMARIO

ÍNDICE ONOMÁSTICO

Decock, Wim 289n
Decugis, Henri 339n
Defraia, Stefano 100n
Delcorno, Carlo 177n, 445n
Delumeau, Jean 252 y n.
Denzinger, Heinrich 296n
Descat, R. 35
Di Bella, Saverio 322n
Di Pietra, Roberto 395n
Di Rienzo, Eugenio 412n
Diana, Antonino 274, 295
Diderot, Denis 420
Diego Carro, Venacio 279n
Dilcher, Gerhard 44n
Dino del Mugello 145n
Dölemeyer, Barbara 405n
Domat, Jean 413 y n., 414 y n.
Donati, Alberto 418n
Donati, Claudio 220n, 244n, 377n
Dore, Ronald 454n
Dovere, Ugo 215n
Dreyfus, Alfred 440
Driedo, Juan 308 y n.
Du Moulin, Charles (Molineus) 256, 259n, 344
Ducellier, Alain 238n
Dufresne Du Cange, Charles 8n
Dülmen, Richard van 410n
Dumont, Louis 29, 30n, 49 y n., 51n, 428n
Duns Scoto, Juan 97, 121 y n., 181
Dupont-Bouchat, Marie-Sylvie 198n
Durissini, Daniela 120n
Durkheim, Émile 10, 441 y n., 443

Eck, Johann 181, 194, 254
Eiximenis, Francesc 156
Ekelund, Robert B. 115n, 205n, 226n
Elbl, Ivana 120n, 155n, 219n, 238n
Elbl, Martin M. 120n, 155n, 219n

Ellul, Jacques 451 y n.
Emmerich, Bettina 37n, 45n, 126n
Enrique IV de Borbón, rey de Francia 277
Enrique de Gante 98
Enrique de Segusio (Henricus a Segusio) 53 y n., 102 y n., 120n
Epstein, Stephan R. 60n, 113n, 215 y n.
Erasmo de Róterdam 263-264, 300, 302n, 303, 387
Espen, Zeger Bernhard van 273 y n.
Este, Borso d' 392 y n.
Etzioni, Amitai 11n
Evangelisti, Paolo 157n
Ezequiel 91

Falzberger, Josef 313n
Fanfani, Amintore 386 y n.
Fanfani, Tommaso 188n
Fasano Guarini, Elena 230n
Faucci, Riccardo 367n
Febvre, Lucien 116
Federico I Hohenstaufen, llamado Barbarroja, emperador del Sacro Imperio Romano 82
Federico Guillermo I de Hohenzollern, rey de Prussia 227
Feilbogen, Siegmund 374n
Feldbauer, Peter 44n
Felipe II, rey de España 16, 201, 234, 277, 278, 312 y n., 403
Felloni, Giuseppe 230n, 350n, 397n
Fénelon (François de Salignac de La Mothe-Fénelon) 275
Fenet, Pierre Antoine 338n
Ferrarese, Maria Rosaria 453n
Ferrari, Liliana 26n
Ferrari Zumbini, Massimo 440n

ESTA EDICIÓN, PRIMERA, DE
«SÉPTIMO: NO ROBARÁS», DE PAOLO
PRODI, SE TERMINÓ DE IMPRIMIR
EN CAPELLADES EN EL
MES DE MAYO
DEL AÑO
2024